주해

동경대전

주해

동경대전

東經大全

부: 동경대전의 판본 이해

윤석산 주해

모시는사람들

다시 『동경대전』 주해서를 내며

어정쩡한 천도교인

나는 할아버지 면목을 직접 뵙지 못했다. 아버지가 아직 소년이었을 때 할아버지, 할머니를 모두를 여의셨다. 또 큰아버지 역시 일찍 돌아가셨다. 그래서 아버지는 어린 나이에 혼자가 되셨다.

집안 어른들로부터 전해 듣기로는 선대 때부터 우리 집안은 천도교인이 었다. 할아버지 함자는 시(侍) 자 병(炳) 자이다[道號는 侍菴]. 이 중 병(炳) 자는 항렬자이다. 함자 중의 모실 시(侍)는 천도교 주문 시천주조화정(侍天主造化 定)에서 따온 것이라고 한다. 아버님 함자 역시 이와 마찬가지셨다. 아버지 는 영(永) 자 중(重) 자신데, 중(重) 자는 항렬자이고 영(永) 자 역시 천도교 주 문 시천주조화정(侍天主造化定)에 이어지는 영세불망만사지(永世不忘萬事知) 에서 따온 것이다[道號는 省菴, 1911~1992]. 아버지 고향인 경기도 포천군 소 흘면 무림리에는 천도교 전교실이 있었고, 시일 아침이면 궁을기가 게양이 되었다고 한다.

일찍 혼자가 되신 아버지는 고향을 떠나 객지 생활을 하셨다. 아버지에게 는 작은할아버지가 한 분 계셨다. 집안의 가장 가까운 어른이시기도 했다. 작은할아버지도 천도교인이셨다. 함자는 화(化) 자 병(炳) 자셨다.[道號는 慈 省] 할아버지와 마찬가지로 병(炳) 자는 항렬자이고 화(化) 자 역시 천도교

주문 시천주조화정(侍天主造化定)에서 따온 것이라고 한다. 지금도 작은할아버지 모습이 생각나는데, 허연 수염을 기른 늘 조용한 모습의 할아버지셨다. 아버지에게는 친아버지와도 같은 분이기도 했다.

당시에는 천도교인들끼리 혼인을 많이 했다고 한다. 가세나 지체 등은 보지 않고 천도교인이면 중매를 해서 결혼을 시켰다. 말 그대로 동학 천도교의 가르침이 그대로 실천되는 모습이다. 아버지는 부모가 안 계신 혈혈단신의 가난한 청년이었고, 어머니는 좀 부유한 집안의 막내딸이셨다. 그렇지만 집안 형편은 일체 고려하지 않고, 작은할아버지와 외할아버지께서 천도교인으로서 친분이 있었고, 이로 인하여 혼인이 되었다고 한다.

외할아버지는 학식이 높았던 분이라고 한다. 당시 천도교에는 학식이 높거나 사회적 명망을 지닌 분들이 많았다. 어느 원로로부터 내가 젊을 때 들은 이야기인데, 천도교 마당에서 모르는 전고(典故)가 있으면 윤 교수 외할아버지께 여쭤봐야 한다고 말씀하셨다. 한문을 해석하는 데 전고(典故)를 정확하게 아는 것은 매우 중요하다. 그 당시는 지금과 같이 대형 사전도 없고, 인터넷은 더더욱 없어 순전히 사람의 머릿속에 내장된 지식을 활용할 수밖에 없었다. '전고(典故)'에 박식하다는 이야기는 그만큼 한학에 관한 독서량이 풍부했다는 뜻이기도 하다.

외할아버지는 충청도 괴산 분이시다. 순흥 안씨(順興 安氏)에 함자는 상(商) 자 덕(惪) 자시다.[道號는 遯菴, 1880~1951] 기미삼일독립만세 때에 40세이셨다. 외할아버지는 1919년 2월 28일 오전 10시경 민족대표 33인 중 한 사람이며 독립선언서 총괄책임을 맡았던 묵암(默菴) 이종일(李鍾一)로부터 독립선언서 2천 매를 인수하여 함경도와 강원도에 배포하는 책임을 지셨다. 28일 독립선언서를 인수한 당일로 강원도 평강의 천도교 교구장인 이태윤(李泰潤)에게 700여 매를 교부하고, 같은 날 함경도 영흥의 천도교 교구장인 김용환(金龍煥)에게, 그리고 3월 1일에는 함경남도 홍원군에서 강인택(姜仁澤)에게 전달하여 민중에게 배포하도록 했다.

1919년 4월 2일에는 인천 서공원(오늘의 자유공원)에서 예수교 대표 박용희(朴用熙)·장붕(張鵬)·이규갑(李奎甲), 유교 대표 김규(金奎), 불교 대표 이종욱(李鍾郁) 등과 함께 천도교 대표로 참석하여 〈한성임시정부〉 수립을 선포할 것을 결의하였다. 4월 19일에는 통의동에 있는 김은국(金恩國)의 자택에서 거사 자금으로 600원을 거출했다. 또한 4월 23일 서울 동대문, 서대문, 종로 등지에서 군중 300명과 함께 국민대회를 열고 한성임시정부의 수립을 선포했다가 경찰에 체포되었다. 징역 2년을 선고받고 옥고를 치르셨다. 이후 외할아버지는 천도교 경성교구장, 천도교중앙총부 감사원장 등으로 천도교 요직을 맡아 활동을 하셨다. 6·25 전쟁 중에 외할아버지, 외할머니 모두 돌아가셨다. 외할아버지는 1986년 대통령 표창에 추서되었고, 1990년에 건국훈장 애족장에 추서되었다.

친가 쪽의 어른들은 학식도 높지 않았고, 또 활발한 대외 활동도 하지는 않았지만, 당신들의 이름자를 천도교 주문의 글자를 써서 지을 정도로 천도교 신앙에 깊이 심취한 분들이었다. 외가 쪽 어른들은 깊은 신앙과 함께 학식도 높고, 또 교단 활동이나 독립운동 등에 적극적이었던 분들이다.

부모를 일찍 여읜 아버지는 어려서 서당에서 공부하시고 보통학교 몇 년 다닌 것이 학업의 전부였다. 그런데 실제 생활에서는 학식을 갖춘 분의 품격을 보여주셨다. 붓글씨도 잘 쓰시고, 학문적 식견도 높으셨다. 나는 아버님으로부터 지금은 안 쓰는, 그래서 잃어버린 우리 고유의 문화나 지식 등을 많이 배웠다. 아버지는 장인, 장모님과 함께 살았다. 나에게 늘 말씀하시기를 "내가 공부를 많이 못했는데, 장인어른께 많이 배웠다. 장인어른은 나의 스승님이시다."라고 하셨다. 아버지는 학교 공부는 많이 못하셨지만, 천도교 공부를 통해 많은 지식과 식견을 지니게 되신 듯하다.

예전에는 모든 가정이 그렇듯이 우리 집도 온 가족이 모여 앉아 아침과 저녁을 먹었다. 밥상을 대하고 앉으면, 아버지께서 식고(食告)를 하신다. 아버지의 식고가 다 끝나야 우리는 수저를 들 수가 있었다. 아버지의 식고는 길었다. 한참 식고를 드리시다가 몸을 한번 가볍게 부르르 떠시면, 우리는 속으로 아버지께서 식고가 다 끝난 것을 알아차렸다. 그러면 우리는 밥을 먹기 시작했다. 오래 후에 알았지만, 아버지께서는 식고 끝에 지극한 마음으로 강령을 모시는 것이다.

친가, 외가 모두 할아버지 때부터 천도교인인 나는 이 핑계 저 핑계로 천도교를 나가지 않았다. 어린 시절부터 저녁 9시면 가족이 둘러앉아 모시던 청수 기도식, 그리고 기도식이 끝난 후, 청수를 분작하던 기억, 어려운 일을 직면하면 나도 모르게 입안에서 '지기금지원위대강(至氣今至願爲大降)' 하는 천도교 주문을 중얼거리기는 했어도, 나는 천도교인도 아닌 어정쩡한 모습의 한 사람으로 살아갔다.

우리 집안의 선대 어른들도 일제강점기의 가혹독함을 누구 못지않게 도겪었고, 6·25 전쟁의 아픔도 혹독하게 겪었다. 이런 와중에 부모님께서는 자식들을 건사하시느냐 많은 고생을 하셨다. 그러나 부모님께서는 늘 천도교를 잊지 않으셨다. 한창 자라나는 자식들을 모두 대동하고 집에서 한참 먼 종로 경운동의 천도교중앙대교당에 버스를 타고서까지 나갈 형편이 되지 못할 때가 많았다. 그래서 나와 형제들은 자연 천도교와 멀어지는 생활을 했다.

아버지께서 이런 우리 자식들 걱정이셨다. 자식이 일곱인데, 성장을 하며 부모 따라 천도교를 하는 자식이 하나도 없다는 것이었다. 수운 대신사께서는 포덕천하(布德天下)를 말씀하셨는데, 나(아버지)는 정작 자식 하나도 포덕을 못했으니, 그 죄가 얼마나 크냐는 것이었다. 그러시면서 나에게 천도교에 입교하여 제대로 신앙할 것을 틈틈이 말씀하곤 하셨다.

그래서 나는 결혼을 하게 되면 아내 와 함께 입교를 하겠다고 아버지께 약속을 드렸다. 그리고 결혼 후 우리 부부는 아버지의 전교로 천도교에 입교했다. 내 나이 32서른두 살 때였다.

아버지께서는 입교 기념으로 경전을 한 권 사 주셨다. 내 생애 처음 접해보는 『동경대전』과 『용담유사』였다. 아버지께서 주신 경전을 가끔 들여다보았다. 읽어보며 경전의 한문 문장이 조금은 쉽게 구성되어 있다는 생각을 했다. 내가 공부한 유학의 경전인 사서오경(四書五經)에 비하면 다소 쉽다는 느낌을 떨칠 수가 없었다. 그러면서 과연 이 『동경대전』이 우리가 학교 교과서에서 배운 것과 같이 유교, 도교, 불교를 대충 섞어 담은 것은 아닌가 하며, 그저 그런 심정으로 들여다보곤 했다.

그 해 여름

이러한 안일한 생각과 함께 매우 의례적으로 시일(侍日, 천도교이 정기 종교 집회일. 일요일)이면, 천도교중앙대교당엘 나가곤 했다. 그러던 어느 날 『천도교회월보』라는 천도교 신문에서 '천도교 수도원'에 관한 기사를 읽게 되었다. 경기도 가평 화악산 속에 천도교 수도원에 관한 것이었는데 제법 깊은 산속에 자리한 듯했다.

실상 나는 그 기사를 읽으며, 천도교도 수련이라는 것을 하고, 또 수도원도 있다는 것을 처음 알았다. 그러면서 천도교 수련은 어떻게 하는 것인가 궁금했다. 그래서 여름방학을 맞아 보따리를 싸서는 마장동에서 버스를 타고 가평으로 갔다. 중앙총부 교화관에서 알려준 대로 가평 읍내에서 화악리로 들어가는 작은 버스를 타고 종점에 내렸다. 종점에는 작은 시골 마을이 있었고, 버스 정류장 근처에 동네 구멍가게가 하나 있었다. 그 가게 주인이 천도교인이라고 했다. 그래서 들어가 인사를 하고는 주인 아주머니가 끓여 주는 라면 하나를 먹고는 산으로 올랐다.

산 입구에 군부대 초소가 있었다. 초병에게 수도원에 간다고 말하고, 주민등록증을 맡겨 놓고는 산을 오르기 시작했다. 지금은 산 중턱까지 집들이 들어와 있지만, 그때는 산에 집 한 채도 없었고, 민간 시설이라고는 오직 천도교 화악산수도원뿐이었다.

거의 한 시간 정도 산행을 하고, 막판 비탈을 오르니, 큰 소나무가 절벽 위에 서 있고, 그곳에서부터 제법 번듯한 길이 나왔다. 그 길 양옆으로는 무궁화가 심어져 있고, 그 길이 끝나는 곳에 아담한 기와집 한 채가 자리하고 있었다. 이 산중에 민가라고는 오직 이 작은 기와집뿐이었다. 그 집에는 '각천정(覺天亭)'이라는 작은 현판이 붙어 있었고, 그 집에는 열 명 정도의 사람들이 모여서 주문을 소리 내어 읽고 있었다.

그 시간 이후 나는 아침 4시에 일어나 잠을 자는 10시까지 책상다리를 하고 앉아서 쉬지 않고 주문을 읽었다. 지도하는 선생님이 시키는 대로 때로는 큰소리로, 때로는 소리를 속으로 집어넣어 묵송으로 스물한 자 주문만을 읽었다.

어둠이 내리면 이내 캄캄한 세계로 변하는 화악산 800미터 고지에 자리한 수도원 생활은 나에게는 특별한 체험이었다. 한 사흘쯤 지나고 남들이 외우는 주문 소리를 극복하고 나만의 주문 소리로 읽고자 열심히 주문을 외우는데, 갑자기 복부 중심에서 뜨거운 기운이 올라왔다. 그 기운은 안에서부터 나를 턱 치받치고 있었다. 주체하려 해도 주체가 되지를 않았다. 그리고는 온몸이 나의 의지와는 상관없이 마구 떨리기 시작했다. 멈추려고 해도 도무지 멈출 수가 없었다. 이 그 시간 이후, 그동안 억지로 참아 가며 앉아 있던 책상다리도 전혀 아프지 않았다. 현송이 끝나고 묵송을 할 때도 역시 그랬다. 수련 시간에 끝나고 잠깐 쉬는 시간에 멍하니 앉아 있는 나에게 사람들이 와서 축하한다고 하며, 그것이 바로 강령이라고 했다. '강령'은 내가 한울님 모셨음을 체험하는 것이기도 하다.

실은 처음 『동경대전』을 읽으면서 수운 선생이 겪었다는 신비체험에 관하여 어떻게 받아들여야 하는가 반신반의(半信半疑), 나는 그 사실을 믿을 수도 믿지 않을 수도 없는 어정쩡한 마음 상태였다. 무당들이 겪는다는 신내림 체험과도 다른 것 같고. 그저 옛날에나 있었을 법한 일로 막연히 생각했다. 그러나 화악산에서의 그 여름, 일련의 체험은 이러한 나를 조금씩 바꾸어 놓고 있었다.

정신없이 한 주일을 보내고 산을 내려왔다. 집에 와서 산에서의 일들을 생각해 보았다. 나는 그때 나이 서른다섯의, 박사학위논문을 준비하고 있는 젊은 대학교수였다. 그 당시만 해도 국문학의 경우 박사학위를 소지하지 않아도 전임교수가 될 수 있던 때이다. 호랑이 담배 피던 시절이다. 나는 한문학으로 학위논문을 준비하고 있었다.

그러나 단 일주일간의 천도교 수도원에서의 생활은 나를 새로운 세계로 이끌고 있었다. 막연히 생각하던, 흘러간 옛 노래 같은 동학 천도교가 아니라는 생각으로 나는 여름방학이 끝날 때까지 이리 뒤척 저리 뒤척 하게 되었다. 그리고는 마침내 동학 천도교의 경전이며 가사 작품인 『용담유사』를 박사학위논문 주제로 잡았다. 지금까지 준비해 오던 한문학은 잠시 보류를 하였다.

이렇듯 학위논문의 주제를 바꾼 것이 평생 동학을 공부하는 사람으로 나를 만든 것이다. 그러니 천도교 화악산수도원에서의 일주일이 나의 삶의 방향을 바꾸어놓은 것이다. 그리고는 방학만 되면 보따리를 싸서는 수도원을 찾아 올라가곤 했다. 한여름은 물론, 한겨울에도 올라갔다. 어느 해 겨울은 수도원에는 원장 선생님 한 사람과 나만 있던 때도 있었다. 수도원에서의 주문 공부는 동학 천도교의 교리를 새롭게 깨닫게 하는 참으로 중요한 마음 공부이기도 했다.

주로 수도원에서 잡은 초안을 바탕으로 쓴 『용담유사 연구』라는 논문으로 박사학위를 받았다. 그 무렵 홍천 가리산 자락에도 가리산수도원이 새로 생겼다. 수도원을 세운 분이 조동원이라는 여성분이라고 하는데, 수련으로 암을 고치고, 공부가 아주 높은 분이라고 했다.

그때부터는 가리산수도원을 방학이 되면 찾아가곤 했다. 조동원(趙東元, 隱誠堂, 1926~) 수도원장이 직접 지도를 했다. 원장 선생님의 부군 되시는 분도 계셨는데, 천도교 교리와 한문에도 해박하셨다. 나는 두 분께 많은 걸 배웠다. 특히 원장 선생님은 초등학교 4학년까지 공부한 것이 최종학력이라고 하시는데, 천도교 경전을 거의 다 외우고 있었다. 한창 수련에 열중하실 때의 일이라고 한다. 며칠에 걸쳐서 『동경대전』, 『용담유사』, 『해월신사 법설』, 『의암성사 법설』 등을 처음부터 끝까지 몇 번을 읽었다고 한다. 그런데 얼마나 재미가 있는지, 밥 먹는 것까지 잊고 읽었다고 한다. 이렇게 읽고 나니 저절로 외워졌다고 한다. 외우려고 외운 것이 아니라, 저절로 외워진 것이다. 이러한 말씀 또한 신비한 일이 아닐 수 없다.

경전을 읽으면서 '재미가 있었다.'니, 참으로 이해가 안 되는 일이 아닐 수 없다. 재밌는 소설도 아니고, 딱딱한 경전을 읽으며 재미가 있었다니 말이다. 내가 육군 쫄병으로 군에 있을 때, '국민교육헌장'이라는 것이 부대에 내려왔다. 그 '국민교육헌장'을 다 외워야 외출, 외박을 할 수가 있었다. 외출 신고하러 선임하사 앞에 가면 그 누구도 "우리는 민족중흥의 어쩌고" 하며 '국민교육헌장'을 외워야 했다. 재미없는 '국민교육헌장'을 외우느냐고 보초 서면서, 심지어는 자면서까지 읽고 외우고 했다.

경전이 '국민교육헌장'과는 달라도, 딱딱하고 그래서 재미가 있다고 말할 수가 없다. 그런데 가리산 원장님은 너무 재미가 있어서 드시는 것도, 주무시는 것도 잊고 읽고 읽었다고 하시니, 그런 경지가 되려면 어디까지 가야 하나, 짐작조차 하기 어려웠다. 아미도 우리의 선조들께서도 이런 경지에서 경전을 읽고 외우셨기 때문에 해월 선생이 구송(口誦)하셨다는 이야기가 나온 것이 아닌가 생각했다.

원장님은 수련을 통해 경전의 내용을 많이 터득하고 계셨다. 가끔 하시는 말씀이 경전을 새롭게 이해하는 길잡이가 되곤 했다. 그러면 나도 나 나름의 이야기를 하고, 나는 원장님 말씀 듣는 걸 좋아 했고, 원장님 또한 내 이야기를 듣는 걸 몹시 좋아하셨다. 1926년생이시니 이제 100수에 가까운 연세이다. 건강하시를 심고 드린다.

천도교에는 연원(淵源)이라는 조직이 있다. 교구는 행정조직이라면, 연원은 정신조직이다. 내가 속한 연원은 서운포(瑞雲布)이다. 내가 신앙에 본격적으로 입문하고 공부하며 열심히 신앙생활을 할 당시 서운포의 직접도훈은 홍암(興菴) 정운관(鄭雲官, 興菴, 1918~2010)이라는 분이었다. 평생을 한결같이 천도교 정신을 실천하며 살아가신 분이다. 또한 오랫동안 서울교구장을 지내신 유암(柔菴) 정운열(鄭雲烈, 柔菴, 1925~2013)이라는 분이 홍암 어른의 동생분이시다. 이 두 분은 내가 만나본 분들 중, 가장 천도교인 같은 분들이다. 한울님 모셨음을 알고 그에 걸맞는 삶을 실천적으로 살아가신 분들이다. 지금은 두 분 모두 환원(還元) 하셨지만, 지금도 두 분의 모습이나 하시던 말씀이 눈과 귀에 생생하다.

지나가는 말씀인 듯 무심히 말씀하시지만, 때때로 이 두 분의 말씀 속에서 나는 깊은 통찰과 지혜가 배어 있는 것을 배웠다. 내가 『동경대전』 주해 작업을 할 생각을 하게 된 것도 이 두 분과의 인연이 가장 직접적인 계기가 됐다. 서울교구에서 시일 아침마다 임원들을 중심으로 『동경대전』 강의를 하고, 이 자료를 모아서 주해 『동경대전』을 간행한 것이다. 이것이 내 『동경대전』 주해 작업의 시작이다. 그러니 『동경대전』 주해는 내가 가지고 있는 척박한 지식에 의한 것이라기보다는, 서운포 연원의 어른이신 홍암장님, 유암장님의 은연중 가르침과 가리산수도원장님의 말씀, 그리고 수련 중에의 터득한 이치 등이 하나로 꿰어지며 이루어진 것이다.

1981년 여름, 천도교 화악산수도원은 내가 동학 천도교를 새롭게 바라볼 수 있는 마음의 눈을 뜨게 한 시간이었고, 천도교 어른들의 말씀을 나름 이해하고, 동학 천도교를 알아갈 수 있게 했던, 참으로 의미심장한 시간의 시작이었다.

을묘천서는 천주실의인가

동학 천도교의 종교체험은 매우 사례도 많고 양상도 다양하다. 현대에 들어서도 수련하는 많은 분들이 이러한 체험을 한다. 동학 천도교를 창도하신 수운 최제우 선생이나 그 이후 천도교의 스승님들을 더 깊이 이해하기 위해서는 지식을 넘어서 이분들의 종교체험 또한 깊이 받아들여야 한다.

동학 창도기에 수운 선생은 10년 남짓한 주유팔로(周遊八路)에서 아무런 성과도 없이 용담으로 귀향하였다가 곧 울산 처가 동네로 가서 지내게 되었다. 이때가 1854년이다. 수운 선생이 집안을 돌보지 않고 길을 떠나 10여 년이라는 세월을 보내게 되자, 살기가 어려워진 사모님이 자손들을 이끌고 친정 동네로 와서 살게 된 것이다. 흔히 울산 유곡동(幽谷洞) 여시바윗골을 수운 선생의 처가 동네라고 한다. 그러나 수운 선생의 처가 동네는 그곳에서 좀 떨어진 성동(城洞)이라는 곳이다.

이곳 성동에 온 수운 선생은 가족들은 처가에 머물러 살게 하고 당신의 예의 울산 유곡동(幽谷洞) 여시바윗골에 작은 움막을 짓고 공부를 계속하였다.

천도교 기록에는 초당(草堂)이라고 되어 있는데, 초당이라기보다는 움막이라고 보는 것이 옳다. 전하는 말에 의하면, 이곳 움막으로 수운 선생을 만나고자 찾아오는 사람들이 더러 있었다고 한다. 찾아오는 사람들은 수운 선생과 때로는 세상사를, 때로는 도(道)에 관해 이야기를 주고받은 것으로 알려진다.

이러던 중 어느 선사(禪師, 어느 기록에는 異人 또는 異僧이라고도 되어 있다)가 찾아와 책을 한 권 전해주었다고 한다. 이 선사는 금강산 유점사에서 백일의 공을 들이고 탑상에 놓여 있는 이 책을 얻었는데, 세상에 그 내용을 해득해 내는 사람이 없어서, 전국을 두루 돌며 수소문 끝에 수운 선생을 찾아왔다는 것이다.

이인이 책을 가지고 온 해가 1855년 을묘년이기 때문에 이 책을 흔히 '을묘천서(乙卯天書)'라고 부른다. 즉 을묘년에 하늘로부터 받은 책이라는 의미이다. 이 이야기는 동학 천도교의 모든 역사서에 기록되어 있다.

그런데 최근에 이 을묘천서가 하늘에서 받은 천서(天書)가 아니라, 『천주실의(天主實義)』라는 설이 제기되었다. 이 설을 제기한 이는 도올 김용옥 선생이다. 특히 도올 선생은 이 문제에 관하여 다음과 같이 기록하고 있다.

> 을묘천서가 『천주실의』라는 나의 주장은 표영삼 선생님도 충심으로 동의하시었고, 윤석산도 그러한 가능성을 배제할 아무런 이유가 없다고 말한다. 동학은 신비로운 종교가 아니라는 사실을 윤석산은 전제로 하면서, 『천서』와 『천주실의』에 관하여 많은 합리적인 담론이 생산될 수 있다고 긍정적인 태도를 취한다. 성주현도 『을묘천서』는 『천주실의』임이 분명하다고 말한다.
>
> - 나는 코리안이다 『동경대전』 1, 통나무, 2021년 106쪽

그러나 이 도올 선생의 말은 사실과 다르다. 표영삼 선생이나 성주현 선

생의 말은 내가 알 수 없다. 그러나 나에 관한 말은 사실과 다르다. 2020년 3월이나 4월쯤으로 기억되는데, 도올 선생과 나는 『동경대전』 독회를 하며, 『천주실의』에 관하여 이야기를 했다. 그때 도올 선생이 "수운이 천주실의를 읽었을 것이고, 주유팔로 때 중국도 다녀왔을 것이다."라는 말을 했다. 그래서 나도 도올 선생의 그 말에 "수운 선생이 천주실의를 읽었을 것이다."라고 대꾸했다. 그때 도올 선생이나 나의 말에는 『천주실의』가 『을묘천서』라는 말은 없었다. 나는 다만 수운 선생이 『천주실의』를 읽었을 것이라고 말을 했을 뿐이다. 만약 그때 도올 선생이 "『천주실의』가 『을묘천서』이다"라고 말했다면, 나는 이에 대하여 "그렇지 않다"고 단호히 내 의견을 개진했을 것이다. 도올 선생의 『도원기서』=『천주실의』설은 이번에 처음 나온 것도 아니다. 처음 그 설을 제기했을 때 나는 이미 이와 같은 도올 선생의 그러한 견해에 관하여 두 번이나 그와 다른 견해를 밝히는 글을 써서 발표를 한 적이 있다.

그러니 도올 선생이 최근에 발간한 책에서 쓴 "윤석산도 그러한 가능성을 배제할 아무런 이유가 없다고 말한다. 동학은 신비로운 종교가 아니라는 사실을 윤석산은 전제로 하면서, 『천서』와 『천주실의』에 관하여 많은 합리적인 담론이 생산될 수 있다고 긍정적인 태도를 취한다."라고 한 부분은 사실과 전혀 다르다는 점을 밝혀 둔다.

내가 볼 때 동학은 수운 선생의 신비체험, 결정적인 종교체험이 없었으면 결코 창명(創明)되지 않았을 것이다. 그만큼 동학에서의 종교체험은 중요하다. 이런 점에서 나는 『을묘천서』는 실제 책이 아니라, 수운 선생이 겪은 신비체험이라고 본다. 동학 천도교의 가장 오랜 역사서인 『도원기서』에도 을묘천서는 신비한 사건이라는 관점에서 기술되어 있다. 책을 전해준 선승(이인)과 수운 선생과의 '만남과 헤어짐'을 매우 신비하게 묘사하고 있다.

"을묘년 봄 3월에 이르러 봄잠을 즐기는데 꿈인지 생시인지 밖으로부터 주인
(=수운: 필자 주)을 찾는 사람이 있었다.(適至乙卯歲三月春 春睡自足 如夢如覺之際 有
禪師自外 以訪主人)"

(중략)

"선사가 사양하고 계단을 내려가 몇 걸음 가지 않아, 문득 사람이 보이지 않게
되었다. 선생은 마음속으로 이상하게 여겼으나, 이내 그 선사가 신인(神人)임
을 알게 되었다.(謝退下階 數步之內 人忽不見 先生心常神異 乃知神人也)"

즉 을묘천서 이야기의 시작과 끝이 '여몽여각(如夢如覺)의 사이'라든가.
'문득 사람이 보이지 않게 되었다(數步之內 人忽不見)'는 식으로, 모두 현실이
아닌 꿈이나 신비한 이야기로 되어 있다. 따라서 이 이야기는 신비함으로
시작하여 신비함으로 끝이 난다는 것을 알 수가 있다. 수운 선생의 노승과
의 만남과 헤어짐이 신비한 이야기로 되어 있다는 점은 바로 을묘천서 자체
가 수운 선생의 신비체험이라는 것을 말해준다.

도올도 저서에서 거론한 바와 같이 『천주실의』는 이미 17세기에 우리나
라에 들어왔다. 당시의 학자인 이수광(李光)과 유몽인(柳夢寅)이 자신들의 저
서인 『지봉유설(芝峯類說)』과 『어우야담(於于野談)』에 각기 다른 관점으로 이
를 다루고 있다. 또한 18, 19세기 학자인 다산(茶山)뿐만 아니라, 다산보다
앞 세대 인물인 유학자 신후담(愼後聃)이나 안정복(安鼎福) 등이 『천주실의』
를 중심으로 천주교를 비판하기도 한다. 따라서 이 책은 중국에서뿐만이 아
니라, 우리나라에서도 공서파(攻西派)나 신서파(信西派)를 막론하고 폭넓은
영향을 끼치고 있던 천주교리서였다.

즉 『천주실의』는 이미 17, 18세기부터 조선의 많은 유학자들이 탐구 대상
으로 삼고 있던 책이다. 더구나 수운 선생은 울산 여시바윗골에서 선사로부

터 천서를 받기 전 10여 년을 전국을 떠돌며 많은 사람들을 만났고, 각종 가르침을 접했다. 다시 말해 당시의 주류 학문이던 유학의 한계를 절감하고, 그 대안이 될 새롭고 근본적인 가르침을 찾아다니면서, 이러한 많은 가르침이 과연 세상을 올바르게 구할 수 있는 가르침인가 고뇌하던 한 사람의 젊은 지식인이었다. 따라서 수운 선생은 울산에 오기 이전에 이미 당시에 새로운 기운으로, 새로운 학문적, 영성적 체계를 내세워 밀려들어오던 서양, 서학의 가르침을 접하고 탐구했을 가능성이 충분하다.

이와 같은 면으로 보아, 을묘년(1855) 어느 선사가 수운 선생에게 가져다 준 '해석하기 어려운(難爲解覺) 책'을, 새삼 이미 2세기 그 이전에 우리나라에 들어왔고 또 그동안 많은 유학자들에 의해 해석이 되고 또 논란의 대상이 되었던 『천주실의』라고 말하기는 어렵다.

또한 수운 선생이 울산 여시바윗골에서 받은 것은 '을묘천서', 곧 하늘에서 받은 책[天書]이라고 한 표현은 20세기 초에 천도교단에서 발행한 역사서에 처음 나온다. 이와 같은 사실을 두고 천도교인들이 수운 선생에 대한 신비감을 높이기 위하여 동학 천도교의 역사서를 기술하면서 을묘년 사건을 왜곡하여 '천서(天書)'로 꾸민 것이라고 보는 견해도 있다.

그러나 이는 잘못된 견해이다. 좀 더 상세하게 자료를 살피지 않아서 일어난 오류이다. 수운 선생 당시에, 수운 선생을 혹세무민(惑世誣民)의 죄목으로 체포하려고, 조정의 명을 받고 경주로 내려온 선전관(宣傳官) 정운구(鄭雲龜)가 조정에 올린 보고서에 '을묘천서'에 해당되는 일이 기록되어 있다.

수운 선생이 동학을 펴던 당시 조정의 명을 받은 선전관 정운구는 수운 선생을 체포하여 심문하라는 어명을 받고 한양을 떠나 경주부(慶州府)를 향해 갈 때, 문경(聞慶) 새재를 지나면서부터 본격적인 탐문 수사를 시작하였다. 특히 경주부에 이르러서는 사람을 시켜 시장이나 절간 등지를 드나들면서, 수운 선생과 동학에 관한 일들을 염탐했다. 이러한 염탐을 하던 중에, 다음과 같은 말을 사람들로부터 들었다고 한다.

> "5, 6년 전에 울산(蔚山)으로 이사를 간 다음 무명을 팔아서 살다가 근년에 이르러 홀연 다시 고향으로 돌아와서, 사람들에게 말하기를, '나는 하늘에 제사를 지내어 치성을 드리고 돌아오는 길에 공중으로부터 문득 책 한 권이 떨어지는 것을 얻어서 공부를 하였다. 사람들이 진실로 어떤 형태의 문자인지 알지 못했다. 나만이 홀로 좋은 도[善道]라고 하였다.(五六年前 移寓蔚山地 賣買白木而資生矣 近年還居本土後 或向人說道曰 吾致誠祭天而歸 自空中墜下一卷書 爲受學也 人固不知其何樣文字 而渠獨曰善道,『高宗實錄』, 高宗 元年 十二月 二十日 壬辰)"

이렇듯 수운 선생 당대에 수운 선생을 체포하러 온 선전관이 조정에 올린 관변기록에까지 이 문제를 기술한 것을 보아, 수운 선생이 세상을 떠돌다, 울산 근처에서 '신비한 책을 얻는 신비한 체험'을 한 것은 당시로서는 널리 알려진 이야기임을 알 수 있다. 특히 이 이야기는 관에서 수운 선생을 체포하기 위하여 민간에서 수집한 것으로, 수운 선생 스스로 자신의 가르침을 펴면서 사람들에게 이야기한 것으로 되어 있다.

특히 수운 선생이 하늘에서 받았다는 책에 관해 "사람들이 그것이 어떤 형태의 문자인지 알지 못했다.[人固不知其何樣文字]"는 기록은 의미심장하다. 『천주실의』는 한문으로 기록되었고 당시 많은 지식인들이 익히 알고 있는 책이다. 그런데 '어떤 모양의 문자인지 알지 못했다.'는 기록은 『천주실의』가 결코 아니라는 기록이다. 나아가 '어떤 모양의 문자인지 알지 못했다.'라는 기록이 수운 선생이 하늘로부터 받았다는 책이 일반적인 글자로 된 평범한 책이 아닌, 신비한 책이라는 뜻이 된다.

또한 수운 선생이 만약에 『천주실의』을 받아서 읽고는 『천서』를 받았다고 했다면, 수운 선생이 사람들에게 거짓말을 했다는 이야기기가 된다. 수운 선생이 『천주실의』를 얻어서 읽고는, 이를 신비한 책을 얻은 것인 양 꾸며서 '하늘에서 받은 천서(天書)'라고 했다면, 이는 지탄받을 일이다. 따라서 '을묘천서'를 『천주실의』로 보는 견해는 동학 천도교는 물론 수운 선생의 동학 창도 역사에 매우 위험한 견해가 아닐 수 없다.

을묘천서는 실제로 어떤 책을 받았다기보다는, 지금까지 많은 연구자들이 말하고 있는 바와 같이 수운 선생이 제세(濟世)의 뜻을 품고 세상을 떠돌며 구도의 길을 걷다가 체험하게 되는 신비체험, 곧 종교체험의 한 현상이다. 이때 수운 선생이 만났다는 이인도 많은 연구자들의 견해와 같이 자신의 안에 있는 '원형(archetype)으로서의 자신'이며, 융이 말하는 바에 따르면 개성화 과정을 통해 자신의 안에 있는 자기, 곧 신을 만나는 종교체험이라고 하겠다.

즉 수운 선생은 울산 여시바윗골에서 이인으로부터 천서를 받는 신비체험을 하게 되고, 이를 통해 새로운 차원에서 깨달음을 추구할 수 있는 새로운 계기를 마련하게 된 것으로 볼 수가 있다. 이때 '새로운 차원'이란 다름이 아니라, 지금까지 자신의 밖에서 도(道)를 구하는 방식을 버리고 자신의 안에서 도를 구하는 방식을 택하게 된 것을 말한다. 달리 말하면 기존에 세상에 존재하던 사상이나 종교 등으로부터 도를 얻고자 했던 방식을 버리고 기도를 통해 하늘, 또는 한울님이라는 절대적 존재로부터 도를 얻고자 하는 방식을 택한 것이라고 하겠다.

또 종교적인 관점에서 보면, 을묘천서 이전까지는 무신론(無神論)의 입장에서 가르침을 얻고자 했다면, 이후부터는 유신론(有神論)의 입장에서 신으로부터 도(道)를 받고자 했던 것이다.

이처럼 수운 선생은 자신이 발 딛고 있는 세상이라는 일상적 차원에서, 지금까지 세상에 있는 기존의 가르침 가운데서 이 세상을 구원할 방법[道]을 구할 수 있을 것으로 기대하고 세상을 떠돌았지만, 을묘천서 이후 기천(祈天)을 통하여 하늘 또는 한울님이라는 일상을 뛰어넘는 차원에서 지금까지 세상에 없었던 전혀 새로운 가르침, 새로운 도를 구하고자 했던 것이다. 즉 구도의 방법이나 대상 등이 을묘천서를 기점으로 완전히 다른 차원으로 전환되었음을 알 수 있다.

이러한 을묘천서 이후의 변화는 수운 선생이 용담에서 경신년(1860) 4월부터 결정적인 종교체험을 하는 원동력이 되었고, 동학을 이 세상에 탄생하는 중요한 바탕이 된다. 을묘천서는 바로 이 점에서 수운 선생, 그리고 동학에 있어서 결코 함부로 예단해서는 안 되는 중요한 사건이 아닐 수 없다.

동학 천도교 신의 이름은 '한울님'이다

신적(神的) 존재는 개념화가 불가능하다. 인간은 신을 개념적으로 알 수 없고 다만 신체험(神體驗)을 함으로써 신적(神的) 생명을 나누어 받고 각지(覺知)할 수 있을 뿐이다. 지금까지 신이란 이렇다 또는 저렇다는 인식을 바탕으로 개념화한 것은 어느 의미에서 자연과 신을 소유하고 지배하려는 인간의 자기중심적 교만으로부터 기인한 것이다. 신의 이름을 짓거나 부르는 것도 마찬가지다.(김경재, 「최수운의 신개념」, 『최수운 연구』, 한국사상연구회, 1974, 45~36쪽 참고)

따라서 하나의 종교 체제를 창시하는 이만이 자신이 깨닫고 체험한 신을 중심으로 신을 개념화할 수 있고 또 그 이름도 지을 수 있다고 말할 수 있다. 동학 천도교의 신에 관하여 온전히 말하기 위해서는 수운 선생이 '체험한 신'은 어떤 분인가를 먼저 알아야 한다. 또 동학 천도교 신의 이름 역시 마찬가지로 '체험한 신'에 걸맞은 이름이어야 한다. 마음대로 이름을 지어 부를 수는 없는 것이다. 따라서 신의 이름은 그 종단이 섬기는 신이어야 하며, 나아가 그 종단의 정체성과도 깊은 연관을 갖는다.

잘 아는 바와 같이 경신년(1860) 4월 수운 선생이 종교체험을 한 것은 곧 수운 선생이 신적 체험을 한 것이다. 수운 선생은 종교체험을 통해 한울님을 모시고 있다는 '시천주(侍天主)'를 중심 사상으로 삼게 되었다. 즉 종교체험을 통해 깨달은 '시천주(侍天主)', 그 중에서도 '모심'의 '시(侍)'야말로 수운 선생의 신체험을 가장 구체적으로 나타낸 말씀이라고 하겠다.

이 '시(侍)'에 관하여 수운 선생은 직접 "시라는 것은 안으로 신령이 있고, 밖으로는 기화의 작용이 있어, 온 세상의 사람들이 옮기지 못함을 각기 아는 것(侍者 內有神靈 外有氣化 一世之人 各知不移者也)"이라고 해의하였다(『東經大全』·「論學文」).

한울님을 모셨다는 '시(侍)'는 안으로는 한울님의 신령한 영이 있음을 깨닫고[內有神靈], 밖으로는 나의 기운과 한울님 기운이 융화일체를 이루는 것을 체득하며[外有氣化] 이러한 한울님 영과 기운은 본래적인 것이기 때문에 결코 옮기지 못한다는 것을 각기 깨닫는 것[各知不移]이라고 설명하고 있다.

이때 안과 밖은 몸의 안팎을 말한다. 따라서 수운 선생이 체험한 신은 다만 사람의 몸 안에만 신령으로 자리하고 있는 것이 아니라, 몸 밖에서 기운으로 작용을 하는 것이다. 따라서 내 몸의 안팎 모두에 신이 자리하며 작용을 한다는 말씀이 된다. 다시 말해 수운 선생이 체험한 신은 머나 먼 초월의 공간, 세상 밖에서 계시를 보내는 신이 아니라, 몸의 안팎에 계시면서 작용하고 활동하는 신이라는 말씀이다. 이때 나의 몸을 중심으로 하는 안과 밖이란 단순히 몸 안의 정신 또는 마음만도 아니고, 몸 밖의 하늘만도 아니다. 몸 안과 몸 밖의 하늘과 땅의 유형, 무형 모두를 포함하는 것이다. 그러니까 인간이 살아가는 땅, 하늘과 그 사이 천지만물 만물만사 어디에나 신이 자리하고 또 작용하고 있다는 말씀이 된다. 공간적으로 틈도 없고 여지도 없고 시간적으로도 언제나 신이 자리하고 있으며, 또 작용하고 있으며, 지속할 것이라는 말씀이 되기도 한다.

동학 천도교에서는 하늘과 땅, 만리만사와 고금왕래 모두를 포함하는 이름이 있다. 이것이 '무궁한 울', 곧 '한울'이다. 『용담유사』·「흥비가」 마지막 단락에 나오는 "무궁한 이 울 속에 무궁한 내 아닌가" 중의 '무궁한 이 울'이 바로 '한울'인 것이다. '무궁한'의 순수 우리말이 '한'이기 때문이다. 이 '한울'에 수운 선생의 표현과 같이 한자어로는 '주(主)', 곧 '높임을 칭하는 것이며 부모와 한가지로 섬기는 것[稱其尊而與父母同事者]'을 뜻하는 말인 '님'을 붙여 '한울님'이라 이름한 것이다.

그러나 목판본 『용담유사』가 발견이 되면서 회오리바람이 불어왔다. 계미판(1883년) 목판본 등에 '하늘님', 'ᄒᆞᄂᆞᆯ님' 등으로 표기가 되어 있기 때문이다. 따라서 목판본 기록인 '하늘님'의 현대적 표기인 '하날님', 또는 '하늘님'으로 표기하고 호명해야 한다는 주장이 제기되었다. 또 여기서 한 걸음 더 나아가 '하날님' 또는 '하늘님'의 현대적 표기인 '하느님'이 되어야 한다는 주장도 나왔다. 그러므로 천도교단이 한때 신의 이름으로 혼란을 겪기도 하였다.

결론부터 말하자면, 이때 제기된 '하날님', '하늘님', '하느님'은 동학 천도교의 신의 이름으로는 적당하지 않다. 앞에서 이야기한 바와 같이 수운 선생이 체험한 신은 다만 하늘에만 계신 신이 아니다. 그래서 하늘에만 계신 신의 이름인 '하느님'으로 부르는 것은 타당하지를 않다. 하느님은 '하늘'과 '님'의 연결로 'ㄹ'이 탈락되며 생긴 이름이기 때문이다.

그럼에도 불구하고, 목판본 등을 보고 동학 시대에 하날님, 하늘님으로 부르던 동학의 신의 이름이 천도교로 대고천하(大告天下) 하면서 '한울님'으로 바꾸어 불렀다는 것이 하늘님을 주장하는 사람들의 생각이다. 다시 말해서 의암 선생이 천도교로 대고천하(大告天下) 하면서 스승님들의 시대에 부르던 신의 명칭(하날님, 하늘님)을 바꾸었다(한울님)는 것이다. 과연 의암 선생이 스승님들이 부르던 신의 이름을 바꾸었을까? 수운 선생이나 해월 선생이 부르던 신의 이름을 의암 선생이 불경스럽게 임의로 바꾸어 불렀다는 말인가? 그렇지 않으면 동학의 정신과 어긋나는 신의 이름을 쓰고 있던 수운 선생이나 해월 선생의 견해를 의암 선생이 바로 잡았다는 이야긴데, 이 두 이야기 모두 어불성설이며 불경스럽기 그지없다.

필자는 지난 2003년 1월 상제교(上帝教) 교주인 구암(龜菴) 김연국(金演局, 1857~1944)의 막내아들인 당시 82세의 김의경 옹을 만나 인터뷰를 하던 중, 중요한 사실을 발견하였다. 즉 김 옹이 대화 중에 '한울님'이라고 말하는 것을 듣고 놀라, 시천교, 상제교에서도 '한울님'이라고 부르느냐고 물으니, 그렇다고 대답을 했다. 김의경 옹은 어려서부터 상제교 본부가 있던 계룡산에서 자랐고 또 생활했던 사람이다. 그러므로 천도교의 영향을 받았을 가능성이 거의 없다고 말할 수 있다. 즉 상제교에서도 순수하게 '한울님'이라고 불러왔음을 알 수 있다.

구암 김연국은 어떤 인물이며 또 상제교는 어떤 종단인가? 의암 선생은 1905년 12월 1일 동학을 천도교로 대고천하한 이후, 그때까지 본인이 재임하던 대도주(大道主) 직을 구암 김연국에게 전수(傳授)한다. 그러나 김연국은 몇 달 지나지 않아 친일파인 이용구 등의 꾐에 빠져 시천교(侍天教) 대례사로 옮겨가게 된다. 이때가 1908년이다. 그 후 김연국은 시천교에서 몸을 빼내 상제교(上帝教)를 세워 계룡산으로 신도들을 이끌고 들어갔다.

김연국은 의암 선생보다도 더 일찍 동학에 입도한 사람으로 일찍이 해월 선생을 모시고 목판으로 경전을 간행하는 사업을 주도적으로 했던 동학의 중요한 지도자 중 한 사람이다. 더구나 의암 선생, 송암(松菴) 손천민(孫天民, ?~1900) 등과 함께 해월 선생의 명을 받아 삼인공동 지도체제를 이루었던 인물이기도 하다. 이와 같은 김연국이 천도교 대도주직을 내려놓고 시천교로 갔다는 사실은, 결국 개인적인 사정도 있었겠지만 당시 지도체제의 핵심인 의암 선생의 여러 노선과 입장이 불일치했기 때문이라고 생각된다. 더욱이 구암은 의암 선생이 해월 선생으로부터 도통을 전수받은 직후에도 의암의 도통 승계에 한때 이견을 보인 전력도 있다.

이런 점을 감안할 때 만약 의암 선생이 스승인 해월 선생이 사용하던 '하늘님' 또는 '하날님'을 임으로 바꾸어 '한울님'이라는 명칭으로 바꿔서 사용했다면, 의암 선생과 의견이 달리하던 김연국이 시천교나 상제교 등으로 간 후에도 의암 선생이 임의로 바꾼 '한울님'이라는 명칭을, 의암 선생을 답습하여 그대로 사용했겠는가? 이는 상식적으로 생각을 해도 납득을 할 수 없는 이야기가 된다.

따라서 상제교 등에서 김연국이 '한울님'이라고 사용을 한 것은 해월 선생 시대에도 '한울님'이란 명칭을 사용했음을 보여주는 증거가 된다. 김연국이 해월 선생의 지도를 받아 오랫동안 동학교단의 중추적인 지도자로 활동을 했다는 사실을 감안하면 이는 간과해서는 안 되는 정황이라고 할 수 있다. 수운 선생 이후 동학 교단의 실제 호칭이 '한울님'이었음이 분명하다는 것이다.

그러면 왜 목판본에는 '하늘님', 'ㅎᆞ늘님' 등으로 표기되었는가. 현재 발견된 가장 오래된 판본인 계미중춘판에 '하늘님', 'ㅎᆞ늘님' 등의 표기가 20회 나온다. 이 중 처음 「교훈가」에서 한번 '하늘님'으로 되어 있고, 그 나머지는 19번 모두는 'ㅎᆞ늘님'으로 되어 있다. 즉 'ㅎᆞ늘님'이라는 표기가 주를 이룬다.

그러나 표기상 'ㅎᆞ늘님'은 옳은 표기가 아니다. '하늘님'이 맞는 표기이다. 오늘의 '하다' 동사는 'ㅎ다'이지만, '많다, 크다' 등의 표기는 '하다'이기 때문이다. 『용담유사』가 판각되던 19세기는 한글 역사에서 그 표기가 가장 혼란을 겪던 시기이다. 그러므로 잘못 표기된 것으로 생각된다. '하늘님', 'ㅎ 늘 님' 등은 '한올 님'의 연철일 가능성이 매우 높다. 같은 계미중춘판 『용담유사』에 연철의 예가 많이 보인다. '받아던가'를 '바다던가'로, '앉앗으니'를 '안자스니'로, '돌아보고'를 '도라보고'로, '뜻(뜻)을'을 '뜨즐' 등으로 표기한 연철표기의 예는 아주 많다.

실질적으로는 '한울님'이라고 부르면서 그 표기에 있어서 이렇듯 연철이 되어 '하늘님', 'ㅎ 늘 님' 등으로 되었을 가능성이 매우 높다. 1905년 천도교로 대고천하 한 이후, 천도교단에서는 기관지를 간행한다. 1910년에 창간된 『천도교회월보』에서 한울님의 호칭은 '한을', '한울', '한우님' 또는 '한울님' 등으로 표기를된 것을 볼 수 있다. 이러한 모습은 혼란스러웠던 19세기 표기법을 정착시키는 과정이라고 할 수가 있다.

또한 1900년대 초만 해도, 의암 선생 외에도 해월 선생으로부터 가르침을 받은 천도교의 중요한 인사들이 많이 교단에서 왕성하게 활동을 하고 있었다. 이러한 상황에서 천도교 신(神)의 명칭을 스승인 해월 선생이 쓰지도 않은 '한울님'으로 고쳐서 쓸 수가 있겠는가? 이는 상식적으로 납득할 수 없는 일이다. 의암 선생은 동학을 천도교로 대고천하하고, 교단 체제를 정비하면서, 실제적인 호칭인 '한울님'의 표기를 연철에 의한 표기가 아니라, '한을', '한우님'을 거쳐 최종적으로 '한울님'으로 정착시킨 것으로 판단된다. 동학 천도교 신의 이름은 예나 지금이나, 수운 선생 시절이나 지금이나 '한울님'이었음이 분명하다.

아직도 나는 어정쩡한 천도교인

금번에 주해 『동경대전』을 다시 낼 생각을 한 것은 초판을 낸 이후에 여러 차례에 걸쳐 강의를 하다 보니 고쳐야 할 부분이 너무 많이 나왔기 때문이다. 『동경대전』은 함부로 다가가고 섣부르게 해석하고 주해(註解)할 수 있는 경전이 아니라고 생각한다. 수운 선생은 동학을 창명하기 전에 동양 고전에 관하여 폭넓은 식견을 갖추었던 인물이기 때문에 우선 다양한 동양고전에 대한 이해를 필요로 한다. 또한 수운 선생은 누구도 도달하기 쉽지 않은 깊은 경지에서 신비체험을 하고 도를 깨달았으며 이를 깨달은 그 바탕 위에서 '가르침의 글', 곧 경전을 저술하였다. 『동경대전』은 바로 이러한 수운 선생의 깊은 깨달음의 세계가 담긴 경전이다. 따라서 동양고전에 관한 이해만으로는 온전히 도달할 수 없는 심오한 세계가 이에는 담겨 있다. 그러므로 그에 대한 주해 작업은 한두 사람이 완결할 수 있는 것이 아니라 두고두고 새로운 주해자, 번역자가 나와야 하고, 이들 새로운 주해자, 번역자에 의하여 끊임없이 새롭게 해석되어야 한다고 생각한다. 한 사람의 주해서가 모두 옳고 전부라고 생각한다면, 이는 오해일뿐더러 오만이기까지 할 것이다.

그간 나는 몇 권의 동학 천도교에 관한 서적을 저술했다. 그리고 『동경대전』과 『용담유사』의 주해서도 냈다. 내가 학교에 국문과 교수로 재직할 때, 동학 천도교에 관한 논문이나 책을 주로 쓰니까, 후배 교수가 반 농담으로 '동학학과'를 만들어 나가라고 했다. 시(詩)를 쓰는 것 이외에 동학 천도교를 좀 알 뿐, 그 이외에는 아는 것이 거의 없다.

코로나19가 유행하기 전에는 특별한 일이 없는 한 거의 시일식에 참석을 했다. 지금은 화상으로 시일 참례를 한다. 성미도 꼬박꼬박 내고, 저녁 9시 기도식도 꼭 지켜서 하려고 한다. 나이 70살을 넘기 전에는 수도원에 일 년에 한두 번은 꼭 갔다. 천도교에서 천도교인이면 지켜야 하는 신앙적 규율로 정한 오관(五款)인 주문(呪文), 청수(淸水), 시일(侍日), 기도(祈禱), 성미(誠米)를 지키려고 하는 한 사람의 평범한 천도교인이다.

그러나 아직도 그 내면의 깊이와 넓이가 많이 부족하다. 과연 내가 투철한 신앙인인가 하는 자문(自問)에 당당히 답하지 못한다. 그러니 아직도 나는 어정쩡한 천도교인일 뿐이다. 이런 사람이 한평생을 붙들고 씨름한 동학 천도교이다. 그리고 그 과정에서 겪었던 수많은 시행착오와 오류를 수없이 광정해 나온 결과가 오늘의 이 『동경대전』 주해서이다.

주해에 이어서 한글판 『동경대전』을 붙였다. 오늘날 대다수 독서인구는 한글세대인데, 그동안의 『동경대전』 번역에 너무나 한자투(漢字套) 표현이 많아 읽기가 어렵다는 생각에, 중등교육을 마친 사람이면 누구나 읽고 이해할 수 있기를 바라며 최대한 쉽게 풀어 써 보았다. 어떨지 모르겠다. 한글판 『동경대전』은 계미중하판을 저본으로 삼았고, 이 판의 원본을 대조할 수 있게 한글판 옆에 영인본을 붙이는 편집을 했다.

2부에는 『동경대전』에 관한 문헌 연구 부분을 붙였다. 인제 경진판 이후 오늘에 이르기까지 『동경대전』은 어떻게 간행이 되었으며, 또 어떻게 그 체제가 변천이 되었는가를 살펴보았다. 『동경대전』의 체제와 내용, 새로 발견된 『동경대전』이 최초의 판본인 인제 경진판일 것이라고 비정(比定)하는 논문도 실었다. 다만 이 판본이 인제 경진판이라고 확정하려면 몇 가지 더 보충해야 할 것들이 있음도 밝혀 두었다. 또한 『동경대전』과 『도원기서』를 간행한 동학교단의 위상은 어떠한가의 문제를 짚어보았다. 이어서 해월 선생의 초기 법설에 관한해 논의한 글도 실었다. 또 이상의 글들 곳곳에 경전을 발간하기 위하여 해월 선생이 구송(口誦)을 하였는가 아니면 원본(原本)을 저본으로 삼아 경편의 체제를 확정하고 간행했는가의 문제도 여러 자료를 중심으로 살펴보았다. 이번에 실은 논문들은 앞서 발표를 한 것들을 일부 수정 보완한 것도 있고, 또 새로 쓴 것들도 있다.

　스승님의 깊은 뜻을 헤아리기에는 여전히 많이 부족한, 더구나 그 내면이 지금도 어정쩡한 천도교인 저자가 나름 애를 쓴 주해 『동경대전』과 여러 글들이다. 동학 천도교를 이해하고 세상에 알리는, 그래서 수운 선생님이 동학을 창도한 목적으로 내세운 바와 같이 천하에 한울님 덕을 펴는 데[布德天下]에 조금이나마 보탬이 되는 책이 되었으면 한다. 어려운 여건 아래에서 좋은 책을 내고자 노력하는 도서출판 모시는 사람들에 감사드린다.

　지금 집이 어려운 일을 겪고 있다. 한울님, 스승님 감응이 있으시기를 간절히 심고 드린다.

포덕 162년(2021) 5월

현암 윤석산 심고

東經大全

I

주해

포덕문
布德文

布德文

「포덕문」은 수운 선생[水雲 崔濟愚, 1824~1864]이
1861년[辛酉] 봄에 지은 것으로,
한울님으로부터 무극대도(無極大道)를 받은 이후 첫 번째로 쓴 경편(經篇)이다.
수운 선생이 경신년(1860) 4월에 결정적인 종교체험을 하고
한울님으로부터 가르침을 받을 때,
한울님으로부터
"나의 영부를 받아 사람들을 질병으로부터 구하고,
나의 주문을 받아 사람들로 하여금 나를 위하게 하면 너 역시 장생하여
천하에 나의 덕을 펴게 될 것
[受我此符 濟人疾病 受我呪文 敎人爲我 則汝亦長生 布德天下]"이라는 말씀을 듣는다.
즉 '포덕(布德)'이란 '한울님 덕을 세상에 펴는 것[布天主之德於天下]'이다.
인간을 비롯한 우주 만물은
궁극적으로 한울님의 덕화(德化)에 의해서 태어나고 살아간다.
생명이 있는 것이나 무생물이나 막론하고 모두 한울님의 덕화에 의하여
화생(化生)하고, 또 화육(化育)되는 것이다.
그러나 한울님의 존재와 덕화를 알지 못하는 어리석은 세상의 사람들은
자신이 어떻게 세상에 나왔으며, 어떻게 살아가는지 그 근본을 모른 채
막연히 살아간다.
'막연한 삶', 이는 바로 한울님의 덕,
한울님의 은덕도 모른 채 살아가는 삶이다.
그러므로 이러한 삶은 궁극적으로 올바른 삶이 될 수가 없다.
한울님의 이법인 천리(天理)와 한울님이 우리에게 부여해 준
천명(天命)을 저버리는 삶이기 때문이다.
「포덕문」은 바로 이와 같이 세상의 사람들에게 자신의 생명의 근본이 되는,
한울님을 터득하게 하고,
한울님 덕에 의한 생명의 소중함을 깨닫게 하여,
천리와 천명을 따르는 올바른 삶을 살아갈 수 있도록,
대신사의 가르침을 담은 경편이다.

盖自上古以來 春秋迭代 四時盛衰 不遷不易 是亦 天主造化之迹 昭然于天
下也 愚夫愚民 未知雨露之澤 知其無爲而化矣

　하늘과 땅이 처음 열리던 아주 먼 옛날부터 봄, 여름, 가을, 겨울의 네 계
절은 일정한 질서에 따라, 서로 바뀌고 또 바뀌면서 오늘까지 이어져 내려
왔다.

　봄이 깊어지면 여름이 오고, 여름이 깊어지면 가을이 오고, 가을이 깊어
지면 이내 겨울이 온다는, 계절이 성(盛)하고 쇠(衰)하는 것 같은 변화와 순
환은 우주 개벽 이래, 한 번도 착오를 일으키지 않고 정연하게 반복되어 왔
다. 따라서 이러한 계절적 변화와 순환에 의하여, 더위와 추위가 번갈아 나
타나고, 이와 같은 기후의 변화에 따라 인간과 만물이 살 수 있는 토양과 환
경이 만들어지는 것이다.

　이러한 우주의 질서 또는 자연의 질서는 다름 아니라, 한울님께서 우리
에게 보여주시는 무궁무진한 조화의 모습이다. 그러나 한울님의 존재를 깨
닫지 못한 세상의 어리석은 사람들은 계절 변화의 정연한 질서 속에서 비를
내리고 또 이슬을 내려 만물이 살아갈 수 있게 하는 것이 바로 한울님이 만
물에 베푸는 은덕인지 알지 못하고, 막연히 저절로 일어나는 자연의 현상이
라고 생각하며 살아왔다.

■ 盖自上古以來(개자상고이래) : 여기서 '상고(上古)'는 역사상 시대 구분의 '상고시대'가 아니라 '하늘과 땅이 처음 열렸을 때'를 뜻한다. '개(盖)'는 '무릇' '대체로' 등 부정확한 사실을 지시하는 허사(虛辭)이다. '자(自)'는 '~으로부터'의 뜻이고, '이래(以來)'는 '그 이후로'의 뜻이다. 따라서 '자(自)~이래(以來)'는 '하늘과 땅이 처음 열린 이후로 쭉 오늘에 이르기까지'라고 풀 수 있다.

■ 春秋迭代(춘추질대) : 계절이 서로 바뀌며, 이 바뀜이 끊임없이 되풀이된다는 뜻이다. 특히 '질대(迭代)'라는 낱말에는 '바뀐다[迭]'의 의미와 '대대로 이어진다[代]'의 두 의미가 들어 있다. 따라서 이 구절에는 계절이 바뀌며, 이 바뀜이 계속해서 이어져 나간다는 '연속'의 의미가 담겨 있다.

■ 四時盛衰(사시성쇠) : 이 구절은 앞의 '춘추질대(春秋迭代)'와 유사하다. 그러나 똑같지 않다. 춘추(春秋)와 사시(四時)는 같은 의미이다. 그러나 앞에서 언급한 바와 같이 질대(迭代)는 계절이 바뀌며 이어져 나간다는 의미이지만, '성쇠(盛衰)'는 봄의 기운이 왕성하다가 쇠해지면 여름이 오고 또 여름의 기운이 왕성하다가 쇠해지면 이내 가을이 온다는, 성(盛)과 쇠(衰)가 순환하는 이치에 따라 한 계절이 시작되고 또 왕성해지다가 쇠락하며 끝이 나고, 다시 다음 계절이 이어져 온다고 말하여 질대(迭代)의 원리를 밝힌다.

계절만이 그러한 것은 아니라 만물 역시 그러하다. 성(盛)과 쇠(衰)의 오고 감에 의하여 그 만물은 생겨나고 자라나고 또 번성하였다가 노쇠하여 사라지는 것이다. 성쇠의 이치에 따라 만물은 태어났다가 사라지고, 또 질대(迭代) 이치에 의하여 순환하며 이어나가는 것이다. '성쇠와 질대'는 바로 자연의 법칙이며, 한울님의 이법이다.

■ 不遷不易(불천불역) : '천(遷)'은 이곳에서 저곳으로 옮겨가는 것이다. 이에 비하여 '역(易)'은 이것과 저것이 서로 바뀌는 것이다. 불천불역은 여름이 올 시기에 여름이 안 오고 문득 겨울이 온다거나[遷], 여름과 가을이 서로

순서가 바뀌어 온다거나[易] 하는 일이 결코 없다는 의미이다.

이 구절은 앞에서 언급한 춘추질대(春秋迭代)와 사시성쇠(四時盛衰)의 자연법칙이 결코 변하지 않는다는 것을 재삼 강조한 것이다.

■ 天主(천주) : 동학(천도교)에서는 '신(神)'을 '한울님'이라고 부른다. 그러나 『동경대전』이 한문으로 표기되었기 때문에 한자어인 '천주(天主)'로 쓴 것이다. 천도교의 모든 기록들을 면밀하게 살펴보면, 한문으로 표기된 『동경대전』이나 『수운행록(水雲行錄)』, 『도원기서(道源記書)』 등에는 '천주'로 표기되었다. 그러나 한글로 된 『용담유사』나 『천도교회사』, 『천도교서』 등의 기록을 보면, 모두 '한울님' 또는 '하늘님' 등으로 표기되어 있다. 이와 같은 사실로 보아 본래 동학(천도교)의 신의 명칭은 '한울님'임을 알 수 있다. 그러나 어쩔 수 없이 한문으로 표기할 때에는 '한울님의 한문 번역어'인 '천주(天主)'로 표기한다.

이 외에 '상제(上帝)'라는 표기가 보인다. 은(殷)나라 이후 중국을 비롯한 우리나라 사람들이 일반적으로 쓰던 신의 호칭이 '상제' 또는 '옥황상제'였다. 이와 같은 사실로 인하여 한울님이 수운 선생에게 자신을 쉽게 이해시키기 위하여, 중국을 비롯한 우리나라에서 널리 사용되는 '상제'라는 명칭을 빌려서 자신의 존재를 설명한 것이다. 「포덕문」에서 "세인위아상제(世人謂我上帝)" 곧 "세상 사람들, 곧 중국을 비롯한 우리나라 사람들이 나를 상제라고 부르는데," 하는 대목이 바로 이 부분이다. 그러므로 이어서 "여부지상제야(汝不知上帝耶)", 즉 "세상 사람들이 모두 상제님, 상제님 하고 부르는 그 상제를 너는 알지 못하느냐?" 고 반문한 것이다. '상제'는 수운 선생이 신을 칭한 것이 아니며, 또한 천도교의 신 호칭도 아니라, 당시 세상 사람들이 일반적으로 쓰던 호칭이라는 뜻이다.

■ 造化之迹(조화지적) : '조화의 흔적'이라고 해석된다. '조화'란 만물을 생

성시키고 또 기르고 변화시키는 자연의 힘, 능력을 말한다. 동학(천도교)에서 이 조화는 자연의 힘이며 동시에 한울님의 힘과 능력을 말한다.

봄이 여름으로 바뀌고, 여름이 가을로 바뀌고, 또 가을이 겨울로 바뀌는 이 질서 정연한 순행은 천지개벽 이후 한 번도 착오를 일으키거나 잘못된 적이 없었다. 이는 다름 아닌 한울님의 위대한 힘과 능력에 의한 것이다. 봄, 여름, 가을, 겨울이라는 변화와 순환은 곧 한울님의 위대한 힘이 이 우주에 나타나는 한 자취라는 것이다.

■ 昭然于天下(소연우천하) : '소연(昭然)'은 밝은, 분명한 모양을 나타내는 형용사이다. 한울님 조화의 힘이 네 계절의 변화 등을 통해 이 세상에 밝게, 또렷이 드러나고 있다는 의미이다.

■ 愚夫愚民(우부우민) : 어리석은 사람들이라는 뜻이다. 그러나 여기서 '어리석은 사람'은 유교의 해석과 같이 생이지지(生而知之)의 '성(聖)', 학이지지(學而知之)의 '현(賢)'에 상대가 되는 곤이득지(困而得之)의 '우(愚)'라는 뜻으로 쓰이지 않았다. 즉 성인(聖人)의 교화를 받아야 하는 백성, 또는 증민(烝民)으로서의 의미로 쓰인 것은 아니다. 여기서 어리석다는 것은 만물이 한울님의 은덕으로 생성되고 자라난다는 한울님의 조화의 이치를 깨닫지 못한, 그러므로 한울님의 덕화를 받으면서도 이를 알지 못하는 세상 사람들을 '어리석은 사람들', 즉 우부우민(愚夫愚民)이라고 말씀한 것이다.

■ 未知雨露之澤(미지우로지택) : '미(未)'는 명사 부정이다. '미지(未知)'는 '알지 못한다'가 아니라, '본원적으로 앎이 없다.'이다. 즉 우로지택(雨露之澤)을 알지 못하는 것이 아니라 우로지택의 진정한 의미에 관한 앎이 없다는 의미이다.

'우로(雨露)'는 비와 이슬이라는 뜻이다. '우로지택(雨露之澤)'은 '비와 이슬의 혜택, 은혜'라는 뜻으로 자연이 만물에게 내리는 혜택을 의미한다. 나아가 이는 한울님이 만물에게 베푸는 은혜 또는 그 은덕을 뜻한다.

■ 知其無爲而化矣(지기무위이화의) : '무위이화(無爲而化)'는 동학(천도교)의 가르침의 요체라고 수운 선생이 말씀하셨다. 무위이화가 동학의 요체가 되는 까닭은 한울님의 힘이며 작용이기 때문이다. 그러나 내가 모신 한울님을 깨닫느냐 깨닫지 못하느냐에 따라 무위이화를 '한울님의 힘이자 작용'으로 인식할 수도 있고, '아무런 작용함이 없이 다만 저절로 되는 자연현상'으로 바라볼 수도 있다. 우부우민(愚夫愚民)은 한울님 모셨음을 깨닫지 못한 사람들이기 때문에, 여기에서 무위이화는 '아무런 작용함이 없이 다만 저절로 되는 자연 현상'을 의미한다. 따라서 "우리 도[吾道]는 무위이화(無爲而化)이다."(「論學文」)라는 말씀과 본질적으로는 동일한 것이지만, 한울님 깨달음 여하에 따라 차이를 지닌다.

【대의】 우부우민(愚夫愚民)의 시대로 상정되는, 문명 이전의 선천 시대에 관하여 말씀하신 단락이다. 특히 한울님 존재를 깨닫지 못한 선천의 사람들은 자연의 모든 현상이 한울님의 조화의 작용임을 알지 못하여, 한울님 뜻에 따라 살지 못한다. 그러므로 한울님을 올바르게 깨달아 만물이 살아가는 것이 다름 아닌 한울님의 은덕, 그 조화의 자취에 의한 것임을 깨달아야 함을 역설한 단락이다.

—— * —— * ——

自五帝之後 聖人以生 日月星辰 天地度數 成出文券而以定天道之常然 一動一靜 一盛一敗 付之於天命 是敬天命而順天理者也. 故人成君子 學成道德 道則天道 德則天德 明其道而修其德 故乃成君子 至於至聖 豈不欽歎哉

인류의 역사에 오제(五帝)와 같은 훌륭한 임금님이 나타나게 되었고, 이 분들은 천리(天理)를 본받아 제도와 법도를 밝혀서 사람이 사람답게 살 수 있는 사회를 이룩했다.

인류가 이와 같이 문명의 시대를 열어가기 시작한 이후, 훌륭한 지혜와 덕을 갖춘 성인들이 계속해서 나타났다. 이들은 해가 어느 방향에서 언제 뜨며 달이 언제 기울고 차는가, 또는 밤하늘의 별자리가 어떻게 바뀌는가 등의 천체의 움직임을 관찰하고 또 예측하여, 이 우주가 일정한 법도를 따라 움직인다는 사실을 알아내고 이러한 우주의 움직임이 다름 아닌 천도(天道)임을 깨닫게 되었다. 그러므로 이를 역서(曆書)로 만들어 세상에 내놓아, 세상 사람들이 이를 삶의 근간으로 삼아 살아갔다.

또한 이들 성인들은 천도에 따라, 한번 움직이면[動] 한번은 고요해지는 [靜] 만물의 생멸(生滅)의 과정과, 한번 성하면[盛] 한번 쇠락하는[敗] 만물의 성쇠(盛衰) 변화 작용 모두가 궁극적으로는 천명(天命)에 의한 것임을 깨닫게 되었다. 그러므로 세상 사람들은 천명(天命)을 공경하게 되었고, 만물 변화의 근본 법도인 천리(天理)를 따르게 되었다.

이런 까닭으로 천명을 받들고 천리에 따라 마음을 닦고 몸을 가다듬어, 사람들은 군자가 되고, 배움은 도(道)와 덕(德)을 이루었으니, 도란 곧 만물을 화생(化生)하고 발육(發育)시키는 근본 이치인 천도(天道)요, 덕이란 바로 이 천도를 세상에 드러나게 하는 공덕인 천덕(天德)인 것이다.

만물이 생겨나고 또 자라나는 근본 이치인 천도를 밝히고, 자기 삶에서 실천궁행할 덕목인 천덕을 닦아, 사람들은 마침내 군자가 되고 이에서 한 걸음 더 나아가 우주의 근본 원리를 깨닫고 실천하는 성인의 경지[至聖]에까지 이르게 되니, 이 어찌 기쁘고 기쁜 일이 아니었겠는가.

■ 自五帝之後(자오제지후) : '오제(五帝)'는 본래 중국 상고 시대에 있었다는 다섯 명의 훌륭한 임금을 일컫는 말이다. 이 오제가 구체적으로 누구인지에 대해서는 다소 의견 차이가 있다. 옛 기록에 의하면, 오제의 한 사람인 복희씨(伏羲氏)는 팔괘(八卦)를 지어 하늘의 이치, 우주의 질서를 밝혔고, 또 다른 한 사람인 신농씨(神農氏)는 농사짓는 법을 가르치고 시장을 열어 물물교환을 가르쳤다고 한다. 또 이외에 누구는 온갖 풀을 맛보아 약초를 만들고, 또 누구는 비파라는 악기도 만들었다고 한다. 이와 같은 기록으로 볼 때, '오제'는 중국의 문명이 처음으로 형성되던 시기의 임금들이라고 할 수 있다.

따라서 이 구절은 단순히 중국의 상고시대의 임금에 관해 이야기하고자 한 것이 아니다. 인류가 천리와 천명을 알지 못한 채 원시적인 생활을 할 때, 어리석은 사람들에게 올바른 삶의 제도와 법도를 가르쳐주고, 사람답게 살 수 있는 길, 곧 문명 시대를 열어놓은 것을 의미한다. 따라서 '오제(五帝)'는 단순히 중국 고대의 임금들을 의미하는 것이 아니라, 인류 문명을 연 사람을 상징한다.

■ 聖人以生(성인이생) : 유교의 가르침에 의하면, 하늘이 만민을 이 세상에 나게 하셨는데, 이들이 어리석어 제도나 법도를 만들지 못하고 마치 짐승과 다름없이 살아가기 때문에 하늘이 다시 이 세상에 성인을 내어 사람들이 인간다운 생활을 할 수 있는 법도를 만들어, 이로써 만민을 가르치고 다스리게 되었다고 한다. 이 제도나 법도는 천리(天理)와 천명(天命)을 따라 이룩한 것이기 때문에, 성인의 출현 역시 하늘의 이치에 의한 것이라고 할 수가 있다. 그래서 '천리와 천명을 따름으로써[以] 성인(聖人)이 나타나게 되었다[生]'고 한 것이다.

■ 日月星辰 天地度數(일월성신 천지도수) : 해, 달, 별 등 우주 천체의 운행을 헤아린다는 뜻이다. 도수(度數)는 천체 운행의 거리를 측정하는 단위이

다. 이 '도(度)'에 의하여 해, 달, 별 등의 천체의 움직임을 관찰하여, 하루의 시간을 정하고, 또 한 해의 길이, 네 계절 등을 구분하게 되었다. 또한 이에 의하여 절기를 나누고, 절기에 따라 씨를 뿌리고 김을 매고, 또 거둬들이는 등 농사를 지으면서 인류가 한 지역에 정착하게 되고, 또 좀 더 윤택하게 살 수 있게 되었던 것이다.

■ 成出文卷(성출문권) : '문권(文卷)'은 책이다. 즉 천체의 운행을 관찰하고, 이를 헤아려 그 법칙을 기록하고 이를 '책[文卷]으로 만들어[成] 펴냈다 [出].'는 뜻이다. 이 책이 바로 '역서(曆書)'이다. 이 역서에는, 천체를 구성하는 주요 요소들인 해, 달, 별 등의 운행 규칙을 헤아려, 천체의 운행에 따라 일기, 기후 등이 어떻게 변화하는지와, 이 변화에 따른 절기를 나누어 표시해 두었다. 이와 같은 기록은 모든 인류의 삶에 중요한 기준이 되며, 특히 과거 농경사회에서는 특별히 긴요한 것이 아닐 수 없다.

■ 以定天道之常然(이정천도지상연) : '천도(天道)'는 하늘의 법칙이다. '상연(常然)'은 '늘, 항상'이라는 뜻이다. 그러나 늘, 항상 같은 모습을 유지하여 변하지 않는 것이라기보다는, 변화하되 '늘', '항상' 일정한 법칙에 따라 변화하는 것을 말한다. 따라서 천도지상연(天道之常然)을 '천도는 항상 변하지 않는다.'라고 번역하면 오류가 된다. 변화하되 일정한 법칙에 따르기 때문에 그 변화의 법칙이 변하지 않는다는 의미이다.

이렇듯 천체의 운행이 일정한 법도에 따라 조금도 어긋남이 없이 운행되고 있음을 알고, 바로 이것으로써[以] 천도의 떳떳한 모습으로 정(定)하게 되었다는 말씀이다. 다시 말해서, 우주는 어떠한 변하지 않는 법칙이 있어, 이에 의하여 운행되고 있다는 사실을 밝혀내고, 변함없는 변화의 법도를 하늘의 도, 즉 천도(天道)로 삼았다는 뜻이다.

■ 一動一靜 一盛一敗(일동일정 일성일패) : '한 번 움직이면[動] 한 번 고요

해짐[靜]'은 우주만상의 변화를 의미한다. 즉 사람이 태어나 살아간다는 것이 '동(動)'이라고 한다면, 삶을 마감하고 죽는다는 것은 '정(靜)'이라 할 수 있다. 즉 삶과 죽음이라는 이 세계의 근본적이며 절대적인 변화를 동(動)과 정(靜)으로 말할 수 있다. 또한 낮은 '동(動)'이라면 밤은 '정(靜)'이라고 할 수가 있다. 즉 밤낮의 변화 또한 '동과 정'이라고 할 수가 있다.

이에 비하여 '성함(盛)과 쇠락함(敗)'은 만물 변화의 상태를 말하는 것이다. 즉 사람이 소년기 청년기를 살아간다는 것이 '성(盛)'이라면, 중년기를 지나 노년에 이르는 것은 '쇠락함(敗)'에 해당된다. 만물은 어느 것이나 필연적으로 이러한 변화를 겪는다.

'성함(盛)과 쇠락함(敗)'이 무상하게 반복되는 이치에 따라 만물은 성장 - 쇠퇴를 하게 되고, 또 '움직임(動)과 고요함(靜)'에 의하여 만물은 태어남 - 사라짐의 과정을 겪게 된다. 만물이 생성되어 '움직임(動)'으로써 생존하고 생활하며 '무성함(盛)을 거쳐 쇠락함(敗)'에 이르고, 마침내 '고요함(靜)'으로 들어가게 되는 것이다. 이렇듯 '움직임(動)과 고요함(靜)', '무성함(盛)과 쇠락함(敗)'이라는 서로의 연관관계 속에서, 우주 만상은 모두 생성, 변화, 쇠퇴, 사멸의 과정을 겪는 것이다.

■ 付之於天命(부지어천명) : '천명에 부친다.' 즉 '천명에 의거한다.'는 의미이다. '지어(之於)'는 어조사로서, '~에', '~에게' 등의 의미를 나타낸다.

바로 위 구절인 '일동일정 일성일패(一動一靜 一盛一敗)'와 연결되는 구절로, 이를 연결시켜 보면, "만물이 성하고 또 쇠락하는 성패의 변화나, 만물이 생겨나고 사라지는 생멸의 변화 등 모든 것은 궁극적으로 하늘이 품부해준 명(命), 즉 천명(天命)에 의한 것이다."라는 말씀이다.

■ 敬天命而 順天理(경천명이 순천리) : '경(敬)'은 '공경하여 받든다', '순(順)'은 '거스르지 않고 잘 따른다', '천명(天命)'은 '한울님의 법도, 섭리에 의거하

여 인간을 비롯한 만물에 부여된 존재 이유, 존재 가치, 존재 원력(原力)'의 뜻
이다. '천리(天理)'는 한울님의 법도, 섭리로서, 이 천리에 의하여 인간과 만물
이 천명을 받는다. 천리에 의하여 천명을 받고 태어나 살아가는 사람들은 당
연히 한울님이 부여한 명을 공경하며 이를 실천하고 실현하는 삶을 영위해
야 하고, 또 한울님 섭리에 거스르지 않는 삶을 살아야 한다는 말씀이다.

■ 故人成君子 學成道德(고 인성군자 학성도덕) : 한울님의 명을 공경하고
한울님의 이치를 따르는 삶을 살아가면 사람은 군자가 되고, 또 이 사람들
이 닦은 학문은 한울님의 도(道)와 덕(德)에 부합하며, 나아가 이를 세상에
실현한다.

■ 道則天道 德則天德(도즉천도 덕즉천덕) : 이 구절은 앞의 구절인 '학즉도
덕(學則道德)'에서 '도덕'을 '도'와 '덕'으로 나누어 다시 설명한 것이다.

'천도(天道)'란 한울님의 도로서, 만물이 생겨나서 살아가게 하는 근본 원
리이며, '천덕(天德)'은 만물이 생겨나고 살아가는 동력이다. 즉 인간과 만물
은 천도에 따라 이 세상에 태어나(생겨나), 천덕으로 살아간다.

동양에서는 오래 전부터 도(道)와 덕(德)에 관하여, "도생지(道生之) 덕휵지
(德畜之)"(『老子』 51장)라고 하였다. 즉 도(道)는 만물을 낳는 원리라면, 덕(德)
은 만물을 기르는 것이라는 의미이다. 따라서 근본원리인 도를 깨달아, 사
사로움에 치우치지 않고 무사공평(無私公平)하게 만물을 기르는, 그 덕을 체
득하는 것으로 마음공부를 하여 그것을 본받고, 온전히 실현하고자 하는 것
이다.

■ 明其道而修其德(명기도이수기덕) : '도'는 천도로서, 만물이 생겨나는 원
리이기 때문에 그 근본 이치를 깨달아 밝게 터득[明其道]해야 하는 것이다.
'덕'은 천덕으로서, 어느 한곳에 치우치지 않고 만물을 무사공평하게 기르
는 것이다. 그러므로 이를 체득하여 내면에 쌓아 한울님을 닮은 인격체를

이루어야 하는 것이다. 따라서 덕은 닦는 것[修其德]이며, 닦아서 쌓아야[修 得] 하고 체행(體行)해야 하는 것이다.

■ 乃成君子(내성군자) : '내(乃)'는 '이에', '이리하여' 등의 뜻이다. 하늘의 도를 밝히고[明其道], 하늘의 덕을 닦아[修其德] 나가는 공부와 수행을 통하여 사람들이 군자가 되었다는 뜻이다.

■ 至於至聖(지어지성) : 앞의 '지(至)'는 '이르다', 또는 '도달하다'는 뜻의 동사이고, 뒤의 '지(至)'는 '지극한'의 뜻인 형용사이다. '지극한 성인의 경지에 이르게 된다.'로 풀어 볼 수 있다.

이러한 말씀으로 보아 동학을 공부하는 궁극적인 목적은 천도를 밝히고, 천덕을 닦아 지극한 성인의 경지에 이르는 것임을 알 수가 있다.

■ 豈不欽歎哉(기불흠탄재) : '기(豈)'는 '어찌', '무엇'의 뜻이다. '재(哉)'는 의문문이나 감탄문의 어조사다. "어찌 기쁘지 아니한가."의 뜻이다.

【대의】 인류 역사에서 성인이 출현하고, 이들 성인이 궁구하여 밝힌 천도의 가르침에 따라 인류는 문명시대를 맞이하게 된다. 또한 이러한 가르침이 시작된 이후 많은 성인, 군자들이 인류사에 등장하고, 이들에 의하여 인류의 문명시대가 계속 되었다.

—— * —— * ——

又此挽近以來 一世之人 各自爲心 不順天理 不顧天命 心常悚然 莫知所向矣

그러나 근래에 이르러 세상 사람들은 한울님의 이법[天理]과 은혜[天德]를 망각하고, 자기 자신만을 위하는 타락한 이기주의에 물든 마음이 흉중에 가득 차게 되었다. 그러므로 자신을 생겨나게 하고 또 살아가게 하는 근본 섭리(攝理)인 한울님의 이법을 거스르는 삶을 살아가고, 한울님이 자신에게 부여한 천명(天命)을 깊이 생각하지도 않는, 천리와 천명에 어긋나는 삶을 살아가게 되었다.

이러한 세태와 인심을 생각하니 내 마음이 자나 깨나 불안하고 앉으나 서나 걱정이 가실 때가 없었다. 더욱이 이와 같은 혼탁한 세상, 참담한 인심을 극복할 수 있는 방법을 찾을 수 없어, 더욱 마음만 답답할 뿐이었다.

■ 又此挽近以來(우차만근이래) : '만근(挽近)'의 '만(挽)'은 '만(輓)'과 통하는 글자이다. 만(挽·輓)은 모두 '당긴다'는 뜻이다. 따라서 '만근'은 '근세로 당겨진'이라는 의미를 지니고 있어, '최근(最近)'이라고 풀이할 수 있다. '이래(以來)'는 '이(때)로부터'이다.

■ 各自爲心(각자위심) : '사람들이 각기 자신이 지닌 사사로운 마음으로 자신의 마음을 삼아 살아가는 것[各者以自心爲心], 또는 그 마음'을 말한다.

자신이 처한 현실과 자기 입장만을 중심으로 모든 것을 생각하고 또 실행하려는 마음이 곧 각자위심이다. 따라서 이러한 마음은 다른 사람의 입장이나 상황을 고려하거나 배려하지 않는다. 결국 자신의 이익만을 추구하는 타락한 개인주의 내지는 이기주의가 된다. 또한 자신 존재와 생존의 근본이 되는 천도와 천리를 따르고 공경하는 공심(公心)이 없이, 오직 자신만을 위하고 자신만을 생각하므로 천리와 천명을 어기는 사심(私心)을 말한다.

■ 不順天理 不顧天命(불순천리 불고천명) : 천리는 하늘의 이치, 이법이므로 따르는[順] 것이다. 천명은 하늘이 만유에게 부여한 명(命)이다. '고(顧)'는 단순히 '돌아본다'가 아니다. '깊이 생각한다'는 의미로 새겨야 하는 단어이다. '고려(顧慮)'와 같은 어휘에서 그렇게 쓰인다. 따라서 이 구절의 번역은 "내가

생겨난 근본 원리인 천리(天理)를 따르지 않고, 내 삶의 근거를 부여하고 또 살아가는 의미를 제공한 천명(天命)을 깊이 생각하지 않는다."로 해야 한다.

■ 心常悚然 莫知所向(심상송연 막지소향) : '송연(悚然)'은 마음이 두렵고 불안한 상태를 말한다. '막(莫)'은 '못하다', '하지 마라', '없다' 등의 금지, 부정 등의 뜻을 나타낸다. '소향(所向)'은 '지향할 바', '나아갈 곳', '나아갈 방향이나 방법'을 말한다.

"마음이 늘 두렵고 불안하여, 어떻게 살아야 하나 하는, 살아갈 바의 방향을 알 수가 없었다心常悚然 莫知所向]."는 말씀이다. 이 말의 주체는 수운 최제우 선생이다.

【대의】 근세에 이르러 세상의 사람들이 천리와 천명을 따르지 않고 또 깊이 생각하지 않는 삶을 살아가므로 세상이 지극히 어지러워졌다. 그러므로 이 어지러운 세상을 생각하고, 어떻게 하면 올바르게 구할 수 있는가 하며, 고뇌하는 수운 선생의 모습을 이 단락에서 발견할 수가 있다.

———— * ———— * ————

至於庚申 傳聞西洋之人 以爲天主之意 不取富貴 攻取天下 立其堂 行其道
故吾亦有其然豈其然之疑

경신년에 이르러서 세상에 떠도는 이야기가 들려왔다. "서양 사람들은 '가난한 자가 복을 받나니 천국이 그들의 것이라'라고 가르치며, 이러한 천주(天主)의 뜻에 따라 말로는 부유해지고 고귀해지기는 바라지 않는다고 하면서, 실제로는 이와 어긋나게 군대를 보내어 중국을 공격하여 점령하고는,

그 점령한 땅에 자신들의 교회당을 세우고 또 서학이라는 가르침을 펼치는 모순된 일을 자행한다."는 것이다. 나도 이런 말을 듣고는 '이것이 진정으로 세상에 바른 도를 펴는 것인가? 저 서양인들이 펴고 있는 서학이라는 가르침이 과연 세상을 올바르게 구할 가르침이라고 할 수 있겠는가?' 하는 의심을 품었다.

■ 至於庚申(지어경신) : 여기서 경신년은 서기 1860년이다. '경신년에 이르러서'의 뜻.

■ 西洋之人(서양지인) : 일반적으로 '서양 사람들'이라는 뜻인데, 이 구절에서는 서학을 전하는 기독교 선교사와 동양을 침공하는 서양의 군대를 통틀어 지칭한다.

■ 以爲天主之意 不取富貴(이위천주지의 불취부귀) : '이위(以爲)'는 '~생각하다, ~라고 여기다'의 뜻이다. 당시 동양으로 온 선교사들이 기독교 성경 말씀에 의하여 '가난한 자가 복을 받으니, 천국이 그들의 것'이라는 가르침을 폈다. 다시 말해 부귀를 탐하거나 취하지 않는 것이 올바른 삶이라고 가르쳤다. '천주의 뜻으로 부귀를 취하지 않는다고 하며'로 풀 수가 있다.

■ 攻取天下 立其堂 行其道(공취천하 입기당 행기도) : '공취(攻取)'는 '공격하여 빼앗는다.'의 뜻이다. '천하'는 중국을 의미한다.

당시 서양은 앞선 군사력으로 중국을 공략하여 중국의 주권을 유린하였고, 중국의 주요 도시 곳곳에 천주교당을 세우고 서학을 전파해 나갔다. 이는 그들이 말하며 가르치는 '천주의 뜻'과 완전히 상반되는 것이었다. 그 뿐만 아니라, 이미 17세기 무렵부터 천주교를 제한적으로 허용하고 있던 중국의 비교적 개방적인 정책에 만족하지 않고 위압적으로 서구 문명을 주입하려는 폭력적인 모습을 보였다. 이와 같은 모순된 현실을 전해 듣고, 수운 선생은 그 이면에 개재된 문명사적인 흐름을 읽고 이를 비판한 말씀이다. 특히 서양은 1840년 아편전쟁을 일으켰고, 이후 영국은 중국인 소유의 영국 해적선 애로우호를 빌미로 한 애로호 사건을 일으켰다. 영국군과 프랑스군은 1859년 수도 베이징 근처까지 이르렀고, 1860년, 즉 경신년에 북경의 원명원(圓明園)을 대부분 파괴하는 등 침탈을 계속했다. 이와 같은 상황이 우리나라까지 전해져 당시 우리나라 조정을 비롯하여, 조야(朝野) 모두를 불안하게 했다.

■ 其然豈其然之疑(기연기기연지의) : 서양 사람들이 취했던 이러한 모순된 모습[서학, 서교의 진출과 군사적 침탈]들이 과연 '그런가?[其然] 어찌하여 그런가?[豈其然] 하며, 의심하는 마음'이 들었다는 말씀이다.

즉 서양 정치, 군사 세력의 이중적인 모습과 함께 이들이 내세우는 가르침인 서학이 그들의 말과 같이 과연 세상을 올바르게 구할 수 있는 가르침인가, 하는 의구심이 들었다는 말씀이다.

【대의】 19세기 중반 한편으로는 군사력을 동원하여 동양을 침공하고, 다른 한편으로는 선교사들을 파견하여 그 땅에 교회당을 세우고 선교를 하던 서양의 두 얼굴, 서양의 모순된 모습을 비판하는 대목이다.

—— * —— * ——

不意四月 心寒身戰 疾不得執症 言不得難狀之際 有何仙語 忽入耳中 驚起
探問則 曰勿懼勿恐 世人謂我上帝 汝不知上帝耶 問其所然 曰余亦無功 故
生汝世間 教人此法 勿疑勿疑 曰然則 西道以教人乎 曰不然 吾有靈符 其名
仙藥 其形太極 又形弓弓 受我此符 濟人疾病 受我呪文 教人爲我則 汝亦長

生 布德天下矣

　　수운 선생이 일찍이 세상을 올바르게 이끌어 갈 수 있는 도(道)를 얻고자 10여 년간 전국을 주유(周遊)하던 끝에 다시 구도의 출발점인 용담(龍潭)에 돌아와 불출산외(不出山外)를 맹세하고 수련에 임하던 중, 뜻하지 않게도 경신년 4월 초 닷샛날에, 갑자기 마음이 선뜻해지고 몸이 주체할 수 없이 떨리는 신비한 현상을 겪게 되었다. 마치 병이 들어 마음과 몸을 진정시킬 수 없는 상태와 같았다. 이와 같은 증상이 어떻게 하여 나타나는 것인지 알 수도 없었고, 또 그 상태를 말로써 온전히 표현할 수도 없이 여몽여각(如夢如覺), 여광여취(如狂如醉)의 상태가 한동안 계속되었다.

　　바로 그 즈음에 문득 신비한 말씀이 어디에선가 들려왔다. 불현듯 들려오는 말씀에 깜짝 놀라 일어나 누구시냐고 물어보니, 대답하기를 "두려워하지 말고 두려워하지 마라. 세상 사람들이 나를 일컬어 상제라고 하는데, 너는 상제를 모르느냐?"라는 당부와 물음이 돌아왔다.

　　수운 선생이 오랜 기간 그토록 만나고 싶어 했던 절대의 신을 만난 것이다. 수운 선생이 정신을 수습하여 조심스럽게 "어찌하여 이렇듯 저에게 나타나셨습니까?"라고 여쭈니, 대답하기를, "내가 천지를 개벽하여 우주의 질서를 바르게 하고 만물이 살아갈 수 있도록 덕(德)을 베푼 지 오만 년이 되었다. 그러나 시간이 지날수록 세상 사람들은 점점 근본을 잊고 제멋대로 살아가니 결국 나는 아무런 공을 이루지 못하였다. 그러므로 너를 이 세상에 태어나게 하고 이 법을 주어 너로 하여금 세상 사람들을 가르치게 할 것이니, 조금도 의심하는 마음을 갖지 말라."

　　이에 묻기를 "그러면 지금 세상 사람들이 새로운 가르침이라고 말하는, 이른바 서도(西道)로써 세상 사람들을 가르칠까요?" 하고 물으니, 한울님께서 대답하시기를 "그렇지 않다. 나에게 영부(靈符)가 있으니, 그 이름은 어려움으로 허덕이는 세상의 온갖 질병으로부터 사람들을 구할 수 있는 선약(仙藥)이요, 그 모양은 우주의 근본인 내 마음을 표상한 태극(太極)이면서 또 궁궁(弓弓)이다. 나의 이 영부를 받아 세상과 사람들의 질병을 없애고, 나아가 세상 사람들 병든 마음을 치유하라. 또한 나의 이 주문(呪文)을 받아 세상 사람들을 가르쳐서 천리(天理)에 순응하고 천명(天命)을 공경하는 삶을 살게 하고, 그로써 나를 지극히 위하게 하라. 그러면 너 역시 무궁한 우주의 이치를 깨달아 무궁한 생명을 얻게 될 것이요, 나아가 온 세상에 나의 덕(德)을 널리 펴서, 천리와 천명을 따라 사는 거룩하고 행복한 세상을 이룩할 수 있을 것이다."

■ 不意四月(불의사월) : '불의(不意)'는 '뜻하지 아니 하였는데'라는 말로 '뜻밖에'로 새길 수 있다. 수운 선생이 10여 년간 온갖 고생을 하며 전국을 두루 답파(踏破)한 것은 다름 아니라 세상을 구할 수 있는 도를 얻기 위해서였다. 그 막바지에 용담으로 돌아와 최후의 정성을 들이던 중, 경신년 4월 5일 한울님이라는 절대적 존재의 계시를 받는 종교체험을 한다. 그러니 이는 말 그대로 '뜻하지 않은', 또는 '뜻밖의 일'이 아닐 수 없다. 그런가 하면, 한울님이라는 절대의 신을 만나고 또 그 가르침을 받는 것은 문명이 개시된 오만 년 전 이래 처음 있는 일이기 때문에 '뜻하지 아니한 일'이라고 한 것이다.

■ 心寒身戰(심한신전) : '마음이 선뜻해지고[心寒], 몸이 떨렸다[身戰]'는 말로, 수운 선생이 결정적인 종교체험을 할 때에 일어났던 신체적, 정신적, 정서적인 변화의 현상을 표현한 구절이다. 종교학자들의 연구에 의하면, 유신론적(有神論的) 전통을 지닌 모든 종교체험의 순간에는 떨림과 한기, 경외심과 두려움' 등의 신체적, 정신적, 정서적 변화를 일으키게 된다고 말하고 있다.

■ 疾不得執症(질부득집증) : 수운 선생이 종교체험 당시 겪는, 걷잡을 수 없는 여러 증상들이 어떤 연유에서 일어나는지를 알 수가 없었다는 뜻이다. 마음이 춥고 몸이 떨리는 현상이 일어나므로, 처음에는 무슨 병에 걸린 것으로 생각했다. 그래서 과연 어떠한 원인에 의한 병인지, 어떤 병으로 인한 증상인지 도무지 알 수 없다고 토로한 것이다.

■ 言不得難狀之際(언부득난상지제) : '제(際)'는 '때', '순간'의 뜻이다. '인간의 언어로는 도저히 표현하기 어려운 상태인 순간'이라는 뜻이다. 한울님이라는 신과 만나는 그 신체험(神體驗)의 순간은 일상적인 정서 상태와는 전혀 다르기 때문에 일상의 언어로써는 표현하기가 어려워진다.

■ 有何仙語(유하선어) : 어떤 신비한 말씀이 들렸다는 뜻이다. '선어(仙語)'는 일반적으로 신선의 말이나 선가(仙家)에서 쓰는 말을 뜻한다. 그렇지만 여기서 '선어'는 '신비한 말씀'이라는 뜻으로 해석함이 좋다.

■ 忽入耳中(홀입이중) : '문득(忽) 귀에 들어왔다.'라고 하여, 한울님의 말씀이 마치 외부에서 들리는 것같이 표현되고 있다. 수운 선생이 처음 한울님 말씀을 들을 때에, 이 말씀이 안에서 들려오는지 밖에서 들려오는지 구분할 수 없는, 그런 상태였다고 생각된다. 다만 소리를 듣는 감각기관이 '귀'이므로, 관념적으로 '귀[耳]'라는 말을 쓴 것으로 생각된다.

■ 驚起探問(경기탐문) : '놀라 일어나 자세히 물어보니'의 뜻이다. 특히 '탐문(探問)'은 그냥 물어보는 것이 아니라, 상세히 물어본다는 뜻이다. 수운 선생이 처음으로 신비체험을 하게 되어 정신이 없었다가, 이내 정신을 가다듬고 한울님께 여쭌 것이기 때문에 '상세히 물어본다'고 표현한 것이다.

■ 勿懼勿恐(물구물공) : '물(勿)'은 '~하지 말라'라는 금지사이다. '구(懼)'나 '공(恐)'은 모두 '두렵다/두려워하다', '무섭다/무서워하다'의 뜻이다. '구(懼)'는 인간 본연의 두려움이라면, '공(恐)'은 어떠한 대상으로 말미암아 일어나

는 두려움, 무서움을 말한다.

종교학의 연구에 의하면, 종교체험의 상태에서 사람들은 '극도의 두려움', 또는 '고양된 기쁨' 등의 정서적 변화를 겪는다고 한다. 따라서 수운 선생도 한울님을 만나는 신체험의 순간, 이러한 '극도의 두려움'을 느꼈기 때문에 한울님께서 '두려워하지 말고, 두려워하지 말라.'는 말씀을 한 것으로 생각된다.

■ 世人 謂我上帝(세인 위아상제) : '상제(上帝)'는 동양인들이 일반적으로 생각하는 하늘의 주재신(主宰神)을 일컫는 말이다. 은(殷)나라 이후에 쓰이던 명칭이다. 특히 도교나 민간에서는 흔히 천상계(天上界)를 주재하는 신이 있는데, 이를 옥황상제, 또는 상제라고 부른다. 그러므로 일반적으로 천상계를 주재하는 신인 상제가 있다고 막연히 생각하고 있었다.

이러한 일반적인 관념에 의거하여 한울님이 수운 선생에게 '세상 사람들이 상제라고 부르는 그 존재가 바로 나다.'라고, 자신을 일반적으로 우리나라 사람들이 부르는 '상제'라는 이름에 의탁하여 설명한 구절이다.

■ 汝不知上帝耶(여부지상제야) : '여(汝)'는 '너'라는 이인칭대명사이다. 여기서는 한울님이 수운 선생을 지칭하는 말이다. '야(耶)'는 의문문 뒤에 붙는 어조사이다. '너는 세상 사람들이 한울님인 나를 흔히 상제라고 부르는데, 너는 상제라는 이름을 들어보지 못했느냐.'

■ 問其所然(문기소연) : '소연(所然)'은 '그러한 바', '그러한 연유' 등의 뜻이다. "(이 세상에는 수많은 사람들이 있는데, 어찌하여 유독 저에게 나타나셔서 말씀을 하시는) '그 까닭은 무엇입니까?'라고 한울님께 여쭤보니."라고 풀이할 수 있다.

이는 종교체험 당시 수운 선생의 강력한 의문이었던 듯하다. 이와 유사한 내용이 『용담유사』「교훈가」에도 나온다. "대저 생령 많은 사람, 사람 없어 이러한가 … 억조창생 많은 사람 내가 어찌 높았으며 일(一) 세상 없는 사람 내가 어찌 있었던고 … 사람을 가렸으면 나만 못한 사람이며 재질을 가렸으면 나만 못한 재질이며 만단의아 두지마는 한울님이 정하시니 무가내라 할 길 없네." 등이 그것이다. 그렇게 고대하던 한울님을 만나 가르침을 받은 벅찬 감동과 그것을 감당해 나가야 하는 사명감이 겸양지심의 표현 속에서 드러난다.

■ 余亦無功 故生汝世間(여역무공 고생여세간) : '여(余)'는 '나'라는 뜻이다. 한울님 스스로 자신을 지칭한 말이다. '나 역시 공이 없었다[余亦無功]'는 표현은 결국 한울님이 천지가 조판(肇判)된 이후에 만물이 생성되고 생존하며 숱한 성현과 문명이 명멸하였지만, 결국은 한울님 본래의 뜻인 지상천국으로의 최종적인 도약을 이루지 못하고 선천(先天) 오만 년을 보내게 되었다는 말씀이다. 그러므로 세상에 너(수운 최제우)를 태어나게 하여 지상천국 건설이라는 나의 뜻을 실현할 결정적인 기회를 마련하게 되었다는 뜻이다.

'너(수운)를 세상에 생겨나게 하였다[生汝世間]'는 한울님 말씀은 자칫 수운 선생을 마치 한울님이 태어나도록 점지한 듯한 느낌을 준다. 그러나 이 말씀은 기존의 종교와 같이 한울님이 수운 선생의 탄생을 점지했다기보다는, 수운 선생이 한울님 마음을 회복하여 오심즉여심(吾心卽汝心)의 경지에 이른 사람으로 거듭 태어났음을 의미한다.

『용담유사』「용담가」에 "나도 또한 개벽 후에 노이무공(勞而無功)하다가 서 너를 만나 성공하니 나도 성공 너도 득의"라고 한 구절로 보아, 한울님이 수운 선생의 그 정성에 감응하여 동조(同調)하고 동화(同和)되었음을 의미한 것임을 알 수가 있다. 수운 선생도 지극한 정성으로 수련을 하여 이전의 허물을 탈피하였기에 한울님을 만나게 된 것이다.

여기서 '나 역시 공이 없었다[余亦無功]'는 한울님의 말씀은 한울님이 능력이 없어 뜻을 이루지 못했다는 말이 아니다. 이는 한울님이 오만 년 간 한울님 마음을 회복한 사람을 만나지 못하여 덕을 충분히 펼 수 없었으므로 노력은 했으나 이룬 공이 없었다[勞而無功]가 이제 한울님 마음을 회복한 사람인 수운 선생을 만나 그 노력의 공을 이루게 되었다는 말씀이다.

이 말씀이 시사하는 바는 한울님의 무궁무궁한 힘도 결국은 한울님 마음을 회복한 '사람'을 통해서 현현될 수 있다는 것으로, 동학의 천인상여[天人相與之機] 사상을 표현하고 있다.

■ 教人此法 曰然則 西道以教人(교인차법 왈연즉 서도이교인) : 수운 선생과 한울님이 대화하는 부분이다. 먼저 한울님이 수운 선생에게 '사람들을 이 법으로 가르치'라고 말씀을 한다. 이에 수운 선생은 '그러면 서도(西道)로써 사람들을 가르칩니까?'라고 되묻는다. 이와 같은 정황으로 볼 때 수운 선생은 아직 한울님이 사람들에게 가르치라는 법[此法]이 무엇인지 알지 못하고 있다. 따라서 한울님은 아래와 같은 가르침을 수운 선생에게 주게 된다.

■ 不然(불연) : '그렇지 않다.'라는 강한 부정의 뜻이다. 수운 선생이 한울님께 '서도(西道)로써 사람들을 가르칩니까?'라고 묻자, 한울님께서 '아니다.'라고 강하게 부정한 것이다. 그리고 바로 이어서 "나에게 영부(靈符)와 주문(呪文)이 있으니. 이 영부와 주문으로 세상 사람들을 질병에서 구제하고 또 가르치라."고 말씀을 하신다. 바로 '영부와 주문'이 한울님께서 수운 선생에게, 세상 사람들을 구하고 가르치라고 준 '그 법[此法]'인 것이다.

■ 靈符(영부) : '영(靈)'은 신령하다는 뜻이다. '신령'은 밖이 아니라 안에서 작용하는 것으로, 만물을 생성화육(生成化育)하는 근원의 힘이다. '부(符)'는 본래 '험(驗)', '증(證)'의 뜻을 지닌 말이며, 또한 여합부절(如合符節: 사물의 짝이 꼭 들어맞음)의 의미이다.

수운 선생이 한울님 마음을 회복함으로써, 이때 수운 선생의 마음과 한울님의 신령한 마음이 한 치의 틈도 없이 서로 부합하는 것을 영부라고 이른다. 즉 우주 만물의 생성 원리인 한울님 마음[靈]과 내 마음이 합일하는 [符] 오심즉여심(吾心卽汝心)의 경지를 말한다. 이에서 만물이 생성 변화하는 모든 작용의 영험과 증험이 일어날 수 있다. 따라서 신령스러운 부적, 곧 영부(靈符)라고 한 것이다.

■ 仙藥(선약) : '선약(仙藥)'은 일반적으로 먹으면 불로무병장생(不老無病長生)하는 신선의 약이다. 그러나 동학 천도교에서 선약은 육체적인 불로무병장생을 가져다주는 물질의 약이 아니다. 인간 스스로 자신이 한울님의 무궁한 생명에 그 근원을 둔 무궁한 존재임을 깨닫는 것을 의미한다. 그러므로 비록 육신은 사멸(死滅)해도 개개인의 생명은 본래의 대생명인 한울님으로 되돌아가는, 영원한 한울님의 생명을 지닌 존재로서 스스로를 깨닫고 살아갈 수 있기 때문에 '선약(仙藥)'이라고 명명한 것이다.

영부(靈符)는 앞에서 말한 바와 같이, 한울님 마음과 내 마음이 한 치의 틈도 없이 부합함을 뜻한다. 그래서 내가 한울님 마음을 회복하게 되면, 나의 생명이 궁극적으로는 한울님의 생명과 같은 것이고, 따라서 육신의 수명이 다한다고 해도 그 본래의 생명은 무궁한 한울님의 생명으로 되돌아가는 것임을 알고 그 길로 나아가기 때문에 영부를 선약(仙藥)이라고 명명한 것이다.

■ 其形太極 又形弓弓(기형태극 우형궁궁) : 영부의 형상을 설명한 말로, 영부란 우주의 근원이 되는 '태극(太極)'의 형상이면서 동시에 또한 '궁궁(弓弓)'의 모양이라는 뜻이다. 궁궁(弓弓)이라는 글자는 그 모양이 태극 모형과 유사하다. 그러므로 그 형상이 태극이고 또 궁궁이라고 말한 것이다. 여기서 태극이든 궁궁의 글자 모양이든 그것이 드러내는 바는 영부가 시각적인 형태만을 가진 고정된 사물이 아니라 그것이 약동불식(躍動不息)하는 가운

데 만물을 생동(生動: 생명력을 부여하는)하게 한다는 점이다.

'태극(太極)'은 우주의 근원이며, 동시에 우주의 근본을 이루는 한울님 마음을 뜻한다. 또 '궁궁(弓弓)'은 한울님 마음 작용이 드러나는 자취를 뜻한다. 본래 '태극'은 원형(圓形)이고, '궁궁'은 방형(方形)이다. 따라서 한울님 마음의 근원은 원형이고, 한울님 마음 작용은 방형이라고 말할 수 있다.

해월 최시형 선생은 이 궁궁 또는 궁을의 모양을 마음 심(心) 자라고 하였다[弓乙其形 卽心字也]. 그런가 하면, "궁은 천궁(天弓)이요 을은 천을(天乙)이니, 궁을은 천지(天地)의 형체[心和氣和 與天同和 弓是天弓 乙是天乙 弓乙 吾道之符圖也 天地之形體也](해월,〈靈符呪文〉)"라고 하였다. 즉 궁궁 혹은 궁을은 '마음'이며 동시에 '천지의 형체'라는 말씀이다. 여기서 '천지'란 역시 물리적인 하늘과 땅이 아니라, 교합하여 만물을 낳고, 살리는 천지의 이치와 기운을 상징한다고 볼 수 있다.

이러한 해월 선생의 영부에 대한 설명을 종합해 보면, '영부란 우주의 근원을 표상한 것이기 때문에, 태극은 우주의 고요한 근원을, 궁궁은 약동(躍動)하는 우주의 형체를 표상한다는 말이다. 동시에 '사람의 본원적인 마음을 표상한 것'이기도 하다.

■ 受我此符 濟人疾病(수아차부 제인질병) : "나의 이 부[靈符]를 받아 사람들을 질병에서부터 구하라."는 뜻이다. 이때 부(符)는 영부를 뜻한다. 또 질병은 실제의 육체적인 병고를 뜻하기도 하지만, 타락한 사람의 심성, 나아가 인간 사회의 부조리 모두를 의미한다.

■ 受我呪文 敎人爲我(수아주문 교인위아) : 여기서 '교(敎)'는 '가르친다'의 뜻이라기보다는 '~로 하여금 ~하게 한다'의 문법적 의미를 지닌다. 따라서 '나의 주문을 받아 사람들로 하여금[敎] 나를 위하게 하라'로 풀이할 수 있다. 또 여기서 '나'는 한울님이다.

한울님인 '나를 위하게 하라'는 말씀은 한울님께 절하며 빌고, 제물(祭物)을 바치는 등의 방식으로 위하라는 말씀이 아니다. 한울님 위한다는 것은 한울님의 이법인 천리(天理)에 따라 살고, 또 한울님이 우리에게 부여해 준 천명(天命)을 잊지 않고 어김없이 살아가는 것을 말한다.

■ 呪文(주문) : 주문을 흔히 주술적인 글이라고 이해한다. 그러나 동학 천도교의 주문은 이와는 다르다.

동학 천도교의 주문에 대하여 『동경대전』「논학문」에서 '한울님을 지극히 위하는 글[至爲天主之字]'이라고 하였다. '한울님을 위한다는 것'은 한울님을 떠받드는 것이 아니라, 한울님의 뜻[天理와 天命]에 따라 사는 것을 말한다. 선천 세상에서는 신을 위한다며 제물을 바치는 등의 행위를 했다. 그러나 이는 궁극적으로 신을 위하는 길이 아니다. 앞 절에서 말한 바와 같이, 한울님의 뜻에 따라 한울 세상을 이루고자 정성과 공경을 다하며 살아가는 것이 한울님 위하는 것이다.

이런 의미에서 본다면 주문은 곧 천리와 천명을 따라 살아가는 길을 제시하고, 또 그 길을 따라 살아갈 수 있는 힘을 기르게 해서 궁극적으로는 한울사람에 이르고 한울사람의 공동체인 한울세상을 이루게 하는 길이 담긴 글이다. 그러므로 수운 선생은 도(道)를 배우러 오는 사람들에게 다른 무엇에 앞서서 주문 스물한 자를 전수했다. 그런 뜻에서 한울사람[天人]과 한울세상[地上天國]을 가능케 하는 천도(天道)에 이르는 '차제도법(次第道法)이 모두 이 주문 스물한 자에 모두 담겨 있다[次第道法 猶爲二十一字而已]'고 하였으며, 그 중에 본주문(本呪文)인 열석 자[侍天主 造化定 永世不忘 萬事知]만 지극히 하면 만권시서(萬卷詩書)가 필요하지 않을 정도로 천리에 통할 수 있다고 강조하였다.

이런 점으로 볼 때에 수운 선생이 경신년(1860) 결정적인 종교체험의 순간에 한울님으로부터 '영부'와 함께 받은 '주문'은 곧 천도에 이르는 올바른 길을 알려주는 글임을 알 수 있다. 즉 '영적 주체인 한울님 모심을 깨닫는' 시천주(侍天主)와 '한울님의 덕과 한울님 마음을 체득하여 새로운 존재로 거듭 태어나는' 조화정(造化定), 그리고 '한울님 모심을 깨닫고, 한울님의 덕과 한울님의 마음 모두를 체득함으로써 한울님의 경지에 이르게 되어 우주만사(宇宙萬事)를 모두 알게 되는' 만사지(萬事知)에 이르는 길을 이 주문은 알려주고 있다고 하겠다.

■ 汝亦長生(여역장생) : '너는 또한 장생한다.'는 뜻이다. 여기서 '장생(長生)'은 육체적인 불로장생(不老長生)이 아니다. 우주의 근본이 되는 한울님 마음을 깨달아서, 우주의 무궁한 그 근본과 함께 너[수운] 또한 무궁히 존재할 것이라는 의미이다. 즉 태어나고 죽는 것이 한 가지 이치이므로, 이 이치를 깨닫고 육신 관념을 벗어나면, 삶과 죽음의 경지가 다른 것이 아니라, 같은 이치의 다른 측면일 뿐이기 때문에 육신의 죽음 이후에도 영원히 장생할 수 있다는 말씀이다. 그러나 이를 깨닫지 못하고 죽음을 맞이하면, 육신의 종언과 함께 모든 것이 끝난다고 생각하므로 장생을 할 수 없다고 생각하는 것이다.

■ 布德天下(포덕천하) : '온 천하에 한울님 덕을 편다.'라는 뜻으로, 세상 모든 사람들이 자신의 근본인 한울님을 깨닫고 천리와 천명에 따라 살아가는 세상을 이룩하는 것을 뜻한다.

【대의】 이 단락은 경신년 4월 한울님을 만나는 결정적인 종교체험(宗敎體驗)과 한울님으로부터 '영부와 주문'을 받는 장엄하고 숭고한 장면이다.

吾亦感其言 受其符 書以吞服則 潤身差病 方乃知仙藥矣 到此用病則 或有
差不差 故 莫知其端 察其所然則 誠之又誠 至爲天主者 每每有中 不順道德
者 一一無驗 此非受人之誠敬耶

　나(수운)는 세상 사람을 구제할 수 있는 영부와 주문을 주신다는 한울님의
말씀에 참으로 감격하지 않을 수 없었다. 감사하고 감격한 마음으로 영부
를 받고자 한울님 분부대로 흰 종이를 펴니, 흰 종이 위에 영부의 모양이 나
타났다. 그래서 그 모양대로 붓으로 그리고 불에 살라 이를 다시 물에 타서
마셨다. 이러기를 여러 번을 하니, 몸이 윤택해지고 또 모든 면에서 더욱 건
강해졌다. 그래서 마침내 한울님이 말씀하신 그 선약임을 몸소 확인하고 또
알게 되었다.

　이렇듯 영부가 선약임을 확인하고, 이 영부를 사람들의 병에 써 보니 어
떤 사람은 차도가 있었고 어떤 사람은 차도가 없었다. 어찌해서 이러한 차
이가 생기는지 그 이유를 알 수 없어서 자세히 살펴보니, 정성을 들이고 또
정성을 들여서 지극히 한울님 위하는 주문을 열심히 읽으며 천리와 천명에
따라서 사는 사람은 영부를 사용할 때마다 효험이 있고, 한울님의 도와 한
울님의 덕을 따르지 않는 사람은 하나같이 효험이 없었다.

　이로 보아, 효험이 있고 없는 것은 다른 데에 원인이 있는 것이 아니다.
실상은 영부를 받는 사람이 공경하는 마음을 지니고 정성을 들이느냐 그렇
지 않느냐에 따라 판가름이 나는 일이었다.

■ 吾亦感其言 受其符(오역감기언 수기부) : 세상 사람을 구제할 영부를 주

신다니, 참으로 감격하지 않을 수 없다. 따라서 '나 역시 한울님의 그 말씀에 감격하여 영부를 받았다.'라는 뜻이다.

■ 書以呑服(서이탄복) : 『용담유사』「안심가」에 의하면, 한울님께서 수운 선생에게 영부를 받으라고 하여, 백지를 펴고 있으니, 백지 위에 어떠한 형상이 나타났다. 그래서 그 형상 그대로 붓으로 써서[書以], 이를 불에 태워 물에 타서 마셨다[呑服].

이때 백지 위에 나타난 형상은 수운 선생에게는 보였지만, 옆에 있던 사모님이나 자식들에게는 전혀 보이지 않았다고 한다. 영부는 한울님 마음의 표상이기 때문에, 한울님 마음을 회복한 사람이라야 비로소 그 한울님 마음을 알 수 있는 것과 같이, 한울님 마음을 회복한 수운 선생의 눈에만 백지 위의 형상이 보였음을 말하는 것이다.

■ 潤身差病(윤신차병) : '몸이 윤택해지고 병에 차도가 있다'는 뜻이다. 사람의 마음이 한울님 마음과 하나가 되면, 한울님 마음에 의하여 통어되고 통솔되는 육신이기 때문에 건강 상태가 개선되고 또 편안해졌음을 의미한다.

우리의 육신은 한울님 기운인 우주의 무궁한 기운 속에서 조화를 이루며 존재하는 것이다. 육신이 병들었다는 것은 이 우주의 기운과 몸과의 조화가 깨어진 것이라고 할 수 있다. 따라서 다시 한울님 마음과 하나가 되어 육신이 한울님 기운인 우주의 무궁한 기운과 그 조화를 다시 회복함으로써 몸이 윤택해지고 병이 낫게 되는 것이다. 여기서 몸이란 한 개인, 나아가 인간의 육신뿐만이 아니라 지구상의 모든 사물, 나아가 우주만물만상을 상징하는 것이며, 만물만상이 우주의 무궁한 기운, 즉 한울님 기운과 서로 조화를 이루며 존재하는 것이 다름 아닌 한울님의 무궁한 조화의 힘인 것이다.

■ 方乃知仙藥(방내지선약) : '방(方)'은 '마침내', '드디어' 등의 뜻이다. '내(乃)'는 '이에'라는 뜻인데 '방'과 어울려서 '마침내'의 뜻으로 쓰인다. 영부를

불에 살라 물에 타서 먹어 보고는 한울님이 '선약(仙藥)'이라고 한 말씀의 의미를 수운 선생이 마침내 알게 되었다는 뜻이다.

■ 到此用病 或有差不差(도차용병 혹유차불차) : '도차(到此)'는 '이에 이르러'의 뜻으로, 이 문맥에서 '이(此)'가 지시하는 바는 '영부가 선약임을 확인하고' 또는 '이렇듯 영부의 효험을 알고 난 연후에' 등이 된다. '용병(用病)'은 '병에 약으로 써 보았다'는 뜻이다. '혹(或)'은 '어떤 사람의 경우'의 뜻이다. '차(差)'는 병의 차도(差度)를 뜻한다. 구체적으로는 병이 낫는 효험을 말한다. 이 구절은 '영부의 효험을 알고 난 이후 다른 사람들의 병에 써 보니, 어떤 사람의 경우에는 차도[효험]가 있고, 어떤 사람의 경우에는 차도[효험]가 없었다.'는 뜻으로 해석된다.

■ 莫知其端(막지기단) : '단(端)'은 '단초, 단서'를 말하는 것으로, '원인, 까닭, 이유, 실마리' 등으로 풀이할 수 있다. '왜 어떤 때[사람]는 효험이 있고 또 어떤 때[사람]는 효험이 없는지 그 원인을 알 수가 없어서'로 해석된다.

■ 察其所然(찰기소연) : '찰(察)'은 '살핀다'의 뜻으로, '견(見)'이나 '관(觀)'보다는 더 자세하게 살핀다는 의미의 글자이다. '소연(所然)'은 '왜 그런가 하는 이유'라는 뜻의 단어이다. '어찌하여 어떤 사람은 치유가 되고 어떤 사람은 치유가 되지 않는지, 그 이유를 자세히 살펴보니'로 해석된다.

■ 誠之又誠 至爲天主者 每每有中(성지우성 지위천주자 매매유중) : '한울님의 가르침에 따라 정성을 다하고, 지극하게 한울님을 위하며 천리와 천명을 따라 사는 사람은 영부를 복용할 때마다 효험이 있었다.'라고 풀 수 있다.

'중(中)'은 '적중, 적중하다'의 뜻으로 쓰였다. '유중(有中)'은 '적중함이 있었다' 즉 '병에 적중하여 치유가 되었다'로 풀 수 있다.

■ 不順道德者 一一無驗(불순도덕자 일일무험) : 한울님의 도와 덕을 따르는 삶을 살지 않는 사람은 하나 같이 영부의 효험이 없다는 뜻이다.

■ 此非受人之誠敬耶(차비수인지성경야) : '차(此)'는 '이러한 차이가 나타나는 것은' 등으로 풀 수 있다. 즉 '영부로써 효험을 보느냐 보지 못하느냐'는 '영부를 받는 사람들의 정성과 공경이라는 마음가짐과 태도에 의해 결정된다'는 뜻이다.

【대의】영부(靈符)의 효험과 영부의 진정한 의미에 관하여 기술하였다.

———— * —— * ————

是故 我國 惡疾滿世 民無四時之安 是亦傷害之數也 西洋 戰勝攻取 無事不成而 天下盡滅 亦不無脣亡之歎 輔國安民 計將安出

　천리(天理)와 천명(天命)을 따르지 않는 각자위심(各自爲心)의 삶으로, 우리나라는 악질(惡疾)과 같은 나쁜 기운이 가득 차게 되었다. 그래서 백성들은 일 년 내내 하루도 편안하게 살지 못하는 지경에 이르렀다. 이것은 바로 상해(傷害)의 운수이다.

　동양을 공략하는 서양 열강들은 전쟁을 하면 할 때마다 이기고 또 공격하여 빼앗으니, 이루지 못하는 일이 없는 강성한 나라들임에 틀림이 없다. 이제 서양으로부터 공격을 받아 중국이 망하면, 입술이 없어져 이가 시리게 되는 것과 같은 화(禍)를 우리나라가 머잖아 맞이할 것이 아니겠는가? 아아! 보국안민의 계획과 방책을 장차 어떻게 세워야 하는가?

■ 是故(시고) : '이러한 까닭으로'에서 '시(是)'가 지시하는 부분이 본문 중에 구체적으로 나오지 않는다. 다만 '근래에 들어와 세상 사람들이 천리와 천명

을 따르지 않아 세상이 어지러워지고, 서양의 여러 나라가 동아시아를 침공하며, 서학이라는 이질적인 종교를 펴는' 당시의 시대 상황을 지시하는 말이다.

■ 惡疾滿世(악질만세) : '악질(惡疾)'은 '실제의 질병'이라는 설과 사회적인 타락상을 주로 의미한다는 두 가지의 설이 있다. 특히 이 당시 동남아와 동북아시아 일대에 콜레라가 크게 번졌다. 당시 의료 지식으로는 그 질병의 원인을 정확하게 알 수 없어 이를 '괴질'이라고 불렀다. 이러한 기록을 들어 '실제의 질병'으로 보는 견해가 있다. 그러나 이는 실제의 질병이기보다는 사회적인 타락상을 의미한 것으로 보는 것이 타당하다고 하겠다.

■ 民無四時之安(민무사시지안) : 세상이 불안하고 뒤숭숭하여 사람들이 일 년 내내 단 한 시도 편안하게 살 수 있을 날이 없다는 뜻이다.

■ 傷害之數(상해지수) : '세상이 나쁜 병이나 타락상에 의하여 정의와 질서가 훼손되고 그에 따라 개개의 사람이 피해를 입게 되는 운수'라는 뜻이다. 특히 '수(數)'는 '운수, 시운' 등으로 해석된다. 세상이 이렇듯 어지럽고, 타락하고, 또 그에 따라 사람들이 살기 어렵게 된 것은 다름 아니라 운수, 곧 시운(時運)에 의한 것이라는 생각이 전제되어 있다. 이것은 시운에 의해 시대상이 변천한다는 동양적 사유를 바탕으로 한 것이며, 또한 이러한 시운을 알고 그것을 고칠[濟] 천명을 받은 수운 선생이 세상을 구해야 한다는 당위성과도 연결된다.

■ 西洋戰勝攻取 無事不成(서양전승공취 무사불성) : '서양의 나라들은 전쟁을 하면 이기고, 공격하여 빼앗는데, 뜻한 바를 이루지 못하는 것이 없다.'는 뜻으로, 수운 선생이 서양을 강성한 침략자이며 동시에 우리의 안위(安危)에 지대한 위협을 주는 존재로 보고 있음을 알 수 있는 구절이다.

서양 세력이 우리나라에 들어올 때 이들을 보는 시각은 다양했다. 서양의 이질적인 문화는 당시 사람들에게 거부감을 불러일으키기도 하였으나 한

편 호기심의 대상이 되기도 했다. 그중에 집권 세력은 서양 세력에 대해 강한 거부감을 내비치며 '양이(洋夷)', '양귀(洋鬼)' 등으로 비하했다.

그러나 수운 선생은 이들 서양을 무조건 비하하거나 거부하지도 않았고, 무비판적인 호기심도 자제하면서, 서학이 과연 이 시대의 혼란함을 올바르게 구제할 수 있는 가르침인가 아닌가를 신중하게 주시하며 관찰하였다.

이러한 관찰 이후 수운 선생은 서양 문명의 침략적 동진(東進)과 서학의 가르침이 '죽어서 자신만은 천당에 가겠다고 비는 등 각자위심(各自爲心)을 조장'하는 사실 등은 우리 현실을 어지럽고 복잡하게 하는 요인이며, 나아가 서양은 우리 안위에 위해(危害)를 주는 '강성한 침략자'라고 인식하게 된다.

■ 天下盡滅(천하진멸) : 여기서 '천하'는 중국을 가리키는 말이다. 당시 서양은 1차 아편전쟁(1840)을 일으켜 중국을 굴복시키고, 2차 아편전쟁(1857)에서 영불연합군이 북경을 함락하는 등 지속적으로 중국을 침탈하였다.

■ 脣亡之歎(순망지탄) : 입술이 없어지면 이가 시리다는 순망치한(脣亡齒寒)의 고사를 원용하여, 중국이 서양의 침공에 의하여 망하게 되면, 우리나라도 그 위험으로부터 벗어나기 어렵다는 뜻을 표현하였다.

■ 輔國安民(보국안민) : 국가를 보필하고 백성을 편하게 한다는 뜻으로, 보국(保國)의 의미와는 다르다. '보(保)'는 보호한다는 의미로 강력한 힘(무력)으로 국가를 보호한다는 의미가 되지만, '보(輔)'는 많은 사람의 힘으로 국가의 안녕을 보필한다는 의미로서 민(民)의 참여가 강조된다.

따라서 보국안민의 진정한 의미는 지도층의 윤리적인 타락과 서양의 침략으로 인하여 균형을 잃은 나라의 정치를 도와서 어그러진 삶의 균형을 다시 회복함으로써, 국권을 보위하고 세상 사람들을 편안하게 하는 것이다.

■ 計將安出(계장안출) : '계책이 장차 어디에서 나올 것인가.' '안(安)'은 '어찌, 무엇, 어디' 등의 뜻을 나타낸다.

【대의】 당시의 어지러운 세태와 서양의 침공으로 위기를 겪고 있는 동아시아 세계를 걱정하는 수운 선생의 마음이 절실하게 나타나 있다.

—— * —— * ——

惜哉 於今世人 未知時運 聞我斯言則 入則心非 出則巷議 不順道德 甚可畏也 賢者聞之 其或不然 而吾將慨歎 世則無奈 忘略記出 論以示之 敬受此書 欽哉訓辭

아, 슬프구나! 지금 세상 사람들은 새로운 성운의 시대가 머지않아 열릴 것인데도, 그 시운(時運)을 조금도 알지 못하는구나! 이 시운에 따라 펼쳐질 다시 개벽을 위한 나의 가르침을 듣고도 이를 믿지 못하여, 집에 들어가서는 마음속으로 그르다고 부정하고, 거리에 나와서는 삼삼오오 짝을 지어 수군거리며, 천도와 천덕을 따르고자 하지 않으니, 두렵고 걱정스럽기 그지없다.

세상의 현명하다는 사람들도 나의 이 가르침을 듣고는 아니라고 하는 이가 있으니, 참으로 한탄스러운 일이 아닐 수 없다. 이 세태를 어찌할 수가 없는지라, 간략하게 글로 써서 이로써 일깨워 보이고자 하노니, 이 글을 공경스럽게 받아 그 가르침의 말들을 흠모하는 마음으로 배우고 익히라.

■ 惜哉(석재) : '슬프다!'는 한탄을 표현하는 감탄문.
■ 於今世人 未知時運 聞我斯言(오금세인 미지시운 문아사언) : '오금세인(於今世人)'에서 '於'는 '오'라는 감탄사로 읽어야 한다. '아, 아 지금의 사람들은'으로 번역이 된다. 금세인(今世人)은 수운 선생 당대 세상 사람들이다. '시운(時運)'은 법칙에 따라 운행하는 우주의 흐름을 말하는 것으로, 시간[時]과 공

간[運]의 흐름을 아울러 말한다. 우주의 운행은 시간성과 공간성 모두를 포괄하기 때문이다. 동양적 순환관(循環觀)에 의하면, 이 시운은 쇠운(衰運)과 성운(盛運)이 번갈아 오간다고 본다. 즉 거대한 차원의 변화를 통해 성운과 쇠운이 갈아든다는 것이다. 따라서 시운은 다름 아닌 '새로운 전환을 맞이할 우주적 비밀'이기도 하다.

수운 선생은 경신년(1860) 4월 결정적인 종교체험을 통해 이러한 거대한 차원의 변화인 '시운'이라는 우주적 비밀을 꿰뚫어본 것이다. 그러므로 이제 머지않아 새로운 성운의 시대가 올 것이므로 이를 맞이하기 위하여 정심수도를 해야 한다는 가르침을 펴게 된다. 그러나 세상의 사람들은 이러한 시운을 알지 못하고 수운 선생의 가르침을 따르지 않았다. 이것이 지속되면 시운을 허송하게 될 것을 안타까워하는 심정이 잘 나타난 구절이다.

■ 入則心非 出則巷議(입즉심비 출즉항의) : '심비(心非)'는 '마음으로 (수운 선생의 가르침이 올바른 것이) 아니다'라고 부인하는 것이다. '항의(巷議)'는 길거리에 모여서 서로 수군거리는 모습이다.

수운 선생이, 이제 곧 시운의 순환 원리에 의하여 새로운 성운의 시대가 열릴 것이니 이 시대적 운상을 맞이하기 위하여 정심수도를 해야 한다는 가르침을 폈다. 아무리 시대적 운상에 의하여 성운이 온다고 해도 이를 맞이하는 준비로서의 정심수도를 하지 않으면 맞이할 수가 없다. 그러나 세상 사람들은 이러한 수운 선생의 가르침을 믿지 못하고 마치 이상한 사람의 이야기인 양 수군거리는 것이다.

'입(入)'과 '출(出)'의 양면을 말하고 있는 것은 당시의 대부분 사람들이 수운 선생의 가르침의 진정한 의미를 알지 못하고 수군거렸다는, 당시 시대적 현실을 좀 더 구체적으로 표현하기 위한 것이다.

■ 賢者聞之 其或不然 吾將慨歎 世則無奈(현자문지 기혹불연 오장개탄 세즉

무내) : '지(之)'의 문법적인 쓰임은 매우 다양하다. 이 쓰임들 중 '동사 다음에 나오는 지(之)'는 '대명사'로 쓰인다. '현자문지(賢者聞之)'에 쓰인 '지(之)' 역시 '듣다(聞)'라는 동사 다음에 쓰였기 때문에 대명사로서, 앞에 쓰인 말(문장)을 지칭한다. 이때 앞의 어떤 말을 받는 것으로 해석하느냐에 따라 그 의미가 전혀 달라진다. 즉 어진 사람(賢者)이 들었다는 것이 '대신사의 가르침의 말씀'인지, 혹은 '세상 사람들이 수군거리는 말'인지에 따라 의미가 달라진다.

여기서 문장 전체의 구성으로 보아, '문지(聞之)'에서 '지(之)'가 받는 말은 '대신사의 가르침'이라고 보는 것이 옳다. 따라서 '어진 사람도 나의 가르침을 듣고는 혹 아니라고 부인하니 참으로 한탄스럽구나! 세상의 이 세태를 어찌할 수가 없는지라…'로 해석하는 것이 타당하다.

■ 忘略記出(망략기출) : '망(忘)'은 어조사로 아무 뜻이 없다. '약(略)'은 '대략'의 뜻이다. '대략 기록하여 세상에 내놓는다.'는 의미이다.

■ 諭以示之(유이시지) : '유(諭)'는 '깨우치다, 타이르다' 등의 뜻이다. 따라서 이 말은 '잘 타일러 이를 보여주나니'로 풀 수 있다.

■ 敬受此書(경수차서) : '차서(此書)'가 지칭하는 것은 「포덕문(布德文)」이다. '이 「포덕문」을 공경하는 마음으로 받으라'는 뜻이다.

■ 欽哉訓辭(흠재훈사) : 이 문장은 도치문으로 '흠재(欽哉)'를 문장 앞에 놓아서 '흠모하여라' 또는 '흠모하여 공경하라'의 의미를 강조하였다. '훈사(訓辭)'는 '가르침의 글'이라는 뜻으로 곧 「포덕문」에서 말하는 수운 선생 자신의 가르침'을 말한다.

【대의】 아직 시운을 알지 못하는 세상을 한탄하며, 수운 선생이 「포덕문」을 써서 전포(傳布)하는 이유를 피력한 단락이다.

논학문

論學文

論學文

「논학문」은 대신사께서 포덕 3년(임술년,1862) 1월에서 2월 사이에 쓴 경편이다.
대신사께서 관(官)의 지목을 피해 포덕 2년(1861년) 겨울 길을 떠나게 된다.
한 달 가까이 길을 떠나 전라도 남원(南原)에 이르러 민가에 잠시 머물다가,
그곳 사람들의 안내를 받아 남원성 밖 교령산성(蛟龍山城) 안에 있는
작은 암자인 덕밀암(德密庵)이란 곳에 방을 한 칸 얻어 은적암(隱跡庵)이라고
이름 하고, 그곳에서 겨울을 낸다.
「논학문」은 바로 이때에 쓴 경편이다.
용담에 있으면서 경상도 일대 유생들과 관으로부터
서학(西學)이라는 지목과 함께 관의 탄압을 받았다.
이와 같은 세상의 오해를 불식시키고자 대신사께서는 이 「논학문」을 통하여
서학과 동학이 궁극적으로 어떻게 다른가를 논하고 있으며,
나아가 동학이라는 가르침은 어떠한 것인가 하는,
동학의 본체를 설파하고 있다.
따라서 한때 동학 교단에서 이 글을 '동학론(東學論)'이라고 부르기도 했다.

夫天道者 如無形而有迹 地理者 如廣大而有方者也 故天有九星 以應九州
地有八方 以應八卦 而有盈虛迭代之數 無動靜變易之理 陰陽相均 雖百千
萬物 化出於其中 獨惟人最靈者也 故定三才之理 出五行之數 五行者 何也
天爲五行之綱 地爲五行之質 人爲五行之氣 天地人三才之數 於斯可見矣

　천도(天道)는 그 형상이 드러나 보이는 것은 아니다. 그래서 형상이 없다
고 한다[無形]. 그러나 이 우주에 편만(遍滿)해 있는 삼라만상(森羅萬象)이 궁
극적으로는 천도의 작용에 의하여 생겨나고 성장하고 또 사라지는 것이다.
그러므로 삼라만상이 바로 천도의 자취이다[有迹]. 그래서 천도는 그 형상이
없는 것 같지만, 그 자취는 있는 것이라고 말한다.

　또한 땅의 이치[地理]는 너무나 넓고 커서 그 실체를 가늠할 수 없는 것 같
지만, 땅에는 일정한 방위가 있다. 다시 말해 동서남북의 사방, 그 사이를
합한 팔방의 방향[方]과 각각 일정한 위치[位]가 있어 방위에 따라 기후와 지
형이 다르고 또 토질도 같지 않다.

　천도(天道)와 지리(地理)는 상응을 한다. 그 때문에 하늘에 구성(九星)이 있
듯이 땅에도 구주(九州)가 있어 상응하고, 땅에 팔방(八方)이 있어 하늘의 원
리인 팔괘(八卦)와 상응하는 것이다. 이렇듯 천도와 지리가 서로 불가분의
관계로 상응하므로 계절의 왕래, 낮과 밤의 교차, 밀물과 썰물의 교대, 달이
차고 기욺과 같은 영허(盈虛)와 시간의 흐름과 함께 번갈아가며 이어지는 바

[迭代]는 그 일정한 수가 있기 때문이요, 또 이 우주 만유 역시 생성되었다가는 흩어져 사라지고, 태어났다가는 일정한 시간이 지나면 사멸하는 동정(動靜)의 그 이치는 결코 변하거나 바뀌지 않는 것이다.

음과 양이 서로 어우러진 그 가운데에서 우주의 만상이 화하여 나온다. 그러나 비록 삼라만상이 같은 이치로 생성되지만, 그 가운데 가장 신령한 존재[最靈者]는 바로 사람이다. 그러므로 최령자인 사람은 우주의 법칙을 밝히고 또 따라야 한다. 이것이 바로 천도(天道)와 지리(地理)에 상응하는, 사람이 해야 할 바인 인사(人事)이다. 그러므로 이 우주를 구성하는 근본 요소인 천(天)·지(地)·인(人)의 삼재(三才)가 서로 유기적(有機的) 관계를 이루는 이치를 정하고 만물화생의 기본 원소인 오행(五行) 역시 이에서부터 나오는 것이다.

그러면 오행이라는 것은 무엇인가? 우주 만물을 이루는 원소인 오행을 우주의 근본 요소인 삼재(三才)와의 관계에서 살펴보면, 하늘은 오행이 생성되는 원리가 되는 것이요, 땅은 오행이 자라나고 살아갈 수 있는 바탕이 되는 것이며, 사람은 오행을 살아 움직이게 할 수 있는 기운이 되는 것이니, 하늘과 땅과 사람이 바로 삼재가 되는, 그 일정한 수(數)를 우리는 여기에서 알 수 있는 것이다.

■ 如無形而有迹(여무형이유적) : '형(形)'은 '형상, 형태'를 말한다. '이(而)'는 접사로서 '~하고, ~하지만, ~하는데' 등의 뜻으로 쓰인다. '적(迹)'은 '흔적, 자취'를 말한다. '천도'라는 한울님의 도는 인간의 육안으로 드러나는 것이 아니다. 특히 무위이화(無爲而化)로 작용하는 것이기 때문에 그 형상을 볼 수가 없다. 그러나 천지만물의 모든 유형적인 것은 다름 아니라 천도의 자취로서, 이들은 천도의 작용에 의하여 생성, 화육되는 것이다. 그렇기 때문

에 천도는 '무형(無形)'이지마는 '그 자취가 있다[有迹]'고 말씀한 것이다.

■ 如廣大而有方者(여광대이유방자) : '방(方)'은 '방위(方位)'를 뜻한다. 땅은 무한이 넓고 커서 그 실체를 가늠하기 어려운 것 같으나, 이 땅은 사면팔방의 방위가 있어 일정한 방향과 위치가 있고, 이 방향과 위치에 따라 서로의 관계를 형성하며 존재한다는 의미이다.

또한 이 방위에 따라 기후며 지형, 나아가 토질도 달라진다. 그러므로 '방위가 있다는 것[有方者]'은 단순한 '방향 있음'만을 의미하는 것이 아니라, 땅위에 산악지역, 평야, 사막, 한대(寒帶), 열대(熱帶), 온대(溫帶), 강, 바다 등 다양한 지형과 기후와 풍토가 분포하고 그에 따라 인간의 문화와 생활 양상도 달라진다는 뜻을 내포한다.

■ 天有九星 以應九州(천유구성 이응구주) : '구성(九星)'에 관해서는 여러 설이 있다. 일반적으로는 하늘에 있는 아홉 개의 별이라고 보는 설이 있고, 사방(四方)과 오성(五星)을 합한 것으로 보기도 하고, 일월성신(日月星辰)과 사시(四時) 그리고 세(歲)를 합하여 말하기도 한다. 그러나 여기에서는 하늘 전체를 의미하는 말로 쓴 것으로 본다. '구주(九州)'는 옛날에 중국을 아홉 주로 나눴다는 뜻에서 나온 말이다. 그러나 이때의 구주도 역시 땅[地球] 전체를 의미하고 있다.

특히 십진법을 오래전부터 사용해 온 동양에 있어서, 아홉이라는 숫자는 모든 것의 한계를 나타내는 수로 상정된다. 따라서 구(九)는 최대를 의미하는 숫자이다. 구성(九星)과 구주(九州)는 이러한 의미를 지닌다. 이 구절은 하늘과 땅이 상응하여 '천지(天地)'를 이루고 있음을 강조한 것이다.

■ 地有八方 以應八卦(지유팔방 이응팔괘) : '팔방(八方)'은 사방팔방을 말한다. '팔괘(八卦)'는 『역경(易經)』에서 말하는 여덟 괘를 뜻한다. 건(乾), 태(兌), 이(離), 진(震), 손(巽), 감(坎), 간(艮), 곤(坤) 등이다. 이를 팔방과 연결시켜 보

면, '서북은 건'이요, '서는 태'요, '남은 이'요, '동은 진'이요, '동남은 손'이요, '북은 감'이요, '동북은 간'이요, '서남은 곤'이다.

『역경』에 의하면, 태극은 음과 양의 양의(兩儀)를 낳고, 양의는 다시 사상(四象)을 낳고, 사상은 팔괘를 낳는다고 한다. 이로 보아 팔괘는 하늘의 원리에 의해서 우주의 만리만사가 생성되고 활동하는 이치를 상징하는 것이라고 할 수 있다. 따라서 이 역시 팔방이라는 지체(地體)와 팔괘라는 천체(天體)에서 나온 상징이 서로 부합됨을 강조한 내용이라고 하겠다.

■ 有盈虛迭代之數 無動靜變易之理(유영허질대지수 무동정변역지리) : 이 구절은 '영허(盈虛)가 질대하는 수[迭代之數]는 있고[有]', '동정(動靜)이 변역(變易)하는 이치[變易之理]는 없다[無]'라고 새긴다. '영허(盈虛)'는 자연이 일정한 법칙에 따라 변화하는 현상을 지칭한다면, '동정(動靜)'은 만물이 생성하고 자라고 또 사라지는 이치를 지칭한다.

이를 의역하면, 네 계절이 순차적으로 오가고, 밤과 낮이 갈아들고, 또 달이 찼다가는 기울고, 밀물과 썰물이 밀려가고 밀려온다는 우주의 모든 현상을 궁극적으로 차고 비는 것, 곧 영허(盈虛)로 표현한 것이다. 이러한 현상이 시간의 흐름에 따라 서로 번갈가면서도 끊임없이 이어져 나가는[迭代] 데에는 일정한 수(數)가 있다는 말씀이다. 일정한 수(數), 곧 필요한 만큼 시간이 지나야 달도 차고 또 기운다. 모든 차고 기우는 변화는 일정한 수(數)만큼 반복 또는 축적되어야만 그 결과가 나타난다는 말씀이다.

이러한 영허지수(盈虛之數)와 함께 우주 만물은 생성되어 자라나고 그리고는 때가 되면 사라지고[천과 지 사이에 흩어져 형상이 없이지고], 또 태어나서 살아가다가 죽어 본래의 자리로 돌아간다. 이러한 만물의 모습을 '동정(動靜)'이라고 말씀한 것이다. 만물이 동정(動靜)하는 그 엄연한 이치는 변하거나 바뀌는 법[變易之理]은 없다는 말씀이다. 동정(動靜)하는 그 이치가 변하거나 바뀌어서, 형상이 있는 것으로 영원히 그 모습을 변치 않고 존속하거나, 목숨을 가진 인물[人物]로 태어나서는 죽지 않고 영원히 살아가는 존재란 결코 없다는 말씀이다. 천지간의 만물은 이 동정(動靜)하는 이치가 변하거나 바뀌지 않고 영구히 생성, 성장, 변화, 소멸의 과정을 겪는 것이다.

즉 만물은 '영허(盈虛)와 동정(動靜)'의 변화의 법칙 속에서 태어나고 살아가고 또 돌아가는 것[還元=死]이라는 사실을 말한 구절이다.

■ 陰陽相均 雖百千萬物 化出於其中(음양상균 수백천만물 화출어기중) : '상균(相均)'은 서로 잘 어울리어 이상적으로 배합이 됨을 말한다. 예로부터 동양에서 천지 만물을 음양이 결합되어 생성하고 존재하는 것으로 보았다. 따라서 음 홀로 작동하거나 존재하지 못하듯이 양 또한 홀로 존재하지 못하는 것이다. 이 음과 양이 이상적으로 융화함으로써 만물을 생성시키는 것이라고 설명하는 것이다.

따라서 우주 만물[百千萬物]은 모두 음양이 서로 잘 어울린[陰陽相均] 가운데에서 화하여 나왔다[化出]는 사실을 이야기한 구절이다.

■ 獨惟人 最靈者也(독유인 최령자야) : 앞 구절과 이어지며, 특히 앞 구절의 '비록[雖]'이라는 말과 '홀로[獨]'라는 말이 호응하여 '비록 수많은 만물이 화생(化生)되지만, 오직 사람이 가장 신령한 존재'임을 강조한 말씀이다.

'가장 신령하다[最靈]'는 말은 '가장 존귀하다[最尊]'는 말과는 전혀 다르다. '신령함'이 곧 '존귀함'을 의미하는 것이 아니기 때문이다. 따라서 이 구절은 일반적으로 오해하기 쉬운 대로 인간지상주의를 의미하는 것이 아니다. 사람은 만물 중 가장 신령한 존재이므로 오늘의 문명을 발전시킬 수 있었으며, 가장 신령한 존재이기 때문에 만물과 더불어 사는 것이 이상적인 삶이라는 것을 아는 존재이기도 하다는 뜻이다.

반면에 신령한 존재임을 오해하고 가장 존귀한 존재라고 자처하면서 만물에 대해 많은 해악을 저질렀다. 욕심에 가려서 인간이 가장 존귀하다고 착각을 한 것이다. 따라서 존재로서의 지혜를 발휘하여 만물과 더불어 공생하는 길을 열어갈 수 있어야 함을 의미한다.

■ 定三才之理(정삼재지리) : '삼재(三才)'는 천(天), 지(地), 인(人)이다. 앞에서 천도(天道)와 지리(地理)의 상응관계를 이야기하고, 이어서 이러한 천도와 지리에 상응하는 인사(人事)를 이야기했다. 이렇듯 삼재의 이치가 정해졌음을 말한 구절이다.

■ 出五行之數(출오행지수) : '오행(五行)'은 만물을 생성하는 물(水), 불(火), 나무(木), 쇠(金), 흙(土)의 다섯 가지 원소이다. 이 오행의 일정한 수가 나오게 되었다는 말씀이다.

■ 天爲五行之綱 地爲五行之質 人爲五行之氣(천위오행지강 지위오행지질 인위오행지기) : 삼재(三才)와 오행(五行)과의 관계를 설명한 구절이다. '천도(天道)'는 오행이 생성되고 또 운영되는 근본원리[綱]이고, '지리(地理)'는 오행이 자라고 성장하는 바탕[質]이고, 사람의 일[人事]은 오행을 움직이게 하는 기운[氣]이 된다. 따라서 오행이 생성되고 운영되는 근본원리인 '천리'와 오행이 자라고 성장하는 바탕 자리인 '지리'와 이 오행을 움직이게 하는 기운인 '인사'는 서로 유기적인 관계를 이루고, 이 관계에 의하여 우주가 생성 운행함을 설명하고 있다.

만약에 원리와 바탕만 있고 기운이 없다면 살아 움직일 수 없는 것이요, 원리와 기운이 있고 바탕이 없다면 자라고 성장할 수 없을 것이요, 바탕과 기운만 있고 근본 원리가 없다면 근원적으로 생성이 될 수가 없게 된다. 따라서 이러한 천, 지, 인의 유기적 관계는 서양의 신[天] 중심의 중세적 위계질서나, 인간[人] 중심의 근대적 위계질서와는 근본적으로 다르다. 우주 본체와 이 본체를 이루는 본원적 질서가 어떠한가를 말씀한 구절이다.

■ 天地人三才之數 於斯可見矣(어사가견의) : '어사(於斯)'는 '이에'라는 뜻
이다. '가견(可見)'은 '가히 볼 수 있다'는 의미이다. 천(天), 지(地), 인(人) 삼재
가 물(水), 불(火), 나무(木), 쇠(金), 흙(土) 등의 오행을 작용시켜 만물을 화생
하고 화육하는 수(數)를 볼 수 있다는 말씀이다.

【대의】 천도와 지리가 서로 상응하므로 우주가 변화하고 만유가 생성하는
법칙을 이룬다. 또한 만물 중 사람이 가장 신령하므로 이 우주의 법칙을 밝
혀내고 또 실천해 나가는 것이 곧 인사(人事)이다. 천(天), 지(地), 인(人) 삼재
(三才)의 의의와 그 관계를 피력하고, 동시에 동양적 사유인 삼재(三才)와 오
행(五行)을 통하여 우주와 만물의 원리를 설명한 단락이다.

—— * —— * ——

四時盛衰 風露霜雪 不失其時 不變其序 如露蒼生 莫知其端 或云天主之恩
或云化工之迹 然而以恩言之 惟爲不見之事 以工言之 亦爲難狀之言 何者
於古及今 其中未必者也

봄이 가면 이내 여름이 오고, 여름이 가면 이내 가을이 오는 네 계절의 변
화와, 또 절기에 따라 바람이 불고 이슬이 내리고 서리가 내리며 눈이 오는
그 사실은 조금도 그 때를 잃지 아니하여 그 순서가 변하지 아니한다.
아침이면 풀잎에 잠시 맺혔다가는 사라지는 이슬방울과 같이 덧없는 삶
을 사는 이 세상 사람들은 어떤 연유에서 이렇듯 계절의 변화가 질서 정연
한지, 그 이유를 알지 못하였다. 그래서 이에 대하여 혹은 한울님의 은혜라
고도 하고, 혹은 조화의 공교한 자취라고도 하며, 설왕설래해 왔다. 이렇듯

모든 자연현상 변화의 근본이 되는 한울님 조화에 대한 믿음과 확신이 없었으므로, 예로부터 오늘에 이르기까지 세상 사람들은 그 원인과 이유를 올바르게 알지 못한 채 살아온 것이다.

■ 四時盛衰 風露霜雪(사시성쇠 풍로상설) : 봄, 여름, 가을, 겨울의 네 계절이 서로 바뀌며 오고 가는 자연현상과 이 계절에 따라 바람이 불고 서리가 내리고 눈이 내리는 기상의 변화, 또는 자연의 현상을 말한다.

■ 不失其時 不變其序(불실기시 불변기서) : '때를 잃지 않고, 그 질서가 변치 않는다'라는 의미로, 계절의 오고 감과 기후, 기상의 변화가 그 때가 되면 여지없이 찾아오고, 따라서 그 순서가 조금도 변하지 않는다는 말씀이다.

■ 如露蒼生 莫知其端(여로창생 막지기단) : '여로창생(如露蒼生)'은 풀잎에 맺힌 이슬이 아침에 잠시 맺혀 있다가 햇살이 퍼지면 이내 사라지는 것처럼 긴 우주의 시간에 비하여 아주 짧은 시간, 좁은 공간에서 살다가 사라진다는 하찮은 사람들이라는 뜻이다. '막(莫)'은 '~하지 말라' 등의 금지사이다. '단(端)'은 '단서, 단초' 등의 뜻을 나타낸다.

이 구절은 앞 구절과 이어지는 것으로, 하찮은 이슬과 같은 세상 사람들은 계절이 바뀌고 밤낮이 교차하는 등의 자연 현상이 천지개벽 이후 한 치의 어긋남이 없이 진행되는 것이 다름 아닌 한울님 조화의 작용에 의한 것이라는 사실을 조금도 알지 못한다는 뜻이다. 알지 못할 뿐만 아니라, 그 단초조차 파악하지 못하고 있다고 한탄한다. 이렇듯 그 단초를 모르는 이유는 한울님의 존재를 깨닫지 못했기 때문이다.

■ 或云 天主之恩 或云 化工之迹(혹운 천주지은 혹운 화공지적) : '화공지적(化工之迹)'은 자연 조화의 흔적이라는 뜻이다. 예로부터 세상 사람들이 한울님의 존재를 정확하게 알지 못했기 때문에, 천지개벽 이후 자연의 현상이

한 치의 어긋남이 없이 질서정연하게 진행되는 그 사실에 대하여 '한울님의 은덕이다'라고 말하는 사람도 있고, '자연 조화의 자취이다.'라고 말하는 사람도 있는 등, 정확한 것을 알지 못한 채 설왕설래하였다는 말씀이다.

- 以恩言之(이은언지) : '한울님의 은혜라고 말을 하여도'의 뜻이다.
- 以工言之(이공언지) : '자연 조화의 자취라고 말하여도'의 뜻이다.
- 惟爲不見之事 亦爲難狀之言(유위불견지사 역위난상지언) : 만물이 생성 화육하는 것이 한울님의 은혜에 의한 것이라거나[以恩言之] 또는 조화의 흔적에 의한 것[以工言之]이라고 말한다 해도, 그 만물의 생성화육을 하는 근본 원리가 무엇이고 주체가 누구인지 알 수 없는 일이요, 말로 형상할 수 없기 때문에, 사람들이 확신을 못하고 살아 왔다는 말씀이다.
- 於古及今(어고급금) : '급(及)'은 '이르다, 다다르다'의 뜻이다. '고급금(古 及今)'은 '옛적부터 지금에 이르기까지'의 뜻이다.
- 其中未必者也(기중미필자야) : 이때 '중(中)'은 '적중' 또는 '바로 맞추다'의 뜻으로 쓰였다. '미필(未必)'은 '확실히 ~인 것은 아니다'의 뜻으로, 이를 연결하면, '그 바로 맞추는 데에 확실하지 못했다.' 즉 '바로 맞추지 못했다' '바로 알지 못했다'의 의미가 된다.

【대의】 예나 지금이나 세상 사람들이 한울님을 깨닫지 못했으므로 한울님 덕화에 의해 일어나는 자연 현상에 관하여 분명한 확신을 가지고 말을 하지 못해 왔다. 이와 같은 상황을 강조하여 설명한 단락이다.

———— * ———— * ————

夫庚申之年 建巳之月 天下紛亂 民心淆薄 莫知所向之地 又有怪違之說 崩

騰于世間 西洋之人 道成德立 及其造化 無事不成 攻鬪干戈 無人在前 中國
燒滅 豈可無脣亡之患耶 都然無他 斯人 道稱西道 學稱天主 敎則聖敎 此非
知天時而受天命耶

경신년 사월에 이르러 세상은 어지럽고 백성들의 민심은 흉흉하여, 나는
이를 구할 수 있는 방책이나 방향을 스스로 찾아 정할 수가 없었다.

또한 세간에 괴이하고 사리에 맞지 않는 이야기가 흉흉하게 떠도니, 이는
다름이 아니라 서양 사람들에 관한 이야기들이었다. "일견 서양 사람들은
도와 덕을 이루어, 그 조화의 힘으로 이루지 못하는 일이 없다고 하면서, 한
편으로는 강성한 무기로 공격하며 전쟁을 일으키니, 참으로 그 앞에서 당해
낼 수 있는 사람이 없다고 한다. 중국이 서양의 공격으로 멸망해 버린다면,
어찌 우리나라도 머지않아 그 화가 미치지 않겠는가?" 하며 사람들은 걱정
을 하고 있었다. "아, 아! 도무지 서양 사람들이 왜 이렇듯 강성한지 그 까닭
을 알 수가 없구나! 이 사람들은 도를 서도(西道)라고 칭하고 학을 천주학(天
主學)이라고 칭하며, 교를 성교(聖敎)라고 하니, 이것은 하늘이 내린 때를 알
고 하늘의 명(命)을 받은 것은 아닌가?"라고 하면서 세상의 사람들은 수군
거리고 있었다.

■ 建巳之月(건사지월) : 건(建)은 달의 간지(干支)를 가리키는 월건(月建)을
말한다. 북두칠성의 손잡이 같이 생긴 부분이 인(寅) 방향을 가리킬 때가 정
월이 된다. 달의 순서가 간지에 의하여 인(寅), 묘(卯), 진(辰), 사(巳), 오(午),
미(未), 신(申), 유(酉), 술(戌), 해(亥), 자(子), 축(丑)의 순서로 나간다. 이와 같
은 순서에 의하여 사(巳)는 사월이 된다.
■ 天下紛亂(천하분란) : '분란(紛亂)'은 어지럽고 혼란함을 말한다.

■ 民心淆薄(민심효박) : 세상 사람들의 마음이 혼란하고 야박함을 말한다.

■ 莫知所向之地(막지소향지지) : '향할 바의 곳을 알지 못한다'라는 뜻으로, 수운 선생이 당시 세상이 어지럽고 인심이 흉흉하지만, 이를 구할 방책이 마땅히 없음을 한탄하는 모양이다.

■ 怪違之說(괴위지설) : '괴이하고 사리에 맞지 않는 말'이라는 뜻이다. 이는 '서양지인(西洋之人)에서부터 무인재전(無人在前)'까지의 세간에서의 설왕설래를 수운 선생이 논파하는 말이다. 즉 서양 사람들이 스스로 도와 덕을 이루었다고 하면서도, 무기로 천하를 공격하여 영토를 빼앗는 사실이 사리에 어긋나는 괴이한 말이라는 이야기이다.

■ 崩騰于世間(붕등우세간) : '붕(崩)'은 '무너져 내리다'의 뜻이고, '등(騰)'은 '날뛰다'의 뜻이다. 세상의 이곳저곳에서 이상한 이야기가 미친 듯이 날뛰거나 우르르 무너져 내리듯이 흉흉하게 떠돈다는 뜻이다.

■ 道成德立 及其造化(도성덕립 급기조화) : '도를 이루고 덕을 세워 조화의 힘을 부리는 데에 이르러서'의 뜻으로, 서양인 조화의 경지가 매우 높다는 이야기이다.

■ 攻鬪干戈 無人在前(공투간과 무인재전) : '공투(攻鬪)'는 공격하고 싸우는 것, '간과(干戈)'는 '방패와 창'을 말한다. 즉 전쟁을 하는 무기를 말한다. '무인재전(無人在前)'은 서양 사람들의 공격 앞에서는 당할 사람이 없다는 뜻이다.

■ 中國燒滅 豈可無脣亡之患耶(중국소멸 기가무순망지환야) : 이 구절은 「포덕문」에도 나오는 것으로 중국이 서양의 침략에 의해 망[燒滅]하면 우리나라는 마치 입술이 없어진[脣亡] 이[齒牙]가 찬바람에 노출되어 시리게 되는 것처럼, 서양의 침탈을 직접 받게 되는 걱정[患]에 직면한다는 뜻이다.

■ 都然無他(도연무타) : '도연(都然)'은 '도무지, 아!' 등의 뜻이다. '무타(無他)'는 '다른 이유가 아니다/없다'의 뜻이다. '도무지 다른 까닭이 아니라' 등

으로 풀이된다. 이는 곧 서양 사람들이 이루지 못하는 일이 없고 싸우면 이기는 그 까닭을 살펴보아도, 달리 어떤 연유에서 그렇게 되는지를 알 수 없다고, 세상 사람들이 생각하고 있다는 뜻이다.

- 斯人(사인) : '그 사람들'이라는 뜻으로, 서양인들을 지칭한다.
- 此非知天時而受天命耶(차비지천시이천명야) : '이는 하늘이 정해 준 때를 알고, 하늘이 부여하는 사명(命)을 받았기 때문인가?'의 뜻이다. "서양 사람이 스스로 자기들의 가르침을 '서도(西道)', '천주교(天主教)', '성교(聖教)' 등으로 칭하고 있으며, 이들은 이루지 못하는 일이 없이 다 성취하는 것은 다름 아니라, 천시(天時)와 천명(天命)을 알았기 때문이 아닌가…" 하고 당시 사람들의 수군거림을 쓴 구절이다.

【대의】 서양 세력이 동아시아로 밀려오면서 중국은 물론 우리나라도 위협을 받는 상황에 처하게 된 것, 그리고 특히 당시 세상 사람들 사이에 떠돌던 서학과 서양인에 관한 괴이한 풍문에 관하여 쓴 단락이다.

—— * —— * ——

擧此一一不已 故吾亦悚然 只有恨生晩之際 身多戰寒 外有接靈之氣 內有降話之教 視之不見 聽之不聞 心尙怪訝 修心正氣而問曰 何爲若然也 曰吾心卽汝心也 人何知之 知天地而無知鬼神 鬼神者 吾也 及汝無窮無窮之道 修而煉之 制其文教人 定其法布德則 令汝長生 昭然于天下矣

세상에 횡행하는, 서양 사람들의 행태를 둘러싼 이야기들을 하나하나 꼽아보니 끝이 없어서 나[수운 선생] 역시 두려운 마음이 들었다. 서양은 어떻

게 저렇듯 강성한 힘을 갖게 되었는가 생각하며, 내가 늦게 태어난 것을 한
탄할 즈음에, 몸이 몹시 떨리며 마음은 선뜻한 한기를 느끼게 되었다. 몸 밖
으로는 어떤 신비한 영과 접하는 기운이 있으며, 몸 안에서는 가르침의 말
씀이 들려오되, 정신을 차리고 보려 하여도 보이지 않고, 들으려고 해도 들
리지 않는 신비한 경지에 들게 되었다.

마음에 괴이하고 의아한 생각이 들어, 혼란된 마음을 가다듬고 기운을 바
르게 하여 "어찌하여 이런 일이 일어납니까?" 하고 물었다.

한울님께서 대답하시기를 "내 마음이 바로 네 마음이니라. 네가 나의 마
음을 회복한 것이다. 그러므로 너 역시 내 경지에 이르게 되고, 그러므로 나
를 만날 수 있고, 또 나와 대화를 할 수 있게 된 것이다. 이러한 사실을, 이와
같은 경지를 세상 사람들이 어찌 알겠느냐?"

이어서 말씀하시기를 "세상 사람들은 하늘과 땅이라는 천지(天地)의 형
체만을 알고 이 천지, 곧 우주적 존재인 한울님에 관하여서는 모르고 있다.
나는 천지, 곧 우주이며, 그러므로 우주의 만리만사를 섭명(涉命)한다. 따라
서 이 우주에서 일어나는 모든 조화의 자취가 나로 말미암은 것 아님이 없
다. 세상 사람들이 이것을 모르고 이 조화의 자취를 흔히 '귀신'이라고 말하
는데, 이 귀신이라고 일컫는 것도 바로 나이니라." 하시고, 또 이어서 말씀
하시기를 "너는 내 마음을 회복하여 나의 경지에 이르렀으므로 너에게 나의
무궁한 도를 준다. 이를 잘 닦고 다듬어서 나의 도를 밝힐 수 있는 글을 짓
고, 그 글로써 세상 사람들을 가르치고, 또 나를 위하는 수련의 법을 정하여
나의 무궁한 덕을 세상에 펼치면, 너로 하여금 무궁한 장생의 삶을 얻게 하
고, 나의 이 덕으로 온 천하를 빛나게 할 것이다."

■ 擧此一一不已(거차일일불이) : '거차일일(擧此一一)'은 '어떤 일을 하나하

나 들어서 따져 본다.'는 뜻이다. '불이(不已)'는 '다하지 않았다, 다함이 없다' 즉 끝이 없어 계속된다는 뜻으로, '그 열거되는 일들이 끝이 없을 만큼 많다'라는 뜻이다. 이를 새겨보면, '이 일을 하나하나 들어 따져 보려고 해도 그 사례가 하도 많아서, 연유를 알 수가 없었다.' 라고 풀 수가 있다. 서양 사람들의 강성함과 그들이 펼치는 서학에 관한 세상 사람들의 이야기를 일일이 들어서 이리저리 고구하고 살펴보려고 해도 오가는 이야기들이 하도 많아서 어찌하여 이들이 이렇듯 강성한 힘을 지니고 있는지 도저히 알 수 없었다는 이야기이다.

■ 吾亦悚然(오역송연) : '송연(悚然)'은 '당황스럽고 두려운 마음'이다. '나 역시 마음이 불안하고 두려워서'로 풀이할 수 있다.

■ 只有恨生晚之際(지유한생만지제) : '다만 늦게 이 세상에 태어난 것을 한스러워 할 즈음에'라는 뜻이다. 수운 선생이, 서양 사람들이 저렇듯 강성한 힘으로 동아시아 세계를 침탈해 오는데, 이를 물리칠 계책도 마련할 수 없고 그래서, "참으로 걱정스러운 일이로구나. 내가 늦게 태어난 것이 한스러운 일이로구나." 하며 한탄하는 모습이다.

■ 身多戰寒(신다전한) : 몸이 몹시 떨리고 한기를 느꼈다는 뜻으로, 「포덕문」 중의 심한신전(心寒身戰)과 같은 상태이다. 한울님을 만나고 문답을 주고받는 종교체험 당시의 신체적, 심리적 상태를 표현한 것이다.

■ 外有接靈之氣(외유접령지기) : '밖으로는 신비한 영과 접하는 기운이 있다'는 뜻으로, 신비체험, 종교체험에 들어간 상태를 표현한 구절이다. 그러면 이 '신비한 영'의 정체는 무엇인가? 이는 다름 아니라 한울님의 영이다. 그러나 이 '한울님의 영'이 별개로 있고 수운 선생의 영이 별개로 있어 서로 공간적인 거리를 두고 만나는 것은 아니다. 한울님의 영이 곧 수운 선생의 영이요, 동시에 천지만물의 영이 모두 한울님의 영으로부터 비롯된 것이기

때문이다. 따라서 접령(接靈)의 기운이 있다는 것은 수운 선생이 수련에 지극히 임하여 한울님 본래 기운을 회복하고, 한울님 영의 순연한 상태에 이르렀음을 말하는 것이다.

■ 內有降話之敎(내유강화지교) : '안으로는 강화의 가르침이 있다'는 뜻이다. '강화(降話)'란 말 그대로는 '말씀을 내린다'는 의미로, 한울님의 가르침을 받는다는 뜻이다. 그러나 앞 구절에서 살펴본 것처럼 한울님의 영과 수운 선생의 영이 다른 둘이 아니라, 하나의 영(靈)의 두 측면인 것이기 때문에, 이 가르침을 주고받는 것은 실제로는 수운 선생의 마음속에서 이루어지는 상태라고 볼 수 있다. 즉 수운 선생이 자신이 모신 한울님 가르침의 말씀을 듣는다는 것은 자기 내면의 말씀을 듣는다는 것을 의미한다.

■ 視之不見 聽之不聞(시지불견 청지불문) : '시(視)'는 보고자 하는 의지를 지니고 바라보는 것을 말한다. 이에 비하여 '견(見)'은 보려는 인위적 의지와는 상관없이 그냥 눈에 보이는 것을 말한다. 그래서 이 번역은 '보려고 해도 보이지 않고'이다. 이와 마찬가지로 '청(聽)'도 들으려는 의지를 가지고 듣는 것을 의미하고, '문(聞)'은 들으려는 의지와 상관없이 그저 들려오는 것을 말한다. 그러므로 이 번역 역시 '들으려 해도 들리지 않고'이다.

'보려는' 또는 '들으려는' 의식은 곧 오관(五官)에 의하여 인식하는 것을 말한다. 따라서 보려고 해도 보이지 않고, 들으려 해도 들리지 않는다는 것은 오관으로는 보이지도 들리지도 않는다는 말씀이다. 그러나 수운 선생은 한울님의 말씀을 듣고 또 한울님과 대화를 나눈다. 한울님과의 대화는 오관이 아닌, 내면적 깨달음을 통하여 보고 듣는 것이기 때문이다.

『도덕경』 14장에 "보려고 하는데 보이지 않는 것을 '이(夷)'라고 하고, 들으려고 하는데 들리지 않는 것을 '희(希)'라고 하고, 잡으려고 해도 잡을 수 없는 것을 '미(微)'라고 한다[視之不見 名曰夷 聽之不聞 名曰希 搏之不得 名曰微]"

고 하면서 "이 삼자는 아무리 따져보아도 어떻게 되었는지 확인할 수 없는 것"[此三者 不可致詰]으로, 즉 오관에 의하여 포착되지 않는 것이다. 노자(老子)는 도(道)란 바로 이와 같이 아득하고[夷], 희미하고[希], 미세한 것[微]이라고 말한다.

한울님과 대화는 현상 세계의 차원이 아닌, 도(道)의 깊은 경지에 들어간 상태에서 이루어지는 것이다. 즉 일상과는 다른 차원에서 이루어지는 것이기 때문에 노자가 말하는 도(道)의 차원과 같이, 보려고 해도 보이지 않고, 들으려 해도 들리지 않았던 것이다.

수운 선생은 한울님 마음을 회복하여 한울님의 마음과 같은 오심즉여심(吾心卽汝心)의 상태가 되었고, 그러므로 영적 일치(靈的一致), 한마음으로 한울님과 하나가 되어, 시지불견(視之不見), 청지불문(聽之不聞)의 상태를 지나 도달하는 깊은 경지에 이르러 한울님과 대화를 나눈 것이다.

■ 心尙怪訝(심상괴아) : '마음에 괴이하고 의아한 생각이 들어서'의 뜻으로, 현상적으로 오관(五官)을 통하여서는 보이지도 들리지도 않으면서, 접령(接靈)과 강화(降話)가 되고 있음이 매우 이상했다는 의미이다.

■ 修心正氣(수심정기) : 이때의 수심정기는 지킬 수(守)가 아니라, 닦을 수(修)이다. 즉 '신비체험을 겪으므로 인하여 혼돈스러워진 마음 상태를 다시 수습하고[修心], 흐트러진 기운을 다시 바르게 하였다(正氣)'는 의미이다.

■ 吾心卽汝心(오심즉여심) : 한울님이 수운 선생에게 한 말씀이다. '한울님 마음이 바로 수운 선생 마음과 같다'는 뜻이다. 사람의 마음이란 본래 한울님으로부터 품부(稟賦) 받은 것이기 때문에 한울님 마음과 같이 맑고 깨끗한 것이다. 그러나 세상에 태어나 살아가면서 욕망과 욕심 등의 나쁜 습관, 즉 습관천(習慣天)에 의하여 먼지가 쌓이듯이 혹은 녹이 슬듯이, 불순한 것으로 물들게 된다. 수운 선생은 지극한 수련을 통하여 이러한 습관천을 모두 없

애 버리고, 다시 본래의 마음을 회복하게 되었고, 한울님으로부터 품부 받은 그 마음을 그대로 다시 찾았기 때문에, 한울님께서 '내 마음이 바로 네 마음'이라고 말씀한 것이다.

'오심즉여심(吾心卽汝心)'의 한울님 마음인 '오심(吾心)'과 수운 선생의 마음인 '여심(汝心)'을 이어주는 단어는 '즉(卽)'이다. 이 '즉(卽)'이라는 단어로 이어진 양자(兩者, 吾心과 汝心)는 서로 동일하며, 또 서로 넘나드는 관계라는 것을 나타낸다. 한울님 마음과 수운 선생의 마음이 한 치의 틈도 없이 같으며, 또 서로 넘나들 수 있는 경지가 되었다는 말씀이다.

■ 人何知之(인하지지) : '세상 사람들이 어찌 이를 알겠느냐?'라는 의미로, 이 구절의 목적어는 '오심즉여심의 심법'이다. 즉 사람들이 '나의 마음이 곧 너의 마음이고 나아가 만유의 마음과 같다는 진리[心法]'를 모르고, 자신의 근본인 한울님을 잊고 살아가는 세태를 한탄한 한울님의 말씀이다.

■ 知天地而無知鬼神 鬼神者 吾也(지천지이무지귀신 귀신자 오야) : 하늘과 땅이라는 형체, 곧 눈으로 보이는 천지(天地)만을 사람들은 알고 그 천지 생성의 근본이며 작용의 주체인 한울님을 모른다는 의미이다.

또한 세상에서 흔히 귀신의 작용이라고 사람들이 생각하는 여러 이상한 자취 등도 다름 아닌 한울님 자신의 작용이라는 말씀이다. 즉 귀신이 따로 있고 천지를 작용하는 한울님이 따로 있는 것이 아니다. 예수님이 사탄의 유혹을 이겨내는 것이나, 석가모니가 마라의 유혹을 이겨내고 성불을 하는 등의 이야기에서는 마라나 사탄이 나쁜 신으로 등장을 하지만, 수운 선생은 수련 중 유혹을 하는 존재는 나쁜 신이 아니라, 바로 한울님이었다. 마음이 어디에 가 있고 어떻게 쓰느냐에 따라서 한울님이 사탄으로 혹은 마라로 나타날 수가 있다는 것이 이 구절의 핵심이다. 우주, 천지의 모든 작용은 한울님의 작용이라는 것이다. 그래서 '귀신이라고 하는 것도 바로 나이다[鬼神者

吾也'라고 한울님이 말씀한 것이다.

■ 及汝無窮無窮之道(급여무궁무궁지도) : '급(及)'은 이르다, 미치다 등의 뜻이다. 따라서 '너에게 무궁무궁의 도를 이르게 한다'로 번역할 수 있다.

그러나 '이른다'거나 '미친다' 등은 궁극적으로 한울님이 무극대도를 주기 때문에 가능한 것이며, 또한 무극대도가 이를 수 있도록 수운 선생 스스로의 노력이 있어야 가능한 것이다. 따라서 '이르다'라는 의미의 '급(及)'의 의미는 수운 선생의 자력적(自力的) 노력과 한울님이 준다는 타력적(他力的) 의미 모두를 포함한다고 하겠다. 즉 수운 선생 스스로 한울님의 무궁한 마음을 회복하여 오심즉여심의 경지에 이르렀으므로, 이 세상을 올바르게 구할 수 있는 무극대도를 한울님으로부터 받게 된 것이다.

■ 修而煉之(수이연지) : '한울님으로부터 받은 무궁무궁의 도를 닦고 다듬어라'는 의미로, 수운 선생은 이 말씀에 따라 "무극대도를 받은 후 거의 일년 가까운 시간을 닦고 또 다듬는 수련에 매진하였다['幾至一歲 修而度之', 『東經大全』「論學文」]."

■ 制其文教人(제기문교인) : '글로 잘 다듬어 지어서 사람을 가르친다'는 뜻이다. 특히 '제(制)'의 의미는 규격과 법도에 맞게 잘 다듬는다는 뜻이다. 그러므로 한울님으로부터 받은 무궁무궁지도(無窮無窮之道)를 규격과 법도에 맞게 잘 다듬어 글로 지으라는 말씀이다. 이 가르침에 따라 수운 선생은 법도와 규격에 맞추어 「주문」도 지었고 또 『동경대전(東經大全)』과 『용담유사(龍潭遺詞)』의 글들을 지었다.

■ 正其法布德(정기법포덕) : '법도를 바르게 하여 올바르게 한울님 덕을 이 세상에 펴라'는 말씀이다. 올바른 한울님의 덕을 펴는 것[布德]이 바로 올바른 세상을 이루는 길이 된다.

■ 令汝長生 昭然于天下(영여장생 소연우천하) : '장생(長生)'은 앞의 「포덕

문」에서 이미 다루었다. '장생'은 육신의 장생이 아니다. 만물의 생명의 근원이 되는 한울님 생명을 깨달음으로 해서, 비록 육신은 없어져도 내 생명의 근본으로 돌아가므로 한울님의 생명과 함께 영원히 존속하는, 바로 장생(長生)을 이루게 된다는 말씀이다.

그리하여 한울님 생명을 깨달은 수운 선생의 가르침이 천하를 밝게 빛나게[昭然于天下] 할 것이라는 말씀이다. '영(令)'은 '~으로 하여금'의 뜻이다.

【대의】 경신년(1860) 4월 5일 수운 선생이 처음 한울님으로부터 가르침을 받는 신비체험의 순간을 기술한 단락이다. 한울님으로부터 무궁의 도를 받고, 또 강화(降話)를 듣고 한울님과 대화하는 종교체험의 순간을 묘사하고 있다.

—— * —— * ——

吾亦幾至一歲 修而度之則 亦不無自然之理 故 一以作呪文 一以作降靈之法 一以作不忘之詞 次第道法 猶爲二十一字而已

나 역시 거의 일 년 동안 수련하며, 한울님으로부터 받은 가르침을 헤아려 보니, 한울님께서 주신 도(道)가 자연의 이법 그대로임을 알게 되었다.

그런 까닭으로, 한편으로는 주문을 짓고, 한편으로는 강령을 하는 법을 짓고, 또 한편으로는 영원히 한울님을 잊지 않는 글을 지으니, 도를 행하는 모든 법도의 순서가 오직 이 주문 스물한 자에 있을 뿐이다.

■ 幾至一歲 修而度之(기지일세 수이탁지) : '기(幾)'는 '몇, 거의' 등의 뜻이다. '탁(度)'은 '헤아린다'는 뜻이다. 거의 일 년 가까이 수련하고 또 헤아려

보았다는 뜻이다. 수운 선생은 수이련지(修而煉之) 하라는 한울님의 가르침에 따라 한울님으로부터 받은 도를 거의 일 년 가까이 닦고 헤아렸다. 이것은 종교체험을 통해 한울님께 받은 직관적이고 또 주관적인 깨달음을 객관적으로 체계화시키는 과정이다.

■ 不無自然之理(불무자연지리) : '자연의 이법 아님이 없다'라는 뜻으로, 한울님이 주신 도를 받아 닦고 헤아려 보니, 한울님으로부터 받은 도(道)가 자연의 이법 그대로임을 깨닫게 되었다는 말씀이다. 즉 한울님으로부터 받은 세상을 구할 무극대도(無極大道)가 다름 아니라 자연 이법 그대로라는 말씀이다.

■ 一以作呪文 一以作降靈之法 一以作不忘之詞(일이작주문 일이작강령지법 일이작불망지사) : 한편으로는 주문을 짓고 또 한편으로는 강령의 법을 짓고, 또 한편으로는 불망의 글을 지었다는 뜻이다.

이 구문(構文)으로 볼 때, '주문'과 '강령의 법', 그리고 '불망지사'가 별개인 것처럼 보인다. 그러나 이 구절은 '한편으로 주문을 지으니, 한편으로는 강령의 법을 짓고, 또 다른 한편으로는 불망의 글을 지었다.'라고 번역하는 것이 좋을 듯하다. 그래서 강령지법과 불망지사인 두 부문이 합하여, 스물한 자의 주문을 이룬 것으로 본다.

주문은 선생 주문, 제자 주문이 있다. 이러한 주문들을 지으셨다는 말씀이다. 선생 주문과 제자 주문은 내적으로 강령주문과 본주문으로 구성되어 있다. 여기서 '강령지법(降靈之法)'은 강령주문[至氣今至 願爲大降]을 말하고, '불망지사(不忘之詞)'는 본주문[侍天主 造化定 永世不忘 萬事知]인 '열세 자' 주문을 일컫는 것이다.

■ 次第道法(차제도법) : '차제(次第)'는 차례, 순서이며, '도법(道法)'은 도를 펼치는 방법을 의미한다. 즉 도를 닦는 모든 순서와 차례를 뜻한다.

■ 猶爲二十一字而已(유위이십일자이이) : ‘유(猶)’는 ‘오직’의 뜻이다. ‘이이 (而已)’는 ‘~ 일 뿐’이라는 단정을 나타내는 어조사이다. 이십일 자(二十一字) 는 동학의 제자주문인 ‘至氣今至願爲大降侍天主造化定永世不忘萬事知(지 기금지원위대강시천주조화정영세불망만사지)’의 스물한 자를 말한다.

동학의 도법 모든 절차는 바로 주문 스물한 자에 들어 있다는 말씀이다.

【대의】 무극대도를 받은 이후 수련을 계속하며, 이 도를 펼칠 도법을 만드는 과정과 주문의 의의를 강조한 단락이다.

———— * ———— * ————

轉至辛酉 四方賢士 進我而問曰 今天靈 降臨先生 何爲其然也 曰受其無往
不復之理 曰然則何道以名之 曰天道也 曰與西道 無異者乎 曰洋學 如斯而
有異 如呪而無實 然而運則一也 道則同也 理則非也

해가 바뀌어 신유년(辛酉年)이 되었다. 용담(龍潭)의 문을 열고 세상을 향해 가르침을 펴기 시작하였다. 소문을 듣고 사방에서 어진 선비들이 찾아왔다. 선비들은 나[수운 선생]에게 와서 많은 질문을 하였고, 그래서 매우 활발한 토론의 장이 열리게 되었다.

한 사람이 물었다. "지금 하늘의 영(靈)이 선생님께 내려왔다고 하니 어찌하여 그러한 것입니까?" 내가 대답하였다. "모든 만물은 가서는 돌아오지 않는 것이 없으며, 오며는 이내 돌아가지 않는 것이 없다는 이 우주의 이법인 무왕불복(無往不復)의 이치를 받았다." 계속해서 물었다. "그러면 무슨 도라고 이름을 합니까?" 내가 대답했다. "천도(天道)니라."

다시 묻기를 "서도(西道)와 더불어 다른 것이 없습니까?" 하므로, 내가 대답하기를 "서학은 나의 도와 같은 것 같으나, 다름이 있고, 신을 향하여 기도도 드리고, 예배도 드리고, 빌기도 하지만, 진정 한울님 위하는 것이 아니다. 다만 자기 자신 하나 죽어 천당에 가기를 비는 것뿐이다. 그러나 내가 후천의 운을 받아 천도를 밝혔듯이, 서학 역시 선천의 운을 받아 일어난 것이므로, 선천과 후천의 다름은 있으나 그 운(運)을 타고 일어남에 있어서는 하나[一]라고 말할 수 있는 것이요, 서학의 도 역시 천도를 궁구하므로 도(道)는 같은 것[同]이다. 그러나 천도를 밝히는 이치, 즉 천도를 알고 또 천도에 이르는 그 길은 서로 다르다.[非]"

■ 轉至辛酉(전지신유) : '전지(轉至)'는 해가 바뀌어 신유년에 이르렀다는 뜻임. 신유년은 서력 1861년으로 동학의 연호로는 '포덕(布德) 2년'이다. 동학(천도교)에서는 수운 선생이 동학을 창명한 1860년이 포덕 1년(元年)이다.

■ 四方賢士 進我而問曰(사방현사 진아이문왈) : '진아(進我)'는 나에게 찾아왔다는 뜻이다. 사방의 어진 선비들이 수운 선생을 찾아와 문답을 하고 가르침을 받고 제자가 되었다.

■ 今天靈 降臨先生 何爲其然(금천령 강림선생 하위기연) : '천령(天靈)'은 하늘의 영이다. '강림(降臨)'은 '영이 내렸다'는 뜻인데, 당시 사람들은 수운 선생이 천도를 깨닫고 한울님과 문답을 나눈 것을 이렇듯 기존의 관념으로 이해하고 표현했다. 즉 사람들이 찾아와 수운 선생에게 '지금 하늘의 영이 선생님께 임하였다니 무슨 일입니까?' 하고 묻는 말이다.

■ 無往不復之理(무왕불복지리) : '가고 돌아오지 않음이 없는 이치'라는 의미로, 앞에서 말씀하신 '자연지리(自然之理)'와 같은 의미이다. 즉 우주의 모든 만물이 이 자연의 이법에 의하여 간 것은 다시 돌아오고, 돌아온 것은 다

시 돌아간다는 우주의 대법칙을 말씀한 것이다.

■ 何道以名之(하도이명지) : '도의 이름을 무엇이라고 합니까?'라고 선비
들이 묻는 말이다.

■ 與洋道 無異者乎(여양도 무이자호) : '여(與)'는 '더불다, ~같이' 등으로 쓰
인다. '양도(洋道)'는 '서학' 곧 당시에 들어오던 천주교를 일컫는다. 제자들
이 수운 선생에게 '선생님께서 받은 도가 서도(西道)와 서로 다른 점이 무엇
입니까?' 하고 묻는 대목이다.

■ 如斯而有異(여사이유이) : '이와 같으나 다름이 있다'의 뜻으로, 이때 '이
(斯)'가 받는 말은 수운 선생이 천명한 가르침인 '동학'이다. 양학인 서학이
나 수운 선생이 천명한 동학이나 천도를 궁구한다는 면에서는 같다. 그러나
서학은 서학의 방법이 있고, 동학은 동학의 방법이 있다. 그러므로 '다름이
있다.[有異]'라고 말씀한 것이다.

■ 如呪而無實(여주이무실) : '비는 것 같으나 실지가 없다'는 뜻으로, 서
학에도 신(神)을 공경하고 신께 비는, 즉 종교적 방법이 있다. 그러나 그들
은 근본적으로 신이 인간과 세상으로부터 초월해 계신다고 상정하고, 따
라서 신을 다만 떠받들기만 하고, 신의 이법을 따르는, 나아가 신의 이법에
맞는 삶을 사는 것이 무엇인지를 모른다. 그러므로 '실제가 없다[無實]'고
말씀한 것이다.

■ 運則一也(운즉일야) : 서학은 선천 오만 년의 운을 타고 나온 가르침이
고 수운 선생의 도는 후천 오만 년의 운을 타고 나온 것으로서, 선천과 후천
이 서로 다른 것이지만, 그 선천이나 후천의 운을 받은 것은 마찬가지로, 한
가지[一]라는 말씀이다.

■ 道則同也(도즉동야) : '도는 곧 같다'라는 뜻으로, 서학도 천도를 궁구하
는 것이고 동학도 천도를 궁구하는 것이기 때문에 '천도(天道)'라는 면에서

는 같다[同]라는 말씀이다.

■ 理則非也(이즉비야) : '이치는 곧 아니다' 또는 '이치는 다르다'라는 뜻으로, 천도를 궁구하는 이치나 방법은 동학과 서학이 서로 다르다는 말씀이다. 서학은 선천의 방법인, 다만 한울님을 받들기만 하는 것이 바른 이치이고 또 방법이라고 생각하지만, 동학은 한울님 이법에 따라 사는 것이 한울님을 위하는 길이라고 믿기 때문에 다르다고 말씀한 것이다.

한울님을 받들기만 한다는 것은 한울님에 예속되는 삶을 사는 것이다. 그러나 한울님 이법에 따라 살고자 하는 것은 한울님의 뜻인 지상천국을 이루려는 삶이기 때문에 근원적으로 다르다.

【대의】 신유년에 이르러 수운 선생이 용담의 문을 열고 세상을 향해 가르침을 펴게 되고, 소문을 듣고 찾아온 당시의 어진 선비들과 문답을 한 내용을 소개하는 단락이다.

―――― * ―――― * ――――

曰何爲其然也 曰吾道無爲而化矣 守其心 正其氣 率其性 受其教 化出於自然之中也 西人 言無次第 書無皂白而 頓無爲天主之端 只祝自爲身之謀 身無氣化之神 學無天主之教 有形無迹 如思無呪 道近虛無 學非天主 豈可謂無異者乎

묻기를 "어찌하여 그렇습니까?" 하니, 내가 대답하기를 "나의 도는 한울님의 이법에 의하여 자연스럽게 이루어지는 이치를 그 도법으로 삼은 것이니, 무위이화라고 할 수 있다. 이를 다시 설명하면, 한울님으로부터 받은 마음을 지키고 그 기운을 바르게 하여 실행하면, 한울님 성품을 거느리게 되고 한울님의 바른 가르침을 받아 자연한 가운데에 화해 나오는 것이 바로 내가 창명한 도이다.

그러나 서양 사람들, 특히 선교사들이 하는 말은 앞뒤가 서로 맞지 않고, 그들이 성경(聖經)이라고 부르는 책의 글에는 옳고 그른 것의 구분이 없다. 또한 도무지 한울님 위하여 한울님 이법에 따라 살고자 하는 공심(公心)이 없고, 다만 자신 한 몸만을 위하는 사심(私心)으로 한울님께 비니, 몸에는 한울님의 감응이 없어 한울님의 감화가 없고, 배움에는 근원적으로 한울님의 가르침이 담겨 있지 못하다.

그러므로 신앙을 하는 형식은 있으나 실지로 나타남이 없고, 한울님을 생각하는 것 같으나 한울님을 위하는 법문인 주문이 없어서, 그 도는 허무에 가깝고 도에 이르는 이치인 학에는 한울님의 원리가 없는 것이다. 그러니 어찌 서학과 나의 도가 다름이 없다고 하겠는가?"

■ 何爲其然也(하위기연야) : '어찌하여 그러합니까?'라는 물음으로, 서도(西道)의 이치와 수운 선생의 도(道)의 이치가 같지 않다고 말하는 이유를 묻는 것이다.

■ 吾道 無爲而化(오도 무위이화) : 수운 선생이 당신의 도를 무위이화라고 한 것은, 한울님의 도는 천리에 의해 천지를 운행하는 이법이므로, 이 한울님의 이법을 몸소 받고 또 밝혀서 이 이법에 따라서 살도록 가르치기 때문에 무위이화라고 한 것이다.

■ 守其心 正其氣 率其性 受其敎 化出於自然之中(수기심 정기기 솔기성 수기교 화출어자연지중) : 이 구절은 앞의 '무위이화'를 다시 설명한 것으로, '한울님께 품부 받은 본래 마음을 지키고[守其心] 기운을 바르게 하여 실천을 하

면[正其氣], 한울님 성품을 거느리게 되고[率其性] 그 한울님의 가르침을 받게 되어[受其敎], 자연한 가운데에서 저절로 화해져 나온다.'는 말이다.

즉 한울님으로부터 받은 마음을 지키고 그 기운을 바르게 하는 삶을 살아가면, 본래의 품성을 거느리게 되고 나아가 한울님으로부터 바른 가르침을 받게 되어, 이러한 인간의 노력에 감응한 한울님의 조화가 자연한 가운데에 이루어진다는 뜻이다. 이렇듯 한울님의 조화인 무위이화가 되게 하는 주체는 한울님이지만, 이 무위이화에 이르는 노력은 인간의 몫이다.

■ 言無次第 書無皂白(언무차제 서무조백) : '천주의 뜻으로 부귀를 탐하지 않는다고 하며 중국의 땅을 빼앗아 교회당을 세워 가르침을 펴니 도저히 이들 서양인, 특히 선교사들이 하는 말은 앞뒤가 맞지 않는다. 또 성경(聖經)에 쓰인 글을 보니 옳고 그른 것[皂白]의 구분이 없다.'는 뜻으로, 서학의 경전인 『성경』과 선교사들의 가르침에 관하여 논평한 것이다.

군대를 보내 빼앗은 땅에 교회당을 세운다거나, 신이 흙을 빚어서 사람을 창조했다는 가르침이나, 동정녀 마리아가 예수를 낳았다는 등의 언급은 도저히 앞뒤가 맞지 않을뿐더러, 그 이치에도 맞지 않는다는 말씀이다.

■ 頓無爲天主之端 只祝自爲身之謀(돈무위천주지단 지축자위신지모) : 한울님 위하는 마음은 궁극적으로 한울님 이법에 따라 사는 것이다. 그런데 서학의 가르침에는 한울님 이법에 따라 살고자 하는 공심(公心)은 없고, 자신한 몸만 천당에 가고자 하는 사심(私心)이 있을 뿐이라고 말씀한 것이다. 당시 우리나라에 들어온 서학은 신도들에게 죽어서 천당에 간다는 것을 강조했다. 따라서 많은 서학교도들이 오직 죽어 천당에 가기만을 염원했다는 기록이 있다.

이러한 사실에 관해서는 수운 선생도 『용담유사』「권학가」에서 "무단히 한울님께 밤낮으로[晝宵間] 비는 말이 '삼십삼천 옥경대(玉京臺)에 나 죽거든

가게 하소.' 우습다 저 사람은 저의 부모 죽은 후에 신(神)도 없다 이름하고 제사조차 안 자내며 오륜에 벗어나서 오직 일찍 죽기만 원할 뿐[唯願速死]이니 무삼일고…"라고 비판하고 있다.

■ 身無氣化之神(신무기화지신) : '몸에는 기화의 신이 없다'는 것으로, 곧 한울님의 감응이 없다는 말씀이다. 특히 서학에서는 한울님은 멀고 먼 초월적 공간에 계시며, 사람으로서는 도저히 도달할 수 없는 영원한 타자인데, 어떻게 한울님의 기운을 회복하고 감화를 받는 '기화의 신'이 감응하겠는가?

■ 學無天主之敎(학무천주지교) : '학에는 한울님의 가르침이 없다'는 것으로, '도(道)'는 모든 것의 근본이 되는 것이고, '학(學)'은 이 도에 이르는 가르침인데, 서학의 가르침은 오직 천당에 가기 위함뿐이지, 근원적으로 한울님 도(道)에 이르고자 하는 것이 아니기 때문에 '한울님의 가르침이 없다'고 말씀하신 것이다.

■ 有形無迹 如思無呪(유형무적 여사무주) : '유형(有形)'의 '형(形)'은 '형식', 곧 종교적 신앙의 형식을 의미한다. 서학의 신앙 형식이란 다름 아니라, '십자가'나 '마리아상' 등이 된다. 바로 이러한 형식은 있으나, 그 실제의 흔적, 다시 말해서 서학에서 주장하는 '천당'이니 '지옥'이니 하는 실제가 사실로 나타나지 않는다는 말씀이다. '사(思)'는 한울님을 생각하는 것으로, 서학에서도 한울님을 생각하고 공경하는 것 같으나, 실제로 '한울님을 지극히 위하는 주문[至爲天主之字]'은 없다는 말씀이다.

■ 道近虛無 學非天主(도근허무 학비천주) : '도는 허무에 가깝고 학은 한울님을 실제로 위하는 것이 아니다'라는 뜻으로, 위에서 서학에 관하여 논평한 것을 결론적으로 이야기한 구절이다.

【대의】 사방에서 모인 어진 선비들이 수운 선생이 창명한 도와 서학과의

다른 점을 묻자, 이에 대하여 수운 선생이 일일이 구분하여 대답을 한 단락이다.

—— * —— * ——

日同道言之則 名其西學也 曰不然. 吾亦生於東 受於東 道雖天道 學則東學
況地分東西 西何謂東 東何謂西 孔子生於魯風於鄒 鄒魯之風 傳遺於斯世
吾道 受於斯 布於斯 豈可謂以西名之者乎

　　다시 묻기를 "선생님께서 창명하신 도와 서학이 모두 천도(天道)로서 서로 같은 것이라고 하셨으니, 그러면 그 이름을 서학이라고 이름합니까?" 이에 내가 대답하기를 "그렇지 않다. 내가 동방에서 태어났고 동방에서 이 도를 받았으니, 도는 비록 만물의 생성과 운행의 근원이 되는 천도이나, 그 도에 이르는 이치인 학은 곧 동학이다. 하물며 땅이 동과 서로 나누어졌고, 오랫동안 동과 서는 서로 다른 환경 속에서 살면서 서로 다른 생활의 방식과 사유, 그리고 문화를 만들어 왔으니, 서를 어찌 동이라고 말하며 동을 어찌 서라고 말하겠는가? 비유하건대 공자(孔子)께서는 노(魯)나라에서 태어나 유학(儒學)을 일으켰고 맹자(孟子)는 이 유학을 다시 추(鄒) 땅에서 크게 펼쳤기 때문에, 그 가르침이 온 세상에 전해졌어도, 사람들은 공자가 태어났고, 또 유학이 크게 일어난 노(魯)나라와 추(鄒) 땅의 이름을 들어 '추로지풍(鄒魯之風)'이라고 부른다. 이와 마찬가지로 나의 도는 이곳 동방인 우리나라의 오랜 사유와 전통을 바탕으로 일어난 것이고, 또한 이곳에서 그 가르침을 펼쳤으니, 어찌 서(西)로서 그 이름을 삼아 부르겠는가?"

■ 同道言之則 名其西學也(동도언지즉 명기서학야) : 앞부분에서 '도즉동(道則同)'이라는 대신사 말씀에, 선비들이 다시 물어본 부분이다. '선생님께서 창명하신 도가 천도(天道)로서 역시 천도인 서학과 더불어 서로 같다고 말씀하시니, 그럼 선생님의 가르침을 서학이라고 불러도 되겠습니까?'

■ 道雖天道 學則東學(도수천도 학즉동학) : 선비들의 물음에 수운 선생이 명확하게 '동학'이라고 대답하는 대목이다. 천도는 우주의 도로서, 동양이나 서양을 막론하고 우주 만물 생성과 운행의 근원이 되는 것이다. 따라서 서양에서 창명된 서도(西道) 역시 천도를 궁구하는 것이다. 그러므로 '도는 비록 천도'라고 말씀한 것이다. 이때 중요한 것은 '비록[雖]'이라는 글자다. 나의 이 '도(道)'가 비록 서양인이 전파하는 '도(道)'와 같은 천도이지만, 그 천도를 궁구하고 또 천도에 이르는 '학(學)'은 '동방인 우리나라의 오랜 사유와 방법이기에 동학(東學)이다'라고 말씀한 것이다.

■ 況地分東西 西何謂東 東何謂西(황지분동서 서하위동 동하위서) : '하물며[況] 땅이 동과 서로 나뉘었는데 서를 어찌 동이라고 하고 동을 어찌 서라고 하겠느냐'는 말씀이다. 이때 동서의 구분은 단순히 땅의 구분만을 의미하는 것이 아니라, 동양과 서양이 서로 다른 환경 속에서 각기 다른 생활 방식으로 살아왔기 때문에, 그 사유나 문화가 서로 다르다는 의미까지 내포되어 있다.

■ 孔子生於魯風於鄒 鄒魯之風 傳遺於斯世(공자생어노풍어추 추로지풍 전유어사세) : '추로지풍(鄒魯之風)'은 유학을 일컫는 말이다. 노(魯)나라에서 태어난 공자에 의하여 유학이 시작됐고, 추(鄒) 땅에서 태어난 맹자가 공자의 가르침을 이어 유학을 다시 크게 일으켰기 때문에 붙여진 이름이다. '공맹지덕(孔孟之德) 또는 공맹지학(孔孟之學)'도 같은 의미의 말이다.

유학이 비록 노(魯) 태생의 공자에 의하여 나왔고, 추(鄒) 태생의 맹자에 의하여 영향력이 더욱 커져서, 흔히 추로지풍(鄒魯之風)이라고 부르지만, 이 가르침은 노(魯)와 추(鄒) 땅이라는 중국 한 부분에 그치지 않고 온 세상에 널리 전하여졌다. 이와 마찬가지로 비록 수운 선생 자신이 동방에서 태어났고 또 동방에서 도를 받았기 때문에 '동학'이라고 이름하지만 그 가르침은 우주의 이법을 담은 것으로 온 세상에 퍼지게 될 것이라는 의미가 함축되어 있다.

■ 吾道 受於斯布於斯 豈可謂以西名之者乎(오도 수어사포어사 기가위이서명지자호) : '오도(吾道)'는 수운 선생이 창명한 도를 일컫는다. '사(斯)'는 '이곳', 곧 수운 선생이 태어나고 또 도를 받은 우리나라를 일컫는다.

선비들이 '서학이라고 이름하느냐'고 묻자 "공자의 가르침이 온 세상에 전해졌어도 그 나온 곳을 따라 '추로지풍(鄒魯之風)'이라고 이름했듯이, 나의 도(道) 역시 이곳에서 받았고 또 이곳에서 폈으니 이 지역을 따라 '동학(東學)'이라고 이름해야 한다. 그러니 '어떻게 서학이라고 이름하겠는가?'"라고 반문한 것이다.

이는 '동학'이라는 이름이 단순하게 서학에 대한 반향에 의하여 나온 이름이 아니라, 동방인 우리나라의 생활방식과 환경에 의한 사유, 문화 등을 바탕으로 나온 것이라는 의미이다. '동학'이 곧 '동방지학(東方之學)'이라는 독자성이 강조된 의미가 이에는 담겨 있다.

【대의】 수운 선생이 당신이 창명한 도를 동학이라고 부르게 된 연유를 말씀한 부분이다.

———— * ———— * ————

曰呪文之意 何也 曰至爲天主之字故 以呪言之 今文有古文有

선비들이 묻기를 "주문의 뜻은 무엇입니까?" 내가 대답하기를 "한울님의 뜻을 지극히 위하는 글이다. 그런 까닭으로 한울님께 청원한다는 의미의 글자인 주(呪), 즉 주문이라고 말한 것이다. 이처럼 축원하고 청원하는 글은 옛날 사람들이나 지금의 사람들이나 모두 사용한 것으로, 지금의 글에도 있고 옛글에도 있는 것이다."

■ 至爲天主之字故 以呪言之(지위천주지자고 이주언지) : 주문이 '지극히 한울님을 위하는 글[至爲天主之字]'이라고 말씀하신 것은 「포덕문」에서 '나의 이 주문을 받아 사람들로 하여금 나를 위하게 하라[受我呪文 敎人爲我]' 한 한울님의 말씀과 통하는 내용이다.

어떤 연유에서 수운 선생은 주문을 '한울님을 지극히 위하는 글'이라고 말씀한 것인가. 우리가 부모님을 위한다는 것은 부모님께 맛있는 음식을 마련해 드리고 좋은 옷을 해 드리는 것만을 의미하지 않는다. 진정으로 부모님을 위하는 길은 부모님 뜻에 따라 이 세상에 이바지하고 존경받는 사람으로 사는 것을 의미한다. 이와 같은 원리로 보면, '한울님을 지극히 위한다'는 것은 '한울님을 떠받드는 것이 아니라, 한울님의 뜻에 따라 올바르게 사는 것'을 의미한다.

■ 今文有 古文有(금문유 고문유) : 주문을 설명하며 '지금의 글에도 있고 옛글에도 있다'고 말씀한 것은 수운 선생이 남겨 주시고 동학(천도교)에서 현재도 쓰는 주문이 예부터 있었다는 이야기가 아니다. 예로부터 사람들은 바라는 바를 이루는 데 도움을 받기 위하여 천지신명(天地神明)에게 기원을 했는데, 이때 쓰는 축문(祝文)을 지어 이를 읽으며 기원을 드렸다. 이런 축문이 예로부터 있었음을 말한 것이다.

【대의】 주문의 총론적인 의미를 설명한 단락이다.

———— * —— * ————

曰降靈之文 何爲其然也. 曰至者 極焉之爲 至氣者 虛靈蒼蒼 無事不涉 無事
不命 然而如形而難狀 如聞而難見 是亦渾元之一氣也 今至者 於斯入道 知
其氣接者也 願爲者 請祝之意也 大降者 氣化之願也

　묻기를 "강령의 글은 어찌하여 그렇습니까?"

　대답하기를 "'지(至)'라는 것은 지극한 것, 지극히 큰 것을 이르는 말이다.

　'지기(至氣)'라는 것은 신령한 마음으로 우주에 가득 차 있으며, 간섭하지
않는 것이 없으며, 명(命)을 부여하지 않는 것이 없다. 그러나 형상이 있는
것 같으나 형용하기가 어렵고, 들을 수 있는 것 같으나 들을 수 없고, 보일
것 같으나 보기가 어려운 것이니, 이 역시 우주의 원기인 혼원한 기운이 모
여 이룩한 하나의 큰 기운이다.

　'금지(今至)'라는 것은 지금 입도하여 비로소 한울님 기운을 접하고, 또 한
울님 기운을 체험하는 것을 말하는 것이요,

　'원위(願爲)'라는 것은 청하여 비는 것을 말하는 것이요,

　'대강(大降)'이라는 것은 한울님 기운과 나의 기운이 하나로 융화일체가
되기를 원하는 것이다."

　■ 至氣(지기) : 우주적 원기(元氣), 곧 한울님의 기운으로서 만물의 생명력,
생성력의 근원이 되는 것이다. 동시에 한울님의 기운이며, 한울님은 이 지
기를 통해 실재한다. 따라서 지기(至氣)는 한울님의 존재양식이기도 하다.

즉 지기(至氣)와 한울님은 둘이면서 하나이고, 하나이면서 둘인 것이다.

■ 虛靈蒼蒼 無事不涉 無事不命(허령창창 무사불섭 무사불명) : 한울님의 기운인 지기(至氣)를 설명한 부분이다. '허령(虛靈)'은 신령한 마음이고, '창창(蒼蒼)'은 조금의 틈도 없이 가득 찬 것을 말한다. 즉 '허령창창(虛靈蒼蒼)'은 한울님 기운인 지기(至氣)는 신령한 마음이 있으며, 또 이 우주에 한 치의 틈도 없이 가득 차 있다는 말씀이다.

이러한 한울님의 기운인 지기는 우주 만상 모두에 간섭하지 않는 것이 없고[無事不涉], 명(命)을 부여하지 않는 것이 없다[無事不命]. 따라서 생명의 근원이며 만물생성동정(萬物生成動靜)의 원천이 된다.

■ 如形而難狀 如聞而難見(여형이난상 여문이난견) : '형상이 있는 것 같으나 형용(形容)하기 어렵고, 들리는 것 같으나 보기가 어렵다.'라고 번역된다. 이때 여문이난견(如聞而難見)은 시지불견 청지불문(視之不見 聽之不聞)을 염두에 둘 때, 들리는 듯하나 들리지 않고 보이는 듯하나 보이지 않는다의 의미를 축약해서 말씀한 것으로 이해할 수도 있다.

지기(至氣)는 한울님의 작용이다. 한울님의 작용이므로 그 형상이 있어서 보일 듯하고, 또 그 말씀을 들을 수 있을 듯하다. 그러나 한울님의 작용은 무위이화(無爲而化)에 의한 것이기 때문에 우리의 오관(五官)으로 볼 수 있거나 들을 수 있거나 만져지는 것이 아니다. 그러므로 '난상(難狀)' 또는 '난견(難見)'이라고 말씀한 것이다.

■ 是亦渾元之一氣(시역혼원지일기) : 지기(至氣)를 결론적으로 표현한 것으로, '이 지기(至氣) 역시 만물의 원기인 혼원이 모이고 모여서 이룩한, 이 우주에 가득한 커다란 기운'이라는 말씀이다. '혼원(渾元)'은 자연의 기운, 즉 하늘과 땅이라는 우주를 이루어 내는 만물의 원기를 말한다.

이때 '일기(一氣)'는 '여럿 중에 하나의 기'가 아니라, '커다란 하나를 이룬

기'라는 의미이다. 즉 혼원함이 이룩한, 이 우주와 가늠하는 커다란 기(氣)를 의미한다.

■ 於斯入道 知其氣接(어사입도 지기기접) : '금지(今至)'에 대한 해설로, 도에 들게 되어[入道] 비로소 한울님의 기운인 지기(至氣)와 접함을 깨닫게 된다는 의미이다.

■ 大降者 氣化之願也(대강자 기화지원야) : '대강(大降)'을 설명한 구절이다. '기화(氣化)'는 '한울님의 기운과 나의 기(氣)가 융화되어 일치를 이룸'을 뜻한다. '한울님의 기와 나의 기가 일치 융화를 이룬다'는 것은 다름 아니라, '나의 기가 한울님의 기를 회복함'을 의미한다.

이 구절을 새겨보면, '대강이라는 것은 한울님의 영기와 나의 기가 융화 일체 되기를 원한다는 뜻이다'로 풀 수 있다.

【대의】 수운 선생이 직접 강령 주문을 한 자 한 자 해의한 단락이다.

—— * —— * ——

侍者 內有神靈 外有氣化 一世之人 各知不移者也 主者 稱其尊而與父母同事者也 造化者 無爲而化也 定者 合其德定其心也 永世者 人之平生也 不忘者 存想之意也 萬事者 數之多也 知者 知其道而受其知也. 故明明其德 念念不忘則 至化至氣 至於至聖

'시(侍)'라는 것은 안으로는 한울님의 신령함을 모셨음을 깨닫고, 밖으로는 한울님의 무궁한 기운과 융화일체를 이루는 것이다. 그러므로 내가 한울님 모셨음을 깨닫는 것이다. 이렇듯 한울님의 마음을 회복하고 한울님 기운을 얻으므로, '나' 스스로 우주의 중심이며 동시에 '나' 스스로 우주라는 크나큰 기운과 연결되어 있음을 깨닫는 것이다. 나아가 이 세상 사람들이 내유신령(內有神靈)과 외유기화(外有氣化)로 한울님 모셨음을 깨닫게 되어, 우리 모두가 한울님 모셨으므로 이 모셨음을 결코 옮기거나 바꿀 수 없음을 알게 된다.

'주(主)'라는 것은 한울님을 높여 부르는 말씀이다. 한울님은 우리 생명의 근원이므로 천지부모(天地父母)이시다. 그러므로 우리를 낳고 또 키우신 부모님과 같이 섬겨야 하는 존재이시다.

'조화(造化)'라는 것은 한울님의 힘이며 작용으로, 자연스럽게 저절로 되는 무위이화(無爲而化)이다.

'정(定)'이라는 것은 한울님의 덕과 더불어 합일이 되는 경지이며, 동시에 한울님 마음이 나의 마음 중심에 자리하는 것이다. 이렇듯 한울님의 덕과 합일되고 한울님의 마음이 내 안에 자리하게 되므로, 나의 마음은 곧 무궁한 한울님 마음이 되며, 나의 베풂은 바로 한울님의 지공무사(至公無私)한 베풂이 되는, 그와 같은 경지에 이름을 '정'이라고 말한다.

'영세(永世)'라는 것은 사람의 일생이다.

'불망(不忘)'이라는 것은 한울님 생각하는 마음을 잠시라도 떠나지 않는, 그 마음을 간직하는 것이다.

'만사(萬事)'라는 것은 수의 많음을 말하는 것이요.

'지(知)'라는 것은 만리만사(萬理萬事)의 이치인 한울님의 무궁한 도를 깨달아, 그 깨달음을 통해 한울님의 지혜를 받는 것이다.

이러한 경지에 이르러, 한울님의 덕을 밝히고 밝혀, 잠시도 한울님 모앙(慕仰)하는 마음을 잊지 않는 삶을 살면, 한울님의 무궁한 지기(至氣)에 지극히 화하여, 지극한 성인의 경지에 이르게 될 것이다.

■ 內有神靈 外有氣化 一世之人 各知不移(내유신령 외유기화 일세지인 각지 불이) : 시천주(侍天主)의 '시(侍)'에 관해 수운 선생이 스스로 해의한 구절이 다. '시(侍)'의 상태, 곧 한울님 모셨음을 깨닫는 것은 안으로는 신령스러운 한울님의 영(靈)이 자리하고 있음을 느끼며[內有神靈], 밖으로는 한울님의 지 극한 기운과 동화(同化)되는 것[外有氣化]을 말한다.

또 온 세상 사람들은 이러한 한울님 모셨음을 깨닫게 되면, 이 모셨음을 결코 옮기거나 바꿀 수 없음을 알게 된다는 것이다[一世之人 各知不移]. 그것 은 '한울님 모심'이 궁극적이며 본원적이기 때문이다.

'시(侍)'의 순간 안으로 느껴지는 '신령스러운 영(靈)'이란 다름 아니라 '나' 의 주체이며 동시에 한울님이다. 또한 밖으로 느껴지는 '신비한 기운과의 동화(同化)'란 곧 나의 기운이 한울님의 기운과 서로 일치함으로써 일어나 는 작용이다. 안으로는 신령이 자리하고, 밖으로는 이 신령과의 동화작용이 일어나고 있다는 말이 된다. 따라서 안과 밖이 둘로 나뉘는 듯이 보이지만, 이는 동시에 함께 일어나는 작용이다.

이러한 시(侍)의 순간을 시각을 확대하여 해석하면, '안에 신령이 있다는 것[內有神靈]'은 한울님 모심을 깨달음으로 해서 본성을 회복하는 것을 뜻하 고, '밖에 기화가 있다는 것[外有氣化]'은 한울님 기운과 나의 기운이 융화일 체가 됨을 의미한다. 또한 안으로 한울님 본성을 깨달음으로써 자신이 우주 의 중심에 서 있음을 자각하는 것이요, 밖으로는 한울님 기운과 융화일체를 이룸으로써 자신이 무궁한 우주와 서로 같은 기운으로 연결되어 있음을 자 각하는 순간이기도 하다.

즉 시천주의 시(侍), 곧 '모심'의 순간이란 안과 밖으로 한울님 신령함과 기운을 동시에 깨닫고 느끼므로, 자신이 단순한 하나의 개체가 아니라 우주 라는 전체와 동일한 기운으로 관통되어 있음을 깨닫는 것을 말한다.

또한 이러한 시(侍)에 대한 수운 선생의 해의를 해월 최시형 선생은 "안에 신령이 있다 함은 처음 세상에 태어날 때의 어린이 마음을 말하는 것이요 [內有神靈者 落地初 赤子之心也], 밖에 기화(氣化)가 있다 함은 포태(胞胎)할 때에 한울님 이치에 의하여 한울님 기운이 부모님의 육신에 응하여 체(體)를 이루는 것[外有氣化者 胞胎時 理氣應質而成體也]"이라고, 다시 설명하였다.

이러한 수운 선생의 해의와 해월 선생의 해석을 바탕으로 '시'의 의미를 고찰·재구성해 보면, '내 안에 신령이 있다'는 것은 다름 아니라, 안으로는 처음 태어난 아기의 마음과 같은 가장 순수한 마음, 곧 한울님으로부터 품부(稟賦)받은 한울님의 마음을 회복하게 된다는 것이요, 또 '밖으로 기화가 있다'는 말은 어머니의 자궁(子宮)에서 처음 새 생명이 형성될 때, 즉 지금까지는 우주의 품속에 있었던 무형의 생명이 부모의 육신을 받아 유형의 생명으로 바뀌는 그 순간이다. 다시 말해서, '신령한 한울님의 영(靈)과 신령한 한울님의 기운'을 안과 밖에서 동시에 만남으로써 무형(無形)의 생명이 인간(人間)이라는 유형(有形)의 생명체로 바뀌는 순간, 곧 포태의 순간을 해월 선생은 '시(侍)'라고 말하고 있다. 따라서 '한울님 모심'은 '시(侍)'의 순간에 비롯되는 것이 아니라, 누구나 본원적으로 모시고 태어난다는 말씀이다.

또한 '시(侍)'에 대한 해의로 수운 선생은 "일세지인 각지불이(一世之人 各知不移)"라고 설명한다. '온 세상 사람이 옮기지 못함을 안다'는 뜻이다. 즉 한울님 모셨음은 본원적인 것이기 때문에 옮기거나 변하지 않는다는 것을 알게 된다는 말씀이다.

한울님 마음을 회복하지 못하고, 따라서 한울님 모심을 깨닫지 못했을 때는 한 유한적인 존재로서 살아가지만, 한울님 마음을 회복함으로써 무궁한 한울님 모셨음을 깨닫게 되면, 이내 자신이 모신 무궁한 한울님과 더불어 스스로 무궁한 존재임을 자각하고 자신하고 자부하게 되는 것이다.

무형의 생명이 신령한 한울님의 영과 신령한 한울님의 기운을 받아 포태되는 순간은 곧 '선천의 시(侍)'라고 말할 수 있다. 즉 모든 생명체는 본원적으로 한울님의 영과 기운에 의하여, 한울님을 모시고 화생되기 때문이다. 그러나 사회적인 환경과 생활 속에서 사람들은 습관천(習慣天)에 의하여, 한울님의 신령한 영과 기운을 잃어버리고, 각자위심(各自爲心)의 마음을 지닌 채 살아가는 것이 일반적이다. 그러므로 한울님 모셨음을 잃어버리게 된다.

이러한 습관천의 삶을 살다가, 지극한 천도교 수련(修煉)을 통하여 다시 처음 포태될 때의 그 한울님의 영과 기운을 회복하는 때가 바로 내유신령(內有神靈), 외유기화(外有氣化)를 자각하는 '시(侍)'의 순간이다. 그러므로 자신이 한울님 모셨음을 깨닫게 된다. 이것을 '후천의 시(侍)'라고 할 수 있다.

■ 稱其尊而與父母同事(칭기존이여부모동사) : 천주(天主), 곧 한울님의 '님[主]'에 대해 수운 선생이 해의한 구절이다.

한울님은 우주의 자율적인 원리로서의 '천(天)'이 아니라, 우리 인간을 비롯한 모든 존재의 근본이 되고, 나아가 우리를 낳은 부모와 같은 존재라는 의미이다. 이 구절에 대하여 해월 선생은 해설하기를 "앞의 성인들이 말하지 않은 일로써 수운 대선생이 처음 창시하신 대도[前聖未發之事 水雲大先生主始創之大道也]"라고 부언하였다.

즉 과거의 성인들은 '천(天)'이라는 우주의 자율적인 원리로서 하늘을 이해하고 그 원리를 밝히려 했는데 비하여, 수운 선생은 '천(天)'을 만유(萬有) 만사(萬事)와 인사(人事)를 모두 간섭하는 인격적인 존재로서 천명했기 때문에, '존칭한다'는 의미의 '주(主)'를 붙였고, 또 우리가 생명을 지니고 태어난 근원이 되기 때문에 '부모와 한 가지로 섬겨야 하는 존재'라는 의미의 '주(主)'를 붙였다고 말씀하고 있다. 그래서 천주, 곧 한울님이라고 말씀한 것이라는 의미이다.

이렇듯 우주의 자율적인 원리로서의 하늘을, 한울님이라는 인격적인 신으로 인류 역사상 처음으로 천명한 사람은 바로 수운 선생이기 때문에 해월 선생은 '앞의 성인이 말하지 않은 일'이라고 말씀한 것이다.

또한 '부모와 같이 섬겨야 한다'는 말씀의 또 다른 의미는, 한울님이라는 신은 남성이나 여성 어느 한 성(性)의 존재가 아니라는 뜻을 함의하고 있다. 지금까지 모든 신은 '남성' 아니면 '여성'으로 한 '성(性)'을 가진 존재였다. 그러나 수운 선생은 한울님을 '남성과 여성' 모두를 포괄하는 '부모님'이라고 말씀하여 '양성(兩性)'을 구유한 존재임을 천명했다. 이 역시 해월 선생의 말씀과 같이 '앞의 성인이 밝히지 못한 바[前聖未發之事]'라고 할 수 있다.

■ 造化者 無爲而化也(조화자 무위이화야) : 주문 중 '조화'에 관한 수운 선생의 해의로, '조화(造化)라는 것은 무위이화'라고 설명한 구절이다.

'조화'의 '조(造)'란 사물이 시간에 따라 변화는 것을 말하고, '화(化)'란 시간성과 관계없이 변하는 것, 곧 공간상에서의 변화를 뜻하는 글자이다. 따라서 '조화'란 시공간 상에서 일어나는 한울님의 힘이자 작용이다.

이 한울님의 조화를 다른 말로 하면, 바로 '무위이화'이다('무위이화'에 관해서는 「논학문」 7단락 구절 풀이를 참고하기 바람).

■ 合其德 定其心(합기덕 정기심) : 주문의 중요한 부분인 '조화정(造化定)'에서 '정(定)'을 해의한 부분이다. '합기덕(合其德)'은 한울님의 덕과 합일한다는 뜻으로, 한울님 덕을 깊이 체득하여 한울님과 같이 무사공평(無私公平)한 덕(德)을 펴는 삶을 사는 것을 의미한다. '정기심(定其心)'은 한울님 마음을 변치 않고 지니게 된다는 의미로, 한울님 마음이 나의 마음 중심에 자리함을 의미한다. 한울님의 덕과 합일되고 내가 한울님의 마음을 얻었으므로, 나의 마음은 무궁한 한울님 마음이 되며, 나의 베풂은 바로 한울님의 지공무사(至公無私)한 베풂이 되는, 그러한 경지의 삶을 살게 됨을 말한다.

■ 存想之意(존상지의) : '존상(存想)'이란 언제나 한결같은 생각을 한다는 뜻으로, 한울님을 지극히 공경하여 잠시라도 한울님 생각에서 떠나지 않는 것을 말한다.

■ 知其道而受其知(지기도이수기지) : '만사(萬事)'와 이어지는 '지(知)'를 해설한 부분이다. '지기도(知其道)'는 만리만사(萬理萬事)가 생멸(生滅)하는 도의 근원과 만리만사가 동정(動靜)하는 근본 원리를 깨닫는 것을 말한다. '만리만사를 아우르는 도의 근원을 깨달으므로 해서[知其道]', 한울님으로부터 존재의 근원적인 앎을 받게 된다[受其知]'는 말씀이다.

접사인 '이(而)'가 쓰이게 된 것은 '깨달음[知]이라는 능동성과 받음[受]이라는 수동성'을 동시에 표현하기 위해서이다. 동학 천도교에서 도(道)란 깨닫는 것[覺道]이며 동시에 받는 것[得道]이기 때문이다. 수운 선생 역시 오랜 수련을 통해 도를 깨닫고, 동시에 한울님으로부터 받았던 것이다.

깨달음과 이 깨달음을 통해 한울님으로부터 도를 받는 경지에 이르러야 비로소 높은 경지에 이르게 된다는 의미가 이에는 함축되어 있다.

■ 明明其德 念念不忘(명명기덕 염념불망) : 한울님의 덕을 밝히고 밝혀서, 그 덕을 잠시도 잊지 말고 생각하라는 뜻이다. 즉 깨닫고 받는 데에 그치지 않고, 그 덕을 닦고 닦아 밝히고 거듭 밝혀야 하며, 나아가 잠시도 잊지 않고 모앙(慕仰)하는 마음으로 생각해야 한다는 말씀이다.

그러므로 수운 선생도 경신년 4월 한울님으로부터 도를 받은 이후, 거의 일 년이 가까운 시간을 '수이탁지(修而度之)'하셨던 것이다. 이 기지일세 수이탁지(幾至一歲 修而度之)하는 동안을 바로 '명명기덕(明明其德) 염념불망(念念不忘)'하는 시간으로 볼 수가 있다.

■ 至化至氣 至於至聖(지화지기 지어지성) : 주문 공부를 오래 하여 도를 깨닫고 또 한울님으로부터 도를 받아, 밝게 닦고 닦아 한울님의 덕을 잠시도

잊지 않고 모앙하는 생각을 그치지 않으면, 한울님의 크나큰 기운인 지기(至氣)에 지극히 화하여, 지극한 성인의 경지에 이른다는 말이다. 즉 동학 천도교에서 추구하는 지상신선(地上神仙), 곧 한울사람에 이름을 의미한다.

【대의】 동학 천도교의 주문 중 본주문(本呪文) 부분을 해설한 단락이다.

——— * ——— * ———

曰天心卽人心則 何有善惡也 曰命其人貴賤之殊 定其人苦樂之理 然而君子
之德 氣有正而心有定 故與天地合其德 小人之德 氣不正而心有移 故與天
地違其命 此非盛衰之理耶

묻기를 "선생님께서 말씀하시기를 '한울님께서 나에게 오심즉여심(吾心卽汝心)이라는 가르침을 내렸다.'고 하셨습니다. 이 가르침은 바로 한울님 마음[天心]이 사람의 마음[人心]이라는 가르침으로 생각됩니다. 그런데 어찌하여 지공무사한 한울님의 마음과 같은 마음을 지닌 사람이 어떤 사람은 선을 행하기도 하지만, 어떤 사람은 악을 행하곤 합니까?"

내가 대답하기를 "사람이 어찌 선한 사람, 악한 사람, 귀한 사람, 천한 사람이 있겠는가? 다만 한울님은 귀한 사람과 천한 사람이 되는 그 준표(準標)만을 명해줄 뿐이며, 사람이 살아가면서 겪게 되는 고락의 이치만을 정해줄 뿐이다. 사람은 이렇듯 한울님에 의하여 악(惡)함도 선(善)함도, 귀(貴)함도 천(賤)함도 없이, 누구나 공평하게 세상에 태어난 존재이다.

그러나 훌륭한 삶을 살아, 그래서 군자가 된 사람의 덕은 그 기운이 바르고, 그러므로 모든 행동거지나 실행하는 바가 반듯하며, 마음 역시 한울님 마음을 회복하여 그 마음을 변하지 않도록 정하였기 때문에 한울님의 덕과 합일하는 것이요, 소인의 행실로 소인의 삶을 사는 사람의 덕은 기운이 바르지 않아 모든 행동거지가 반듯하지 않으며 마음이 이리저리 자주 바뀌는 까닭으로 한울님의 명에 어긋난다.

세상 사람들이 이와 같이 군자의 덕을 쌓느냐, 그렇지 않으면 소인의 삶을 사느냐에 따라, 이 세상이 성운(盛運)을 맞이하느냐, 그렇지 않으면 쇠운(衰運)을 맞이하느냐가 결정된다. 바로 이것이 세상이 성(盛)하느냐 아니면 쇠(衰)하느냐 하는 성쇠(盛衰)의 이치이다."

■ 天心卽人心則 何有善惡也(천심즉인심즉 하유선악야) : 제자들이 수운 선생에게 하는 질문이다. 한울님의 마음은 지공무사(至公無私)한 마음이고, 또 이 지공무사한 천심이 곧 인심이라고 하는데, 어찌하여 세상 사람의 마음 씀에는 선함과 악함이 있는가를 묻고 있다.

■ 命其人貴賤之殊 定其人苦樂之理(명기인귀천지수 정기인고락지리) : '하늘이 사람에게 귀천의 다름을 명하고, 사람에게 고락의 이치를 정해 준다'는 뜻으로, 이는 봉건적 차별과 신분 계층을 나누는 것과는 전혀 다른 것이다. 여기서는 명(命)과 정(定)이라는 글자에 유념해야 한다.

지금까지 인류의 문화에서는 귀천(貴賤)이나 고락(苦樂)을 매우 인위적으로 나누었다. 상층부의 사람은 귀하고 하층민은 천한 것으로 간주되었다. 실은 이러한 구분은 오늘날에도 여전히 적용된다. 또 어떤 일을 하느냐로 귀천을 나누는 것이 오늘날에도 일반적인 모습이다. 흔히 정신노동을 하는 사람은 귀한 사람이라고 간주된다면, 육체노동을 하는 사람은 천한 사람으로 취급된다. 고락(苦樂) 역시 마찬가지이다. 높은 사회적 지위와 많은 돈을 지니고 호의호식하는 사람은 흔히 즐거운 삶이라고 간주된다. 반대로 돈도 없고 지위도 낮은 삶은 힘든 삶으로 취급된다.

그러나 사람의 귀와 천의 다름을 명(命)했다는 것[命其人貴賤之殊]은 인위적으로 귀천을 나누는 것이 아니라, 귀천의 다름을 나누는 것을 천명(天命)에 의거한다는 의미이다. 즉 한울님의 이법과 명에 따라 사는 사람은 귀한 사람이 되고 한울님 이법과 명을 어기며 살아가는 사람은 천한 사람이라는 말씀이다. 이와 마찬가지로 사람이 고달픈 삶을 사느냐 아니면 즐거운 삶을 사느냐의 이치를 정하는 것[定其人苦樂之理]도 한울님 이법과 명에 따라 사느냐 그렇지 않느냐에 따라 정해진다는 말씀이다.

아무리 상층의 사람이고 부를 누리는 사람이라고 해도 한울님 이법과 명에 따르는 삶을 살지 못하면 진정으로 귀하고 즐겁다고 말할 수 없는 것이다. 귀와 천, 고와 락이 인위적으로 나뉘는 것이 아니라, 천리와 천명을 따르느냐 그렇지 않느냐에 있음을 말씀한 대목이다.

■ 氣有正而心有定 故與天地合其德(기유정이심유정 고여천지합기덕) : '기유정(氣有正)'의 '기운이 바름이 있다'는 표현은 사람의 기운을 바르게 하여 한울님의 기운을 회복는 것을 말하며, 그리하여 바른 삶을 살아가는 것을 의미한다. 또 '심유정(心有定)'의 '마음이 정함이 있다'는 표현은 한울님 마음을 회복하여, 그 마음이 나의 마음 중심에 자리함을 의미한다.

이렇듯 한울님 기운을 회복하므로 기를 바르게 하고, 한울님 마음을 회복하므로 한울님 마음을 나의 마음 중심에 자리잡게 되면, 천지와 더불어 그 덕이 합일하는 군자의 경지에 이르게 된다는 말씀이다.

■ 氣不正而心有移 故與天地違其命(기부정이심유이 고여천지위기명) : 소인의 덕은 기운이 바르지 않으므로 그 행동이나 삶이 올바르지 못하며, 마음 역시 자꾸 바뀌는 것을 말한다. 따라서 한울님이 인간에게 부여한 명과 어긋나는 소인의 삶을 말하는 것이다.

■ 此非盛衰之理耶(차비성쇠지리야) : 군자의 덕을 회복하거나 소인의 마음을 지니는 것은 모두 성쇠(盛衰)의 이치, 곧 성운과 쇠운을 맞이하는 그 근본 이치가 된다는 말씀이다. 다시 말해서 세상 사람들이 모두 군자의 덕을 회복하면 이 세상은 성운을 맞이하게 될 것이고, 반대로 소인의 행실이 이 세상에 횡행하면 이 세상은 쇠운을 맞게 된다는 말씀이다.

【대의】 천심과 인심의 관계, 성쇠의 이치를 말씀한 단락이다.

———— * ——— * ————

日一世之人 何不敬天主也 曰臨死號天 人之常情 而命乃在天 天生萬民 古之聖人之所謂而尙今彌留 然而似然非然之間 未知詳然之故也

묻기를 "한울님의 이법과 명을 따라 사는 것이 귀하게 사는 것이고 또 즐거운 삶이라는 말씀이신데, 어찌하여 이 세상 사람들은 자신이 귀하고 또 즐거운 삶을 이룰 수 있는 한울님을 공경하지 않습니까?" 대답하기를 "죽음에 임하여 한울님을 찾는 것은 살아 있는 모든 사람들의 공통된 마음이며 모습이다. 이는 그 명이 한울님에 있기 때문인 것이다. 이렇듯 사람의 명이 한울님에 달려 있고, 또 한울님이 모든 사람들을 세상에 내셨다는 것은 옛 성인이 말씀한 것으로 지금까지 전해지고 있는 것이다. 그러나 세상의 사람들이 과연 그런가, 그렇지 아니한가 하는 의심하는 마음 사이에서 믿지 못하여, 그 상세함을 알지 못하고 방황하기 때문에 한울님을 공경하지 못하는 것이다."

■ 一世之人 何不敬天主(일세지인 하불경천주) : '세상 사람들이 어찌하여

한울님을 공경하지 않느냐?'는 물음이다. 수운 선생의 가르침 같이 한울님
이 이 우주의 모든 것을 간섭하고 인간을 비롯한 만물을 화생시키고 화육하
며, 나아가 한울님 이법과 명을 따르는 삶이 귀하고 즐거운 삶이 되는데, 어
찌하여 사람들은 한울님을 공경하지 않느냐고 물어보는 말이다.

■ 臨死號天 人之常情(임사호천 인지상정) : 죽음에 임박하여서 비로소 한
울님을 부른다는 말씀이다. 즉 평소에 살아갈 때는 한울님의 존재에 관하여
등한시하다가 죽는 순간이 되어서야 비로소 한울님을 찾고, 한울님의 구원
을 비는 것이 보통 사람들의 마음이라는 말씀이다.

죽음에 임박하여 한울님을 찾고 한울님께 구원을 청해 봐야 아무 소용이
없고, 살아생전 한울님 이법과 명을 따라 가치 있고 즐거운 삶을 살아야 한
다. 그러나 죽음에 이르러서야 비로소 한울님을 찾을 만큼 세상 사람들이
어리석다는 말씀이다.

■ 命乃在天 天生萬民(명내재천 천생만민) : 명은 하늘에 있고 또 하늘은 온
세상 사람을 낸다는 동양의 오랜 가르침을 그대로 인용한 대목이다.

■ 尙今彌留(상금미류) : '미류(彌留)'는 '오랫동안 고쳐지지 않은 것'이다.
따라서 이 구절은 '아직[尙] 지금[今]까지 바뀌지 않고 내려오다'로 풀이할
수 있다.

■ 似然非然之間 未知詳然之故(사연비연지간 미지상연지고) : 그런 것 같기도
하고 그렇지 않은 것 같기도 한 마음 상태에서 한울님에 관한 확고한 믿음과
분명한 이치를 갖추지 못했기 때문에 한울님을 공경하지 않는다는 말씀이
다. 즉 일반적으로 사람들은 비본래적(非本來的) 자아에 빠져 있기 때문이다.

【대의】 한울님 존재에 대한 확신이 없기 때문에 세상의 사람들이 방황하고
고민하는 것이라는, 한울님 존재에 대한 확신의 중요성을 설파한 단락이다.

—— * —— * ——

日毁道者 何也 曰猶或可也 曰何以可也 曰吾道 今不聞古不聞之事 今不比
古不比之法也 修者 如虛而有實 聞者 如實而有虛也

　묻기를 "도를 비방하고 또 훼방하는 사람들은 어찌하여 그렇습니까?" 대
답하기를 "혹 그럴 수도 있느니라." 또 묻기를 "어찌하여 그럴 수가 있습니
까?" 대답하기를 "나의 도는 지금도 듣지 못했고 옛날에도 듣지 못한 일이
요, 지금도 비교할 수 없고 옛날에도 비교할 수 없는 법이니라. 그러니 처음
들어 보는 가르침을 듣고 사람들이 나의 도를 혹 믿지 못할 수 있다. 그러
므로 도를 비방하고 훼방하는 것이 아니겠는가? 나의 도를 마음으로 잘 닦
는 사람은 겉으로는 아무것도 드러나지 않는 것 같아 허(虛)한 듯하나, 스스
로 마음에 깨닫고 체득하는 바가 있어 실지가 있는 것이요, 수도는 하지 않
고 이것저것 듣기만 하는 사람은 겉으로 아는 것이 많아 보여서 실지가 있
는 듯하나, 아무것도 체득하는 바가 없어 사실은 허무한 것이다. 이와 마찬
가지로 도를 비방하거나 훼방하는 사람들도 궁극적으로는 듣기만 하고 닦
지를 않았기 때문에 도의 참맛을 몰라서 그러한 것이다."

　■ 毁道者 何也 猶或可也(훼도자 하야 유혹가야) : 당시 수운 선생이 용담에
서 가르침을 펴는데, 이를 비방하는 사람들이 많았다. 이에 제자들이 "도를
비방하는 사람들[毁道者]은 어찌하여 그러느냐?"라고 물어본 것이다. 이때
수운 선생은 "사람들이 내[수운 선생]가 펴는 가르침에 관하여 잘 알지 못하
기 때문에 혹 그럴 수 있는 일"이라고 대답한 것이다.
　　■ 吾道 今不聞古不聞之事 今不非古不非之法(오도 금불문고불문지사 금불

비고불비지법) : 제자들이 "사람들이 선생님의 도를 비방하고 훼손하는 것이 그럴 수도 있다는 것은 어찌하여 그러느냐[何以可也]?"라고 묻는 질문에 대답한 구절이다. 즉 수운 선생은 "나의 도가 지금이나 예나 어디에서고 비교할 수도 없고 듣지도 못한 전혀 새로운 가르침이기 때문에, 사람들이 이렇듯 처음 대하는 것에 대하여 이를 의심하고 믿지 못하여, 방해하거나 비방할 수도 있다."고 대답하였다.

■ 修者 如虛而有實 聞者 如實而有虛(수자 여허이유실 문자 여실이유허) : '수자(修者)'란 곧 마음공부인 수련을 몸소 실천하는 사람을 가리키는 말이다. '문자(聞者)'란 도에 들어 몸으로 수련은 하지 않고, 이것저것 들어서 잡다하게 아는 척만 하는 사람이다.

따라서 몸소 몸으로 행하고 도를 닦는 사람은 겉으로 아무것도 드러나지 않아서 실제가 없는 듯하지만, 실지로 마음으로 깨닫고 터득하는 바가 많다. 반면에 귀로 듣고 모든 것을 입으로만 설명하는 사람은 겉으로 보기에는 제법 무엇을 많이 아는 듯해도, 사실은 아무것도 체득하고 깨닫지 못한 허무한 사람이라는 말씀이다.

수운 선생의 도는 금불문고불문(今不聞古不聞)의 도이기 때문에 그냥 듣기만 해서는 알 수 없는 것이다. 그러므로 도를 알기 위해서는 몸소 수련에 임하여 실지로 체득해야 하며, 그렇게 해야 만이 진정으로 도를 닦고 실행하는 사람이 되어, 훼도(毁道)를 하지 않게 된다는 말씀이다.

【대의】 수운 선생의 무극대도는 고금동서를 통틀어 처음으로 창명된 도이기 때문에, 사람들이 너무도 새로운 것에 접하여 이를 쉽게 믿지 못하고 훼도를 한다는 말씀이다.

—— * —— * ——

日反道而歸者 何也 日斯人者 不足擧論也 日胡不擧論也 日敬而遠之 日前
何心而後何心也 日草上之風也 日然則何以降靈也 日不擇善惡也 日無害無
德也 日堯舜之世 民皆爲堯舜 斯世之運 與世同歸 有害有德 在於天主 不在
於我也 ──究心則 害及其身 未詳知之 然而斯人享福 不可使聞於他人 非
君之所問也 非我之所關也

    묻기를 "도에 들어왔다가 배반하고 돌아가는 사람은 어찌하여 그렇습니
까?" 대답하기를 "이 사람들은 족히 거론할 필요가 없다." 묻기를 "어찌하여
거론할 필요가 없는 것입니까?" 대답하기를 "그저 마음으로 멀리하도록 하
라." 묻기를 "입도할 때의 마음은 어떤 것이며, 도를 배반하고 나갈 때의 마
음은 어떠한 것입니까?" 대답하기를 "풀에 바람이 불어오면, 풀이 바람에
쓸리어 이리저리 쓰러지듯이, 이들의 마음도 일정한 주견 없이 세상의 명
리(名利)에 따라 번복하는 것이다." 묻기를 "그러면 어찌하여 그런 사람들도
강령이 됩니까?" 대답하기를 "한울님의 덕은 선악을 가리지 않고 모두를 포
용하신다. 바른 마음을 지니고 정성을 드리든, 바르지 않은 마음으로 정성
을 드리든, 무슨 마음을 지녔든 정성만을 들이면, 감응하여 강령이 될 수 있
는 것이다. 그러니 강령이 되는 것만으로 좋다고 말할 수는 없다."
    묻기를 "그러면 한울님을 배반하거나 한울님을 믿거나 간에 그에 따른
해(害)도 덕(德)도 없는 것입니까?" 대답하기를 "요순의 시대에는 세상의 모
든 백성이 요임금, 순임금의 덕화를 받아 모두 요순과 같이 되었으나, 지금
이 세상의 운은 요나 순과 같은 사람의 덕화에 의한 것이 아니라, 세상의 운
과 더불어 세상 사람들이 모두 한가지로 돌아가는 것이니, 해가 되고 덕이

되는 것은 한울님의 일이요, 내가 관여할 바가 아니다. 하나하나 캐어본즉 그런 사람들의 몸에 해가 미치는지, 그렇지 않을는지는 상세히 알 수는 없다. 그러나 이 사람들이 복을 누린다고 다른 사람들에게 말할 수는 없는 것이다. 복을 받는다거나 해를 입는다거나 하는 것은 그대들이 물을 바도 아니요, 내가 관여할 바도 아니다. 다만 한울님의 뜻에 따를 뿐이다.”

■ 反道而歸者(반도이귀자) : 도에 입도하였다가 배반하고 돌아가는 사람을 말한다.

■ 敬而遠之(경이원지) : 앞부분에서 반도자(反道者)는 족히 거론할 것이 없다고 말씀하신 것의 연속으로, 반도자를 헐뜯거나 힐책할 것도 없이 다만, 경원시(敬遠視)하여, 마음에서 멀리 하라는 말씀이다.

■ 前何心 後何心(전하심 후하심) : 전하심은 입도할 때 마음이고, 후하심은 도를 배반하고 떠날 때의 마음이다. 이 물음은 왜 사람들의 마음이 번복되는가, 그 이유를 물은 것이다.

■ 草上之風(초상지풍) : 바람 앞의 풀잎과도 같이 자기 주견 없이 바람이 부는 대로 이리저리 흔들리는 사람의 마음을 비유한 말이다.

『논어』「안연(顏淵)」편에 나오는 '초상지풍(草上之風)'의 비유와는 다르다. 『논어』에서는 통치자인 군자와 피지배자인 소인과의 관계를 비유한 것이라면, 이곳에서는 세태와 세태에 따라 번복하는 주견 없는 사람을 비유한 것이다.

'상(上)'은 '위'라는 명사가 아니라, '더 하다'라는 동사이다.

■ 何以降靈也(하이강령야) : '강령'은 정성을 감응을 받아, 한울님의 지극한 기운을 얻는 것을 말한다. 한울님의 지극한 기운을 회복하므로 몸이 떨리거나 하는 현상이 일어난다. 이를 통하여 한울님 모셨음을 체득하는 것이다.

그런데 입도를 하고는 이내 도를 배반하고 떠나는 등 번복이 무상한 사람에게도 한울님이 감응하여 강령이 되니, 이는 어찌하여 그런 것인가 하고 물어보는 것이다. 이에 대하여 수운 선생은 한울님의 덕은 선악을 모두 포용하므로, 정성을 들이면 그 누구도 강령이 된다고 대답을 한다. 올바른 마음으로 정성을 들이든, 바르지 않은 마음을 지니고 정성을 들이든, 강령 즉 한울님의 감응은 그 누구에게나 된다. 기도의 깊은 상태 속에서 검정색을 보여 달라고 하면 검정을 보여주고, 흰색을 보여 달라고 하면 흰색을 보여주는 것과 같은 이치이다. 그러므로 「탄도유심급(歎道儒心急)」에서 "한갓 마음을 지극히 하는 데에 있는 것이 아니라, 오직 마음을 바르게 하는 데에 있다非徒心至 惟在正心"고 말씀한 것이다.

■ 不擇善惡也(불택선악야) : 우리가 일반적으로 선악(善惡)이라고 하는 것은 각자의 기준에 따른 판단일 뿐이다. 뱀은 악하고 토끼는 선하다는 것은 인간의 기준일 뿐이다. 한울님에게는 다 같은 존재이다.

그러므로 한울님은 햇살이나 비나 이슬 등의 은덕을 우리가 인간의 기준으로 갈라놓은 선이나 악을 가리지 않고, 만물에 골고루 베풀어준다. 그래서 만물을 살아가게 한다. 그러나 그 비와 이슬을 비롯한 한울님의 은덕을 깨닫는 사람과 깨닫지 못하는 사람에게는 천양지차(天壤之差)가 있게 된다. 은덕을 깨달아 진정 한울님의 뜻에 따라 사는 사람은 선한 삶을 사는 사람이요, 깨닫지 못하고 한울님의 뜻에 거슬리어 사는 사람은 악한 삶을 사는 사람이다.

곧 한울님의 은덕을 잘 받느냐, 그렇지 못하느냐는 한울님의 문제이기 보다는 이를 받는 사람의 문제이다. 한울님은 인간적 기준에 따른 선악을 가리지 않고 모두에게 은덕을 내리나, 이를 받는 사람에 따라 선이 될 수 있고, 또 악이 될 수가 있는 것이다. 그래서 수운 선생이 '한울님의 은덕을 택하지 않는다[不擇善惡]'고 대답한 것이다.

■ 無害無德也(무해무덕야) : '한울님께서 선악을 가리지 않는다면, 잘못해도 해를 입거나 잘해도 덕을 입는 일이 없는 것인가?'하고 묻는 구절이다. 즉 이 구절은 '그 믿음에 대하여 인과응보(因果應報)의 보답이나 유해유덕(有害有德)이 없는 것인가?' 하고 묻는 말이다.

이러한 물음은 지금까지 인간을 지배해 온 관념에 의거한 것이다. 그래서 잘한 사람은 덕을 입고, 잘못한 사람은 해를 입는다고 생각한다. 그러나 한울님의 은덕은 누구에게나 베풀어지는 것이다. 한울님의 이법에 따라 사는 사람은 자연스럽게 한울님의 은덕을 느끼고, 또 누리게 되지만, 한울님의 이법을 따르지 않는 사람은 이 은덕을 누리지 못하는 것이다. 이에 대한 구체적인 내용은 다음 구절에 나타나 있다.

■ 堯舜之世 民皆爲堯舜 斯世之運 與世同歸(요순지세 민개위요순 사세지운 여세동귀) : 앞 구절의 '무해무덕'의 물음에 대한 수운 선생의 대답이다. 후천 시대에는 어느 개인이 해를 입거나 덕을 받는 것이 아니라, 세상의 운에 의하여 모두가 같이 돌아가는 동귀일체(同歸一體)의 세상이 된다는 말씀이다. 궁극적인 행복은 개개인이 복을 받는 것이 아니라, 세상의 모든 사람이 같이 복을 누리는 데에 있다.

따라서 요임금이나 순임금 같이 훌륭한 임금이 다스릴 때에는 세상의 사람들이 그 덕화를 입어서 개개인이 요순과 같이 순치되었으나, 오늘날은 이 세상의 운상과 함께 세상 모든 사람들이 동귀일체(同歸一體)되므로 어느 개인이 아닌, 모두가 복을 누리게 된다는 말씀이다.

여기에서 중요하게 생각되는 것은, 요순의 시대는 요(堯)라는 임금이나 순(舜)이라는 임금에 의하여 수직적으로 그 덕화를 받는다는 봉건적 질서에 의거한 것이라면, 이 시대에는 세상 사람들 모두가 동등하게 시대적인 운상에 의하여 수평적으로 동귀일체한다는 만인공락(萬人共樂)의 의미가 깃들어 있음을 볼 수 있다.

■ 有害有德 在於天主 不在於我也(유해유덕 재어천주 부재어아야) : 사람에게 해를 내린다거나 덕을 준다거나 하는 것은 한울님 소관이라는 말씀이다. 이 말씀이 의미하는 바는 한울님의 이법과 명을 따르는 사람은 한울님이 내려주는 덕을 온전히 누릴 수 있는 것이요, 한울님의 이법과 명을 따르지 않는 사람은 한울님의 덕을 누리지 못하게 된다는 것이다. 그러므로 궁극적으로 해(害)가 되고 덕(德)이 되는 것은 한울님에 있는 것이지, 수운 선생에게 있는 것이 아니라는 말씀이다.

■ 斯人享福 不可使聞於他人 非君之所問也 非我之所關也(사인향복 불가사문어타인 비군지소문야 비아지소관야) : 이때 '사인(斯人)'은 앞에서 이야기한 반도자(反道者)를 지칭하는 말이다. 따라서 이 구절은, '이와 같이 도를 배반한 사람이 복을 누린다거나 못 누린다거나 하는 문제는 그대들이 물어 볼 바도 아니고, 나의 소관도 아니다. 다만 한울님의 소관일 뿐이다. 그러나 이들이 복을 누린다고 다른 사람들에게 말할 수는 없는 일이다.'라고 해석될 수 있다.

【대의】 제자들과의 문답을 통하여, 후천의 운은 개개인에 있는 것이 아니라, 이 세상 사람 모두 함께 잘 사는 것인 동귀일체의 삶을 이루는 데에 있음을 설파한 단락이다.

———— * ——— * ————

嗚呼噫噫 諸君之問道 何若是明明也 雖我拙文 未及於精義正宗 然而矯其人 修其身 養其才 正其心 豈可有岐貳之端乎

아 아! 제군들이 도에 관하여 물어보는 바가 어찌 이와 같이 밝고 밝은가?
비록 나의 이 보잘 것 없는 글이 정밀한 뜻과 바른 원리에는 미치지 못하나,
그러나 사람 됨됨이를 바르게 하고, 몸을 닦고, 타고난 재질을 키우고 마음
을 바르게 하면, 어찌 두 갈래 길에서 길을 잃고 방황을 하겠는가?

- 嗚呼噫噫(오호희희) : '오호(嗚呼)'나 '희희(噫噫)'는 모두 감탄사이다.
- 精義正宗(정의종정) : 정밀한 뜻과 바른 원리.
- 何若是明明也(하약시명명야) : '약시(若是)'는 '이와 같이'의 뜻이다. '어찌
이와 같이 밝고 밝은가'라는 뜻이다.
- 雖我拙文(수아졸문) : '비록 나의 보잘 것 없는 글이지만'의 뜻으로, 수운
선생이 당신이 쓴 「논학문」을 이렇듯 겸손하게 지칭한 것이다. '졸문(拙文)'
은 일반적으로 자신이 쓴 글을 일컫는 겸양(謙讓)이다.
- 矯其人修其身(교기인수기신) : '바르지 못한 사람을 바르게 잡고, 몸을
닦는다'는 의미로, 사람 됨됨이를 바르게 하는 교화의 방법이다.
- 養其才正其心(양기재정기심) : '사람의 재질을 키우고, 마음을 바르게 한
다'는 의미로, 앞의 교기인수기신(矯其人修其身)이 외적으로 드러나는 면의
수양이라면, 이는 내적인 면에서의 수양이라고 할 수 있다.
- 岐貳之端(기이지단) : '기이(岐貳)'는 두 개로 나누어지는 것을 뜻한다.
따라서 이는 '두 갈래로 나누어지는 단초'라고 풀이될 수 있다.

【대의】 지금까지의 가르침을 잘 받아 바르게 수련하라는 당부하는 단락이다.

―――― * ―― * ――――

凡天地無窮之數 道之無極之理 皆載此書 惟我諸君 敬受此書 以助聖德 於
我比之則 怳若甘受和白受采 吾今樂道 不勝欽歎故 論而言之 諭而示之 明
而察之 不失玄機

　무릇 우주의 무궁한 섭리와 도의 심오한 이치가 모두 이 글에 담겨 있으
니, 오직 그대들은 이 글을 공경히 받아, 이 글에 담긴 가르침으로 한울님의
성스러운 덕이 이 세상에 펼쳐질 수 있도록 힘쓰라. 이를 비유하여 말한다
면, 단맛이 모든 맛을 잘 받아들여 조화를 이루는 것과 같은 것이요, 흰색이
다른 색을 잘 받아들여 채색의 조화를 잘 이루는 것과 같은 것이다.
　내가 지금 도의 본체를 논한 이 글을 지어 세상에 이렇듯 펼치게 되니,
그 기쁘고 기쁜 마음을 스스로 이기지 못하겠구나! 이러한 까닭으로, 도를
논하여 이를 말하고 이 가르침을 잘 받도록 타일러 이를 보이나니, 도의 본
체를 잘 밝히고 또 상세히 살펴서 한울님 조화의 현묘한 기틀을 잃지 않도
록 하라.

　■ 天地無窮之數 道之無極之理(천지무궁지수 도지무극지리) : 우주는 광활하
고 이 우주 안에 있는 삼라만상의 변화는 무궁하다. 그러나 이 무궁한 변화
는 일정한 수(數)가 차야 하는 것이요, 일정한 이법[理]에 따르는 것이다. 즉
우주 삼라만상은 천지의 무궁한 수(數)와 도의 무극한 이(理)에 의하여 변화
하는 것이다.
　하늘에서 해가 뜨고 또 지고, 달이 뜨고 지며, 보름달이 되었다가 그믐달
이 되며, 밤하늘의 별자리가 계절에 따라 움직이는, 이 모든 것이 무질서하

게 그렇게 되는 것이 아니라, 일정한 수(數)가 차야만이 그렇게 되는 것이다. 또 일정한 이법[理]에 따라 작용하는 것이다.

천상의 변화만 그런 것이 아니다. 지상 역시 그렇다. 나무가 자라고 풀이 자라고 꽃이 피고, 바다가 밀물이 들고 썰물이 지는 모든 것이 일정한 수(數)가 차야만이 그렇게 되는 것이요 만물이 이법[理]에 의하여 태어나고 자라나고 또 사라지는 것이다.

수운 선생이 동학 천도교의 근본 이치를 밝힌 글인 「논학문」에 바로 이러한 삼라만상 변화의 법칙이 되는 천지의 무궁한 수[天地無窮之數]와 도의 무극한 이법[道之無極之理]이 모두 담겨 있다는 말씀이다.

■ 敬受此書 以助聖德(경수차서 이조성덕) : '차서(此書)'는 「논학문」을 말한다. '성덕(聖德)'은 한울님의 성스러운 덕을 말한다. 천지의 무궁한 수와 도의 무극한 이치가 모두 담긴 이 글을 받아 깊이 공부하여, 이로써 천지의 무궁한 수[天地無窮之數]와 도의 무극한 이법[道之無極之理]으로 만물을 살아가게 하는 한울님의 성스러운 덕이 온 천하에 펼쳐질 수 있도록 하라는 말씀이다.

■ 於我比之則 怳若甘受和白受采(어아비지즉 황약감수화백수채) : '어아(於我)'는 '나에게, 나에게 있어서' 등으로 직역할 수 있으나, 의역하면 '나의 경우를 들어, 내가' 등으로 풀어볼 수 있다. '비(比)'는 '비유하다'의 뜻이다. '감수화백수채(甘受和白受采)'는 '단맛은 다른 맛을 잘 받아들여 잘 섞이는 것이며, 흰색은 다른 색을 잘 받아들여 채색을 잘 이룬다'는 뜻이다.

즉 수운 선생의 이 말씀은 우주의 무궁한 수와 도의 무극한 이치가 담긴 이 글을 받아 교기인(矯其人) 수기신(修其身) 양기재(養其才) 정기심(正其心)하게 되면, 단맛이 모든 맛을 잘 받아들여 맛의 조화를 이루듯이, 또는 흰색이 모든 색을 잘 받아들여 채색을 잘 이루듯이, 한울님의 무궁한 도를 몸소 체득할 수 있게 된다는 뜻이다.

■ 吾今樂道 不勝欽歎(오금낙도 불승흠탄) : '낙도(樂道)'란 '도를 즐긴다'는 뜻으로, 생활 속에서 도를 지키고 도를 실천하는 것이다. 수운 선생이 「논학문」 전편에서 천도에 관하여 논하시고, 이 글을 통하여 세상에 천도를 펴려고 하시니, 그 기쁜 마음이 스스로 이길 수 없을 정도로 크다는 말씀이다.

■ 論而言之 諭而示之(논이언지 유이시지) : 천도를 밝히는 학인 동학을 논하여 말하고, 이 가르침을 잘 받도록 타일러 가르쳐 이를 보여준다. 즉 수운 선생이 제자들에게 논하여 말하고 가르쳐 보여준다는 의미이다.

■ 明而察之 不失玄機(불실현기 명이찰지) : 위에서 수운 선생이 말씀하고 또 보여준 이 가르침을 밝히고 이를 잘 살펴서 현기(玄機)를 잃지 말라는 당부의 말씀이다.

'현기(玄機)'란 현묘한 기틀 혹은 기회를 뜻하는 것으로, '현(玄)'은 '가물현'이다. 즉 이 말의 의미는 '가물가물하다'는 것이다. 가물가물하므로 그 경계가 사람의 눈에 잘 보이지도, 귀에 잘 들리지도, 또 잘 드러나지도 않는다. 즉 한울님의 현묘한 기틀은 이와 같이 일반적인 눈이나 귀 등의 오관에 잘 드러나지 않는 것이다. 따라서 수련을 열심히 해야 만이 마음의 눈을 뜨고 현기를 알 수 있는 것이다. 그러므로 수련에 열심히 임하여 한울님의 현묘한 기틀을 잃지 말고 한울님 가르침을 깊이 체득하라는 당부의 말씀이다.

【대의】「논학문」의 결어 단락으로, 「논학문」에 담겨 있는 천지의 무궁한 운수와 도의 깊은 이치를 깨닫도록 수행을 하여 한울님 가르침을 깊이 체득하도록 당부하는 내용이다.

수덕문
修德文

修德文

「수덕문」은 포덕 3년(임술년, 1862) 6월 경주에서 수운 선생이 지은 경편이다.
수운 선생은 당시 은적암에서 한겨울을 보내시고 임술년 3월 경주로 돌아온다.
경주 박대여(朴大汝)라는 제자의 집에 머무르며,
남원 은적암에서 구상한 것을 바탕으로 이 경편을 지었다.
「수덕문」에는 도인들이 지켜야 할 계율,
또 동학의 가르침을 행하면 나타나게 되는 수행의 효험,
나아가 수운 선생이 펴는 도에 이르는 길 등이 담겨 있다.
그러므로 편명(篇名)을 '수덕문(修德文)'이라고 한 것이다.
'수(修)'라는 글자는 단순히 '닦는다'는 의미만은 아니다.
'마음을 닦고 성품을 단련한다'는 '연성(煉性)'까지를 의미한다.
즉 '수이연지(修而煉之)'의 준말이라고 할 수 있다.
'덕(德)'은 한울님의 은덕이며 동시에 도를 닦는 사람들이
내면에 함양하고 또 삶속에서 실천해야 할 덕목이다.
올바른 덕목이란 궁극적으로 한울님이 우리에게 내려주는 은덕에 말미암는 것이다.
그래서 한울님의 덕을 닦고 또 단련한다는 것은,
'닦음과 단련'을 통해 이를 내면화하고 또 실천함이다.
궁극적으로는 이를 통해 한울님 도를 깊이 체득하고 또 깨달아 나가는 것이다.
「탄도유심급(歎道儒心急)」에서 '마음을 닦아야 덕을 알고,
덕을 밝히는 것이 바로 이가 도이다[心修來而知德 德有明而是道]'라고 한 말씀이
이를 이른 것이라고 하겠다.
이로 보아, 「수덕문」은 마음을 닦고 또 성품을 단련하여 한울님 덕을 깨닫고,
또 이 한울님 덕을 밝혀 세상에 펴며[布德],
궁극적으로 한울님의 도, 곧 천도(天道)를 깊이 체득하고 깨닫게 하는 경편이다.

元亨利貞 天道之常 惟一執中 人事之察 故生而知之 夫子之聖質 學而知之
先儒之相傳 雖有困而得之 淺見薄識 皆由於吾師之盛德 不失於先王之古禮

　만물이 생성되고, 자라나 무성해지고, 그 무성함의 끝에 열매를 맺고, 또
이내 갈무리되는, '원(元), 형(亨), 이(利), 정(貞)'은 천도의 변하지 않는 원리
이다. 또한 사사로움에 치우치지 않고 오직 천도의 중심인 중도를 잡아서
행하는 것은, 올바른 사람살이를 위해서는 필히 살펴야 할 일이다.

　그러한 까닭으로, 생이지지(生而知之)한 성인의 자질을 지닌 스승님이 세
상에 나오게 되었고, 이 스승님의 가르침을 학이지지(學而知之)한 선유(先儒)
들이 서로 전하고 또 전해주었다. 그러한 까닭에 비록 곤이득지(困而得之)한
오늘 우리의 천박한 식견[淺見薄識]이라고 할지라도, 우리 스승님의 성덕(盛
德)으로부터 나오지 않은 것이 없으며, 또한 옛 임금들이 펼친 예의와 법도
를 잃지 않고 잘 실행해 왔기 때문이다.

　■ 元亨利貞(원형이정) : 하늘의 변하지 않는 네 가지 덕, 즉 하늘의 근본 원
리를 말한다.

　『주역(周易)』「건괘(乾卦)」에 "건은 원형이정이다.(乾 元亨利貞)"라고 하였
다. 「문언전(文言傳)」에 이를 다음과 같이 풀이하였다. "원(元)은 착함이 자
라는 것이요, 형(亨)은 아름다움이 모인 것이요, 이(利)는 의로움이 조화를

이룬 것이요, 정(貞)은 사물의 근간이다. 군자는 인(仁)을 체득하여 사람을 자라게 할 수 있고, 아름다움을 모아 예(禮)에 합치시킬 수 있고, 사물을 이롭게 하여 의(義)로움과 조화를 이루게 할 수 있고, 곧음을 굳건히 하여 사물의 근간이 되게 할 수 있다. 군자는 이 네 가지 덕을 행하는 고로 건은 원형이정이라고 하는 것이다[元者, 善之長也 亨者 嘉之會也 利者 義之和也 貞者 事之幹也 君子體仁足以長人 嘉會足以合禮 利物足以和義 貞固足以幹事 君子行此四德 故曰 乾 元亨利貞]."

원(元)은 '으뜸'으로서 우주의 시원성, 태초성을, 형(亨)은 '통한다'는 의미로 우주의 항구성, 지속성을, 리(利)는 '마땅하다, 이롭다'의 뜻으로 우주 운동의 목적성을, 정(貞)은 '곧고 올바르다'의 뜻으로 우주운행의 정당성 등을 각각 의미한다. 또 원(元)은 '만물의 시초, 만물의 근원인 우주의 본체'를, 형(亨)은 '막히면 통한다'는 의미에서 '앞으로 진행하여 이롭지 않음이 없도록 형통한다'는 뜻을, 리(利)는 '우주운행의 중간 과정에 있는 혼돈과 질곡과 고난을 이겨내고 만물이 각각의 존재 의미를 드러내는 것'을, 정(貞)은 '우주가 바르게 운행되는 것'을 말한다. 이 점에서 원형이정은 보통 만물이 처음 생겨나서 자라고, 그 존재 가치를 이루고, 완성되는, 사물의 생장수렴(生長收斂)의 근본 원리를 말한다. 여기서 원은 만물이 시작되는 봄[春]에, 형은 만물이 성장하는 여름[夏]에, 이는 만물이 이루어지는 가을[秋]에, 정은 만물이 완성되는 겨울[冬]에 해당된다[元者 萬物之始, 亨者 萬物之長, 利者 萬物之遂, 貞者 萬物之成].

원형이정은 인간의 본성인 인의예지(仁義禮智)로도 말할 수 있다. 원은 인이고, 형은 예이고, 이는 의이고, 정은 지이다. 정(貞)은 씨앗이다. 씨앗은 아직 묻혀 있는 것이고, 지(智) 역시 아직 드러나지 않는 것이기 때문에 정(貞)을 지(智)로 본다. 방위로는 원은 동, 형은 남, 이는 서, 정은 북을 나타내며,

오행으로 원은 목(木), 형(亨)은 화(火), 이는 금(金), 정은 수(水)를 나타낸다.

　다시 말해 원형이정의 원리는 우주에 대한 동양 사회의 철학적 기본 사고라 할 수 있다. 즉 우주의 만물은 생겨나고, 성장하고, 결실을 맺고, 저장하였다가 다시 생겨나고, 성장하는 등의 과정을 끊임없이 이어가며 고정되지 않고 무한히 변화하고 지속한다는 것이다. 고정되지 않고 무한히 변화하고 지속한다는 개념 속에 조화라는 의미도 포함된다. 그래서 송나라 주희는 「소학서제(小學書題)」에서 '원형이정은 천도의 보편적 이치[元亨利貞 天道之常]'라고 규정하였다.

　■ 天道之常(천도지상) : '천도의 변하지 않는 원리'라는 의미로, 바로 원형이정의 근본 원리는 천도의 원리로서 조금의 변함도 없이 떳떳이 만물에 일관되고 있다는 뜻이다. '상(常)'이란 글자는 '항상'이라는 단순한 의미만이 아니라, '변화하지만, 일정한 원리에 의한 변화이며, 그 변화 자체는 간단없이 항상 지속되며, 또 순환하여 항상 제자리로 돌아오기 때문에' '항상'이라는 의미를 나타낸다. 즉 '천도지상(天道之常)'을 '천도의 변하지 않는 원리'라고 번역하는 것은 '개체 그 자체가 변하지 않는다'는 뜻이 아니라 그 개체의 생멸변화하는 '원리'가 변하지 않는다는 의미이다.

　■ 惟一執中(유일집중) : '유일(惟一)'이란 '오직 한결같음'을 말한다. '집중(執中)'은 '어떠한 일이나 원리에 있어, 지나치거나[過] 모자라지[不及] 않고, 그 중심의 마땅하고 떳떳한 도리를 잡는 것을 뜻하는 것으로, 구체적으로는 중용(中庸)의 도를 지키는 것을 말한다. 즉 사사롭게 한쪽에 치우치지 않고 하늘의 이치에 합당하게 살아가는 것이다.

　■ 人事之察(인사지찰) : 사람이 살아가며 행하는 모든 일에 있어 옳고 그른 것, 나쁘고 좋은 것을 잘 살피어 치우치거나 부족하지 않게 하는 것을 뜻한다.

■ 生而知之(생이지지) : 태어나면서부터 절로 세상의 모든 이치를 아는 성인(聖人)의 자질을 말한다.

■ 夫子(부자) : 선생님이라는 뜻이다. 여기서는 전후 문맥으로 보아 공자(孔子)를 일컫는다.

■ 學而知之(학이지지) : 스승이 되는 선각자로부터 배움을 통해 깨닫고 아는 경지의 자질을 말한다. 현자(賢者)의 자질이다.

■ 先儒之相傳(선유지상전) : '선유(先儒)'는 우리보다 앞에 살았던 선비들을 말하는 것으로, 유학(儒學)에서는 공자 이외의 모든 선비들을 선유라고 부른다. 이들 선유들이 공자의 가르침을 이어 서로 배우고 가르침으로써, 오늘까지 이어 왔다는 말씀이다.

■ 困而得之(곤이득지) : 아주 힘들여서 배움을 얻는 것으로, 보통의 세상 사람의 자질을 말한다.

■ 淺見薄識(천견박식) : '보잘 것 없는 천하고 얇은 식견'의 뜻이다.

■ 吾師之盛德(오사지성덕) : '오사(吾師)'는 나의 스승이라는 뜻으로, 공자를 지칭하는 말씀이다. 수운 선생은 오랫동안 이어온 동양의 전통이었던 유학을 부인하지 않았다. 따라서 동양 전통에서 선비들이 공자를 '스승'으로 부르듯이 수운 선생 역시 공자를 '나의 스승[吾師]'이라고 불렀던 것으로 생각된다.

■ 先王之古禮(선왕지고례) : 고대 훌륭한 임금들, 예를 들어 주(周)나라 문왕과 같은 임금들이 백성에게 가르침을 펴기 위하여 만든 예법을 말한다.

【대의】 천도와 인사를 서로 대비시켜, 인사는 곧 천도를 근본 삼아 이루어져야 한다는, 수덕의 요체(要諦)를 밝힌 단락이다. 이러한 전개를 동양의 오랜 전통이 되어 온 유학을 바탕으로 하여 펼치고 있다.

───── * ───── * ─────

余出自東方 無了度日 僅保家聲 未免寒士 先祖之忠義 節有餘於龍山 吾王
之盛德 歲復回於壬丙 若是餘蔭 不絶如流 家君出世 名盖一道 無不士林之
共知 德承六世 豈非子孫之餘慶

　내가 동방[우리나라]에서 태어나, 아무 하는 일도 없이 하루하루 세월을 보
내며, 겨우 가문이나 지키며, 가난한 선비의 행색을 면치 못하는구나. 선조
(先祖)의 충의(忠義)는 그 절개가 용산(龍山, 용산서원)에 남아 있고, 우리 임금
님들의 크고 훌륭한 덕(德)은 지난날 임진왜란과 병자호란이라는 국가적 위
기를 모두 극복하고, 세월이 흘러 다시 임진년과 병자년을 맞이하였구나.
　이와 같이 우리 조상께서 남기신 음덕(蔭德)이 끊이지 않고 내려와, 아버
님과 같은 큰 선비가 태어나신 것이로구나. 아버님의 명성이 영남(嶺南) 일
대를 뒤덮어, 사림(士林)의 선비들이 모르는 사람이 없구나. 조상의 덕이 여
섯 세대를 이어왔으니, 어찌 자손에게 경사가 없겠는가?

　■ 出自東方(출자동방) : 수운 선생이 동방, 즉 우리나라에서 태어났음을
재확인하는 구절이다.
　■ 無了度日(무료도일) : '아무 하는 일 없이[無了], 하루하루 그저 허송세월
만을 하는[度日]'의 뜻이다.
　■ 僅保家聲(근보가성) : 겨우[僅] '집안 대대로 이어져 온 명성[家聲]'만 보존
했다는 뜻으로, 선비의 집안의 후손으로 벼슬도 못하고, 집안을 크게 일으
키지 못하고 그저 근근이 살아 왔다는 뜻이다.
　■ 未免寒士(미면한사) : '빈한한 선비의 신세를 면하지 못했다'는 뜻이다.

■ 先祖之忠義 節有餘於龍山(선조지충의 절유어어용산) : 여기서 '선조'는 수운 선생의 7대조가 되는 최진립(崔震立)을 지칭하는 말이다. 이 최진립 장군은 임진왜란 때 공을 세우고, 이후 선조(宣祖) 27년에 무과에 등과하여 정유재란에서 다시 공을 세웠으며, 병자호란 때에 용인(龍仁)의 험천(險川) 땅에서 용전(勇戰)하다가 전사하였다.

이후 최진립을 향사(享祀)하기 위하여 숙종 25년(1699년)에 경주부윤 이형상(李衡祥)이 지방 유림들과 함께 경주의 남쪽에 있는 용산 아래에 사당을 세워 모셨다. 이후 숙종 37년(1711년) 숭렬사(崇烈祠)로 사액(賜額)되었다. 이때 유림들이 모여 '용산서원(龍山書院)'으로 부를 것을 합의하였다.

■ 吾王之盛德 歲復回於壬丙(오왕지성덕 세부회어임병) : '오왕(吾王)'은 조선조의 여러 임금, 특히 임진왜란과 병자호란 이후의 역대 임금을 지칭한다. 임진왜란과 병자호란과 같은 국가적인 위기를 겪었지만, 이러한 위기를 잘 극복하고 세월이 지나, 다시 임진년과 병자년을 맞이하게 되었다는 말씀이다.

■ 若是餘蔭 不絕如流(약시여음 부절여류) : '약시(若是)'는 '이와 같은'의 뜻이다. 즉 선조인 최진립 같은 분들이 끼쳐준 음덕이 끊이지 않고 계속 흘러 내려 와 후손에게까지 이어져 왔다는 말씀이다.

■ 家君(가군) : 가군(家君)은 '아버님'의 뜻이다. 수운 선생의 부친인 근암공(近庵公) 최옥(崔𤥴)을 말한다.

■ 名盖一道 無不士林之共知(명개일도 무불사림지공지) : 수운 선생 부친인 근암공의 명성이 영남 일대에 널리 알려져서, 사림(士林)의 모든 선비들이 그 명성을 모르는 사람이 없다는 말씀이다.

■ 德承六世 豈非子孫之餘慶(덕승육세 기비자손지여경) : 수운 선생의 7대조인 최진립 장군의 덕이 대대로 이어 내려와, 그 육세 후손인, 수운 선생의 부

친 근암공과 같은 학자가 나왔고, 또 그 이름이 한 도를 뒤덮은 것은, 자손들에게 끼친 경사라는 말씀이다.

【대의】 수운 선생이 자신의 간략한 가계(家系)와 최진립(崔震立) 공에서 6세손이 되는 아버지 근암공(近庵公)에 이르기까지를 이야기한 단락이다.

—— * —— * ——

噫 學士之平生 光陰之春夢 年至四十 工知芭籬之邊物 心無靑雲之大道 一以作歸去來之辭 一以詠覺非是之句 携筇理履 怳若處士之行 山高水長 莫非先生之風 龜尾之奇峯怪石 月城金鰲之北 龍湫之淸潭寶溪 古都馬龍之西 園中桃花 恐知漁子之舟 屋前滄波 意在太公之釣 檻臨池塘 無違濂溪之志 亭號龍潭 豈非慕葛之心

아, 슬프구나! 글 읽는 선비의 평생이 흐르는 세월 속 한바탕 봄꿈같이 되었구나. 나이 사십에 이르러 평생을 공부한 것은 울타리 가에 버려진 물건과 같이 쓸모없이 되어 버렸음을 알게 되었고, 이제 마음속에는 벼슬길에 나아갈 뜻이 없구나.

한편으로는 귀거래사를 짓고, 한편으로는 과거(科擧)에 임하던 지난날은 옳지 못하고, 오늘 고향에 돌아와 후학을 키우는 일이 옳다는 심정이 들어 도연명(陶淵明)의 각비시(覺非是)의 구절을 읊으며 지팡이를 짚고 나막신을 끌고 오가니, 마치 처사의 행색이요, 산이 높고 물이 긴, 그러한 풍모를 지녔으니, 분명 은둔한 선비가 분명하구나.

기이한 봉우리와 괴이한 바위들로 되어 있는 빼어난 경관의 구미산(龜尾

山)은 월성(月城)의 금오산(金鰲山) 북쪽에 위치해 있고, 곳곳에 맑은 담소(潭沼)를 이루며, 맑은 물이 아름다운 보석처럼 흐르는 용추계곡(龍湫溪谷)은 옛 수도 경주(慶州) 마룡(馬龍)의 서쪽에 위치하고 있다.

복사꽃이 흐드러지게 핀 정원은 세상 사람들에게 알려질까 두려울 만큼 아름답고, 용담정 앞으로 흐르는 푸르른 시냇물은 강태공(姜太公)이 낚시를 드리우고 세월을 낚으려는, 그 뜻을 품고 있구나. 정자 가까이 연못이 있으니, 이는 바로 염계(濂溪) 주돈이(周敦頤)가 연꽃을 사랑했던 그 곧은 마음을 지니고자 함이요, 정자의 이름을 용담이라고 하였으니 어찌 남양 땅에 숨어 웅지를 펼 때를 기다리던 제갈량(諸葛亮)을 흠모하는 마음이 아니겠는가?

- 噫(희) : '아!' 하는 감탄사이다.
- 學士之平生 光陰之春夢(학사지평생 광음지춘몽) : '학사(學士)'는 수운 선생의 선친인 근암공(近庵公)을 지칭하는 말이다. 근암공이 평생 공부를 하였으나 과거에 합격하지 못하고 허무하게 세월을 보냈으므로 이렇게 이야기한 것이다. '광음(光陰)'은 '시간이나 세월'의 뜻이다. '춘몽(春夢)'은 '일장춘몽(一場春夢)'으로, 삶의 허망함을 의미한다.
- 年之四十(연지사십) : 근암공이 여러 번 과거에 실패하고, 나이가 40이 되어 이제는 벼슬에의 꿈을 모두 버리게 된 것을 말한다.
- 工知芭籬之邊物(공지파리지변물) : '파리(芭籬)'는 대나무나 갈대를 엮어 만든 울타리이다. 보통 '파리(笆籬)'라고 표기한다. '파리변물(笆籬邊物)'이란 아무 쓸모가 없다고 여겨져 버려진 물건이라는 뜻이다.

근암공이 과거에 실패하고 청운의 꿈을 접게 되자, 평생 공부한 것이 마치 울타리 가에 버려진 물건과도 같이 쓸데없는 것이 되었다는 것을 알게 되었다는 말씀이다.

■ 心無靑雲之大道(심무청운지대도) : '청운지대도(靑雲之大道)'는 벼슬길에 오르는 것을 말한다. 여러 번 과거에 실패한 이후, 근암공이 벼슬길에 오르는 것을 마음으로부터 버렸다는 말씀이다.

■ 歸去來之辭(귀거래지사) : 진(晉)나라의 도연명(陶淵明)이 지은 글의 제목이다. 도연명이 팽택(彭澤)의 현령이 되어 관리 생활을 하다가, 그 구차함을 꺼려 벼슬을 버리고 고향으로 돌아오며 지었다는 유명한 글이다.

■ 覺非是之句(각비시지구) : 도연명의 「귀거래사」에 나오는 시구절이다. '어제 벼슬에 있던 일은 잘못이고, 이제 고향으로 돌아가는 일은 옳다는 것을 깨달았다[覺今是而昨非]'는 도연명의 시구절에서 '그르다'라는 뜻의 '비(非)'와 '옳다'라는 뜻의 '시(是)'를 따서 만든 구절이다.

■ 携筇理履(휴공이리) : '지팡이를 잡고 나막신을 신고'의 뜻으로, 벼슬을 하지 않은 처사의 모습이다.

■ 處士之行(처사지행) : '처사'는 벼슬을 하지 않고 산림에 묻혀 사는 선비를 말한다. 근암공이 아무런 벼슬도 하지 않으며 진나라의 도연명처럼 산간에 들어 살아가므로, 마치 '처사의 행색'과 같다고 말한 것이다.

■ 山高水長(산고수장) : 후한(後漢) 때 사람인 엄자릉(嚴子陵)이 동강칠리탄(桐江七里灘)에서 낚시질을 하며 살았다. 그는 예전에 친구이던 광무제(光武帝)가 간의대부(諫議大夫)라는 벼슬을 시키려고 해도 굳이 거절하고 산간에서 살았다고 한다. 이러한 엄자릉의 풍모를 후인이 "선생의 풍모는 산이 높고 물이 긴 것과 같이 중후하다[先生之風 山高水長]"라고 한 데서 비롯된다. 그 이후 은둔 처사의 풍모를 일컫는 말이 되었다.

■ 龜尾之奇峯怪石 月城金鰲之北(구미지기암괴석 월성금오지북) : 구미산(龜尾山)은 경북 경주군 현곡면(見谷面)에 있는 산으로 높이는 594미터이다. 용담정이 이 산 계곡에 있다. 월성(月城)은 경주시 동남쪽에 있던 성으로, 흔히

반월성(半月城)이라고 부른다. 이 반월성은 신라 역대의 궁성이었다. 이러한 사실로 인해 반월성은 흔히 경주를 뜻한다. 금오산(金鰲山)은 경주시 남쪽에 있는 산으로, 흔히 남산(南山)이라고 부른다. 높이는 468미터이다. 수운 선생이 도를 받은 곳이며, 또 그 전에 근암공이 제자들을 가르치던 용담정이 있는 구미산은 월성인 경주 금오산의 북쪽에 위치한다는 뜻이다.

■ 龍湫之淸潭寶溪 古都馬龍之西(용추지청담보계 고도마룡지서) : 용추는 용담정 앞으로 흐르는 계곡의 이름이다. 지금도 이 일대 사람들은 이 계곡을 '용치골'이라고 부른다. 마룡은 경주군 현곡면에 있는 마을의 이름이다.

곳곳에 맑은 담(潭)과 소(沼)가 있고, 깨끗한 물이 아름다운 보석처럼 흐르는 용추계곡은 옛 도읍지인 경주 마룡의 서쪽에 있다.

■ 園中桃花 恐知漁子之舟(원중도화 공지어자지주) : 도연명의 「도화원기(桃花源記)」에 나오는 이야기를 원용한 구절이다. 복사꽃잎이 흘러내려오는 곳을 따라간 어부가 발견한 곳으로, 그곳에는 세상의 일과는 무관한 채 사람들이 몇 백 년째 살아가고 있었다. 어부가 발견한 마을을 '무릉도원(武陵桃園)'이라고 이름하였다. 인간세와는 다른 이상향이다.

이 이야기를 빌려 용담의 아름다운 경치가 혹 그 복사꽃잎이 흘러내려가 세상 사람들에게 알려질까 두렵다는 말로, 용담 일대 경관의 아름다움을 강조하기 위하여 쓴 말이다.

■ 屋前滄波 意在太公之釣(옥전창파 의재태공지조) : '태공'은 강태공을 말한다. 강태공(姜太公)이 위수(渭水)의 물가에서 낚시를 드리우고 세월을 기다리다, 주(周)나라 문왕(文王)을 만나 그의 스승이 되었으며, 그 후 문왕의 아들 무왕(武王)을 도와 은(殷, 또는 商이라고 함)나라를 정벌하고 천하를 평정하였다는 고사가 있다.

용담정 앞에 있는 푸른 계곡의 물과 이 이야기를 연결시켜 근암공의 청절

(淸節)한 뜻을 찬미한 구절이다.

■ 檻臨池塘 無違濂溪之志(함임지당 무위염계지지) : '함임(檻臨)'은 '난간 가'
의 뜻이고, '지당(池塘)'은 연못으로, 특히 연꽃이 피어 있는 연못을 말한다.
'함임지당(檻臨池塘)'은 용담정 난간 가까이 있는 연못을 말한다. '염계(濂溪)'
는 송나라 때의 대학자인 주돈이(周敦頤, 1017-1073)의 호로 '주렴계'로 통칭한
다. 『태극도설(太極圖說)』과 『통서(通書)』 등을 지어 성리학(性理學)의 토대를
세운 인물이다.

주돈이가 지은 「애련설(愛蓮說)」이라는 글에서 연꽃을 군자(君子)에 비유
하여 칭송한다. 근암공이 용담정 가까이 연꽃이 피는 지당(池塘)을 만들고,
제자들을 가르치며 지낸 것은 바로 이 주돈이가 군자의 꽃인 연꽃을 사랑한
그 마음과 같다는 의미이다.

■ 亭號龍潭 豈非慕葛之心(정호용담 기비모갈지심) : '갈(葛)'은 남양(南陽)에
숨어 살다가 유비(劉備)의 삼고초려(三顧草廬)로 세상에 나와 촉한(蜀漢)을 세
우는 데 결정적인 공을 이룬 제갈량(諸葛亮)을 지칭하는 말이다.

제갈량이 남양 땅에 숨어 있으면서, 와룡(臥龍)이라 자호하여, 자신을 누
워 있는 용으로 비유하였다. 정자 이름을 용담이라고 한 것은 제갈량의 호
인 와룡과 그 의미가 통하고, 나아가 세상을 널리 평정하려는 제갈량의 마
음을 근암공이 사모하여 정자의 이름을 용담이라고 했다는 말씀이다.

【대의】구미산과 용담의 아름다운 경관을 중심으로 수운 선생의 선친인 근
암공의 여러 측면을 칭송한 단락이다.

———— * ———— * ————

難禁歲月之如流 哀臨一日化仙 孤我一命 年至二八 何以知之 無異童子 先
考平生之事業 無痕於火中 子孫不肖之餘恨 落心於世間 豈不痛哉 豈不惜哉

　세월은 흐르는 물과 같아서 그 흘러감을 막기가 어렵구나. 하는 일 없이
하루하루 세월만을 보내던 어느 날 문득 아버님께서 돌아가시는 슬픔을 당
하고 말았구나. 외로운 나의 한 목숨이 나이 겨우 열여섯이니, 무엇을 알았
겠느냐. 어린 아이와 다름이 없었다.

　아버님께서 평생 이루신 일은 어느 날 문득 일어난 화재로 모두 타 없어
져 흔적조차 찾을 수 없게 되었다. 이 자손의 못난 여한은 세상에 낙심만 될
뿐이로구나. 이 어찌 통탄치 아니 하고, 어찌 애석치 아니 하리오.

　■ 難禁歲月之如流(난금세월지여류) : 세월의 흐름이 흐르는 물과 같아, 그
흘러가는 것을 막을 수 없다[難禁]는 뜻이다.

　■ 哀臨一日之化仙(애임일일지화선) : '하루아침[一日]에 아버지를 여의는 슬
픔을 당했다'는 말이다. '화선(化仙)'은 신선으로 화했다는 말로서, '돌아가
심'을 뜻한다.

　■ 孤我一命(고아일명) : '외로운 나의 한 목숨'이라는 뜻으로, 수운 선생이
어린 나이(16세)에 아버지 근암공을 여윈 심정을 이렇게 나타낸 것이다.

　■ 先考平生之事業 無痕於火中(선고평생지사업 무흔어화중) : '선고(先考)'는
돌아가신 아버지를 일컫는다. 수운 선생이 20세쯤에 화재를 당해 모든 재산
과 아버지께서 평생 공부하던 전적(典籍)이 소실되는 재난을 당했다. 그래
서 '불 가운데에 흔적이 모두 없어졌다[無痕於火中]'고 말씀한 것이다.

■ 子孫不肖之餘恨 落心於世間(자손불초지여한 낙심어세간) : '불초(不肖)'는 아버지나 스승의 훌륭한 면을 닮지 못했다는 말로, 못난 자식을 일컫는 말이다. 선조들의 뜻을 제대로 잇지 못한 후손의 심정을 표현한 구절이다.

【대의】아버님의 죽음과 화재, 그리고 아무것도 이루지 못한 수운 선생이 자신의 처지를 성찰하며 탄식하는 단락이다.

———— * ——— * ————

心有家庭之業 安知稼穡之役 書無工課之篤 意墜靑雲之志 家産漸衰 未知末梢之如何 年光漸益 可歎身勢之將拙 料難八字 又有寒飢之慮 念來四十 豈無不成之歎 巢穴未定 誰云天地之廣大 所業交違 自憐一身之難藏 自是由來 擺脫世間之扮擾 責去胸海之彌結

　마음에는 가정을 꾸려나갈 생각이 있으나, 씨 뿌리고 거두는 농사의 일을 알지 못하고, 또 글공부를 독실하게 하지 못하였으니 벼슬에 나아갈 뜻과 마음 모두 잃어버렸구나. 어려운 팔자를 헤아려 보니 또 춥고 배고플 근심만이 있을 뿐이다.
　벌써 나이는 사십에 가까이 다가오고 있으니, 어찌 아무것도 이루지 못한 것에 탄식이 없겠는가? 또한 마땅히 거처할 곳을 정하지 못하였으니, 누가 이 세상천지가 넓다고 말하였으며, 하고자 하는 일이 모두 서로 어긋나기만 하니, 한 몸 추스르기조차 어려운 신세를 스스로 한탄하게 되는구나.
　이러한 나의 처지를 깊이 절감하고 난 이후, 마음을 다시 잡아 세상의 복잡하고 번거로운 일을 과감히 떨쳐 버리고, 또 가슴속에 맺혀 있는 복잡한 생각들을 모두 스스로 꾸짖어 떨쳐내게 되었다.

■ 心有家庭之業 安知稼穡之役(심유가정지업 안지가색지역) : '가색지역(稼穡之役)'은 농사를 짓는 것, 즉 심는 일[稼]과 거두는 일[穡]을 말한다. 수운 선생이 가정 살림을 일으킬 마음은 있으나, 먹고 사는 데에 근본이 되는 농사 짓는 일[稼穡之役]조차 여느 농부와 같이 잘 알지 못했기 때문에 농사도 지을 수 없고, 그래서 막막한 심정을 토로한 구절이다.

■ 書無工課之篤 意墜靑雲之志(서무공과지독 의추청운지지) : '공과지독(工課之篤)'은 공부를 독실하게 하는 것이다. '청운지지(靑雲之志)'란 관직에 나가기 위하여 과거에 임하고자 하는 뜻을 말한다.

■ 未知末梢之如何(미지말초지여하) : '말초(末梢)'는 '끝, 종말'이라는 뜻이다. 즉 그 종말이 어떻게 될지 알 수 없다는 말이다. 내 삶이 앞으로 어떻게 될지 알 수 없다는, 막연함이 가져다주는 불안함을 표현한 것이다.

■ 年光漸益(연광점익) : 나이가 점점 많아진다는 뜻이다.

■ 可歎身勢之將拙(가탄신세지장졸) : '신세가 장차 졸렬해질 것을 탄식하지 않을 수 없다'는 뜻이다.

■ 料難八字 又有寒飢之慮(요난팔자 우유한기지려) : '팔자'는 운명이라는 뜻이다. 출생한 해[年], 달[月], 날[日], 시[時]가 그 당사자의 일생의 흐름을 좌우한다고 생각하였다. 이 해와 달과 날과 시를 모두 간지(干支)로 하면 여덟 글자가 된다. 그래서 '팔자'라고 하였다. 즉 수운 선생이 자신의 팔자를 스스로 헤아려 보니, 장차 춥고 배고플 것이 염려된다고 말씀하는 것이다.

■ 念來四十 豈無不成之歎(염래사십 기무불성지탄) : 공자(孔子)의 나이에 관한 표현에 따라, 예로부터 나이 사십이면 불혹(不惑)이라 하여, 인생에 있어 확고한 자기 자리와 신념을 갖추는 나이이다. 그러나 수운 선생은 스스

로 나이 사십에 이르도록 아무것도 이룬 것이 없어 한탄하는 모습을 표현한 것이다.

■ 巢穴未定 誰云天地之廣大(소혈미정 수운천지지광대) : '소(巢)'는 본래 날짐승의 집인 둥지를 말하는 것이고, '혈(穴)'은 들짐승의 집인 동굴을 말하는 것이다. 따라서 '소혈(巢穴)'은 '거처하는 장소인 집'을 뜻한다. 이렇듯 한 몸이 거처할 마땅한 곳을 아직 정하지 못하였으니 천지가 아무리 넓어도 자신 하나를 받아들일 곳이 하나도 없다는 절박함이 담긴 말씀이다.

■ 所業交違 自憐一身之難藏(소업교위 자련일신지난장) : '난장(難藏)'은 '추스르기 어렵다.', '간수하기 어렵다.'는 뜻이다. 하고자 하는 일이 서로 어긋나기만 하니, 자신의 한 몸 추스르기가 어려워진 그 신세가 스스로 가엽다는 뜻이다.

■ 自是由來(자시유래) : '이로부터[自是] 유래(由來)되어'로 풀어볼 수가 있다. 즉 수운 선생이 '자신이 처한 환경과 또 신세에 관하여 몹시 고뇌하고 또 한탄스럽게 생각을 한 그 이후부터'의 뜻이다.

■ 擺脫世間之扮擾(파탈세간지분요) : '파탈(擺脫)'은 털어 없애 버림, '분(扮)'은 '혼잡하다'의 의미이다. '요(擾)'는 '번거롭다'의 뜻이다. 세상의 복잡하고 번거로운 모든 일들을 떨쳐 없앤다는 뜻으로, 얼기설기 얽혀 있는 세상의 일들을 모두 없애 버리고 오직 수련에만 임하게 되었다는 말씀이다.

■ 責去胸海之彌結(책거흉해지붕결) : '흉해(胸海)'는 '가슴속'의 의미이다. '붕(彌)'은 가득하다[滿]의 뜻이다. '결(結)'은 '얽매여 있음'을 뜻한다. 가슴 속 가득히 맺혀 있는 모든 것을 스스로 꾸짖어 제거해 버린다는 뜻이다.

이 구절은 위의 '파탈세간지분요(擺脫世間之紛擾)'와 짝을 이루는 구절로, 전자가 '외적인 번거로움 모두를 털어버림'을 의미한다면, 이 구절은 '내적인 번거로움으로부터 모두 벗어버린다는 것'을 뜻한다. 즉 '세상사 복잡함

[世間之紛擾]'으로부터 벗어나고, 또 '내면적인 복잡함[胸海之弸結]'을 모두 버리고 오직 세상을 올바르게 구할 도를 구하기 위하여 수련에만 전념하게 됨을 의미한다.

【대의】 수운 선생 자신이 스스로 어려운 처지에 놓여 있음을 생각하고, 세상사에 얽히고설킨 일과 이에 대한 마음속 고뇌를 홀홀 떨쳐 버리고, 새로운 마음으로 수련에 정진하겠다는 의지를 보인 단락이다.

———— * ———— * ————

龍潭古舍 家嚴之丈席 東都新府 惟我之故鄕 率妻子還捿之日 己未之十月
乘其運道受之節 庚申之四月 是亦夢寐之事 難狀之言 察其易卦大定之數
審誦三代敬天之理 於是乎 惟知先儒之從命 自歎後學之忘却 修而煉之 莫
非自然 覺來夫子之道 則一理之所定也 論其惟我之道 則大同而小異也 去
其疑訝 則事理之常然 察其古今 則人事之所爲

  용담의 옛집은 아버님께서 거처하시며, 높은 학문과 덕망으로 뭇 선비들로부터 우러름을 받던 곳이요, 경주는 나의 고향이로다. 처자를 거느리고 고향으로 돌아온 날은 기미년 10월이요, 새로운 오만 년의 운을 타고 한울님으로부터 무극대도를 받은 때는 경신년 4월이라. 이렇듯 한울님으로부터 무극대도를 받은 것은 잠결인 듯 꿈결인지 모르는 사이에 일어난 일이요, 말로는 도저히 형용하기 어려운 일이로다.
  천지의 모든 변화가 담겨 있다는 역괘(易卦)의 양수와 음수 모두를 합하여 조화를 이룬 수[大定之數], 즉 천지자연의 모든 변화의 수를 살펴보고, 또

하(夏), 은(殷), 주(周) 삼대의 임금들이 하늘을 공경하던 그 이치(理致)를 살펴보니, 아아, 이에 비로소 옛 선비들이 하늘의 명에 순종하고 따랐던 것을 알겠구나. 이러한 옛일을 생각하니, 오늘의 후학들이 선왕(先王)과 선유(先儒)의 가르침을 망각하고 순천리(順天理) 순천명(順天命)하지 않는, 그 사실을 스스로 탄식하게 되는구나.

마음을 바르게 잡고 한울님으로부터 받은 도를 닦고 헤아리니, 도의 가르침이 곧 우주의 이법, 자연의 법칙 아님이 없었다. 공자의 도를 살펴보아도 천도라는 하나의 이치로 정해진 것이요, 또 나의 도를 논해 보니, 곧 천도를 근거로 한다는 점에 있어서는 공자의 도와 서로 같은 것이나, 도를 실행하고 도에 이르기 위한 수행 등은 서로 다른 것임을 알게 되었다. 마음속에 일어나는 의심을 없애고 확신을 지니게 되니, 인간 만사 모든 일과 이치가 분명하고 떳떳하게 밝혀지는구나. 고금의 모든 도를 살펴보니, 옛 성인이 펼친 도도 하늘을 공경하고 하늘의 이법에 순응하라는 것이고, 오늘의 내가 받은 도 역시 이와 마찬가지이다. 따라서 이 모두는 사람이 마땅히 따르고 행해야 할 바이니라.

■ 龍潭古舍(용담고사) : '용담에 있는 옛집'이라는 뜻으로, 용담정을 지칭하는 말이다. 용담정은 수운 선생의 부친인 근암공이 지었다. 그에 앞서 수운 선생의 조부인 최종하(崔宗夏)가 복령(福齡)이라는 스님의 절을 매입하여 와룡암(臥龍庵)이라 이름하고 자손들이 공부할 곳으로 삼았다. 이후 수운 선생의 부친 근암공이 과거에 실패한 이후 고향에 돌아와 와룡암을 수리하여 거처할 수 있는 집으로 만들고, 계곡 건너 산기슭을 무니우고 새로 집을 지어 '용담서사(龍潭書社)'라고 명명하였다. 이 용담서사가 훗날 용담정이 되었다.

■ 家嚴之丈席(가엄지장석) : '가엄(家嚴)'은 아버지를 말한다. '장석(丈席)'은 학문과 덕망이 높은 사람이 앉는 윗자리라는 뜻이다. 용담정은 바로 아버지인 근암공이 여러 선비들의 우러름을 받으며 앉아 계시던 곳이라는 뜻이다.

■ 東都新府(동도신부) : '동도(東都)'는 경주를 일컫는 말이다. 신라 때 이후 경주를 동도(東都), 혹은 동경(東京)이라고 불렀다.

또한 '신부(新府)', 즉 '새로운 부(도시)'라고 말하고 있는 것은 경주에 태종 때인 1413년에 경상감영(慶尙監營)를 두었고, 새로 '경주부(慶州府)'가 되었다. '새로운 부'라는 의미의 '신부(新府)'라는 호칭은 이때부터 생겨나게 된 것이다.

■ 率妻子還捿之日 己未之十月(솔처자환서지일 기미지시월) : 수운 선생이 처자를 거느리고 울산 처가에서 고향인 현곡면(見谷面) 가정리(柯亭里)로 돌아온 때가 기미년(己未年, 1859) 10월이다. 그러나 실제로 수운 선생은 가정리에 살지를 않고, 구미산 속에 있는 와룡암 자리에 살림집을 차렸고, 계곡 건너에 있는 용담정에서 공부를 했다.

■ 乘其運道受之節 庚申之四月(승기운도수지절 경신지사월) : 새로운 오만 년의 운을 타고 한울님으로부터 무극대도를 받은 때가 경신년(庚申年, 1860) 4월이라는 말씀이다.

■ 是亦 夢寐之事 難狀之言(시역 몽매지사 난상지언) : 오만 년의 운을 타고 한울님으로부터 무극대도를 받는 그 일은 '잠결인 듯 꿈결인 듯 모르는 사이에 일어난 일'이요, 또 '도저히 말로써 형상하기 어려운 일'이었다고 술회하는 구절이다.

■ 易卦(역괘) : 주역(周易)의 괘(卦)를 말한다.

■ 大定之數(대정지수) : 천지자연의 법칙을 상징하는 모든 수(數)를 말한

다. '대정지수(大定之數)'는 크게 합하여 조화를 이루는[大定] 수라는 의미로 쓰였다. 하늘을 상징하는 수인 천수(天數)와 땅을 상징하는 수인 지수(地數)를 모두 합한 수를 말한다. 천수는 양수로서 '일, 삼, 오, 칠, 구'이고, 지수는 음수로서 '이, 사, 육, 팔, 열'이다. 천수(天數)를 모두 합치면 25가 되고, 지수(地數)를 모두 합치면 30이 된다. 따라서 이를 합한 55라는 숫자에서 천지의 모든 변화가 이루어진다고 흔히 말한다.

■ 審三代敬天之理(심삼대경천지리) : '삼대(三代)'는 하(夏)-은(殷)-주(周) 시대를 말한다. 즉 이 삼대 때의 임금인 우(禹), 탕(湯), 그리고 문왕(文王) 등이 하늘의 뜻을 잘 받들어 공경하여 덕치(德治)를 베푼 그 이치를 살펴보았다는 말씀이다.

■ 知先儒之從命(지선유지종명) : 옛날의 선비들은 천명(天命)에 순종할 줄 아는, 순천명(順天命) 순천리(順天理)의 삶을 살았다는 뜻이다.

■ 自歎後學之忘却(자탄후학지망각) : 오늘을 사는 후학들이 요(堯), 순(舜), 우(禹), 그리고 문왕(文王), 무왕(武王) 같은 선왕(先王)이나 선유(先儒)가 보여주던 순천리(順天理) 순천명(順天命)의 태도를 망각하고, 자행자지(自行自止)하며 살아감을 스스로 탄식한다는 말씀이다.

■ 修而煉之 莫非自然(수이연지 막비자연) : 수운 선생이 한울님께 무극대도를 받은 이후 거의 일 년 가까이 한편으로는 수련을 하고 다른 한편으로는 헤아려보았다고 한다. 이렇듯 수련을 하며 잘 살펴보니, 한울님으로부터 받은 도가 자연의 이법 아님이 없다는 말씀이다. 즉 도(道)의 근본이 우주의 법칙, 자연의 법칙 그대로라는 말씀이다.

■ 覺來夫子之道 則一理之所定(각래부자지도 즉일리지소정) : '부자(夫子)'란 본래 스승을 가리키는 말씀이다. 이때에 부자(夫子)는 공자(孔子)를 일컬은 것으로 생각된다. 당시는 유학 전통에 따르는 사회이기 때문에 수운 선생도

공자를 부자(선생님)라고 부른 것이다. 즉 공자의 도도 깨닫고 보니 하늘을 공경하고 천도를 행한다는, 그 하나의 이치를 정한 것이라는 말씀이다.

■ 論其惟我之道 則大同而小異(논기유아지도 즉대동이소이) : 수운 선생이 한울님께 받은 도를 헤아리고 논해 보니, 곧 공자의 도와 대체로는 같으나 부분적으로는 다르다는 말씀이다. 즉 하늘의 이치를 말씀한 공자의 도나 수운 선생의 도나 모두 천도라는 면에서는 서로 같다는 말씀이다. 그러나 이를 시행하고 실천하며 또 도를 얻기 위하여 주문 수행 등을 한다는 부분에서는 서로 다르다는 말씀이다. 특히 '소이(小異)'가 함의하는 바는 단순히 '적은 부분이 다르다'는 뜻이 아니라, 공자가 펼친 가르침과는 다른 '수운 선생 자신만의 독특함'이 있다는 의미를 강조하는 것이다.

이 구절은 「논학문」에서 동학과 서학을 비교하여 "운은 곧 하나요 도도 같으나 이가 곧 다르다[運則一也 道則同也 理則非也]"라고 말씀하신 부분과 서로 같은 맥락이다.

■ 去其疑訝 則事理之常然(거기의아 즉사리지상연) : 「포덕문」에 의하면, 수운 선생이 한울님으로부터 무극대도를 받을 때에, 한울님께서 "의심하지 말고 의심하지 마라[勿疑勿疑]"고 하셨다. 의심하는 마음을 버릴 때 비로소 올바르게 받아들일 수 있는 것이다. 마찬가지로, 의아한 마음을 없애버리니, 인간 만사의 모든 일과 이치가 분명하고 또 떳떳하게 밝혀진다는 말씀이다.

어떠한 일에 의심을 버린다는 것은 확고한 신념을 지닌다는 것과 같은 의미이다. 수운 선생이 한울님으로부터 도를 받은 이후 일 년 가까이 '수이탁지(修而度之)'한다. 이 과정에 '과연 이 도가 세상을 올바르게 구할 수 있는 가르침인가' 하는 의심을 깨끗하게 버리게 되니, 확고한 신념이 생기고, 나아가 모든 일과 이치가 분명하고 떳떳하게 밝혀졌다는 말씀이다.

'상연(常然)'은 늘 일정한 법칙에 의하여 변하는 것을 말한다. 따라서 현상은 변화하되 법칙은 변하지 않는 것이다. 이를 변이불변(變而不變)이라고 할 수 있다. 봄, 여름, 가을, 겨울이라는 계절의 변화는 있지만, 때가 되면 어김없이 봄이 오고, 여름이 오고, 가을이 오고, 겨울이 온다는 그 사실은 조금도 변하지 않는다. 이것이 곧 '상연(常然)'이다. 그러므로 '상연'은 '떳떳함'이 된다.

■ 察其古今 則人事之所爲(찰기고금 즉인사지소위) : '고금(古今)'은 구체적으로 예로부터 전해지며 세상 사람들을 가르쳐 왔던 공자의 가르침[古]과 오늘 새롭게 펴는 수운 선생의 가르침[今]을 말한 것이다.

즉 고금의 도를 살펴보니, 옛 성인이 펼친 도도 하늘을 공경하고 하늘의 이법에 순응하라는 것이고, 오늘의 수운 선생이 받은 도 역시 마찬가지라는 것이다. 그러므로 이 모두는 곧 사람이 마땅히 해야 할 바[人事之所爲]라는 것이다.

【대의】 수운 선생이 한울님께 무극대도를 받으신 이후, 자신이 받은 도를 선대(先代)의 가르침, 특히 공자의 가르침과 빗대어 말씀한 단락이다.

——— * ——— * ———

不意布德之心 極念致誠之端 然而彌留 更逢辛酉 時維六月 序屬三夏 良朋滿座 先定其法 賢士問我 又勸布德

세상에 이 도를 포덕(布德)하고자 하는 마음을 잠시 접어 두고, 지극한 마음으로 수련에만 임하였다. 이렇듯 포덕을 미루어 오다가, 마침내 신유년(辛酉年, 1861)을 맞이하였다. 때는 6월이요, 절기는 여름이었다.

도를 배우려고 찾아온 어진 벗들로 용담의 자리는 가득하였다. 찾아온 사람들에게 도를 전해주기 전, 먼저 주문을 짓고 도를 행하는 제반 법도를 정하여 주었다. 그러자 어진 선비들은 도에 관하여 묻고, 또 세상 사람들을 향하여 포덕할 것을 권하였다.

■ 不意布德之心 極念致誠之端 然而彌留(불의포덕지심 극념치성지단 연이미류) : '불의포덕지심(不意布德之心)'에 관해서는 두 가지의 해석이 있다. (1) '문득[不意] 포덕할 마음이 생겼다'는 해석과 (2) '포덕할 마음에는 뜻을 두지 않고[不意]'라는 해석이 그것이다. 이렇듯 상반되는 두 해석은 어느 쪽이든 교리상으로는 큰 문제가 되지는 않는다.

정리하면, (1)은 '문득 포덕할 마음이 일어난 것은 지극히 정성을 들인 그 단초이다'라고 해석된다. (2)는 '포덕할 마음에는 뜻이 없이, 오직 지극히 치성을 드릴 단초만을 생각했다.'로 해석된다.

이와 같은 상반되는 해석은 다음에 나오는 '연이미류(然而彌留)'의 해석에까지 영향을 준다. 즉 (1)로 해석할 경우, '연이(然而)'의 접속사 '이(而)'를 역접으로 보아야 한다. 즉 '포덕할 마음이 일어났다. 그러나 이를 미루다가…'로 된다. 이에 비하여 (2)로 해석할 경우 접속사 '이(而)'는 순접이 된다. 즉 '포덕할 마음에는 뜻이 없이 오직 지극히 치성을 드릴 단초만을 생각하며, 그렇게 미루어 오다가'로 해석된다.

'미류(彌留)'란 본래 오랫동안 병을 치유하지 못하고 그대로 안고 살아가는 것을 말한다. 따라서 이는, '무극대도를 받은 이후에 치성과 수련에만 힘쓰고, 포덕을 오랫동안 미루다가'라는 뜻의 구절이다.

주해자는 두 번째 해석을 따른다. 두 해석이 모두 가능하나, 동학 천도교의 역사서인 『도원기서(道源記書)』나 『천도교회사』 등을 살펴보면 수운 선생이 수이탁지(修而度之)하던 약 일 년 동안 '포덕할 마음이 일어났다'는 기록은 없다. 다만 지극히 수심정기하고 수련에 임했다는 기록만 나온다.

■ 更逢辛酉(갱봉신유) : '갱(更)'은 '다시'의 의미보다는 '마침내'의 의미가 담긴 말이다. 수련을 하며 포덕을 미루고 지내다가, 마침내 신유년(辛酉年, 1861)을 맞이하게 되었다는 말씀이다.

■ 時維六月 序屬三夏(시유유월 서속삼하) : '유(維)'는 뜻이 없는 발어사이다. '서속삼하(序屬三夏)'란 '그 계절의 순서로 보면 여름 석 달'이 된다는 뜻으로, '절기로는 여름이다'로 풀어볼 수 있다.

■ 良朋滿座(양붕만좌) : '양붕(良朋)'은 '좋은 자질을 지닌 벗'이라는 뜻인데, 특히 '우(友)'는 단순히 친한 벗을 말하는 데 비하여 '붕(朋)'은 '같은 뜻을 지니고 함께 공부하는 벗'을 의미한다. 따라서 '양붕이 자리에 가득하였다'는 말씀은 수운 선생에게 '가르침을 배우러 온 사람들이 자리에 가득하다'의 뜻이다.

■ 先定其法(선정기법) : 수운 선생이 포덕을 하기 전에 먼저 주문(呪文)을 짓고, 또 입도식(入道式), 치성식(致誠式) 등의 법도를 정했다는 말씀이다.

■ 賢士問我(현사문아) : 수운 선생을 찾아온 사람들이 도에 관하여 여러 방면으로 질문을 하고, 수운 선생은 이에 일일이 대답을 하셨다. 즉 「논학문」 중 나오는, 여러 선비들과 문답하는, 그 장면을 두고 한 말씀이다.

■ 又勸布德(우권포덕) : '또 포덕을 권하였다'의 뜻이다. 이때 포덕을 권한 주체는 누구인가? '또'라는 뜻의 '우(又)'가 있는 것으로 보아, 수운 선생에게 도를 물었던 '현사(賢士)'가 주체라고 하겠다.

이를 위의 문장과 연결하여 풀어보면, '나(수운 선생)를 찾아온 어진 선비들은 도에 관하여 나에게 묻고, 또[又] 세상 사람들을 향하여 포덕할 것을 권하였다'의 뜻이 된다.

【대의】경신년(1860) 4월 결정적인 종교체험 이후 일 년 가까운 기간을 수련에만 전력을 다하다가, 신유년(1861) 6월을 맞아 용담의 문을 열고 찾아오는 사람들을 맞아들여 비로소 세상에 도를 펴는 과정을 말하는 단락이다.

———— * ———— * ————

胸藏不死之藥 弓乙其形 口誦長生之呪 三七其字 開門納客 其數其然 肆筵 設法 其味其如 冠子進退 怳若有三千之班 童子拜拱 倚然有六七之詠 年高 於我 是亦子貢之禮 歌詠而舞 豈非仲尼之蹈

　가슴에는 불사약인 영부를 지니고 있으니 그 형상은 궁을이요, 입으로는 장생의 주문을 읊으니 삼칠자이다. 용담의 문을 활짝 열고 도를 듣기 위하여 찾아오는 사람들을 맞이하니, 그 수효는 헤아릴 수 없을 정도로 많구나. 자리를 펴고 천도의 가르침을 베푸니, 세상에 도를 펴는 그 즐거움이 또한 그러하더라.

　갓을 쓴 어른들이 예의를 차려 앞으로 가르침을 받으러 들어왔다가 물러나가니, 그 광경은 마치 옛날 공자의 삼천 제자가 법도에 따라 예를 갖추고 반열(班列)을 이루어 들고나던 모습과 같으며, 아직 관례(冠禮)를 치르지 않은 동자(童子)들이 절하며 공손히 손을 모아 읍(揖)하니, 옛 공자의 제자인 증석(曾晳)의 말과 같이, 늦은 봄날 기수(沂水)에 목욕하고 시를 읊으며 시원한 봄바람을 쐬며 돌아오는, 그 즐거운 노래를 오늘 다시 듣는 듯하구나.

　도를 묻는 사람들 중에는 나보다도 나이가 위인 사람들이 있으니, 이들은 옛날 절제와 중도(中道)로서 예를 지키던 자공(子貢)처럼 나이 든 사람으로서의 절제와 도를 묻는 사람으로서의 중도(中道)를 잘 지키는구나. 제자들과 어울려 도에 관하여 문답을 하고, 또 예의를 갖추어 노래 부르고 시를 읊고 춤을 추니, 어찌 이는 그 옛날 공자께서 제자들과 더불어 노래하고 춤추던, 바로 그 모습이 아니겠는가?

■ 胸藏不死之藥 弓乙其形(흉장불사지약 궁을기형) : '흉장(胸藏)'은 가슴에 품었다는 뜻이다. 곧 불사약(不死藥)인 영부(靈符)를 가슴에 지녔다는 말씀이다. '궁을(弓乙)'은 영부의 형상이다. 이에 관해서는 앞의 「포덕문」에서 상세히 설명하고 있다.

■ 口誦長生之呪 三七其字(구송장생지주 삼칠기자) : '구송(口誦)'은 입으로 외운다는 뜻이다. 주문 스물한 자를 입으로 외우므로, 한울님을 지극히 위하는 마음을 회복하게 되므로 장생(長生)의 주문을 외운다고 말씀한 것이다. 주문에 관하여서는 앞의 「논학문」에서 자세히 해설하였다.

■ 開門納客 其數其然(개문납객 기수기연) : '문을 열고 손님을 맞이하였다'는 것은 수운 선생이 본격적인 포덕을 하기 위하여 용담의 문을 활짝 열었다는 것이다. 그랬더니 가르침을 받고자 찾아오는 사람들의 수가 매우 많았다는 말씀이다.

■ 肆筵設法 其味其如(사연설법 기미기여) : 가르침을 펴기 위하여 자리를 베풀고[肆筵], 천도에 이르는 법을 펼치니[設法], 이렇듯 세상의 사람들을 향해 도를 펴는 즐거움이 참으로 크다는 말씀이다.

'사연설법(肆筵設法)'에 관하여, 계미판(癸未板, 1883)에는 '설법'이 '設法(설법)'으로 표기된 반면, 현행 천도교경전에는 '說法(설법)'으로 표기되어 있다. '설법(設法)'은 '법을 세우다', 또는 '법을 베풀다' 등의 뜻이다. 그러나 '설법(說法)'은 대중을 향해 설법을 함을 말한다. 이로 보아 '設法(설법)'이 좀 더 포괄적인 의미를 내포한 말이라 할 수 있다.

■ 冠子進退(관자진퇴) : '관자(冠子)'는 갓을 쓴 어른을 말한다. 이는 곧 수운 선생의 제자들이 가르침을 받기 위하여, 예를 갖추어 도열하여 나아가고 들어오는 광경을 말씀한 구절이다.

■ 怳若有三千之班(황약유삼천지반) : 이때 '삼천지반(三千之班)'은 공자의 제자 삼천 명이 반열(班列)을 이루어 공자를 모시고 나아가고 들어가는 모습을 말씀한 구절이다. 수운 선생이 가르침을 받으려는 여러 제자들에 둘러싸여, 가르침을 펴는 모습이 마치 공자가 삼천 제자가 반열한 가운데 가르침을 펴는 모습과 같다고 비유한 말씀이다.

■ 童子拜拱 倚然有六七之詠(동자배공 의연유육칠지영) : 『논어(論語)』 「선진(先進)」 편에, 공자가 제자들에게 "각기 가슴에 담고 있는 뜻을 말해 보라." 하니, 증석(曾晳)이라는 제자는 "늦은 봄에 봄옷을 마련해 입고, 갓을 쓴 어른 대여섯 사람과 어린이 예닐곱 사람을 데리고 기수(沂水)에서 목욕하고, 무우(舞雩, 기우제 드리는 壇)에서 바람을 쐬고, 시를 읊으며 돌아오고 싶습니다."라고 대답하였다. 이는 곧 자유롭게 어울려 노닐다가, 세상으로 다시 내려와 공부하고 마음을 닦겠다는 의미로 해석된다.

즉 수운 선생의 가르침을 받고자 하는 사람들은 어른들(冠子)뿐만 아니라, 아직 관례(冠禮)를 하지 않은 어린 사람들도 있었다. 그러므로 이들을 동자(童子)라고 불렀다. 마치 이 동자들이 배움을 청하며 공손하게 절하는 그 모습에서, 세상의 모든 사람들과 함께 배우는 즐거움을 나누던, 옛날 공자의 문하를 떠올리고, 비유해서 한 말씀이다.

■ 年高於我 是亦子貢之禮(연고어아 시역자공지예) : 자공(子貢)은 공자의 제자 중의 한 사람이다. 공문십철(孔門十哲)이라고 하여, 공자 문하 열 사람의 훌륭한 제자 중 한 사람이다. 특히 언변에 능하였다고 한다. 자공은 스승인 공자보다 나이가 많은 사람이 아니다. 사마천의 『사기』에 의하면, 자공은

공자보다 31세나 연하였다.

『예기(禮記)』「仲尼燕居」편에 의하면, 공자가 한가로이 있을 때 자장(子張), 자공(子貢), 언유(言游) 등 세 사람의 제자가 모시고 있으며 가르침을 받았다. 이 세 사람은 예(禮)에 관하여 담론을 나누었다. 이때 자공은 특히 예를 표하는데 "어떻게 하면 절제를 하고 중도(中道)를 지키는가[敢問將何以爲此中者也]"의 문제를 공자에게 문의했다. 이에 대하여 공자가 "그것은 예가 아니겠느냐. 그것은 곧 예이다. 대체로 예란 절제로서 중도를 이루는 것이다[禮乎 夫禮 所以制中也]"라고 답했다.

이와 같이 수운 선생에게 도를 배우고자 찾아오는 사람들 중에는 비록 수운 선생보다 나이가 많은 사람들도 있었지만, 이 사람들은 '배우는 사람으로서의 예'와 '나이가 많은 사람으로서의 예'를 모두 '절제(節制)와 중도(中道)'로서 지키며 가르침을 받았기 때문에 '이 역시 자공의 예[是亦子貢之禮]'라고 말씀한 것이다.

■ 歌詠而舞 豈非仲尼之蹈(가영이무 기비중니지도) : 중니(仲尼)는 공자의 자(字)이다. 옛날 공자가 제자들을 거느리고 큰 나무 아래에서 노래하고 시를 읊으며 또 춤을 추며 예(禮)를 익혔다는 고사가 있다. 공자의 춤은 예법의 표현이기도 하다. 수운 선생이 제자들에게 가르침을 펴며, 더불어 도를 펴는 즐거운 시간을 보내고 있었으므로, 공자가 실행했던 사실에 비유해서 하신 말씀이다.

【대의】 영부와 주문으로 도를 전하며, 가르침을 받으러 온 제자들로 가득한 용담정 일대의 광경을 옛날 공자가 제자들에게 가르침을 펴던 광경에 비유하여 기술한 단락이다.

———— * ———— * ————

仁義禮智 先聖之所教 守心正氣 惟我之更定 一番致祭 永侍之重盟 萬惑罷
去 守誠之故也 衣冠整齊 君子之行 路食手後 賤夫之事 道家不食 一四足之
惡肉 陽身所害 又寒泉之急坐 有夫女之防塞 國大典之所禁 臥高聲之誦呪
我誠道之太慢 然而肆之 是爲之則

　인의예지(仁義禮智)는 사람이 하늘로부터 품부 받은 본성이다. 이를 삶 속
에서 실현하고 또 실천해야 한다는 것은 옛 성인(聖人)들의 가르침이다. 그
러나 인의예지를 실현하고 또 세상에 올바르게 현현하게 할 수 있는 도법인
수심정기(守心正氣)는 오직 내가 다시 정한 것이다.

　동학에 입도하며 한번 입도의 의식을 치르는 것은 한울님 모심을 영원히
잊지 않겠다는 중한 맹세요, 마음에서 일어나는 수많은 의혹을 깨뜨려 없애
는 것은 정성된 마음을 지킬 수 있는 원인이 된다. 옷매무새를 단정이 하는
것은 군자가 행할 바요, 길을 다니며 음식을 먹는다거나 뒷짐을 지고 걷는
것은 천한 사람의 행실이다. 동학 천도교인의 가정에서 먹지 않을 것 오직
한 가지는 개고기이다. 따뜻한 몸에 해가 되는 것은 갑자기 차가운 물에 급
하게 들어앉는 것이다. 남편이 있는 부녀자가 문란하게 나다니는 것을 막는
것은 국법에서 금지하는 바요, 누워 큰 소리로 주문을 외우는 것은 정성 들
여야 할 우리 도에 태만히 하는 모습이다.

　이와 같이 나의 가르침을 펼치니, 이 여덟 가지를 우리 도인이 지켜야 하
는 법칙으로 삼으라.

　■ 仁義禮智(인의예지) : 어질고 의롭고 예의 바르고 지혜로운 바를 의미하

는 것으로, 사단(四端)이라고 한다. 이 사단은 사람이 태어날 때 하늘로부터 품부 받은 성품(性稟)으로, 사람이 사람다울 수 있는 근본이기도 하다.

인(仁)은 '나' 아닌 '다른 사람'을 가엾게 여기는 마음[惻隱之心]의 근본이 되는 것이며, 의(義)는 스스로 자신의 염치를 알아 불의한 일 혹은 자신의 잘못됨을 부끄러이 여기는 마음[羞惡之心]의 근본이 된다. 예(禮)는 스스로를 겸손하게 하여 남을 공경하여 사회의 질서를 지키는 마음[恭敬之心]의 근본이 되며, 지(智)는 옳고 그름, 선하고 악함, 바르고 틀림을 가리는 마음[是非之心]의 근본이 된다.

■ 先聖之所敎(선성지소교) : 선천(先天) 성인들이 가르치신 바라는 뜻으로, 동양의 오랜 역사 속의 성인들, 특히 유가(儒家)에서 이러한 인의예지를 밝히고, 이를 중요한 도덕률로서 가르쳐 온 성인들의 가르침이라는 뜻이다.

■ 守心正氣(수심정기) : '본래의 마음을 지키고 기운을 바르게 한다'는 의미로, 이때의 마음이란 한울님으로부터 포태의 순간 품부 받은 마음이다. 또 이때의 기운이란 이 한울님과 같은 마음가짐에서 비롯되는 순수한 한울님의 기운을 말한다.

'수심(守心)'은 본원적으로 내 안에 모셔져 있는 한울님을 깨닫고, 그러므로 한울님으로부터 품부(稟賦) 받은 그 마음을 회복하고, 이 회복한 마음을 지키는 것이다. 그러나 이렇듯 회복한 본성인 한울님의 마음을 그저 지키는 데에서 그치지 않고, 이를 삶 속에서 구체적으로 바르게 실행하고 또 실천하도록 가르치는 것이 바로 '정기(正氣)'이다.

이로 보아, '수심정기(守心正氣)'란 '내 안에 모셔진 한울님을 깨달아, 한울님 마음을 회복하고 또 이를 바르게 실천하고자 하는 동학 천도교의 중요한 수행법(修行法)이 된다. 즉 수심정기를 통해 개개인이 한울님 마음을 회복한다는 것은 곧 한울님 모심을 주체적으로 체득하는 길이요, 또 한울님의 뜻에 따르는 삶을 실천하는 것을 의미하는 것이다.

이를 달리 해석하면 수심(守心)은 곧 우주적 질서를 내 안에서 회복하는 길이요, 정기(正氣)는 우주 운행의 법칙에 주체적으로 참여하는 길이라고 할 수 있다. 그러므로 해월 선생은 이러한 수심정기(守心正氣) 네 글자를 "천지(天地)가 운절(隕絶)되는 기운을 다시 보충하는 것"이라고 설명하였다. 즉 지금까지 선천(先天)의 삶에서는 '한울님 모심'을 깨닫지 못한 삶을 영위했으므로, 자신과 이 우주가 어떻게 연결되어 있는지를 알지 못했다. 따라서 수심정기를 통해 한울님 모심을 깨닫고, '시천주'에 이르게 되면 지금까지 내 마음과 '끊어져 있었던 천지의 기운[天地隕節之氣]'을 다시 회복하게 된다는 것이다.

이런 관점에서 볼 때, 수운 선생이 제시하는 수행법인 '수심정기'는 '인의예지'와 같은 본성을 회복하는 길이요, 나아가 우주적 질서에 주체적으로 참여하는 삶을 영위하는 길인 것이다. 해월 선생은 이를 해설하여 "한울님 마음을 지키어[守心] 그 한울님 기운을 바르게 해야[正氣] 인의예지(仁義禮智)를 현실에서 올바르게 실천할 수 있다[若非守心正氣 則仁義禮智之道 難以實踐也]"고 말한다. '수심(守心)'의 한울님 마음을 회복하고 이를 지키며, '정기(正氣)'의 한울님 기운을 삶 속에서 실천하므로 인의예지라는 덕목이 우리 삶 속에서 올바르게 실천이 된다는 설명이다. 수심정기와 인의예지와의 관계는 또한 이렇게 설정해 볼 수가 있다.

현재 발견된 가장 오래된 판본인 계미중춘판(癸未仲春板)에는 '수심정기'가 '수(修)'로 되어 있다. 그러나 이보다 앞선 가장 오래된 기록인 『도원기서(道源記書)』에는 '수(守)'로 되어 있다. 의미상으로 보아도 '수심정기'는 '守心正氣'로 해야 한다.

■ 惟我之更定(유아지갱정) : '오직 내가 다시 정했다'는 뜻으로, 사람의

내면에서 올바르게 인의예지가 회복되고, 나아가 이 인의예지가 세상에서 실천되게 하는 수도법인 '수심정기'를 수운 선생이 다시 새로이 정했다는 말씀이다.

■ 一番致祭 永侍之重盟(일번치제 영시지중맹) : '치제(致祭)'는 '입도식'을 말하는 것으로, 입도식을 하기 위한 치제를 말한다. '영시(永侍)'는 '한울님을 영원히 모신다'는 뜻으로, 한울님 모심을 영원히 잊지 않는다는 것이다. 이때 '영(永)'은 '사람의 한평생(人之平生)'을 말한다. 따라서 한평생 한울님의 뜻에 따라 살겠다는 말이 된다. 도에 임하는 자세를 말씀한 구절이다.

■ 萬惑罷去 守誠之故也(만혹파거 수성지고야) : '만혹(萬惑)'은 곧 '신앙을 하면서 일어나는 많은 의혹'을 말한다. '과연 한울님은 계신가? 내가 한울님을 정말 모시고 있는가?' 하는 등의 의심을 뜻한다. '파거(罷去)'는 '깨뜨려 없애 버린다'의 뜻이다. '수성(守誠)'은 곧 정성을 지키는 것을 말한다.

마음에서 일어나는 온갖 의심을 과감하게 깨뜨려 버릴 수 있어야, 확신을 가질 수 있게 되고, 이 확신을 바탕으로 해야 만이 비로소 올바르게 정성을 들일 수 있다는 말씀이다. 이 역시 도에 임하는 자세를 말씀한 구절이 된다.

■ 衣冠整齊 君子之行(의관정제 군자지행) : '행(行)'은 '행실'이다. 도를 공부하는 사람으로서의 몸가짐을 어떻게 해야 하는가를 말씀한 구절이다.

■ 路食手後 賤夫之事(노식수후 천부지사) : '노식(路食)'은 길에 다니며 음식을 먹는 것을 말한다. 천한 행동이다. '수후(手後)'는 뒷짐을 지는 것을 말한다. 거만하고 게으른 모습을 상징한다. '천부지사(賤夫之事)'는 천한 사람들이나 할 일이라는 의미이다. 이 역시 도를 공부하는 사람이 조심해야 할 몸가짐을 말한 구절이다.

■ 道家不食 一四足之惡肉(도가불식 일사족지악육) : '도가(道家)'는 곧 동학천도교를 공부하는 사람 또는 그 가정을 말한다. '일사족지악육(一四足之惡

肉)'에서 '일(一)'이라고 강조한 것은 '오직 하나'라는 의미가 있다. '사족지악육(四足之惡肉)'은 곧 네 발을 가진 짐승의 나쁜 고기라는 뜻으로, 개고기를 의미한다. 개고기는 그 기운이 나쁘기 때문에 기운이 나쁜 고기를 먹으면 탁기(濁氣)가 생기기 때문에 금한 것이다. 도를 공부하며 피해야 할 것을 말씀한 구절이다.

■ 陽身所害 又寒泉之急坐(양신소해 우한천지급좌) : '양신(陽身)'은 사람의 몸으로, 특히 따뜻한 몸이라는 뜻이다. 따라서 갑자기 차가운 물에 앉는 것은 몸에 해롭다는 말씀이다. 이는 해월 선생이 수련을 할 때에 들었다는 천어(天語)이다. 훗날 이는 수운 선생의 음성이었음을 알게 되었다. 이 역시 도를 공부하는 사람이 조심해야 할 내용이다.

■ 有夫女之防塞 國大典之所禁(유부녀지방색 국대전지소금) : '방색(防塞)'은 '가리고 막는다'는 뜻으로, 남녀 간에 서로 어렵게 대하고 또 내외함을 의미한다. 따라서 이는 남편이 있는 부인네가 문란하게 나다니는 것과 부인네를 대하는 태도를 말하고 있다. 당시 조선조에서는 이러한 것도 나라의 법으로 금하고 있었다. '국대전(國大典)'은 나라의 법. 또는 법을 정리 기록한 책을 말한다. 대표적인 법전으로는 『경국대전(經國大典)』이 있다.

■ 臥高聲之誦呪 我誠道之太慢(와고성지송주 아성도지태만) : 누워서 큰 소리로 주문을 외우는 것은 우리가 도에 정성을 들이는 데에 태만히 하는 자세라는 말씀이다.

■ 然而肆之 是爲之則(연이사지 시위지칙) : '연이(然而)'는 '그러니'의 뜻이다. '사지(肆之)'는 '이와 같은 여러 가르침을 편다'는 뜻이다. 이렇듯 가르침을 펴서, 이 여덟 가지를 동학 천도교인이 지켜야 할 준칙으로 삼아야 한다는 말씀이다.

【대의】 동학 천도교인들이 지켜야 할 여덟 가지 규율을 말씀한 단락이다.

—— * —— * ——

美哉 吾道之行 投筆成字 人亦疑王羲之跡 開口唱韻 孰不服樵夫之前 懺咎 斯人 慾不及石氏之貲 極誠其兒 更不羨師曠之聰 容貌之幻態 意仙風之吹 臨 宿病之自效 忘盧醫之良名

　아름답구나! 우리 도가 이 세상에 행하여짐이여. 우리 도에 입도하여 수도를 열심히 하면, 이내 명필인 왕희지(王羲之)와 같이 글씨를 잘 쓸 수가 있게 되고, 나무나 하고 꼴이나 베는 초부(樵夫)라고 해도 세상의 사람들이 저절로 무릎을 칠, 그런 시(詩)를 지어 부르게 된다.

　우리 도를 믿어, 지난날의 허물을 뉘우치면, 이 뉘우침 자체가 바로 삶을 풍요롭게 하는 자산이 된다. 그러니 이러한 사람은 중국 제일의 부자라는 석숭(石崇)의 재물이 눈앞에 있다고 해도 결코 부러워하지 않게 될 것이요, 도에 지극한 정성을 드리는 사람은 스스로 세상 이치에 환하게 되어, 사광 (師曠)의 총명이라고 해도 부러워하지 않게 된다.

　도를 닦아 용모가 신선과 같이 바뀌는 것은 다름 아니라 그 뜻에 신선의 풍모가 깃들어 있기 때문이요, 도에 정진하면 오랜 병도 스스로 낫게 될 것이다. 그러므로 노(盧)나라 명의인 편작(扁鵲)의 이름조차도 잊어버릴 정도로, 병에 대한 근심과 걱정에서 스스로 벗어나게 될 것이다.

　■ 投筆成字 人亦疑王羲之跡(투필성자 인역왕희지적) : '왕희지(王羲之)'는 중국 동진(東晉) 때의 명필로서, 해서(楷書)와 초서(草書)에 능했다. 수련에 지

극하여 깊은 경지에 이르게 되면, 자연 글씨도 잘 쓰게 되어, 마치 명필인 왕희지가 쓴 글씨인지 사람들이 의심하게 된다는 말씀이다.

■ 開口唱韻 孰不服樵夫之前(개구창운 숙불복초부지전) : '초부(樵夫)'는 나무를 하거나 꼴을 베는 사람이다. 이처럼 아무런 문식(文識)이 없는 사람도 우리 도를 깊이 깨치면 운을 불러 시를 지을 수 있으며, 그 시는 깨달음의 경지에서 나온 것이므로, 세상 사람이 듣고 감탄하게 된다는 말씀이다.

■ 懺咎斯人 慾不及石氏之貲 (참구사인 욕불급석씨지자) : '석씨(石氏)'는 중국 서진(西晋) 때의 부자인 석숭(石崇)을 말한다. 자기 잘못을 깨닫고 허물을 참회하면, 그 자체가 바로 인생을 바르고 또 풍요롭게 살아갈 수 있는 자산이 된다. 그러므로 석숭의 그 엄청난 재물이 눈앞에 있다고 해도 결코 탐내지 않는다는 말씀이다. 자기 잘못을 진정 참회하는 사람은 지금까지 자신을 지배해 왔던 욕망에 의한 삶의 기준에서 벗어나 진정한 삶의 가치가 무엇인가를 깨닫게 된다는 말씀이다. 즉 재물이라는 현실적 욕망을 추구하던 삶을 벗어나 본원적 가치를 중시하는 삶으로 전환하여 새 사람이 된다는 말씀이다.

■ 極誠其兒 更不羨師曠之聰(극성기아 갱불선사광지총) : '사광(師曠)'은 중국 춘추시대 진(晋)나라 때의 음악가로 미세한 소리까지 모두 분별할 수 있는 총명한 사람이었다. 지극한 정성으로 도를 닦는 사람은 사광의 총명도 부러워하지 않을 정도로 세상 모든 이치에 밝아질 수 있다는 뜻이다.

■ 容貌之幻態 意仙風之吹臨(용모지환태 의선풍지취림) : 마음공부를 지극히 하면, 그 용모가 신선과 같이 환골탈태(換骨奪胎)되는데, 이는 그 용모에 신선의 풍모가 깃들기 때문이다. '선풍(仙風)'은 신선의 풍모를 말한다. '취림(吹臨)'은 바람이 불어와 이르듯이 '깃든다'는 의미이다.

■ 宿病之自效 忘盧醫之良名(숙병지자효 망노의지양명) : '숙병(宿病)'은 오래된 병이라는 뜻이다. '노의(盧醫)'는 중국 주(周)나라의 명의인 편작(扁鵲)

을 말한다. 편작이 노(盧) 땅에서 태어났기 때문에 '노의(盧醫)'라고도 부른다. 오랜 병으로 고생을 하던 사람도 우리 도를 닦게 되면, 편작과 같이 훌륭한 의사의 이름까지 잊을 정도로, 저절로 병이 낫고 건강해진다고 말씀한 것이다.

【대의】 동학 천도교에 입도하여 수도에 정진하면, 육체적인 면뿐이 아니라, 정신의 면 모두가 새로운 사람으로 바뀌게 된다는 말씀이다.

———— * ———— * ————

雖然 道成德立 在誠在人 或聞流言而修之 或聞流呪而誦焉 豈不非哉 敢不
憫然 憧憧我思 靡日不切 彬彬聖德 或恐有誤 是亦不面之致也 多數之故也
遠方照應而 亦不堪相思之懷 近欲敍情而 必不無指目之嫌 故作此章 布以
示之 賢我諸君 愼聽吾言

　우리 도에 입도하여 정진하게 되면, 정신적으로나 신체적으로나 많은 기적과 같은 변화가 일어나게 된다. 그러나 이러한 모습은 도를 닦는 동안에 일어나는 특이한 현상일 뿐이지, 결코 도를 닦아 획득하고 도달하려는 목적은 아니다. 그러므로 올바른 한울님의 도를 깨달아 이루고 한울님의 덕을 마음에 세우기 위해서는 이러한 이적에만 구애되어서는 안 된다. 수도하는 사람으로서의 바른 정성이 있어야 하며, 스승으로부터 올바른 가르침을 받아야 한다.

　지금 세상의 많은 사람들이 혹 떠도는 말을 듣고 헛되이 수도하고, 혹 떠도는 잘못된 주문을 듣고는 외우는 사람들이 많으니, 어찌 잘못된 일이 아니며, 민망한 일이 아니겠는가? 안타까운 나의 마음은 간절하지 않은 날이 없으며, 빛나는 한울님의 성스러운 덕이 혹 잘못될까 두려울 뿐이다.

세상에서 내가 펴는 도가 이와 같이 잘못되고 있는 것은 역시 내가 멀리 떨어져 있어서, 서로 얼굴을 마주하고 교화를 펼치지 못하는 탓이요, 우리 도인의 수가 나날이 늘어 관(官)으로부터 지목(指目)을 받고 있기 때문이다. 이렇듯 서로 멀리 떨어져 있으면서 마음과 마음으로 서로 비추고 또 응하고 있으나, 그래도 서로를 그리워하는 마음은 참으로 이기기 어렵구나.

가까이 가서 서로 만나 마음에 담긴 뜻을 흉금 없이 펴고 싶으나, 관으로부터 지목하는 혐의가 있구나. 그런 까닭으로 이 「수덕문」을 지어 여러 제자들에게 반포하여 보이노니, 어진 나의 제자들이여, 나의 이 가르침을 근실한 마음으로 삼가여 듣고 마음에 새기어 실천하라.

■ 雖然 道成德立 在誠在人(수연 도성덕립 재성재인) : '수연(雖然)'이라고 한 것은, 앞부분과 연계가 되기 때문이다. 즉 우리 도에 입도하여 수련에 임하게 되면, 여러 면에서 사람의 용모나 마음이 바뀌는 이적이 일어난다. '그러나 비록 이렇듯 될 수 있으나[雖然]', 우리 도의 궁극적인 목적은 어떤 이적을 경험하는 것에 머무는 것이 아니라, 한울님의 도를 깨달아 이루고 마음에 한울님 덕을 세우는 것[道成德立]이라고 할 수 있다.

그러므로 우리 도의 본질적인 목적인, 도성덕립(道成德立)을 하기 위해서는 '정성을 들일 수 있는 마음의 자세[在誠]'와 '올바른 도를 전수해 주고 또 가르칠 수 있는 스승[在人]'이 다른 무엇보다도 필요하다는 말씀이다.

이와 같은 내용이 『용담유사』「교훈가」에도 있다; "아무리 그러해도 이 내 몸이 이리되니 은덕이야 있지마는 도성입덕 하는 법은 한 가지는 정성이오 한 가지는 사람이라."

■ 或聞流言而修之 或聞流呪而誦焉(혹문유언이수지 혹문유주이송언) : '유언(流言)과 유주(流呪)'란 도에 관한 올바르고 근거 있는 말씀이나 주문이 아니라, 세상에 떠도는 이야기나 떠도는 주문을 말한다. 수운 선생 당시는 난세였기 때문에, 많은 사람들이 도인이나 이인을 자처하고 나와서는 잘못된 가르침으로 사람들을 유혹했는가 하면, 잘못된 주문으로 사람들을 현혹시키는 일이 비일비재 했다고 한다. 그러므로 수운 선생이 당시의 이와 같은 폐단을 걱정하며 경계(警戒)하는 말씀을 한 것이다.

특히 수운 선생이 신유년(辛酉年, 1861) 겨울 관(官)의 지목을 피해 멀리 전라도 은적암(隱跡庵)에 들어가 지낼 때, 제자들이 잘못된 가르침에 빠지게 될 것을 걱정하며 한 말씀이다. 수운 선생은 은적암에서 이듬해(1862) 3월에 경주로 오지만, 지목의 혐의가 완전히 풀리지 않아 왔다는 소식을 널리 전하지 않고 제자의 집에 있었다. 그렇게 6월까지 그곳에 은거하며 지냈다. 그러므로 「수덕문」을 쓸 당시 경주에 있었지만, 제자들을 여의대로 만나지는 못하던 실정이었다. 그러므로 이렇게 말씀한 것이다.

도를 스승으로부터 올바르게 받아 공부해야 함을 강조한 구절이다.

■ 憧憧我思 靡日不切(동동아사 미일부절) : '동동(憧憧)'은 마음이 놓이지 않아 안타깝고, 또 어찌할 바를 모르는 모양이다. 수운 선생이 경상도 경주 용담을 떠나 전라도 남원의 은적암을 향해 가며 쓴 「교훈가」에 "행장을 차려내어 수 천리를 경영하니 수도하는 사람마다 성지우성 하지마는 모우미성(毛羽未成: 털이 아직 자라지 않은 미성숙한 짐승의 새끼) 너희들을 어찌하고 가잔말가."라고 노래하였다. 날짐승, 들짐승으로 비유한다면, 아직 털도 자라지 않은 상태와 같은 미숙한 제자들을 그냥 남겨두고 길을 떠났으니, 그 걱정되는 마음이 이와 같았던 것이다.

'미일부절(靡日不切)'은 '간절하지 않은 날이 없었다'는 뜻이다. '안타까운 나의 심정은 하루도 간절하지 않은 날이 없다'는 뜻으로 풀이된다.

■ 彬彬聖德 或恐有誤(빈빈성덕 혹공유오) : '빈빈(彬彬)'은 '빛나는 모양'이
다. 즉 한울님의 빛나는 성스러운 덕을 말한다. 이러한 한울님의 빛나고 빛
나는 성스러운 덕이 세상에 떠도는 말[流言]이나 세상에 떠도는 주문[流呪]을
듣고 도를 닦음으로써 잘못되지나 않을까 두렵다는 말씀이다.

■ 是亦不面之致 多數之故也(시역불면지치 다수지고야) : '시역(是亦)'은 '이
것 역시'의 뜻으로, '유언(流言)과 유주(流呪)가 떠돌고, 그러므로 제자들이
잘못된 길로 들어서게 될까 걱정을 하는 것 역시'로 해석된다. '불면지치(不
面之致)'는 수운 선생이 '비록 은적암을 떠나 경주에 와 있지만, 지목의 혐의
로 말미암아 아직 제자들을 만나지 못하기 때문에 서로 얼굴을 마주하지 못
한 탓', '다수지고(多數之故)'는 '동학도인들이 나날이 늘어나 그 수가 많아졌
기 때문에 관으로부터 지목(指目)을 받게 된 까닭'의 뜻이다.

'떠도는 말과 떠도는 주문을 듣고 잘못된 길로 들어서게 될까 걱정을 하
는 것 역시 오랫동안 서로 얼굴을 마주하지 못한 탓이요, 또 도인들의 수가
나날이 늘어나 관으로부터 지목을 받게 되었기 때문이다'로 해석된다.

■ 遠方照應而亦不堪相思之懷(원방조응이역불감상사지회) : '원방조응(遠方
照應)'은 멀리 떨어져 있으면서 서로 마음으로 비추어 주고 또 응한다는 뜻
이다. 이렇듯 몸이 서로 떨어져 있어 마음으로나 서로 조응하고 있으나, 그
러나 서로 그리워하는 회포는 이길 수 없다는 말씀이다. 제자들에 대한 수
운 선생의 그리워하는 마음이 연연히 나타나는 구절이다.

■ 近欲敍情而不無指目之嫌(근욕서정이불무지목지혐) : '근욕서정(近欲敍情)'
은 '가까이 있으며 마음에 담긴 정을 서로 펴다'의 뜻이다. 즉 가까이 가서
서로 만나 마음에 담긴 뜻을 흉금 없이 펴고 싶으나, 관으로부터 지목하는
혐의가 있어 그러지 못한다는 말씀이다.

■ 布以示之(포이시지) : 이 「수덕문」을 제자들에게 반포(頒布)하여 모두에게 보인다는 말씀이다.

■ 賢我諸君(현아제군) : 현명한 나의 여러 제자들이라는 뜻으로, 수운 선생의 제자들을 일컫는 말씀이다.

■ 愼聽吾言(신청오언) : '오언(吾言)'은 곧 수운 선생이 「수덕문」에 밝혀 놓은 그 가르침의 말씀들을 뜻한다. 이 「수덕문」 중의 가르침의 말씀을 근실히 듣고 실천하라는 당부의 말씀이다.

【대의】「수덕문」을 지어 제자들에게 주게 된 동기를 쓴 단락이다.

―――* ――* ―――

大抵此道 心信爲誠 以信爲幻 人而言之 言之其中 曰可曰否 取可退否 再思心定 定之後言 不信曰信 如斯修之 乃成其誠 誠與信兮 其則不遠 人言以成 先信後誠 吾今明諭 豈非信言 敬而誠之 無違訓辭

무릇 우리의 이 도는 먼저 마음으로 확신할 수 있어야 한다. 이 마음의 확신은 곧 정성을 들일 수 있는 근거가 된다. 확신 또는 믿음이라는 뜻의 '신(信)'이라는 글자를 풀어보면, '사람(亻=人)의 말[言]'이라는 뜻이다. 이러한 사람의 말들 중에는 옳은 말도 있고, 옳지 않은 말도 또한 있다. 그러니 옳은 말은 취하고 옳지 않은 말은 버려서, 두 번 깊이 생각하여 마음으로 정하도록 하라.

마음으로 정한 이후의 말에는 조금의 흔들림 없이, 확신을 하는 것이 바로 올바른 믿음이다. 이와 같이 닦게 되면, 이내 그 정성을 이룰 수 있는 것이니, 정성과 믿음이라는 것의 사이가 도를 닦는 본원적인 원칙에 있어서 그리 먼 것이 아니다. 사람의 말이 믿음이 되고, 또 이 말이 이루어지는 것이 정성이 되는 것이니, 먼저 확신을 갖춘 이후에 정성을 들이도록 하라. 그래야만 올바른 정성이 된다.

내가 지금 밝게 깨우칠 수 있는 가르침을 전하노니, 이 어찌 그대들 모두 마음 깊이 확고하게 지녀야 할 말씀이 아니겠는가? 공경하고 또 정성을 다하여 나의 이 가르침의 말씀을 어기지 말라.

■ 心信爲誠(심신위성) : 마음으로 확신하는 것이 정성이 된다는 말씀이다. 어떠한 확신이나 믿음이 없으면 올바르게 정성을 들일 수 없는 것이다.

■ 以信爲幻 人而言之(이신위환 인이언지) : '환(幻)'은 '바꾼다' 또는 '변환한다'는 뜻이다. '신(信)'이라는 글자를 변환한다는 말로, 곧 그 글자가 이루어진 것을 풀어보면, 사람이라는 뜻의 인(亻=人)과 말이라는 뜻의 언(言) 두 글자로 나누어진다는 말이다. 계미중춘판에는 '이신위환(以信爲幻)'이 '이신위성(以信爲誠)'으로 되어 있다.

■ 言之其中 曰可曰否 取可退否 再思心定(언지기중 왈가왈부 취가퇴부 재사심정) : '언(言)'은 일반적으로 '사람들이 하는 말'이다. 이렇듯 사람들이 하는 말 가운데는 옳다고 할 수 있는 것도 있고, 그르다고 할 수 있는 말도 있다는 뜻이다. 그러므로 옳은 말은 취하고 옳지 아니한 말은 버려서, 두 번 생각해 보고는 마음으로 정하라는 말씀이다.

『논어』「공야장」편에 '계문자가 세 번을 생각한 이후 실행에 옮기니, 공자께서 듣고는 말씀하기를 두 번 생각하는 것이 옳다고 말씀하셨다[季文子 三思而後行 子聞之曰 再思可矣]'는 구절이 나온다. 이 구절에 관하여 정자(程子)가 주해하기를 '두 번에 이르면 이미 자세하고, 세 번 하면 사사로운 뜻이 일어나 도리어 현혹된다'고 하였다. 수운 선생의 생각도 이 점에서는 공자의 생각과 같은 것이라고 하겠다.

■ 定之後言 不信曰信(정지후언 불신왈신) : 옳다고 여겨 마음으로 정한 이후의 다른 말은 믿지 않는 것이 바로 올바른 믿음이며 확신이라는 말씀이다.

■ 如斯修之 乃成其誠(여사수지 내성기성) : '여사(如斯)'의 '사(斯)'가 받는 말은 앞에서 말한 '가르치는 말에 대한 확고한 믿음'이다. 즉 이처럼 가르침을 확고히 믿고 수도하면, 이내 정성의 결실을 이룰 수 있다는 말이다.

■ 誠與信兮 其則不遠(성여신혜 기칙불원) : 정성을 들이는 것과 확신하게 되는 것이 결코 멀지 않다는 말씀이다. 성(誠)과 신(信)은 수도를 하는 가장 근본이 되는 길이라는 말씀이다.

「팔절」에서 수운 선생은 '정성이 이루어지는 바를 알지 못하거든 내 마음을 잃지 않았나를 잘 헤아리라[不知誠之所致 數吾心之不失]'라고 말씀하였다. 즉 정성은 마음에 뿌리를 두고 있다는 말씀이다. 또 '확신'이란 마음의 심주를 굳건히 하는 데에 있는 것이다. 따라서 '정성과 확고한 믿음'은 모두 마음을 바탕으로 하는 것이기 때문에 그 법칙이 멀지 않다고 한 것이다.

■ 人言以成 先信後誠(인언이성 선신후성) : 믿음이라는 뜻의 '신(信)'은 '인(人)'과 '언(言)'이 합해 이루어진 글자이고, 정성이라는 뜻의 '성(誠)'은 '말씀[言]'과 '이룸[成]'이 만나 된 글자이다. 그러므로 '확고한 믿음'이란 '사람의 말'의 뜻이고, '정성'이란 바로 이러한 '사람의 말이 이룩되는 것'이다.

이와 같은 정성[誠]과 확신[信]의 관계에서, 먼저 확고한 믿음을 지닌 뒤에라야 바른 정성을 들일 수 있기 때문에, '먼저 확고한 믿음을 갖춘 후에 정성을 들이라[先信後誠]'고 말씀한 것이다.

■ 吾今明諭 豈非信言(오금명유 기비신언) : 수운 선생이 지금 이 「수덕문」을 통해 밝게 깨우침의 말씀을 제자들에게 내렸으니, 이 가르침의 말씀을

확고한 믿음을 가지고 받아들여야 한다는 말씀이다.

■ 敬而誠之 無違訓辭(경이성지 무위훈사) : 이 가르침의 말씀을 공경하고
또 정성을 들여서, 조금의 어김이 없도록 하라는 당부의 말씀이다.

【대의】 도를 닦는 근본은 먼저 확고한 믿음을 지녀야 하고, 이 확신의 바탕
위에 올바른 정성을 드릴 수 있다는 말씀이다. 그러니 이 「수덕문」의 가르
침을 굳게 믿고, 실행하는 데에 정성을 들여 어기지 말라는 말씀이다.

불연기연

不然其然

不然其然

「불연기연」은 수운 선생이 관에 체포되기 한 달 전인 1863년(癸亥) 11월에 쓴 경편이다.
즉 수운 선생이 쓴 마지막 경편이다.
이 장에서 수운 선생은 우주 만물에 나타나는 현상과 그 현상의 근원이 되는 본질을
'기연(其然)'과 '불연(不然)'으로 말씀하고 있다.
'기연(其然)'은 우리 경험과 인식으로 알 수 있고 또 설명할 수 있는
이단자(易斷者)의 세계요, '불연(不然)'은 우리의 일상 경험으로는 이해하기 어려울 뿐만 아니라,
그 근본 이유를 구명하기 어려운 난필자(難必者)의 세계를 말한다.
따라서 겉으로 드러나는 모습은 우리의 일상적 판단으로 알 수 있기 때문에 '기연'이 된다.
그러나 만물이 어떻게 생겨났으며 어떠한 원리에 의해 생성 변화하는 지의 문제는
참으로 알 수 없기 때문에 '불연'이 된다.
이렇듯 '기연'과 '불연'이 서로 다른 것처럼 보인다.
그러나 궁극적으로는 모두 동일한 뿌리에서 나온 것이기 때문에,
그 인식만 달리하면 불연 역시 기연이 될 수 있다.
결국 수운 선생은 이와 같은 '기연과 불연'의 논리를 통하여 동학의 핵심 가르침인
'시천주(侍天主)'에 이르는 길을 가르치고 있다.
'시천주'는 잘 아는 바와 같이 한울님을 모셨다는 말씀이다.
한울님을 모신 '나'라는 존재는 유한하다. 그러나 내가 모신 한울님은 무궁하다.
어찌 유한한 존재가 무한한 존재를 모실 수 있겠는가. 논리상으로 보면,
무한한 신의 품에 유한한 내가 안겨 있는 것이 옳은 것이 아닌가.
또한 유한적인 내가 무궁한 한울님을 모시고 있으므로
나 역시 무궁한 내가 되고 있음을 깨닫게 하는 것이 '불연기연'이다.
그래서 수운 선생은 『용담유사』 「흥비가」에서 "불연기연 살펴내"라고 하였다.
그래야만이 "무궁한 이 울 속에 무궁한 나"를 깨달을 수 있다고 노래하였다.
기연으로만 세상을 바라보고 불연은 내가 도달할 수 없는 세계로만 생각하는 것이
지난날의 생각이었다. 그러므로 불연인 신(神)은 영원한 타자였다.
그러나 이러한 생각을 벗어나, 알 수 없는 불연의 세계를 깨닫는 것에
수운 선생의 가르침의 궁극이 있다. 그러므로 유한한 내가 무궁한 한울님을 모실 수 있으며.
그러므로 무궁한 나로 거듭되는 데에 '불연기연'의 가르침의 묘법이 있는 것이다.

歌曰 而千古之萬物兮 各有成各有形 所見而論之則 其然而似然 所自而度
之則 其遠而甚遠 是亦杳然之事 難測之言 我思我則 父母在玆 後思後則 子
孫存彼 來世而比之則 理無異於我思我 去世而尋之則 惑難分於人爲人

　　옛 노래에, "먼 옛날 우주가 처음 이루어지고 만물이 생성됨이여! 각기 이
루어짐이 있고, 각기 다른 형상이 있구나!"라고 하였다.

　　만물이 이루어진 외형만을 일상적인 눈으로 바라보고 논한다면, 예를 들
어 '사과이니까 사과 모양으로 생긴 것이지'라거나, '바위이니까 바위 모양
으로 저렇게 생긴 것이지'라며, 외형에 대하여 그렇고 또 그러하다고 쉽게
생각할 수 있다. 그렇지만 그 사물이 근원적으로 어디에서부터 왔으며 어떻
게 현재의 모습으로 형성되었는가를 헤아려 보면, 그 이치는 참으로 멀고도
또 먼 것이 아닐 수 없다. 그러므로 만물의 근원을 헤아린다는 것은 아득한
일이요, 헤아리기 어려운 일이다.

　　'나'라는 존재가 어떻게 이 세상에 태어나게 되었는가를 생각하면, 나를
낳아주신 부모가 계시므로 어떻게 태어났는지를 쉽게 알 수 있다. 또 나 이
후로 태어나는 나의 후손들을 생각하면, 후손들 역시 부모님이 나를 낳았듯
이 내가 자식을 낳고, 자식이 나의 손자를 낳고 계속하여 이어지게 됨을 알
수 있다.

　　앞으로 올 세상을 생각해 보면, 결국 나의 부모가 나를 이 세상에 태어나

게 했듯이, '나'라는 '부모'에 의하여 태어난 후손들에 의하여 앞으로의 세상은 이루어질 것이다. 그러나 지나간 세상을 헤아려 올라가 보면, 할아버지의 할아버지인 인류 최초의 사람은 어떻게 해서 사람으로 태어났는가 하는 문제와 만나게 된다. 그러면 인류 최초의 사람이 어떻게 해서 사람으로 태어나게 되었는가 하는 의심하는 생각이 들어, 참으로 분간하기가 어려워진다.

■ 千古之萬物兮(천고지만물혜) : '천고(千古)'는 아주 먼 옛날이라는 뜻이다. 여기서의 의미는 우주가 처음 생성될 때를 말한다. '혜(兮)'는 감탄을 나타내는 어조사이다. '우주가 처음 생성이 되고, 또 만물이 생성됨이여.' 라고 풀어볼 수가 있다.

■ 各有成各有形(각유성각유형) : 세상 만물이 제각기 다른 특질로 이루어지고, 제각기 다른 모습으로 그 형상을 이루었다는 말씀이다. 이때 '각유성(各有成)'은 만물이 각기 내적으로 그 나름의 특성을 갖추었다는 말씀이고, '각유형(各有形)'은 만물의 형상이 각기 다른 모습으로 이루어졌다는 뜻이다.

이 우주에는 수만 수억 가지의 사물이 있지만, 이들은 모두 각기 특유의 성질이 있고 또 각기 다른 모양으로 이루어져 있다는 말씀이다.

■ 所見而論之則 其然而似然(소견이논지즉 기연이사연) : 우리 눈으로 보는 바로써 사물의 외형과 현상을 논한다면 모두 그렇고 그렇다는 말씀이다. 돌의 외양을 보고는 저렇게 생긴 것이 돌이구나, 또는 밭에서 일하는 소를 보고는 저렇게 생긴 것이 소로구나, 하고 고개를 끄덕인다. 이렇듯 그 바라다보이는 바[所見], 곧 그 외양만을 가지고 논한다면 만물이란 그런 것이구나라고 생각을 할 수 있다는 말씀이다.

'소견(所見)'은 겉으로 드러난 외양을 바라보는 것이다. 즉 그 생긴 모양을 그저 겉으로 본다면 그렇고 그렇다는 이야기이다.

■ 所自而度之則 其遠而甚遠(소자이탁지즉 기원이심원) : '소자(所自)'는 '어디로부터 온바'라는 뜻으로, '만물이 근원적으로 어디에서부터 비롯되었으며 어떻게 형성되었는가'를 헤아리는 것을 뜻한다.

즉 만물을 그 외형만을 본다면 그렇고 그러한 것, 곧 바위는 바위의 형상을 하고 있으니 바위임을 알겠고, 새는 새의 모양을 하고 있으니 새임을 알수 있다는 말씀이다. 그러나 이 만물이 과연 어디에서부터 왔는가 그 근원을 헤아려보면 참으로 알 수 없이 그 근원이 멀고 또 아주 멀다는 뜻이다.

■ 是亦 杳然之事 難測之言(시역 묘연지사 난측지언) : '시(是)'는 윗 구절의 '소자(所自)', 즉 '만물이 근원적으로 어디에서부터 왔으며, 어떻게 형성되었는가'를 받는 말이다. 이렇듯 만물이 근원적으로 어디에서부터 왔으며, 어떻게 이루어졌는가를 헤아려 본다면, 이는 참으로 아득한 일이요, 헤아리기 어려운 것이라는 말씀이다.

■ 我思我則 父母在玆 後思後則 子孫存彼(아사아즉 부모재자 후사후즉 자손존피) : '아사아(我思我)'란 '내가 나의 존재에 관하여 생각하는 것'으로, '나'라는 존재는 과연 어디에서 왔는가를 생각한다는 말씀이다. '후사후(後思後)'란 '나 다음으로 올 나의 후손에 관하여 생각한다'는 말씀이다.

즉 '나'라는 존재가 어디에서부터 왔는가를 생각해 보면 부모에게서 태어난 것이며, 내 뒤로 태어날 후손을 생각하면 나의 후손들 역시 내가 태어난 것과 같이 태어나서 나의 생이 계속 이어질 것이라는 말씀이다.

'존피(存彼)'는 '그곳[후손이 이어가는 곳]에 있다'는 뜻으로, 의역하면 '계속 이어진다'는 뜻이다.

■ 來世而比之則 理無異於我思我(내세이비지즉 이무이어아사아) : '내세(來世)'란 '앞으로 올 세상' 또는 '앞으로 올 세대'를 뜻한다. 앞으로 올 세상을

앞에서 이야기한 바와 같은 원리, 즉 내가 나의 조상에 의하여 나라는 존재로 태어나게 된 그 원리를 가지고 유추(類推)해 보니, 그 이치가 내가 어디에서 왔는가를 생각했던 것[我思我]과 다름이 없다는 말씀이다.

즉 내가 나의 부모에 의하여 이 세상에 태어나 살아가듯이, 나라는 부모에게서 태어난 나의 후손들이 앞으로의 세상을 일구며 살아간다는 말씀이다.

■ 去世而尋之則 惑難分於人爲人(거세이심지즉 혹난분어인위인) : '거세(去世)'란 '지나간 세월, 세상, 세대'를 말한다. 지나간 세상을 헤아려 찾아 올라가 보면, 곧 인류 최초의 사람은 어떻게 해서 사람이 되었는가 하는 문제와 만나고, 과연 최초의 사람은 어떻게 이 세상에 태어나게 되었는가 하는 의심을 품게 된다. 그러므로 이 단계에 이르면 그 근원을 분간하기가 매우 어려워진다는 말씀이다.

【대의】 천지 만물의 눈에 보이는 형상에 관해서는 말하기가 쉬워도 본원적인 면에 관해서는 이야기하기가 어렵다는 말씀이다. 이와 마찬가지로 앞으로 후손이 태어나는 것에 관해서는 쉽게 설명을 할 수가 있어도, 최초의 사람은 부모도 없이 어떻게 해서 사람으로 태어나게 되었는가 하는 문제는 설명하기가 쉽지 않다는 말씀이다.

———— * —— * ————

噫 如斯之忖度兮 由其然而看之則 其然如其然 探不然而思之則 不然于不然 何者 太古兮 天皇氏 豈爲人 豈爲王 斯人之無根兮 胡不曰 不然也 世間
孰能無父母之人 考其先則 其然其然 又其然之故也

아아! 이와 같이 헤아려 봄이여! 우리가 눈으로 보거나 또는 일반적인 생각으로 수긍할 수 있는 사실들을 가지고 미루어 보면, 세상만사가 모두 그러하다고 생각되는 것[其然]이지만, 최초의 인간은 어떻게 태어났으며 만물은 또 어떻게 생겨났는가 하는, 우리가 알 수 없는 근원의 문제를 가지고 미루어 생각하면, 세상만사가 모두 알 수 없고 또 알 수 없구나.[不然不然]

어찌하여 이러한 것인가. 먼 옛날 인류 최초의 사람이라는 천황씨(天皇氏)는 어찌하여 자신을 나아준 부모가 없는데도 사람으로 태어나 살아갈 수 있었으며, 자신에게 왕위를 물려준 임금도 없었는데 어찌하여 임금이 될 수가 있었는가. 천황씨가 부모도 없이 세상에 태어났다는 사실이여. 어찌 '알 수 없는 일[不然]'이라고 말하지 않을 수 있겠는가. 이 세상에 누가 능히 부모 없이 태어나는 사람이 있겠는가. 우리 조상을 잘 살펴보면, 위의 할아버지가 다음 할아버지를 낳고, 또 다음 할아버지를 낳아, 인류가 계승되어 내려왔다는 그 사실을 살펴보면, 이 또한 그렇다고 수긍할 수 있으며 또 그렇다고 수긍이 되는[其然其然] 까닭이로구나.

- 噫(희) : '아!' 하는 감탄사이다.
- 如斯之忖度(여사지촌탁) : '여사(如斯)'는 '이와 같이'의 뜻으로, 위에서 이야기한, '현재의 자신과 장래의 나타날 자손에 관하여 생각하는 것[其然]'과 '아득한 옛날 만물이나 사람이 처음 과연 어떻게 생겨났는가[不然]' 하는 사실을 받는 말이다. '촌탁(忖度)'은 자신의 마음을 미루어 사물의 이치를 추측하고 헤아리는 것을 말한다.
- 由其然而看之則 其然如其然(유기연이간지즉 기연여기연) : '기연(其然)'이란 '그렇다고 수긍이 가는 것'이라는 뜻으로, 사람들이 눈으로 본다거나 또 마음속으로 그럴 수 있다고 인정할 수 있는 현상들을 말한다. 즉 인간의 경

험이나 선험(先驗)에 의하여 수긍할 수 있는 현상, 나의 부모가 나를 낳았듯이 나도 부모가 되어 자식을 낳는다는 등의 우리의 보통 사고로 수긍할 수 있는 현상을 말한다. 다시 말해서 만물이 생겨난 이후의 현상들이 이에 속한다. 그러므로 이러한 그럴 만한 현상으로 미루어 보면 세상의 만사가 그렇고 또 그러한 것이라는 말씀이다.

'기연여기연(其然如其然)'에서 '여(如)'는 '이르다'의 뜻의 '지(至)'나 '행(行)'과 같은 뜻으로 쓰인다. 따라서 이 부분의 번역은 '기연은 어디까지나 기연으로 이르고'가 된다.

■ 探不然而思之則 不然于不然(탐불연이사지즉 불연우불연) : '불연(不然)'은 '알 수 없으므로, 그렇다고 인정되지 않으며 생각되지 않는 것'을 뜻한다. 즉 인간의 이성적인 인식이나 상식으로는 해명되지 않는 만물의 근원을 말한다. 최초의 사람인 인류의 첫 조상은 그를 낳아준 부모도 없이 어떻게 이 세상에 나왔겠는가와 같은 문제로, 만물 생성변화의 근본 이치를 의미한다.

'불연우불연(不然于不然)'에서 '우(于)'는 계미중춘판과 계미중하판에 나오는 글자이다. 이후 많은 판본에는 '우(又)'로 되어 있다. 현행 천도교경전에는 '우(于)'로 되어 있다. '또'라는 뜻의 '우(又)'로 보고 해석하면, '불연이고 또 불연이다.'라고 매우 편안하게 번역이 된다. 그러나 '우(于)'로 해석하면 번역이 다소 어려워진다. 이 '우(于)'는 어조사로 쓰이는 것 외에 '가다'의 뜻인 '왕(往)'과 같은 의미로도 쓰인다. 그러므로 이 부분을 '불연은 어디까지나 불연에 이른다'로 풀어 볼 수 있다.

■ 何者(하자) : '어찌된 일인가' 하는 의문을 나타내는 말로서, 앞 구절에서 이야기한 부분을 연속적으로 기술하기 위하여 쓰인 말이다.

■ 太古兮 天皇氏 豈爲人 豈爲王(태고혜 천황씨 기위인 기위왕) : '태고'는 '아주 먼 옛날'로, 여기에서는 천지가 처음 이루어지고 인류가 처음 나타난 때

를 말한다. '천황씨'는 인류 최초의 사람이며 동시에 인류 최초의 임금을 지칭한다. 즉 천지가 처음 열리고 이후 처음 사람인 천황씨는 그를 나아주신 부모도 없이 어떻게 이 세상에 사람으로 태어났으며, 왕위를 물려준 임금도 없는데 어떻게 왕이 되었는가 하는 의문을 제기한 구절이다.

■ 斯人之無根兮 胡不曰不然(사인지무근혜 호불왈불연) : '사인(斯人)'은 '이 사람'이라는 뜻으로 천황씨를 지칭하는 말이다. 이 천황씨가 인류 최초로 나타난 사람이니, 그를 낳은 부모가 없을 것이다. 그러므로 무근(無根), 곧 뿌리가 없다고 말씀한 것이다. 그러니 앞에서 사람이 사람을 낳았다는 말이 이 천황씨의 경우에는 적용이 되지 않는다. 그래서 '그렇다'고 수긍이 되지 않는다는 말씀이다. 즉 이 천황씨의 경우는 어떻게 태어났는지 알 수 없는 '불연(不然)'이라고 할 수밖에 없다는 말씀이다.

■ 世間 孰能無父母之人 考其先則 其然其然又其然之故也(세간 숙능무부모지인 고기선즉 기연기연우기연지고야) : '이 세상에 어느 누가 부모가 없는 사람이 있겠는가. 우리의 조상을 잘 살펴보면, 할아버지가 다음 할아버지를 낳고, 또 다음 할아버지를 낳고 하여, 인류가 오늘까지 계승되어 내려온 것이니, 그렇구나, 그렇구나 하고 수긍할 수 있는 까닭'이라는 뜻이다.

【대의】 기연과 불연을 사람이 태어나는 문제, 최초 인류의 조상이자 임금인 천황씨를 예로 들어 설명하는 단락이다.

———— * ———— * ————

然而爲世 作之君 作之師 君者 以法造之 師者 以禮敎之 君無傳位之君 而法綱何受 師無受訓之師 而禮義安效 不知也 不知也 生而知之而然耶 無爲化

也而然耶 以知而言之 心在於暗暗之中 以化而言之 理遠於茫茫之間

그러하되 세상을 위하여 (하늘이) 천황씨(天皇氏)를 임금으로 삼고 또 스승을 삼았다. 임금은 법으로써 백성을 다스리고, 스승은 예로써 가르치니, 인류 최초의 임금이 된 사람은 그 임금 자리를 물려준 임금이 없었는데 세상을 다스릴 법과 강령을 어디에서 받았으며, 인류 최초의 스승이 된 사람은 가르침을 베푸는 스승이 없었는데 세상 사람을 가르칠 예와 의를 어디에서 본받았는가. 알지 못할 일이로다, 알지 못할 일이로구나.

태어나면 저절로 모든 것을 아는 생이지지(生而知之)에 의한 것인가, 아니면 아무 함이 없이 절로 되는 무위이화(無爲而化)에 의하여 그렇게 된 것인가. 생이지지에 의한 것이라고 하여도 마음 한구석에는 어둡고 어두움이 그냥 남아 알 수 없고, 무위이화에 의하여 그렇게 되었다고 하여도 그 이치가 아득하고 아득하여 멀기만 하구나.

■ 然而爲世 作之君作之師(연이위세 작지군작지사) : 이 구절은 몇 가지의 해석이 가능하다. ① 그렇게 세상이 되어서, 임금을 내고 스승을 내다. ② 그렇지만 세상이 되면서, 임금을 만들고 스승을 만들다. ③ 그러하되, 세상을 위하여 (하늘이) 그를 임금을 삼고 또 스승을 삼았다.

①과 ②의 경우, '작지군(作之君) 작지사(作之師)'의 '지(之)'는 뜻이 없는 허사(虛辭)로 보아야 한다. 그러나 ③의 경우, '지(之)'는 대명사로 앞의 '천황씨'를 받는 말이 된다. 이 주해서는 ③의 번역을 취한다.

■ 君者 以法造之 師者 以禮敎之(군자 이법조지 사자 이례교지) : '임금은 법으로써 세상을 다스리고, 스승은 예로써 사람을 가르친다'는 뜻이다.

■ 君無傳位之君 而法綱何受 師無受訓之師 而禮義安效(군무전위지군 이법

강하수 사무수훈지사 이예의안효) : 이 세상에 처음으로 임금이 된 이는 임금 자리를 물려준 임금이 없으니 세상을 다스릴 법과 강령을 어디에서 받았으며, 처음 인류의 스승이 된 이는 그 가르침을 준 스승이 없었으니 예와 의를 어디에서 본받았겠는가, 하는 시원(始源)에 의문을 제기한 구절이다.

■ 生而知之而然耶 無爲化也而然耶(생이지지이연야 무위화야연야) : '생이지지(生而知之)'는 성인의 자질로, 태어나면서 세상의 모든 이치를 저절로 아는 것을 말한다. '무위화야(無爲化也)'는 작위적인 것이 일절 없이 자연의 이법으로 저절로 되는 것을 말한다. 즉 인류 최초의 임금이나 최초의 스승이 법강을 알고 예의를 알게 된 것이, 생이지지(生而知之) 혹은 무위이화(無爲而化)로 그냥 저절로 알게 되었느냐고 반문하는 말씀이다.

■ 以知而言之 心在於暗暗之中 以化而言之 理遠於茫茫之間(이지이언지 심재어암암지중 이화이언지 이원어망망지간) : '이지(以知)'의 '지(知)'는 생이지지(生而知之)를 줄인 말이고, '이화(以化)'의 '화(化)'는 무위이화(無爲而化)를 줄인 말이다. 즉 생이지지로 알게 되었다고 말하여도 마음 한구석에는 잘 납득이 안 가는 점이 있고, 무위이화에 의하여 알게 되었다고 해도 그 이치를 궁구하기에는 아득하고 아득하여 알 수 없는 면이 있다는 뜻이다.

【대의】 기연과 불연을 설명하기 위하여 인류의 첫 임금이며 스승인 천황씨를 예를 들어 말하는 단락이다.

―――＊―――＊―――

夫如是則 不知不然 故不曰不然 乃知其然故 乃恃其然者也 於是 而揣其末 究其本 則物爲物 理爲理之大業 幾遠矣哉

인류 최초의 임금이나 스승이 법강이나 예의를 물려받은 임금이나 스승도 없으면서도, 법강을 펴고 가르침을 펼친 것은 엄연한 사실이다. 무릇 이러한 일들은 일반적인 경험이나 인식으로는 도저히 납득되지 않기 때문에, 이를 '불연'이라고 한다. 따라서 사람들은 이 불연(不然)은 알 수 없고 그러므로 불연에 관해서는 말하지 않는다. 그러나 기연은 알 수 있는 것이기 때문에, 마침내는 기연의 일들만 믿는 것이 보통이다.

이에 천지 만물의 외형을 헤아려 보고, 그 만물이 형성된 근본 원리를 상고해 보면, 만물이 만물된 것과 그 만물을 만물로 이루게 한 근본 이치의 이치 됨이 얼마나 크고 먼 것인가.

■ 夫如是則 不知不然 故不曰不然(부여시즉 부지불연 고불왈불연) : '여시(如是)'는 '이와 같다'의 뜻으로, 위에서 말한 인간의 일반적인 경험이나 인식을 바탕으로는 알 수 없는 일들을 지칭하는 구절이다. '고불왈불연(故不曰不然)'은 '그런 까닭으로 불연에 관해서는 말하지 않는다'로 해석된다.

즉 인류 최초의 임금이나 스승이 법강이나 예의를 물려받은 임금이나 스승도 없으면서도, 법강을 펴고 가르침을 편 것은 사실이다. 이러한 일들은 일반적인 경험이나 인식으로는 납득되지 않는 일이기 때문에 이것이 '불연'이 된다. 따라서 사람들은 이 불연을 알 수 없고, 그러므로 사람들은 '불연(不然)'에 관해서는 말하지 않는다는 말씀이다.

■ 乃知其然故 乃恃其然者也(내지기연고 내시기연자야) : '내(乃)'는 '이에'의 뜻이다. 여기서는 '마침내'의 뜻으로 쓰였다. 풀어보면, '세상 사람들이 기연만을 알기 때문에 마침내 기연의 일들만 믿게 된다'의 뜻이다.

■ 於是(어시) : '이에'의 뜻이다. 앞 구절을 받아 잇는 말이다.

■ 揣其末究其本(췌기말구기본) : 말(末)과 본(本)은 서로 표리(表裏)를 이루

는 것으로, 겉으로 드러나는 지엽적인 것과 근본이 되는 것을 이르는 말이다. 말(末)은 만물의 외적인 형상, 곧 유형(有形)의 측면이고, 본(本)은 만물의 근본이 되는 것, 곧 무형의 측면이다. 즉 우주 만물의 유형적 형상을 헤아리고, 그 형상 이면의 무형적이며 근본적인 이치를 상고한다는 의미이다.

■ 物爲物理爲理之大業 幾遠矣哉(물위물이위리지대업 기원의재) : ‘물(物)’은 ‘만물’을 말한다. ‘물위물(物爲物)’이란 만물이 만물로서의 외형을 갖추게 된 것을 말한다. 곧 앞 구절에서의 ‘말(末)’에 해당한다. ‘이(理)’는 만물이 형성되는 이치를 말하는 것으로, ‘이위리(理爲理)’는 천지 만물이 형성되는 근본 원리를 말한다. 앞 구절에서의 ‘본(本)’에 해당한다.

우리 눈으로 볼 수 있고 혹은 만져서 느낄 수 있는 천지 만물의 외적인 모습을 미루어 헤아려 보고, 이로써 이 만물이 형성된 근본 원리를 상고해 보니, 만물이 만물로 형성되고 무형의 이치가 이치로 이룩된, 그 크나큰 일이 얼마나 멀고 큰 것인가를 알 수 있다는 말씀이다.

즉 ‘우주의 유형적인 만물은 무형의 근본 원리인 한울님의 무극대도로 말미암아 나온 것이니, 이 얼마나 크고 먼 것인가’ 하는 말씀이 된다.

【대의】 천지 만물이 형성된 근본 원리가 곧 크나큰 한울님의 무극대도이기 때문에 매우 크고 멀다. 세상 사람들은 이러한 한울님의 이법을 모르기 때문에 불연이 되고, 그러므로 사람들은 이 불연에 관해서는 말을 하지 않는 것이 일반적이라는 뜻이다.

―――*――*―――

況又斯世之人兮 胡無知胡無知 數定之幾年兮 運自來而復之 古今之不變兮

豈謂運豈謂復 於萬物之不然兮 數之而明之 記之而鑑之

하물며 이 세상 사람들이여, 이제 하늘의 이치가 밝아 새로운 오만 년의 운에 따르는 세상이 열리는데, 어찌 이를 알지 못하는가, 어찌 이를 알지 못하는가.

새 운(運)이 올 수가 정해진 지 벌써 몇 해인가. 새 세상을 열어갈 운이 스스로 와서 회복이 되는구나. 예나 지금이나 천도의 떳떳한 섭리는 변하지 않는 것이거늘, 어찌 운이라 일컫고 어찌 이 운이 회복되었다고 일컫는가.

그러나 만물에 작용하는 천도인 영고성쇠(榮枯盛衰), 즉 꽃피고 시들고 또 성(盛)하고 쇠(衰)하는 변화는 있는 것이다. 아아, 만물의 수많은 변화 중 불연(不然)으로 인식되는 면이여! 이를 헤아리고 밝히고 또 기록하여 이를 거울삼게 할 것이로다.

■ 況又斯世之人兮 胡無知胡無知(황우사세지인혜 호무지호무지) : '하물며 이 세상 사람들은 한울님의 이치가 밝았는데도 그 사실을 왜 알지 못하는가!' 하고 한탄하는 말씀이다.

■ 數定之幾年兮 運自來而復之(수정지기년혜 운자래이복지) : '수정(數定)'이란 '수가 정해졌다', 즉 '새로운 오만 년의 수가 정해졌다'는 뜻이다. 이는 천지의 쇠운(衰運)이 가고 성운(盛運)이 다시 회복되었다는 말씀이다.

'수(數)'는 천지 운행의 시간적인 흐름을 말하고, '운(運)'은 천지 운행의 공간적인 흐름을 말한다. 즉 시간적인 흐름과 공간적인 흐름이 서로 만나 이루는 것을 '운수(運數)'라고 이른다. 수운 선생의 출자(出自)와 함께 이러한 운수를 맞이하게 되었다는 말씀이다.

■ 古今之不變兮 豈謂運豈謂復(고금지불변혜 기위운기위복) : '예나 지금이

나 천도의 법칙은 변하지 않는다. 그러니 어찌 운이라고 하고 또 이 운이 회복되었다고 말할 수 있는가.' 하고 수운 선생이 자문(自問)하는 구절이다. 그러나 천도는 변하지 않지만, 만물은 천도의 쇠운(衰運)과 성운(盛運)에 의하여 만물의 소장성쇠(消長盛衰)가 이루어진다는 의미가 숨어 있다.

■ 於萬物之不然兮 數之而明之 記之而鑑之(오만물지불연혜 수지이명지 기지이감지) : '오(於)'는 감탄사다. 따라서 발음도 '어'가 아니라 '오'이다.

이 세상 일 중에 일반적 경험으로는 수긍이 가지 않는 일들, 즉 '불연의 일들'을 헤아리고 밝히고 또 기록하고 거울삼게 하겠다는 말씀이다. 그 실례들은 다음 단락에 제시된다.

【대의】 천도의 순환에 의하여 성운이 새롭게 왔지만, 이를 알기 위해서는 일반적 경험적 지식으로는 수긍되지 않는 불연(不然)의 일들을 밝혀야만 한다. 이러한 뜻을 담고 있는 단락이다.

———— * —— * ————

四時之有序兮 胡爲然胡爲然 山上之有水兮 其可然其可然 赤子之稚稚兮 不言知夫父母 胡無知胡無知 斯世之人兮 胡無知 聖人之以生兮 河一淸千年 運自來而復歟 水自知而變歟 耕牛之聞言兮 如有心如有知 以力之足爲兮 何以苦何以死 烏子之反哺兮 彼亦知夫孝悌 玄鳥之知主兮 貧亦歸貧亦歸

봄, 여름, 가을, 겨울의 네 계절이 일정한 차례로 조금의 어긋남도 없이 바뀌고 바뀌는데, 이는 어찌하여 그렇게 되며 어찌하여 그렇게 되는 것인가.

산은 높은 지대를 말하고 물은 그 성질이 위에서 아래로 흐르는 것인데, 어찌하여 물이 아래에서 위로 솟구쳐 올라 천지(天池)와 같이 커다란 호수가 백두산 꼭대기에 있는 것인가. 그것이 가능한 일인가, 그것이 가능한 일인가.

어린 아이는 어리고 어려서 말조차 못하는데, 오히려 자기의 부모를 알아보는구나. 어찌 알지를 못하는가, 어찌 알지를 못하는가, 이 세상의 사람들이여! 말 못하는 어린 아이도 알고 있는데, 어찌하여 자신이 태어난 생명의 근원인 한울님을 알지 못하는가.

성인(聖人)이 세상에 태어남이여, 황하(黃河)의 물이 천년에 한 번 맑아지는구나. 성인이 탄생할 운이 스스로 회복되어 그로 말미암아 황하의 물이 맑아지는가, 그렇지 않으면 황하의 물이 성인의 탄생을 알고 그 징조로 스스로 맑아지는 것인가.

밭을 가는 소가 농부의 말을 알아듣고, 농부가 부리는 대로 일을 하는구나. 이 소는 사람의 생각을 아는 것 같고, 또 사람이 하는 말을 알아듣는 것 같구나. 사람보다도 훨씬 힘이 센 소가 사람의 부림에 대항할 수도 있는데도, 어찌하여 대항하지 않고 사람이 부리는 대로 일만을 하는, 그 어려움을 스스로 겪으며, 종국에 가서는 죽임을 당하게 되는가.

까마귀와 같은 미물(微物)도 새끼 때 어미가 먹이를 잡아와 먹여 주던 것을 알고는, 늙은 어미에게 먹이를 물어다 주는 반포(反哺)의 은공을 행하고 있나니, 저들이 효도와 공경을 역시 아는 것인가.

봄이 되면 어김없이 강남 갔던 제비가 옛 주인 집으로 날아오니, 그 주인의 집이 아무리 가난해도 역시 돌아오고 그 주인집이 아무리 가난해도 역시 돌아오는구나.

■ 四時之有序兮 胡爲然胡爲然(사시지유서혜 호위연호위연) : 봄, 여름, 가을, 겨울이라는 네 계절의 변화가 조금의 어긋남도 없이 바뀌어 나가고, 또

이 네 계절이 다 지나면, 다시 새봄이 와서 계절이 반복되니, 이러한 변화 속의 변화지 않는 그 모습이 곧 알 수 없는 '불연'이라는 것이다.

■ 山上之有水兮 其可然其可然(산상지유수혜 기가연기가연) : '산'은 높은 지대를 말하고, '물'은 그 성질이 위에서 아래로 흐르는 것이다. 그런데 어찌하여 물이 아래에서 위로 솟구쳐서 그 높은 지대인 산의 꼭대기에 천지(天池)와 같은 크나큰 호수가 있는가 하는 말씀이다.

이러한 자연의 현상 역시 알 수 없는 '불연'이 된다는 말씀이다.

■ 赤子之稚稚兮 不言知夫父母 (적자지치치혜 불언지부부모) : '적자(赤子)'는 어린 아이를 말하고, '치치(稚稚)'는 어리고 어린 모습을 말한다. 어린아이가 너무 어려서 말도 못하지만, 자기의 부모를 알아본다는 것 역시 '불연'이 된다는 말씀이다.

■ 胡無知胡無知 斯世之人兮 胡無知(호무지호무지 사세지인혜 호무지) : 위의 구절에 이어지는 것으로, 말도 못하는 어린 아이도 자신을 낳은 부모를 알아보는데, 어찌하여 이 세상 사람들은 자신의 생명이 태어난 근본인 한울님을 알지 못하는가 하는 말씀이다.

■ 聖人之以生兮 河一淸千年(성인지이생혜 하일청천년) : 중국의 황하(黃河)는 천년에 한번 맑아지는 데, 이때 성인이 나신다는 말이 있다. 이 고사(故事)를 인용하여 한 말씀이다.

■ 運自來而復歟 水自知而變歟(운자래이복여 수자지이변여) : 황하의 물이 천년에 한번 맑은 물로 변하고, 또 이때 성인이 이 세상에 나타나는 운이 회복되는데, 이 운이 제 스스로 오는 것인가, 그렇지 않으면 물이 제 스스로 알고 변하는 것인가 자문하는 구절이다. 이러한 일 역시 알 수 없는 '불연'이 된다.

■ 耕牛之聞言兮 如有心如有知 以力之足爲兮 何以苦何以死(경우지문언혜

여유심여유지 이력지족위혜 하이고하이사) : 밭을 가는 소는 농부의 말을 알아듣고는 시키는 대로 일을 한다. 이 소는 마치 마음이 있는 것 같고 또 앎이 있는 것 같다. 이와 같이 마음이 있고 또 앎이 있으니 그 힘으로 족히 사람에 대항할 수 있을 법도 한데, 어찌하여 일생 동안 사람들에게 부림만을 당하고, 또 어찌하여 마침내 죽임을 당해야 하는가. 이 역시 '불연'이다.

■ 烏子之反哺兮 彼亦知夫孝悌(오자지반포혜 피역지부효제) : '오자(烏子)'는 까마귀를 말한다. 까마귀는 효자 새로서, 어린 시절 자신이 어미로부터 먹이를 받아먹은 것과 같이 늙은 어미 까마귀에게 먹이를 물어다 준다. 이를 '반포지은(反哺之恩)'이라고 한다.

이렇듯 미물인 까마귀에게도 효심이 있다는 사실이 참으로 알 수 없는 '불연'이라는 말씀이다.

■ 玄鳥之知主兮 貧亦歸貧亦歸(현조지지주혜 빈역귀빈역귀) : '현조(玄鳥)'는 제비를 말한다. 제비는 겨울이 지나 봄이 오면, 어김없이 자신의 보금자리로 돌아온다. 그 보금자리는 사람의 집 처마에 제비 스스로 마련한 것이다. 제비 자신이 집을 지은 그 주인의 집이 비록 가난하여도 매해 봄이면 돌아온다는 뜻이다. 이렇듯 미물인 제비가 따뜻한 강남(江南, 長江 남쪽의 따뜻한 지역) 땅에서부터 수천 리를 날아와 자기가 지은 집으로 다시 돌아온다는 사실 역시 알 수 없는 '불연'의 한 예라는 말씀이다.

【대의】 만물의 수많은 변화 중 우리 일상의 생활 속에서 발견되는 '불연'의 예를 몇 가지 들어 '불연'을 설명하는 단락이다.

—— * —— * ——

是故 難必者 不然 易斷者 其然 比之於究其遠則 不然不然 又不然之事 付之
於造物者則 其然其然 又其然之理哉

　이와 같은 까닭에 사람의 일반적인 경험이나 식견(識見)을 바탕으로 '그렇
다'라고 반드시 말하기 어려운 것은 '불연'이 되는 것이요, 사람의 식견으로
판단하여 '그렇다'라고 단안하기 쉬운 것은 '기연'이다.

　멀고 먼 근원을 헤아려 이에 견주어 보면 불연, 불연, 또 불연의 일이지
만, 이 모든 일을 조물자인 한울님의 이치에 부쳐서 보면 이 역시 기연, 기연
이고 또 기연의 이치로구나.

　■ 是故(시고) : '이와 같은 까닭으로'의 뜻이다.

　■ 難必者 不然 易斷者 其然(난필자 불연 이단자 기연) : '난필자(難必者)'는
세상의 '꼭 그렇다고 말하기 어려운 사실들'을 말하고, '이단자(易斷者)'는 인
간의 일반적인 경험이나 식견으로 판단하여 알 수 있는 것을 말한다.

　인간의 지식과 경험으로 분명하게 알 수 없는 일들, 즉 황하의 물이 천년
에 한 번씩 맑아지고 성인이 나오는 것, 미물인 까마귀가 효도를 하는 것, 따
뜻한 지역으로 날아갔던 제비가 봄이 오면 돌아와 어김없이 옛 주인의 집에
깃든다는 사실 등은 일상의 식견이나 인지로는 해명되지 않는 '난필자'이
다. 이처럼 꼭 그렇다고 말하기 어려운 이 세상의 현상에 대해서는 '불연, 곧
쉽게 수긍이 가지 않는다'라고 말하고, 사람의 지식으로서 판단하여 알 수
있는 것은 '기연, 곧 그렇다'라고 말한다는 뜻이다.

　다시 말해서 사람의 식견이 미칠 수 없는 세상의 일에 관하여서는 '불연'

이라고 말하고, 사람의 식견이 미치는 범위 내의 사실에 관하여서는 '기연'
이라고 말한다는 이야기이다.

■ 比之於究其遠則 不然不然 又不然之事(비지어구기원즉 불연불연 우불연지
사) : '구기원(究其遠)'은 '먼 곳을 헤아려 살펴본다'는 뜻이다. 아버지의 아버
지는 할아버지, 또 증조할아버지, 고조할아버지 등등 멀고 먼 근원의 문제
에 이르게 되면, 처음 할아버지는 누가 낳았는가 하는 물음에 이르고, 이러
한 문제를 비유해 보면, 이들 모두는 알 수 없는 '불연'이 된다는 말씀이다.

■ 付之於造物者則 其然其然 又其然之理(부지어조물자즉 기연기연 우기연지
리) : '조물자(造物者)'는 곧 만물을 내신 한울님을 뜻한다. 그러므로 만물의
시원(始原)을 조물자, 곧 한울님의 섭리에 의탁하여 살펴보면, 그렇다고 수
긍을 하게 된다는 말씀이다. 할아버지의 할아버지인 최초의 할아버지가 곧
조물자인 한울님의 생명을 받아 이 세상에 나오게 되었다고 한다면, 이는
곧 수긍이 가는 '기연'이 되는 것이다.

이 '조물자'에 관하여, 일부 연구자들은 동학 천도교 어느 기록에도 나오
지 않는 낱말이기 때문에, 이를 '한울님'의 한자어 표기로 보기 어렵다는 견
해를 보인다. 따라서 '조물자'를 만유를 지어낸 존재를 지칭하는 '명사(名詞)
인 조물주(造物主)'로 해석할 것이 아니라, '만물(物)을 만드는(造) 것(者)'이라
는 하나의 문장을 이루는 '구(句) 내지 절(節)'로 보고 풀어야 한다는 것이다.
이러한 견해는 「불연기연」의 마지막 구절의 해석을 다른 방향으로 이끈다.
즉 '비지어구기원즉 불연불연 우불연지사 부지어조물자즉 기연기연 우기
연지리(比之於究其遠則 不然不然又不然之事 付之於造物者則 其然其然 又其然之理)'
를 '근원을 캐어 들어가는 쪽으로 견주어 보면 불연 불연하고 또 불연한 일
이요, 물형이 이루어진 것에서 부쳐 보면 기연 기연하고 또 기연한 이치이
다.'라고 풀어볼 수가 있다.

그러나 '주물자'를 '조물주'와 같은 것으로 본다면, 이 마지막 구절을 '먼 곳을 캐어내어 이를 견주어 보면 그렇지 않고 그렇지 않은 일이지만, 이러한 알 수 없는 일들을 조물자인 한울님의 섭리라고 본다면 그렇고, 그렇고 또 그러한 이치이다'라고 풀이된다.

전자의 경우 '불연'과 '기연'이 서로 같지 않다는 전제 아래, '불연'은 근원 탐구를 통해 얻은 결론이고, '기연'은 현상적인 것을 탐구하여 얻게 된 결론이라는 면에서 한 발짝도 못 나가는 해석이 된다. 후자의 경우 근원을 탐색하면 불연이지만 그 현상을 보면 기연이 된다. 즉 근원을 탐색하여 불연이라고 생각했던 것도 한울님의 섭리로 본다면 이내 기연으로 인지할 수 있다는 해석이 된다. 따라서 만유에 관하여 불연이라고 생각하는 것은 사람의 경험이나 지식만 가지고 볼 때 판단이요, 그 인식을 바꾸어 우주의 신비 모두 역시 한울님의 섭리라고 생각한다면 불연도 이내 '그렇다'는 기연이 된다는 것이다.

그러므로 수운 선생이 「탄도유심급」 마지막 구절에서 "그렇지 않은 듯하나 그렇고 먼 듯하나 멀지 아니하다[不然而其然 似遠而非遠]"라고 말씀한 것이라고 생각한다. 우주의 모든 일이나 만물이 사람이 지닌 식견이나 경험으로 본다면 신비로운 것이지만, 그래서 '불연'이 되지만, 한울님 섭리를 깨닫고, 한울님의 섭리에 의한 것임을 체득하게 되면 모두 "그렇구나!" 하고 고개를 끄덕일 것이다. 종교는, 신앙의 본령은 이렇듯 인간의 식견이나 지식, 경험을 뛰어넘는 데에 있는 것이라고 생각된다.

오랜 종교적인 수행, 수련을 통하여 한울님을 깨닫고 또 한울님의 섭리를 체득하면, 모든 문제를 한울님에 부치어 볼 수가 있고[付之於造物者], 그러므로 '불연도 기연이 될 수 있다[不然而其然]'는 것이 바로 이 구절이 지닌 진정한 뜻이며, 동학 천도교가 추구하는 '무궁한 이 울 속에 무궁한 나'를 깨달을 수 있는 길이 된다. 이러함이 대신사가 '불연기연' 장을 지은 본래의 뜻이 된다.

【대의】 이 장을 마무리하며, 불연과 기연이 근원적인 면에서는 같은 것이며, 이는 한울님의 섭리를 깊이 깨달아 세상만사를 한울님의 섭리에 부쳐서 볼 때 체득할 수 있다는 점을 강조한 단락이다.

의례 · 시문

儀禮 · 詩文

儀禮·詩文

이하의 글들은
수운 선생이 동학 천도교의 가르침을 펼 때
필요로 한 의식이나 의례(儀禮), 또는 수도에 필요한 가르침을 담은 글들이다.
특히 시문(詩文)의 형식으로 되어 있는 글들은
수운 선생이 종교적 깨달음의 세계를 표현한 것이 대부분이다.
그러므로 매우 함축적이며 상징적으로 되어 있다.

축문 | 祝文

生居朝鮮 忝處人倫 叩感天地盖載之恩 荷蒙日月照臨之德 未曉歸眞之路
久沈苦海 心多忘失 今玆聖世 道覺先生 懺悔從前之過 願隨一切之善 永侍
不忘 道有心學 幾至修煉 今以吉朝良辰 淨潔道場 謹以淸酌庶需 奉請尙饗

　조선에 태어나 고맙게 인륜을 따라 살아가는 한 사람으로서, 하늘이 덮
어주고 땅이 실어주는 은혜를 느끼며 일월이 비추어주는 덕을 입고 있으
나, 아직 참에 돌아가는 길을 깨닫지 못하고 오랫동안 이 어지럽고 타락한
세상에 빠져 살면서, 마음에 잊고 잃음이 많았습니다. 이제 이 성세(聖世)를
맞이하여, 도를 깨친 선생님으로부터 가르침을 받아, 지난날의 허물을 참
회하고, 일체의 선에 따라 살기를 원하여, 영원히 한울님 모심을 잊지 아니
하고, 도를 마음공부에 두어 거의 수련하는 데에 이르렀습니다. 이제 좋은
날에 도장을 깨끗이 하고, 삼가 맑은 술과 마련한 얼마의 제수로써 받들어
청하오니 받으옵소서.

　■ 忝處人倫(첨처인륜) : '첨(忝)'은 '욕되다, 고맙다' 등의 뜻이 있다. 따라서
'인륜에 욕되이 처하여 살다'로 번역할 수도, '인륜에 고맙게 처하여 살다'로
번역할 수도 있다. 두 번역 중에서 다음 문장인 '천지가 덮어주고 실어주는

은혜를 입으며'라든가 '일월이 비추어주는 덕을 입으면서' 등의 구절로 보아 '고맙게 처하여 살다'로 번역함이 옳다고 생각된다. '처인륜(處人倫)'은 '인륜에 따라 살아가는 한 사람'으로 의역할 수 있다.

■ 叩感(고감) : '고(叩)'는 '두드리다, 구부리다'의 뜻이다. '고감(叩感)'은 '마음으로 깊이 느끼다'의 의미이다.

■ 天地盖載之恩(천지개재지은) : 만물은 궁극적으로 하늘이 덮어주고 땅이 실어주는 은덕으로 살아간다. 즉 만물은 땅을 딛거나 땅에 뿌리를 내리고, 하늘이 감싸준 공기와 하늘이 내려주는 비와 이슬을 머금고 살아간다. 이와 같은 모습을 '하늘이 덮어주고, 땅이 실어주는 은혜'라고 표현했다. 더 근원적으로는 한울님이 만물에 베푸는 은혜를 의미한다.

■ 荷蒙(하몽) : '하(荷)'는 '짐을 지다'의 뜻이다. 몽(蒙)은 '덮다, 뒤집어쓰다'의 뜻이다. '은혜를 입는 것'을 말한다.

■ 日月照臨之德(일월조임지덕) : '해와 달이 비추어주는 은덕'의 뜻이다.

■ 未曉歸眞之路(미효귀진지로) : '참된 삶으로 돌아가는 길을 깨닫지 못하고'의 뜻이다.

■ 苦海(고해) : 이때 '고해(苦海)'는 불교적 의미의 '고해'라기보다는, 각자 위심(各自爲心)으로 인하여 문란하고 또 어지러워진 세상을 뜻한다.

■ 今玆聖世(금자성세) : '지금 이 성스러운 세상'이라는 뜻으로, 후천의 새로운 시대의 운수를 맞이한 것을 말한다.

■ 道覺先生(도각선생) : '도를 깨우친 선생님'을 말한다. 수운 선생을 지칭하는 말이다.

■ 永侍不忘(영시불망) : '영원히 한울님 모심을 잊지 않겠다는 맹세'의 뜻이다. 이때 '영(永)'은 '영원'이 아니라, 사람의 일생을 뜻한다.

■ 庶需(서수) : '제를 지내기 위하여 차리는 몇 가지 음식'을 말한다.

■ 尙饗(상향) : '(한울님이 이 마음가짐과 제수를) 받기를 원한다'는 뜻으로, 제문(祭文)의 말미에 쓰이는 용어이다.

【해설】 동학 천도교의 기록에 의하면, 수운 선생 당시 천제(天祭)를 지냈다. 이때 예주(醴酒 : 제사용 술)와 떡, 그리고 국수와 어물(魚物), 과일류, 포, 튀각, 채소, 향과 촉 등, 또 꿩고기나 돼지고기 등을 제수(祭需)로 썼다고 한다. 그러나 계해년(1863) 8월부터는 고기 종류는 쓰지 말도록 해월 선생에게 당부했다고 되어 있다. 이와 같이 수운 선생 재세시에 행하던 '제(祭)' 형식의 종교의식은 해월 선생 시기에는 구성제(九星祭), 인등제(引燈祭) 등의 이름으로 행해졌다. 이와 같은 '제(祭)'는 오늘날 일주일에 한번 일요일에 모여서 거행하는 '시일식(侍日式)'과도 같은 종교공동체의 의식이다.

해월 선생에 이어 동학 천도교의 3세 교주가 된 의암 손병희 선생이 '동학'을 '천도교'로 대고천하(大告天下)한 이후에는 당시 서양의 생활양식에 따른 일주일 개념을 받아들이고, 모든 사람들이 쉬는 일요일에 종교집회를 갖기로 했다. 그래서 일요일을 '시일(侍日)'이라 이름하고, '시일식(侍日式)'을 봉행하게 되었다. 그러므로 그전까지 행해오던 한울님께 지내던 제사 등의 집단 종교의식이 시일식으로 대체되었다.

그런데 1906년 2월 3일에 발령된 종령 3호에 의하면, 전교규례(傳敎規例)에 입교식(入敎式), 성주문(聖呪文), 치성식(致誠式), 입교문(入敎文), 치성축문(致誠祝文) 등이 있다. 이 치성축문이 이 장의 '축문'이다. 이로 보아 의암 선생 당시에도 입교식에서 이 「축문」을 읽은 것으로 생각된다.

또한 의암 선생이 동학을 천도교로 개편한 이후 처음 발간한 『동경대전』인 포덕 48년(1907)도 간행본이나, 그 이후 발간된 『동경대전』에도 「참회문」은 보이지 않고 「축문」만 보인다. 「축문」이 「참회문」으로 바뀐 것은 한참 뒤인 6 · 25 전쟁 이후이다.

「축문」이 「참회문」으로 바뀌면서, 「축문」 말미의 "今以吉朝良辰 淸潔道場 謹以淸酌 庶需 奉請尙饗" 부분은 "今以吉辰 淸潔道場 至誠至願 奉請感應"이라고 고쳤다.

—— * —— * ——

주문 | 呪文

先生呪文(선생주문)

降靈呪文(강령주문) _ 한울님 기운을 회복하고자 하는 주문

至氣今至四月來

지극한 한울님의 기운이 지금 사월 달에 이르렀습니다.

本呪文(본주문)

侍天主令我長生無窮萬事知

한울님 모셨음을 깊이 깨달아 나로 하여금 장생하게 하시고 무궁히 만사를 아우르는 한울님 지혜를 얻게 하십시오.

弟子呪文(제자주문)

初學呪文(초학주문) _ 처음 도에 들어온 사람들이 읽는 주문

爲天主顧我情永世不忘萬事宜

한울님을 지극히 위하고 내 마음을 돌아보며 한평생 한울님을 잊지 않아 만사가 마땅하게 되기를 바랍니다.

降靈呪文(강령주문)

至氣今至願爲大降

한울님의 지극한 기운이 지금 나에게 이르러 한울님 기운과 나의 기운이 융화일체가 되기를 바랍니다.

本呪文(본주문)

侍天主造化定永世不忘萬事知

한울님 모셨음을 깊이 깨닫고, 한울님의 힘에 의하여 한울님 덕과 합일하고 한울님 마음이 나의 마음 한가운데 자리하였습니다. 한평생 한울님을 잊지 않고, 그 마음을 지키면서 만리만사를 아우르는 도의 근원을 깨달아 한울님으로부터 근원적 지혜를 받고자 합니다.

【해설】오늘날 동학 천도교에서는 제자주문의 '본주문'과 '강령주문'만 쓰고 있다. 그러나 수운 선생 당시에는 '선생주문'과 '제자주문'의 초학주문이 따로 있어서 쓰였던 듯하다. 제자주문의 초학주문은 제자주문 '본주문'의 '시천주(侍天主)'에 이르기 전 단계로 '위천주(爲天主)' 공부를 시키기 위한 것인 듯하다. 즉 '한울님 모심'을 깨닫기 전에 '한울님을 지극히 위하는' 공부를 시킨 것이다.

또한 '본주문' 마지막 부분의 '만사지(萬事知)'가 '초학주문'에서는 '만사의(萬事宜)'로 되어 있다. 이렇게 하여 초학자와 오랜 동안 수련에 임한 제자를 변별했던 것으로 생각된다. 초학주문은 의암 선생 당시까지 천도교단에서 사용되었다.

또한 오늘날에는 이 『동경대전』의 '주문' 절에 들어 있지 않은 '신사주문(神師呪文)'이라는 주문이 있다. 이 주문은 시일 오후 9시 기도식에서 사용되는데, 이는 의암 선생 시기에 제정된 것이다. 그 내용은 다음과 같다.

"神師靈氣 我心定 無窮造化 今日至 (신사영기 아심정 무궁조화 금일지)"

한울님과 스승님의 신령과 기운이 내 마음 한 가운데 자리하여, 무궁한 한울님의 힘인 조화가 오늘 나에게 이르기를 바랍니다.

—— * —— * ——

입춘시 | 立春詩

道氣長存邪不入 世間衆人不同歸

도의 기운 끊이지 않고 길게 이어지니 사악함이 들어오질 못하네.
각자위심의 삶을 사는 세상의 사람들과는 함께 돌아가지 않으리.

■ 道氣(도기) : 도의 기운이라는 뜻으로, 수련에 지극하게 정진함으로 해서 생기는 떳떳하고 당당한 기운을 말한다.

■ 世間衆人(세간중인) : '세상의 온갖 사람'이라는 뜻으로, 각자위심(各自爲心)으로 바르지 못한 삶을 사는 세상의 어리석은 사람들을 말한다.

【해설】「입춘시」는 수운 선생이 득도하기 전에 지은 시이다. 주유천하를 마치고 잠시 처가가 있는 울산으로 이사하여, 여시바윗골에 머물며 을묘천서의 신앙체험과 49일 기도 등을 수행한 수운 선생이 기미년(己未年, 1859) 10월에 가솔을 이끌고 고향인 경주 용담(龍潭)으로 다시 돌아온다. 용담에 근거를 정한 수운 선생은 불출산외(不出山外)를 맹세하고 용맹 수련에 임한다.
수련에 임하던 중 경신년(庚申年, 1860) 입춘절을 맞아 구도하는 마음을 새롭게 하기 위하여 지은 시가 이 입춘시이다. 특히 이때 수운 선생은 자신의 이름을 '제선(濟宣)'에서 '제우(濟愚)'로 바꾼다. 그리고 자(字) 역시 도언(道彦)에서 성묵(性黙)으로 바꾼다. 이와 같이 하여 세상을 구할 도를 받고 또 깨닫고자 하는 결의를 새롭게 했다. 입춘시는 바로 이와 같은 대신사의 결연함이 담긴 시이다.

———— * ———— * ————

절구 | 絕句

河淸鳳鳴孰能知 運自何方吾不知
平生受命千年運 聖德家承百世業

　황하의 물이 맑아지고, 봉황이 돌아와 우는 것을 누가 알겠느냐.
　운이 어느 방향에서 어떻게 오는지 나는 알지 못하노라.
　내 이 평생에 받은 명은 바로 천년의 운이니,
　집안 대대로 이어온 선조들의 성스러운 덕으로 백세를 이어갈 업을 받았구나.

龍潭水流四海源 龜岳春回一世花

　용담의 물이 흘러 흘러 네 바다의 근원이 되고,
　구미산에 봄이 다시 돌아오니, 아! 온 세상이 꽃이로세.

■ 河淸鳳鳴(하청봉명) : 황하(黃河)가 천년에 한번 맑아지는데 이때에 성인이 나타나고 또 봉황이 울면 성인이 태어나는, 이러한 상서로운 일이 세상에 있다는 옛말을 인용한 것이다.

■ 孰能知(숙능지) : '누가 능히 알겠느냐?'의 뜻으로, 언제 황하가 맑아지고, 또 봉황이 울어 이 세상에 성인이 태어나는지는 그 누구도 모른다는 말이다. 황하가 맑아지고, 봉황이 울고 성인이 세상에 나오는 것은 바로 '운(運)'에 의한 것이라는 의미이다. 이와 마찬가지로 '운 또한 어느 방향에서 오는지 알 수 없다運自何方吾不知'고 다음 행에서도 말하고 있는 것이다.

■ 千年運(천년운) : 수운 선생이 한울님으로부터 받은, 새로운 세상을 열어갈 운을 말한다. 수운 선생이 말씀한 '오만 년의 운수'가 이것이다.

■ 聖德家承百世業(성덕가승백세업) : '성덕가승(聖德家承)'은 '성스러운 조상들의 덕이 집안 대대로 이어져 왔다.'는 뜻이다. '백세업(百世業)'은 '집안 대대로 이어온 조상들의 성스러운 덕에 의하여 백세를 이어나갈 업(業)을 이루었다.'는 의미이다. 즉 이 성덕에 의하여, 백세의 업인 '천년운(千年運)'을 받게 되었다고 해석할 수가 있다.

■ 龍潭(용담) : 수운 선생이 한울님으로부터 무극대도를 받은 곳이다. 용담정을 말하기도 하고, 이 정자가 있는 구미산의 골짜기 이름이기도 하다.

■ 龜岳(구악) : 용담정이 있는 구미산(龜尾山)을 지칭하는 말이다. 경주시 현곡면 가정리에 있다. 높이는 594미터이다.

【해설】 이 「절구」라는 제목의 시는 두 작품이 합해진 것으로 추정된다. 앞의 네 구절은 그 창작 연대가 경신년(庚申年, 1860)이다. 이에 비하여 뒤의 두 구절은 계해년(癸亥年, 1863) 7월 23일 영덕(盈德)에서 지은 것으로 기록에 나온다. 그 내용으로 보아도 앞의 네 구는 수운 선생이 한울님으로부터 세상을

구할 무극대도를 받은 감회를 쓴 시라면, 뒤의 두 구는 '용담(龍潭)'과 '구미산(龜尾山)'에서 발원하여 일어난 동학이 '사해(四海)'로 상징되는 온 세상으로 퍼져나가, 온 세상에 광명을 주게 될 것이라는 의미의 시이다.

―――― * ―――― * ――――

강시 ┃ 降詩

圖來三七字 降盡世間魔

주문 스물한 자를 그려 써내니 세상 악마 모두 항복을 하네.

■ 圖來三七字(도래삼칠자) : '삼칠자'는 동학 천도교의 주문을 말한다. '도래(圖來)'는 '그려내다' 즉 주문을 쓴다는 의미이다. 주문을 영부(靈符) 그려내듯이 붓으로 쓰기 때문에 이렇듯 표현한 듯하다.

■ 世間魔(세간마) : '이 세상을 현혹하는 악마와 같은 무리'의 뜻이다. 이는 궁극적으로 '마음속에서 일어나는 악마와 같은 나쁜 생각'을 뜻한다.

【해설】 계해년(癸亥年, 1863) 정월 초하루 아침에 지은 시이다. 특히 전년인 임술년(壬戌年, 1862) 12월 말일에 각처의 동학 지도자인 접주(接主)를 정하는 접주제를 실시한 일과 관련이 된다. 새해[新年]의 새로운 결의와 함께 삼칠자 주문을 통하여 세상 모든 악을 물리치고 새 세상을 열어가고자 하는 의지와 예언이 깃들어 있다.

——— * ——— * ———

좌잠 | 座箴

吾道博而約 不用多言義
別無他道理 誠敬信三字
這裏做工夫 透後方可知
不怕塵念起 惟恐覺來知

우리 도는 넓으나 이르는 길은 매우 간략하다.
많은 말이 필요 없다.
별도의 다른 도리가 있는 것도 아니다.
오직 성·경·신 세 글자뿐이다.
성경신을 행하며, 그 가운데에서 열심히 마음공부를 하여,
터득한 뒤에야 마침내 알 수 있나니
잡념 일어남을 꺼리지 마라.
오직 깨달아 앎에 이르는 것을 두려운 마음으로 생각하라.

■ 博而約(박이약) : 우주의 모든 섭리를 담고 있는 도이기 때문에 넓고 넓은 것이나, 그러나 도의 본체에 이르는 길은 매우 간략하다는 말씀이다.
■ 多言義(다언의) : '많은 말과 뜻, 복잡하고 잡다한 말과 뜻'의 의미이다.
■ 這裏做工夫(저리주공부) : '저리(這裏)'란 '저 안에서'라는 뜻이다. '주공부(做工夫)'는 공부나 일에 힘쓰는 것을 말한다. 즉 성·경·신을 생활로 삼고, 그 안에서 힘써 마음공부 하는 것이다.

■ 塵念起(진념기) : '진념(塵念)'은 '잡된 생각'이다. 즉 수련을 하면서 일어나는 잡념들을 말한다.

■ '怕(파)'와 '恐(공)' : 두 글자는 비슷한 뜻을 나타낸다. 그러나 '파(怕)'는 어떤 일을 하기조차 꺼리는 것을 말하고, '공(恐)'은 '두려운 마음'이라는 뜻으로, 어떤 일에 임하여 '두려워하고 또 그러므로 조심하고 신중함'의 의미를 내포하고 있다.

■ 覺來知(각래지) : 여기서 '내(來)'는 허사이다. 따라서 '앎을 깨닫다'로 풀이된다. 그러나 '앎을 깨닫다'는 어색하다. 따라서 '깨달아 앎에 이르다'로 의역할 수 있다. 이때 '지(知)'는 주문 '만사지(萬事知)'의 '지(知)'로, '지기도이 수기지(知其道而受其知)'의 의미라고 하겠다. 즉 만리만사(萬理萬事)를 아우르는 '도의 근원'을 알게 되어[知其道], 한울님으로부터 존재에 대한 근원적인 깨달음을 얻게 된다[受其知]는 '지(知)'이다.

이 구절은 불경 『종경록(宗鏡錄)』과 또 보조국사(普祖國師) 지눌(知訥)의 「수심결(修心訣)」에 나오는 '불파염기 유려각지(不怕念起 唯慮覺遲)'의 구절과 유사하다. 이와 같이 옛 싯구의 일부를 빌려 표현하는 방법을 '용사(用事)'라고 하며, 옛 선비들이 흔히 쓰는 수사(修辭)의 한 방법이다.

그러나 두 시(詩)가 각각 표현하는 핵심 의미는 전혀 다르다. 불경의 구절인 '유려각지(唯慮覺遲)'는 '오직 깨달음이 늦는 것을 생각하라'로 해석된다면, 「좌잠」의 '유공각래지(惟恐覺來知)'는 '오직 깨달아 앎에 이르는 것을 두려운 마음으로 생각하라'로 풀이된다. 즉 깨닫는 그 자체, 앎 그 자체를 쉽게 생각지 말고, 두려운 마음으로 조심조심 받아들여야 한다는 뜻이다.

이 「좌잠」이 「수심결(修心訣)」의 '불파염기 유려각지(不怕念起 唯慮覺遲)'의 영향이라는 생각에서 한때 천도교단에서는 '유공각래지(惟恐覺來知)'를 '유공각래지(惟恐覺來遲)', 즉 늦을 지(遲)로 바꾸어 표기한 적도 있다. 그러나 계미중춘판이나 중하판의 목판에는 알 지(知)로 되어 있다.

【해설】「좌잠(座箴)」은 수련하는 사람이 좌우명으로 삼아야 할 잠언과 같은 글이다. 그래서 그 제목도 '좌우명(座右銘)'의 '좌(座)'와 '잠언(箴言)'에서의 '잠(箴)'을 취하여 '좌잠'이라고 붙인 것이다.

기록에 의하면, 계해년(癸亥年, 1863) 4월에 강수(姜洙)라는 제자가 수운 선생에게 수도의 절차를 물었을 때, 그 대답으로 수운 선생이 보여준 글이다. 5언시(五言詩)로 되어 있는 이 글은 우리 도에 이르는 요체가 성(誠)·경(敬)·신(信) 세 자에 있음을 밝히고, 이에 전념하여 도를 깨닫고자 하되 늘 겸허하고 조심스러운 마음의 끈을 놓지 않아야 함을 노래한 시이다.

——— * ——— * ———

화결시 | 和訣詩

方方谷谷行行盡 水水山山箇箇知
松松栢栢靑靑立 枝枝葉葉萬萬節

　온 세상 방방곡곡을 두루 돌아보니
　물과 산, 모두 두루두루 알겠구나.
　소나무와 잣나무는 푸르른 자태로 꿋꿋이 서 있고
　가지마다 잎사귀마다 맺히고 맺힌 수만의 마디, 마디여

■ 行行盡(행행진) : 두루두루 모두 돌아다닌다는 뜻이다.

- 箇箇知(개개지) : 하나하나 모두 안다는 뜻이다.
- 萬萬節(만만절) : '마디마다 맺혀 있는'의 뜻으로, 소나무나 잣나무가 세월을 지나며 맺은 마디를 말한다. 즉 세월의 시련과 아픔의 흔적이기도 하다.

【해설】화결시(和訣詩)는 『도원기서(道源記書)』에 의하면, 수운 선생이 한울님과 결(訣)로써 화답(和答)하며 쓴 시라고 하였다. 그러므로 '화답(和答)'의 '화(和)'와 '결(訣)'을 합하여 '화결시'라는 제목을 붙인 것이다. '결(訣)'은 '비결(祕訣)' 등의 뜻으로, 한울님의 가르침을 받은 글이라는 뜻이다. 즉 한울님의 가르침을 받아 그에 화답하며 쓴 시라는 의미이다.

첫 번째의 두 구절은 수운 선생이 주유팔로(周遊八路)하던 시절이나, 용담을 떠나 전라도 은적암으로 가며 쓴 시로 생각된다.

두 번째의 두 구절은 임술년(壬戌年, 1862) 11월에 홍해(興海) 매곡동(梅谷洞)에 있는 손봉조(孫鳳祚)라는 제자의 집에서 머물며 쓴 시이다. 수운 선생당신의 송백(松栢) 같은 지절(志節)을 노래한 시이다.

* ——— *

老鶴生子布天下 飛來飛去慕仰極

늙은 학이 새끼를 쳐서 온 천하에 퍼트리니
날아들고 날아가며 서로 우러러 사모하는 그 지극함이여.

- 飛來飛去慕仰極(비래비거모앙극) : 학들이 날아들고 날아가며, 자신을

낳은 늙은 어미 학[스승]을 모앙(慕仰)하는 마음이 지극하다는 뜻이다.

【해설】쓴 시기는 알 수 없다. 노학(老鶴)이 세상에 가르침을 편 스승에 비유된다면, 새끼 학들은 가르침을 받은 제자들로 비유된다. 이렇듯 어미 학과 새끼 학이 서로 모앙(慕仰)하며 노니는 광경을 통해 가르침을 펴고 또 받는 사제 간의 아름다운 모습을 은유적으로 나타내고 있다.

* —— *

運兮運兮得否 時云時云覺者
鳳兮鳳兮賢者 河兮河兮聖人

　운이여, 운이여, 얻었느뇨. 얻지 못했느뇨.
　때를 말함이여 때를 말함이여, 깨달은 자 때를 말함이여
　봉황이여, 봉황이여 어진 사람이 나시도다.
　황하여, 황하여 성인이 나시도다.

　■ 鳳兮鳳兮賢者(봉혜봉혜현자) : 봉황새가 날아오면 곧 현자가 나신다는 고사에 기대어, '봉황이여, 봉황이여 현자로다'라고 노래한 것이다.
　■ 河兮河兮聖人(하혜하혜성인) : '하(河)'는 황하를 지칭한다. 황하가 천년에 한번 맑아지면, 성인이 나신다는 고사를 따라, '황하여, 황하여 성인이시어'라고 노래한 것이다.

【대의】봉황과 황하의 고사를 인용한 시로, 이제 새로운 운에 의하여 새로운

세상이 열릴 것이라는 암시와 희망을 나타낸 시이다.

———

春宮桃李夭夭兮 智士勇兒樂樂哉
萬壑千峰高高兮 一登二登小小吟

봄날 집집이 만발한 복사꽃 오얏꽃, 아아 곱기도 곱구나.
슬기롭고 씩씩한 남아들, 아아 즐겁고도 즐겁구나.
세상의 수많은 골짜기와 산봉우리들, 높고 높음이여
한 걸음 두 걸음 차례차례로 오르며, 오르는 기쁨 나직이 읊조리네.

■ 春宮(춘궁) : '궁(宮)'은 궁궐의 뜻도 있지만, 일반 집이라는 의미도 있
다. '춘궁(春宮)'은 왕세자가 거처하는 동궁(東宮)을 의미한다. 그러나 이 시
에서는 '복사꽃, 오얏꽃 만발한 봄날의 집'이라는 의미로 쓰였다.
■ 小小吟(소소음) : '작은 소리로 나직이 읊조리는 모양'이다.

【대의】새로운 봄, 춘삼월 호시절이 돌아와 모든 사람이 기뻐하고, 높고 높
은 만학천봉(萬壑千峰)과 같은 수도(修道)의 길을 한 걸음 한 걸음 걷듯이 찾
아 오르며, 나직이 그 깨달음의 기쁨을 비유적으로 노래한 시이다.
　　복사꽃 오얏꽃의 아름다움[桃李夭夭]은 여성을, 슬기롭고 씩씩한 남아들
즐겁고도 즐겁구나[智士勇兒樂樂哉]는 남성을 노래한 것으로, 서로 대를 이룬
다. 마찬가지로 '요요(夭夭)와 낙락(樂樂)'이, '고고(高高)와 소소(小小)'가 서로
짝을 이루며, 시의 묘미를 자아내고 있다.

———

明明其運各各明 同同學味念念同

　새로운 운을 밝게 밝히니, 사람들의 운이 저마다 밝아지고
　함께 공부하는 배움의 맛이여! 생각하는 그 마음 서로 같구나.

　■ 明明其運(명명기덕) : 운을 밝게 밝힌다.
　■ 同同學味(동동학미) : '함께 공부하는 배움의 맛'이라는 뜻으로, 도를 함
께 공부하는 사람마다 느끼는 배움의 맛이 모두 한가지로 좋다는 의미이다.

【대의】 세상의 운이란 각기 다르다. 아버지는 아버지로서의 운, 아들은 아들
로서의 운, 정치인은 정치인으로서의 운, 사업가는 사업가로서의 운, 운동
선수는 운동선수로서의 운 등이 있는 것이다. 이렇듯 서로 다른 운이 어우
러져 있는 것이 곧 세상의 일이며, 어우러져 하나의 커다란 운을 이루는 것
이 곧 동귀일체(同歸一體)이다.
　그러나 이 운을 밝히고자 임하는 배움의 맛은 서로 같은 것이요, 또 세상
의 진리는 하나이기 때문에 그 생각 역시 같은 것이 된다. 명(明)의 반복과
동(同)의 반복을 통해 형태와 운율을 재미있게 구성한 시이다.

———

萬年枝上花千朶 四海雲中月一鑑

만년 묵은 나뭇가지, 수천의 꽃떨기여.

사해의 구름 그 가운데 높이 뜬 달이여, 거울 같구나.

■ 萬年枝(만년지) : '만년이나 된 오래된 나뭇가지'의 뜻이다. '만년'은 시
간적인 흐름, 또는 시간의 축을 의미한다.

■ 四海雲(사해운) : '온 천지를 뒤덮은 구름'의 뜻이다. 앞 구절의 '만년지
(萬年枝)'의 대를 이루는 것으로, 공간적인 축을 의미하는 것이다.

■ 月一鑑(월일감) : '구름 사이에 뜬 달이 마치 거울과 같이 하늘 한 가운
데 덩그마니 걸려 있다'는 뜻이다.

【대의】 만년(萬年)과 사해(四海)가 대를 이루고, 지상(枝上)과 운중(雲中), 그리
고 화천타(花千朶)와 월일감(月一鑑)이 각각 대를 이룬다. 따라서 이러한 대
구(對句) 속에서, 만년이라는 시간적 배경과 사해라는 공간적인 배경이 서로
대를 이루며 어우러진 시이다.

세월의 흐름과 함께 이 지상에는 수천 송이의 꽃과 같은 수많은 인간사
(人間事)가 있고, 천상에는 이 지상을 비추는 달이 마치 거울같이 덩그마니
떠 있다. 수만 년의 세월을 지내오며 수만의 인간사(人間事)가 있겠지만, 그
인간사를 비추는 진리는 저 천상의 달과 같이 오직 하나라는 뜻이다.

———

登樓人如鶴背仙 泛舟馬若天上龍

누각에 올라 있는 저 사람은 마치 학을 타고 날아가는 신선과 같고

물 위에 뜬 저 배 안의 말은 마치 하늘로 승천하는 용과 같구나.

■ 鶴背仙(학배선) : '학을 타고 있는 신선'이라는 뜻이다.
■ 天上龍(천상용) : '하늘로 승천하는 용'을 말한다.

【대의】 지상에서의 일을 천상을 향하는 학을 탄 신선이나, 승천하는 용의 모습으로 비유하여 노래한 시이다.

* —— *

人無孔子意如同 書非萬卷志能大

사람, 사람이 모두 공자는 아니어도 그 뜻은 한 가지로 같고
비록 만권의 책을 읽지는 않았어도, 지닌 뜻은 능히 크구나.

■ 人無孔子(인무공자) : '사람이 공자가 아니다'라는 말로, 세상의 사람들이 하나하나가 모두 공자와 같은 성인은 아니라는 뜻이다.
■ 書非萬卷(서비만권) : 글 읽은 것이 만권의 서적을 읽은 옛 성인의 경지에는 이르지 못했다는 뜻이다.

【대의】 새로운 세상을 맞아 열석 자 주문을 지극하게 읽게 되면, 그 사람 됨됨이가 공자와 같은 성인의 자질을 지니고 있지는 못해도 그 품은 뜻이 공자와 한 가지로 같아질 수 있고, 또 비록 옛 성인들과 같이 만권시서(萬卷詩書)를 읽지는 못했다고 해도 그 품은 뜻은 능히 만권시서를 읽은 사람과 같

이 웅대해질 수 있다는 뜻이다.

———

片片飛飛兮 紅花之紅耶
枝枝發發兮 綠樹之綠耶
霏霏紛紛兮 白雪之白耶
浩浩茫茫兮 淸江之淸耶

꽃잎의 흩날리고 흩날림이여. 붉은 꽃의 붉디붉음이여.

가지가지마다 돋아나고 돋아남이여, 푸르른 나무의 푸르디푸름이여.

펄펄 내리는 함박눈의 눈발이여. 흰 눈의 희디흼이여.

넓고 넓은 아득함이여. 맑은 강의 맑디맑음이여.

- 片片飛飛(편편비비) : '봄날에 꽃잎이 바람에 날리는 모양'이다.
- 枝枝發發(지지발발) : '새봄에 나뭇가지마다 새잎이 돋는 모양'이다.
- 霏霏紛紛(비비분분) : '함박눈이 펄펄 내리는 모양'이다.
- 浩浩茫茫(호호망망) : '강이나 바다의 넓고 넓은 모습'이다.

【대의】 '붉은 꽃잎의 붉디붉음(紅花之紅)', '푸른 나무의 푸르디푸름(綠樹之
綠)', '흰 눈의 희디흼(白雪之白)', '맑은 강의 맑디맑음(淸江之淸)'이라는 표
현은 무엇인가? 깨달음의 경지에 이르러 그 사물의 본질을 바라본 것이라
고 생각된다. 깨달음을 통해 사물의 '붉음의 본질', '푸름의 본질', '흰색의 본
질', '맑음의 본질'을 바라본 그 순간을 노래한 시이다.

泛泛桂棹兮 波不興沙十里

路遊閑談兮 月山東風北時

   물위에 떠 있는 배, 한가로이 노를 저음이여.

   파도는 일지 않아 물살은 잔잔한데, 물가 백사장은 십리에 뻗쳐 있구나.

   한가로이 세상의 이곳저곳을 떠돎이여.

   달은 동산에 돋아오고, 저녁바람 서서히 불어오는구나.

■ 泛泛(범범) : '물에 떠있는 모양'이다.

■ 桂棹(계도) : '계수나무로 만든 노'를 말한다. 노를 아름답게 수식하여 표현하기 위하여 쓰는 말이다.

■ 波不興(파불흥) : 파도가 일어나지 않는, 아주 잔잔한 바다나 강의 물결을 말한다.

■ 路遊閑談(노류한담) : 별반 특별히 하는 일 없이 길을 떠돌며 한가로이 지내는 모습을 말한다.

■ 月山東風北時(월산동풍북시) : '달이 떠오르고 서서히 저녁 바람이 불어오기 시작하는 때'라는 뜻으로, 한가로운 저녁 한때를 말한다.

   '월산(月山)'은 산에서 달이 서서히 떠오른 것을 말하고, '동풍(東風)'은 '샛바람'으로 훈훈하게 부는 봄바람을 말한다. '북시(北時)'는 북극성이 떠오르는 시간으로 저녁때를 의미한다.

【대의】 세상의 이곳저곳을 떠돌며 한가로이 풍경을 즐기는 수운 선생의 모

습을 떠올릴 수 있는 시이다. 세상을 떠돌던 주유팔로(周遊八路) 시기에 쓴 시로 생각된다.

———

泰山之峙峙兮 夫子登臨何時

淸風之徐徐兮 五柳先生覺非

淸江之浩浩兮 蘇子與客風流

池塘之深深兮 是濂溪之所樂

綠竹之綠綠兮 爲君子之非俗

靑松之靑靑兮 洗耳處士爲友

明月之明明兮 曰太白之所抱

耳得爲聲目色 盡是閑談古今

　태산의 높고 높음이여, 선생께서 오르는 때는 언제인고.

　맑은 바람이 잔잔히 불어옴이여, 오류선생이 말한 '지난날은 잘못되었다'는, 그 깨달음을 주고 있구나.

　맑은 강의 넓고 넓음이여, 적벽강(赤壁江)에서 객과 한가로이 즐기는 소동파의 풍류로다.

　연꽃이 핀 연못의 깊고 깊음이여, 바로 주렴계 선생이 즐기는 바로다.

　푸르른 대나무의 푸르고 푸름이여, 군자의 속되지 않음이로다.

　푸른 소나무의 푸르고 푸름이여, 냇물에 귀를 씻던 그 절개 높은 처사의 벗이 되는구나.

　밝은 달의 밝고 밝음이여, 그 옛날 이태백이 끌어안던 달이로구나.

귀에 닿으면 소리가 되고 눈과 만나면 빛깔이 되나니, 이 모두 한가로이 예와 지금을 이야기하는 것이구나.

■ 泰山之峙峙兮 夫子登臨何時(태산지치치혜 부자등림하시) : 『맹자』에 나오는 말을 인용한 것으로, '공자께서 동산에 올라 노나라가 작은 것을 알았고, 태산에 올라서 천하가 작은 것을 알게 되었다[孔子 登東山而小魯 登泰山而小天下, 『孟子』「盡心章 下」, 낮은 곳에 오르면 적게 깨닫고, 높은 곳에 오르면 크게 깨닫는다는 뜻이다.)'라는 부분을 인용하여 쓴 시구이다.

■ 五柳先生覺非(오류선생각비) : '오류선생'은 진(晉)나라 때의 도연명(陶淵明)을 지칭한다. '각비(覺非)'는 도연명이 쓴 「귀거래사(歸去來辭)」에 나오는, '지금 벼슬을 그만 두고 향리로 돌아오는 것은 옳고, 지난날 마음에도 없는 벼슬을 살던 그때는 옳지 않았음을 깨달았다[覺今是而昨非]'는 구절에서 인용한 구절이다.

■ 蘇子與客風流(소자여객풍류) : '소자(蘇子)'는 송(宋)나라 때의 대문장가 소동파(蘇東坡)를 말한다. 소동파가 쓴 「적벽부(赤壁賦)」에 '소자가 객과 더불어 적벽의 아래에 배를 띄우고 놀았다[蘇子與客 泛舟遊於赤壁之下]'라는 구절이 나온다. 이를 인용한 구절이다.

■ 池塘之深深兮 是濂溪之所樂(지당지심심혜 시염계지소락) : '지당(池塘)'은 연꽃이 피는 연못을 말한다. 송나라 때의 대학자인 염계(濂溪) 주돈이(周敦頤)는 특히 연꽃이 지닌 군자로서의 품성을 좋아하여 「애련설(愛蓮說)」이라는 글을 지었다. 이러한 사실을 인용한 구절이다.

■ 綠竹之綠綠兮 爲君子之非俗(녹죽지녹녹혜 위군자지비속) : '녹죽(綠竹)'은 군자의 꿋꿋한 지절(志節)을 상징한다. 그러므로 군자와 푸른 대나무를 연관지어 노래한 구절이다.

■ 洗耳處士爲友(세이처사위우) : '세이(洗耳)'는 '귀를 씻었다'는 말로, 옛날 중국의 요(堯)임금이 임금의 자리를 어진 사람에게 물려주려고, 허유(許由)라는 은자(隱者)에게 권하였더니, 차마 듣지 못할 말을 들었다고 물에 귀를 씻었다는 고사가 있다. 이 허유의 굳은 절개와 소나무의 푸르름을 연관 지어 부른 노래이다.

■ 明月之明明兮 日太白之所抱(명월지명명혜 왈태백지소포) : '시선(詩仙)'이라 일컫는 당나라 시인 이태백이 강물에 비치는 밝은 달을 끌어안으려고 물로 뛰어들었다는 고사를 인용한 구절이다.

■ 耳得爲聲目色 (이득위성목색) : 소동파의 「적벽부」에, '귀로 들으면 소리가 되고, 눈으로 만나면 빛깔이 된다[耳得之而爲聲 目寓之而成色]'라는 구절을 인용한 부분이다.

【대의】 동양 고전에 나오는 많은 구절들을 용사(用事)의 방법으로 인용하여 쓴 시들이다. 세속과 타협하지 않는 높은 품성과 절의를 노래하고 있다.

* —— *

萬里白雪紛紛兮 千山歸鳥飛飛絶
東山欲登明明兮 西峰何事遮遮路

천지에 흰 눈이 어지럽게 흩날림이여. 수많은 산봉우리에는 둥지로 돌아가는 새의 자취마저 끊겼구나.

동산에 밝고 밝은 해가 이제 떠오르는데, 서쪽의 산봉우리들이 어찌 이 떠오름을 막을 수 있겠는가.

■ 萬里白雪紛紛兮 千山歸鳥飛飛絶(만리백설분분 천산귀조비비절) : 당(唐)나라 때의 시인 유종원(柳宗元)의 '새도 날지 않고 사람 자취 끊겼는데, 강가에 배를 띄워 도롱이 입고 삿갓 쓰고, 퍼붓는 함박눈 속에서 홀로 낚시질 하는 늙은이[千山鳥飛絶 萬徑人縱滅 孤舟蓑笠翁 獨釣寒江雪]'라는 시를 인용하여 쓴 시이다.

■ 遮遮路(차차로) : 길을 막는다는 뜻으로, 동산에 해가 뜨는 것을 막는다는 뜻이다.

【해설】두 개의 다른 시로 생각된다. 다만 그 형태나 구성이 서로 비슷할 뿐이다. 앞의 시는 함박눈이 내리는 설경을 통해 아득하고 막막한 심정을 노래하고 있다. 뒤의 시는 동산에 떠오르는 해를 어찌 서산이라고 해서 막을 수 있느냐는, 비유적이고 암시적인 시라고 생각된다. '동산에 뜨려는 해[東山欲登明]'는 이제 새로운 기운으로 돋아나는 '동학'을 암시하는 것이라면, '서쪽 봉우리(西峰)'는 서양에서 들어온 '서학'을 상징한다.

아무리 서학이 우뚝한 봉우리 마냥 버티고 서 있다고 해도, 새로운 힘으로 떠오르는 아침의 해와 같은 동학을 막을 수 없는 것이 곧 시운(時運)임을 이 시는 암시하고 있다.

탄도유심급
歎道儒心急

歎
道
儒
心
急

「탄도유심급」은 수운 선생이 언제 어디에서 썼다는 기록이 전해지지 않는다.
다만 어느 정도 포덕이 된 이후에
많은 제자들이 조급하게 도(道)가 이룩되고,
또 새로운 세상이 오기를 바라기 때문에,
이들 제자들에게 그 조급함을 없애고 차분히 수련에 임하여
도가 현현되는 그 때를 기다리라는 의미에서 이 경편을 지은 것으로 생각된다.
이런 점에서 「탄도유심급」은 수련하는 사람들에게 좋은 길잡이가 되는 글이다.
즉 수련을 하면서 가져야 할 자세나 마음가짐,
또는 어떻게 마음을 닦아야 하는가, 등의 문제가 매우 상세하고
또 실질적으로 담겨 있다.

山河大運 盡歸此道 其源極深 其理甚遠 固我心柱 乃知道味 一念在玆 萬事
如意

온 세상을 아우를 크나큰 운이 모두 우리 도로 돌아온다. 이 크나큰 운과
함께 하는 우리 도는 그 근원이 지극히 깊고, 그 이치가 매우 멀다.
진실로 곧고 굳건한 마음[心柱]을 지녀야만 이 도의 참맛을 알게 될 것이
요, 오로지 변치 않는 한결같은 마음을 한울님 공경함에 두어야만, 만사가
한울님의 뜻에 부합하여, 그 뜻과 같이 될 것이다.

■ 山河大運 盡歸此道(산하대운 진귀차도) : '산하(山河)'는 온 세상, 온 우주
를 일컫는 말이다. 따라서 '산하대운'이란 이 세상 모든 일을 아우를 '운'을
말한다. '차도(此道)'의 '도'는 바로 동학이 추구하는 '천도(天道)'를 말한다.
세상을 새로운 세계로 바꿀 새 운이 모두 이 천도에 의해 결정되고 또 이
천도에서 나온다는 말씀이다. 그 크고도 새로운 운이 머지않아 도래할 것이
니, 도를 공부하는 제자들은 조금도 조급하게 굴지 말고 수도에 전념하라는
의미가 담겨 있다.
■ 其源極深 其理甚遠(기원극심 기리심원) : '원(源)'과 '리(理)'는 대도, 곧 천
도의 근원과 이치를 말한다. 지금 우리가 공부하는 '천도'는 그 근원이 이 우
주가 생성되기 전부터 한울님의 도로써 존재하고 있는 것으로, 말할 수 없

이 깊은 것이요, 이 우주의 모든 섭리를 담고 있는 것이기 때문에 그 이치가 형용할 수 없이 넓고 크다는 말씀이다. 따라서 이 우주를 아우를 큰 운이 새로이 돌아오는 것 역시 한울님의 심오한 뜻과 무극대도의 오묘한 이치에 의하여 그렇게 된다는 말씀이다.

■ 固我心柱 乃知道味(고아심주 내지도미) : '심주(心柱)'란 '마음 기둥' 즉 줏대의 뜻이다. 조금도 흔들리지 않는 심지(心地)가 탄탄하고 그 위에 줏대가 굳건해야만 도의 참맛을 알게 된다는 말씀이다.

■ 一念在玆 萬事如意(일념재자 만사여의) : '일념재자(一念在玆)'란 오로지 한마음으로 한울님 공경함을 말한다. 따라서 '재자(在玆)'는 '이에 있다'로 번역이 된다. '이(玆)'라는 대명사가 받는 말은 '한울님을 공경함', 또는 '한울님의 도를 생각함' 등이 된다.

'여의(如意)'의 '의(意)'는 한울님의 뜻을 말하는 것으로, 이 세상을 올바르게 이끌 한울님의 뜻을 말한다. 오로지 한마음으로 한울님을 공경하면, 세상 모든 일이 올바른 한울님의 뜻과 같이 된다는 말씀이다. 따라서 산하의 대운이 모두 돌아오는 그 때를 맞이할 수 있다는 뜻이 된다.

【대의】「탄도유심급」장의 대의가 나타난 단락으로, 대도의 참맛을 알고 이루기 위해서는 마음과 생각을 하나로 굳건히 해야 함을 설파하였다.

———*———*———

消除濁氣 兒養淑氣 非徒心至 惟在正心 隱隱聰明 化出自然 來頭百事 同歸一理 他人細過 勿論我心 我心小慧 以施於人

탁한 기운을 모두 쓸어 없애고, 마치 어린아이를 보듬고 다독이듯이, 맑은 기운을 길러야 한다.

한갓 마음을 지극하게 하는 것이 중요한 것이 아니다. 바른 마음을 지니는 것이 무엇보다도 중요하다.

올바른 이치를 터득할 수 있는 총명함이 자연한 가운데에 저절로 화하여 은은히 우러나올 것이요, 앞으로 다가오는 모든 일들은 한울님의 한 이치, 한울님의 한 기운으로 모두 돌아가게 될 것이다.

수도하는 사람은 모름지기 마음속에 다른 사람의 하찮은 허물조차도 두지 말아야 하고, 자신의 비록 적은 지혜라도 다른 사람에게 베풀 수 있는 마음을 지녀야 한다.

■ 消除濁氣 兒養淑氣(소제탁기 아양숙기) : 기(氣)는 마음을 움직여 실행에 옮기게 하는 힘이다. 이 기에는 맑은 기와 흐린 기가 있어서, 맑은 기로 마음을 움직이면 옳고 바른 마음 씀과 행동이 나오지만, 흐린 기로써 마음을 움직이면 바르지 못하고 나쁜 마음 씀과 나쁜 행동이 나온다. 따라서 이 흐린 기운을 모두 없애고, 맑은 기운을 마치 어린아이 키우 듯 매우 조심스럽게 길러나가야 한다는 말씀이다.

■ 非徒心至 惟在正心(비도심지 유재정심) : 흔히 마음을 지극하게 하는 것이 중요하다고 믿는다. 그러나 수련에 임할 때는 한갓 그 마음을 지극하게 하는 것이 중요한 것이 아니라 우선 그 마음을 바르게 하는 것이 중요하다는 말씀이다. 바르지 않은 마음을 지극하게 하면 바르지 않은 결과에 이르게 된다. 그러므로 오히려 마음공부에 역효과가 난다.

■ 隱隱聰明 化出自然(은은총명 화출자연) : '은은(隱隱)'은 자신도 모르게 우러나는 것을 뜻한다. 탁기(濁氣)를 없애고 숙기(淑氣)를 기르고, 마음을 바르

게 하면(正心), 자신도 모르는 자연한 가운데에 은은히 밝고 맑은 기운[聰明]
이 화(化)하여 우러나오게 된다는 말씀이다.

■ 來頭百事 同歸一理(내두백사 동귀일리) : 앞으로 다가올[來頭] 세상의 온
갖 일[百事]은 모두 하나의 이치, 곧 한울님의 이법으로 귀일하게 될 것이라
는 말씀이다. 즉 모든 사람이 수련에 지극하면 동귀일체(同歸一體)의 세상을
머지않아 맞이하게 될 것이라는 뜻이다.

■ 他人細過 勿論我心 我心小慧 以施於人(타인세과 물론아심 아심소혜 이시
어인) : 수련에 임하는 사람은 모름지기 마음속에 다른 사람의 하찮은 허물
조차도 남겨 두어서는 안 되며, 또 자신의 적은 지혜라고 해도 다른 사람에
게 베풀고자 하는 마음가짐을 지녀야 한다는 말씀이다.

【대의】 수련을 하는 마음가짐이나 태도를 쓴 부분이다.

———— * ———— * ————

如斯大道 勿誠小事 臨動盡料 自然有助 風雲大手 隨其器局 玄機不露 勿爲
心急 功成他日 好作仙緣

이와 같이 큰 도를 작고 하찮은 일, 즉 자신의 개인적인 복(福)을 비는 데
에 정성을 들이지 말라. 모두를 위하는 큰일에 임하여 그 마음 다하여 헤아
리면, 자연한 가운데에 한울님의 도움이 있을 것이다.

우리가 도를 닦아 이루는 됨됨이는 그 사람의 기국(器局)에 따라, 크게도
깨달을 수도 있고 또 작게라도 깨달을 수도 있는 것이다.

한울님의 현묘한 기틀이 드러나지 않아도 마음을 조급하게 갖지를 말라.

수련에 정진하여 공을 이루는 그날에 반드시 한울님과의 좋은 인연이 있을 것이다.

■ 如斯大道 勿誠小事(여사대도 물성소사) : '여사(如斯)'의 '사(斯)'가 받는 말은 '그 근원이 지극히 깊고[其源極深], 그 이치가 매우 멀다[其理甚遠]'는 것이다. 풀어보면, '이와 같이 그 근원이 지극히 깊고 그 이치가 심히 먼 큰 도'라는 말씀이 된다.

'소사(小事)'란 단순히 작은 일이 아니라, 자신의 이익만을 꾀하는 일들, 기복(祈福) 등을 말한다. 이와 같이 우주를 아우르는 크나큰 도를 공부하면서, 자신만을 위하는 하찮은 일에 정성을 들이지 말라는 말씀이다. 우주적 차원에서 인류를 생각하고 그 미래를 생각하는 크나큰 도가 바로 천도이며, 동학이 궁구하는 도라는 말씀이다.

■ 臨勳盡料 自然有助(임훈진료 자연유조) : '임훈(臨勳)'의 '훈(勳)'은 '공훈'이라는 뜻으로, '공훈이 드러날 수 있는 큰일'을 뜻한다. 세상을 위하는 큰일에 임하여 그 마음을 다하여 헤아리면, 자연한 가운데 한울님의 도움이 있어 깨달음의 경지에 이르게 된다는 말씀이다.

■ 風雲大手 隨其器局(풍운대수 수기기국) : '풍운대수(風雲大手)'란 도를 통하여 얻게 되는, 세상을 움직일 수 있는 수완, 능력을 말한다.

'기국(器局)'은 사람의 국량(局量)을 말하는 것으로, 그 사람의 사람됨의 그릇을 말한다. 즉 도를 닦아 그 이루는 결과[風雲大手]는 바로 그 사람의 됨됨이나 그 사람의 도량(度量)에 따라 나타난다는 뜻이다. 다시 말해서 그 사람됨에 따라 크게 깨달을 수도 있고 또 작게 깨달을 수도 있는 것이니 작게 깨달았다고 실망하지 말고 크게 깨달았다고 자만하지 말라는 말씀이다. 이렇듯 그 사람 됨됨이에 따라 각양각색으로 깨달아야, 이 세상이 또한 각양각색이 서로 조화를 이루는 그런 세상을 이룰 수 있는 것이 아니겠는가.

■ 玄機不露 勿爲心急(현기불로 물위심급) : '현(玄)'은 '검을 현'이 아니라, '가물 현'이다. 단순히 검은 것이 아니라, 어둠의 빛이 가물거려서 그 경계가 분명하지 않다는 의미이다. '기(機)'는 '틀'이다. 이에서 발전하여 '이치, 도리' 등으로 해석될 수 있다. 한울님의 이치는 그 경계를 사람이 분명하게 파악하지 못한다. 일상의 차원을 넘는 곳에서 한울님을 만날 수 있는 것이요, 현실과는 다른 차원의 세계로 들어가야 한울님을 만나고 경험하기 때문이다. 그러므로 '꿈일런가 잠일런가' 하는 사이에 이런 현상은 일어나며, 따라서 그 경계가 불분명하게 된다.

이러한 한울님의 오묘한 혹은 현묘한 기틀인 '현기(玄機)'는 깊은 수련의 경지에 들어서만이 체득되는 것이다. 즉 한울님 조화에 의한 현묘(玄妙)함의 그 기틀이 드러나 체득하지 못한다고 해서 결코 좌절하지 말고 꾸준히 깊이 수련에 임하라는 말씀이다.

■ 功成他日 好作仙緣(공성타일 호작선연) : 위의 구절과 연결되는 부분으로, '현기가 잘 드러나지 않아도 마음을 조급하게 갖지 말고, 열심히 마음공부에 임하게 되면, 언제고 그 공이 이룩되어, 한울님을 체험하는, 한울님과의 좋은 인연이 있을 것'이라는 말씀이다.

'선연(仙緣)'은 '신선과의 인연'이라는 뜻이지만, 이곳에서는 한울님과의 좋은 인연, 만남 등이 된다.

【대의】 마음을 조급하게 갖지 말고 도에 전념하면, 이내 좋은 결과를 맞을 수 있음을 강조한 부분이다.

———— * —— * ————

心兮本虛 應物無迹 心修來而知德 德惟明而是道 在德不在於人 在信不在
於工 在近不在於遠 在誠不在於求 不然而其然 似遠而非遠

마음이여! 본래 모양도 없고 보이지도 않는 것이기 때문에 비어 있는 것
과 같아, 만물에 응하여도 자취가 나타남이 없는 것이다. 그러나 이러한 마
음을 닦아야만 한울님 존재를 깨달아, 한울님의 은덕을 알 수 있는 것이다.
이러한 한울님 덕을 오직 밝히는 것이 바로 도이다.

우리가 도를 깨닫고 또 이루는 것이 한울님 덕에 있는 것이지 결코 인위
적인 것에 의하여 이룩되는 것이 아니다. 또한 그 도를 이루는 것은 한울님
에 대한 확신에 있는 것이지, 한갓 공부만 하는 데에 있는 것이 아니다.

도는 가까이 있는 것이요 멀리 있는 것이 아니요, 정성에 있는 것이지 구
하는 데에 있는 것이 아니다.

만유가 화생하는 이치[不然]나 만유가 화생되어 그 겉으로 들어난 현상[其
然]이나 그 본원적인 이치에 있어서는 서로 같은 것이다. 그러므로 만물을
아우르는 근본 이치를 밝히는 도란 멀리 있는 것 같으나 결코 멀리 있는 것
이 아니라, 우리 삶 속에 있는 것이다.

■ 心兮本虛 應物無迹(심혜본허 응물무적) : '마음이 본래 비어 있다'는 것은
'마음의 본바탕이 비어 있다'는 말씀이다. 이를 다른 말로 하면 '허심(虛心)'
이 된다.

『도덕경』 3장에 "현명함을 존중하지 않으면 사람들이 다투지 않으며, 진
귀한 물건을 귀하게 여기지 않으면 사람들이 훔치지 않으며, 욕망을 나타내

보이지 않으면 사람들의 마음이 어지럽지 않다[不尙賢 使民不爭 不貴難得之貨 使民不爲盜 不見可欲 使民心不亂]」라고 말한다.

이것이 궁극적으로 마음을 비우는 것, 곧 허심(虛心)이다. 마음을 비우려고 하는 것은 바로 마음의 근본 자리, 곧 본심(本心)을 다시 회복하고자 하는 것이기도 하다. 노자(老子)는 이렇듯 본래 마음으로 돌아가야만 '무위(無爲)'에 이를 수 있다고 말하고 있다.

노자에 비하여 수운 선생은 직접적으로 마음의 본래 자리는 비어 있는 것, 즉 '마음이란 본래 비어 있는 것[心兮本虛]'이라고 말씀한다. 마음의 본래 자리가 비어 있다는 것은 다름 아니라, 선악(善惡), 미추(美醜), 시비(是非) 등이 분별되기 전의 마음 상태를 말하는 것이다. 그러므로 이러한 마음자리에는 모든 사물이 거울과 같이 그대로 되비출 뿐, 그 사물에 물들지 않는다는 의미이다. 인간의 인위적인 인식에 의해 조성된 선악(善惡), 미추(美醜). 시비(是非) 등이 분별되기 전의 마음 상태이기 때문이다. 그러므로 '사물에 응하여도 아무러한 자취가 없다[應物無迹]'고 말씀한 것이다.

■ 心修來而知德(심수래이지덕) : 마음의 본래 자리에 이르도록 '그 마음을 닦아서[心修來]' 무위(無爲)에 이르러야 비로소 한울님을 깨닫게 되고, 한울님 조화에 의하여 만물을 화육(化育)시키는, '한울님의 덕(德)을 알 수 있다는 것[知德]'이라는 말씀이다.

'심수래(心修來)'에서 '내(來)'는 뜻이 없는 허자이다.

■ 德惟明而是道(덕유명이시도) : '만물을 화육하는 근원이 되는 한울님의 덕을 밝히는 것[德惟明]'이 '바로 만물을 화생(化生)하는 근본 원리가 되는 한울님의 도[是道]' 라는 말씀이다.

이 부분은 위의 두 구절과 이어지는 내용으로, 즉 '심혜본허 응물무적 심수래이지덕 덕유명이시도[心兮本虛 應物無迹 心修來而知德 德惟明而是道]' 등의 세 구절이 서로 연관되어 있는 것이다. 이 세 구절을 연결시켜 번역하면 다음과 같다; "마음의 본래 자리는 비어 있기 때문에 사물에 응하여도 그 자취가 없다. 이러한 마음 본 자리에 이르도록 마음을 닦아야 비로소 한울님 덕화에 의하여 모든 만물이 화육됨을 깨닫게 되고, 이러한 한울님 덕을 오직 밝히는 것이 바로 만물을 화생하는 도(道)인 것이다."

이 세 구절의 궁극적인 의미는 마음을 닦아 마음의 근본 자리에 이르러야 한울님을 비로소 깨달을 수 있으니, 마음공부를 해야 한다는 것이다.

■ 在德不在於人(재덕부재어인) : 마음공부를 통하여 도를 이루는 것은 바로 한울님 덕에 있는 것이지 사람의 인위적인 것에 의하여 되는 것이 아니라는 말씀이다. 즉 정성을 통해 한울님의 덕을 체득하고, 한울님의 덕을 깨달아야 만이 올바르게 도를 깨우칠 수 있다는 말씀이다.

■ 在信不在於工(재신부재어공) : 도를 이루는 것은 굳은 믿음에 있는 것이지, 확신 없이 다만 공부만 하는 데에 있는 것이 아니라는 말씀이다. 즉 공부를 하되 올바른 믿음과 확신을 바탕으로 해야 함을 강조한 말씀이다.

■ 在近不在於遠(재근부재어원) : 한울님의 이법인 도는 우리 삶의 가장 가까운 곳에 있는 것이지 결코 먼 곳에 있는 것이 아니라는 말씀이다.

■ 在誠不在於求(재성부재어구) : 도를 깨닫고 이루는 것은 지극한 정성에 있는 것이지 한갓 구하는 것에 있는 것이 아니라는 말씀이다. 구하면 구하는 대로 보여주는 것이 원칙이다. 하얀 것을 구하면 흰 것을 보여주고, 검은 것을 구하면 검정을 보여준다. 따라서 바른 정성과 바른 믿음으로 바르게 구해야, 바르게 얻을 수 있다.

■ 不然而其然 似遠而非遠(불연이기연 사원이비원) : '불연(不然)'은 일상적 경험으로 비추어볼 때 이해 불가능한 세계를 말한다. 이에 비하여 '기연(其然)'은 일상적 경험의 추론으로 논증이나 이해가 가능한 세계를 말한다. 따

라서 '불연'이란 만유가 화생하는 근원적인 원인을 말하는 것이라면, '기연' 은 만유가 보여주는 현상이 된다.

그러나 근원적인 원인[不然]이나 겉으로 들어나는 현상[其然]이나를 막론 하고, 그 궁극의 면에서는 서로 같은 것이 된다. 이와 같은 면에서 '불연이 바로 기연[不然而其然]'이라고 말씀한 것이다. 한울님의 이법인 불연이 궁극 적으로는 만유의 현상을 이루는 원인이 되는 것이기 때문이다. 만물이 현상 화되기 전[不然]이나 만물이 형상으로 드러난 후[其然]나 그 이치는 서로 같은 것이다. 그러므로 만물을 아우르는 근본 이치를 밝히는 도가 '멀리 있는 것 같으나, 결코 멀리 있는 것이 아니다[似遠而非遠]'라고 말씀한 것이다.

【대의】 한울님의 도인 근원적인 도가 멀리 있는 것이 아니라, 바로 가까운 우리 삶에 있음을 강조한 부분이다.

시문 편

詩文 篇

詩
文

여러 시문들이 실려 있는 부분이다.
수운 선생이 펼치는 가르침을 노래한 시문도 있고,
종교적 깨달음을 담고 있는 시문들도 있다.
또는 종교적 수행에 필요한 시문들도 함께 있다.
이들 시문들 중 「우음」이나 「영소」는 한 편의 시문이 아니라,
여러 편의 시문들을 하나의 제목 아래 묶은 것이다.
따라서 각기 쓴 장소나 시기도 다르다.
이런 그때, 그때에 쓴 시들을 동일한 제목 아래 함께 묶은 것이다.
그래서 각기 그 주제 역시 다르다.

결 | 訣

問道今日何所知 意在新元癸亥年
成功幾時又作時 莫爲恨晩其爲然
時有其時恨奈何 新朝唱韻待好風
去歲西北靈友尋 後知吾家此日期
春來消息應有知 地上神仙聞爲近
此日此時靈友會 大道其中不知心

도를 묻는 오늘, 아는 바가 무엇인가.

뜻은 새해 계해년(1863)에 있도다.

공을 이룬 것이 언제인데, 또 때를 만나겠는가.

늦는다고 한하지 마라. 그렇게 되는 것을.

때는 그 때가 있나니, 한탄한들 무엇 하리.

새해 새 아침에 운을 불러 좋은 때를 기다린다.

지난 해 서쪽, 북쪽에서 좋은 벗들이 찾아옴이여,

훗날 알리라. 우리의 이 집에서의 그날 그 기약을.

봄이 오고 있음을 마음으로부터 응하여 알 수 있으니,

지상신선의 소식 가까워지네.

이날 이때 신령한 벗들의 모임이여,

헤아릴 수 없는 마음, 그 가운데 자리한 대도(大道)여.

■ 新元癸亥年(신원계해년) : 이때의 계해년은 서기 1863년이다. 기록에 의하면 이 「결」 시를 쓴 것이 임술년(1862) 12월이기 때문이다.

■ 成功幾時又作時(성공기시우작시) : '성공기시(成功幾時)'의 '성공(成功)'은 수운 선생이 경신년 4월 한울님을 만나는 결정적인 종교체험을 한 사실을 일컫는 말이다. 따라서 이 구절은 '공을 이룬 것이 언제인데'로 풀 수 있다.

즉 제자들이 "언제 공이 이루어져서 좋은 세상이 옵니까?" 하고 자꾸 물으므로, 수운 선생이 답하시기를 "한울님으로부터 도를 받아 성공한 그때가 바로 얼마 전 경신년(庚申年, 1860년)인데, 또 공을 이룰 날을 기다리느냐."라고 반문한 구절이다.

■ 莫爲恨晩其爲然(막위한만기위연) : '한만(恨晩)'은 '새로운 다시 개벽의 세상이 늦게 이루어짐을 한탄하는 것'이다. '기위연(其爲然)'은 '그렇게 되는 것'의 의미로, 다시 개벽 세상이 늦게 이루어지는 것이 '그렇다'는 말씀이다.

이 둘을 연결하면, '다시 개벽의 새 세상이 늦게 온다고 한탄하지 말라. 천운에 의하여 그렇게 되는 것이니'로 풀 수 있다.

■ 時有其時(시유기시) : '때는 그 때가 있다'는 뜻으로, 운(運)이 돌아와 다시 개벽의 세상을 맞이할 그때는 천운(天運)에 의하여 정해져 있다는 말씀이다.

■ 新朝(신조) : '새 아침'으로, 계해년(1863) 새해 새 아침을 말한다.

■ 去歲西北靈友尋(거세서북영우심) : '거세(去歲)'는 '지난해'이다. 수운 선생이 주관하여 홍해 손봉조의 집에서 개접(開接)하던 임술년(1862년)이다.

'서북영우심(西北靈友尋)'이란 '서쪽과 북쪽 또는 서북쪽에서 찾아온 좋은 벗'이라는 뜻으로, 당시 수운 선생이 머물며 접주제를 실시한 곳이 경상도 홍해(興海)이다. 사방의 접주들이 이곳 홍해로 모이게 되었는데, 이들은 대구, 청도, 안동, 단양, 영양, 영천 등 홍해 서쪽, 북쪽 혹은 서북쪽에서 온 사람들이다. 그러므로 '서북에서 영통한 벗들이 찾아왔다'고 노래한 것이다.

■ 後知吾家此日期(후지오가차일기) : '오가차일기(吾家此日期)'란 '우리의 이 집안에서 처음 접주제를 실시한, 그날의 기약'이라는 의미이다. 그러므로 이러한 중요한 접주제 실행과 이때 맺은 기약은 훗날 도가 밝혀지고, 운이 돌아오면, 세상 사람 모두 자연히 그 진수를 알게 된다는 의미이다.

■ 春來消息(춘래소식) : '봄이 오는 소식'이라는 뜻으로, '봄'은 곧 지상천국을 이루는 다시 개벽의 새로운 세상을 의미한다.

■ 應有知(응유지) : '마음에 응하여 자연스럽게 알게 된다'는 뜻이다.

■ 此日此時靈友會(차일차시영우회) : '이날 이때(此日此時)'는 곧 접주제 시행과 도를 펴기 위해 각 접주가 모인 그날 그때를 강조한 말씀이다.

■ 不知心(부지심) : '헤아릴 수 없는 마음'이라는 뜻이다.

【해설】 '결(訣)'이란 '한울님의 가르침을 받아서 지은 글'이라는 뜻이다. 그러므로 다소 예언적이고 또 잠언적인 성격을 띤다. 이 〈결〉은 수운 선생이 임술년(壬戌年, 1862) 12월에 홍해 매곡동(梅谷洞)에 있는 손봉조(孫鳳祚)라는 도인의 집에서 처음 각처의 접주를 임명하는 것으로 접주제를 시작하고, 새해인 계해년 첫날 아침에 쓴 시이다. 그러므로 이 시에는 새로운 결의와 내일에 대한 희망이 담겨 있다.

——— * ——— * ———

우음 | 偶吟

南辰圓滿北河回 大道如天脫劫灰

　남쪽의 별이 가득 차오르고 북으론 은하수가 둘러져 있구나.

　대도(大道)는 이 천체의 변화와 같아서, 크나큰 재앙에서부터 벗어나리라.

　■ 南辰圓滿(남진원만) : 남쪽의 별이 가득 차오른다는 뜻으로, 천체의 변화를 말하고 있다. 동양에서는 오랫동안 천체의 변화가 곧 인간계의 변화와 서로 상응하는 것이라고 생각하였다. 그러므로 이러한 천체의 움직임, 변화를 인간계, 나아가 우주 변화의 중요한 상징으로 써왔었다.

　천체의 중추적인 중심별은 '북신(北辰)'이다. 『논어』·「위정편(爲政篇)」 주(註)에 보면, "북신은 곧 북극이니, 천체의 중심이 되는 기둥이다.(北辰 北極天之樞也)"라고 되어 있다. 이와 같은 점으로 보아, 이제 천체의 중심별인 북신(北辰)이 기울고 남쪽별인 남진(南辰)이 차오르니, 다시 개벽에 의한 새로운 차원의 세상이 열림에 대한 상징적인 말씀이다.

　■ 北河回(북하회) : 이때의 '하(河)'는 하늘의 은하수를 말한다. 북쪽엔 은하수가 둘러져 있다는 뜻으로, 이 역시 우주의 변화를 의미하는 말이 된다.

　■ 劫灰(겁회) : 큰 화재(火災)로 세상이 멸망하는 재앙을 말한다.

* —— *

鏡投萬里眸先覺 月上三更意忽開

  거울로 만리(萬里)를 비추어 보니, 눈동자가 먼저 깨닫고,
  달이 삼경에 솟아오르니, 뜻이 문득 열리는구나.

  ■ 鏡投萬里(경투만리) : 거울에 만리를 비춘다는 뜻으로, 거울을 통해 만
리와 같이 먼 곳을 내다본다는 뜻이다.
  ■ 意忽開(의홀개) : 뜻이 홀연히 열린다는 뜻으로, 문득 깨달음이 있다는
말씀이다.

* —— *

何人得雨能人活 一世從風任去來

  어느 사람이 비를 얻어 능히 사람을 살리는가.
  한 세상 바람 따라 오가듯, 그렇게 살아왔네.

  ■ 何人得雨(하인득우) : '어느 사람이 비를 얻을 것인가'라는 뜻으로, '비'
는 우로지택(雨露之澤), 즉 만물을 소생시키는 한울님의 은덕이다.
  ■ 一世從風(일세종풍) : '일세(一世)'는 한 세상, 곧 사람이 살아가는 일생
동안을 말한다. 한 생애를 바람 따라 살듯이, 일정한 거처 없이 이리저리 떠
돌며 살아가는 것을 표현한 구절이다.

* —— *

百疊塵埃吾欲滌 飄然騎鶴向仙臺

   겹겹이 쌓인 세속의 먼지 내 씻어내고저,

   표연히 학을 타고 신선되어 선대(仙臺)를 향해 날아가고저.

  ■ 百疊塵埃(백첩진애) : 겹겹이 쌓인 먼지라는 뜻으로, 사람이 살아가며
자신도 모르게 쌓이게 되는 세속의 먼지, 곧 구습(舊習)에 의한, 또는 습관천
(習慣天)에 의한 속화(俗化)된 마음을 뜻한다.

  ■ 騎鶴向仙臺(기학향선대) : 학을 타고 신선이 사는 대를 향한다는 뜻으로,
세속의 구습을 모두 씻어내고 신선의 경지에 든다는 말씀이다.

* —— *

清宵月明無他意 好笑好言古來風

   청명한 밤하늘에 달이 밝은 것은 다른 뜻이 있는 것은 아니네.

   이와 같이 좋은 밤, 서로 웃으며 이야기를 나누는 것, 예로부터 전해 오는
우리의 좋은 풍속일세.

  ■ 清宵(청소) : '청명한 밤'의 뜻이다.

  ■ 古來風(고래풍) : '예로부터 전해오는 풍속'의 뜻이다.

人生世間有何得 問道今日授與受

　사람이 이 세상에 태어나서 무엇 얻음이 있겠는가.

　도를 묻는 오늘 주고 또 받을 다름이라네.

有理其中姑未覺 志在賢門必我同

　그 가운데 이치가 있으나 아직 깨닫지 못하네.

　뜻이 어진 이의 문하(門下)에 있으니 반드시 나와는 같으리니.

　■ 姑未覺(고미각) : 고(姑)는 '시어머니, 아직, 잠시'의 뜻이다. '아직 깨닫지 못하였다'의 뜻으로 의역할 수 있다.

　■ 賢門(현문) : '슬기로운 사람이 가르치는 곳 또는 슬기로운 사람의 문하(門下)'의 뜻이다.

天生萬民道又生 各有氣象吾不知

　하늘이 만 백성을 내시고 또 도를 내셨도다,

제각기 기상이 있음이여. 내 알지 못함이라.

■ 各有氣象(각유기상) : '사람들은 각기 다른 기상을 갖고 있다'는 뜻이다.

———

通于肺腑無違志 大小事間疑不在

폐부에 통하여 그 뜻 어기지 않으니,
크고 작은 일 사이에 의심할 것 있을 수 없나니.

———

馬上寒食非故地 欲歸吾家友昔事

말 위에서 맞이하는 한식(寒食)이여. 이곳은 나의 고향이 아니로구나.
이제 고향으로 돌아가 벗들과 옛일을 함께 하고 싶네.

■ 馬上寒食(마상한식) : '마상(馬上)'은 곧 말을 타고 세상을 떠도는 것을 말한다. 따라서 이리저리 세상을 떠돌던 나그네가 객지에서 명절인 한식(寒食)을 맞이하는 그 쓸쓸한 심정을 노래한 것이다.
예로부터 네 계절에 따라 춘하추동 사절사(四節祀)가 있었다. 겨울엔 정조(正朝), 봄엔 한식(寒食), 여름엔 단오(端午), 가을엔 중주(仲秋), 이렇게 네 번의 제사를 지냈다. 그러나 봄과 여름 제사가 생략되고 지금은 정월 초하루와 추석에만 지낸다. 이 제삿날에는 가족이 모두 모인다. 한식(寒食)이라는 큰 제사가 있는 데도 집에 못 가고 객지에서 보내는 마음을 노래한 것이다.

■ 故地(고지) : '연고가 있는 땅'의 뜻으로, 고향을 말한다.

* —— *

義與信兮又禮智 凡作吾君一會中

의(義)와 신(信)이여. 또 예(禮)와 지(智)여.
이들 모두는 무릇 나와 그대가 한번 만나는 그 가운데에 생겨나는 것이로다.

* —— *

來人去人又何時 同坐閑談願上才

오는 사람 가는 사람, 그때가 또 어느 때인가.
같이 앉아 한가로이 이야기를 하며 상재(上才) 오기를 기다리노라.

■ 上才(상재) : 세상을 새롭게 이끌어나갈 인재를 상 · 중 · 하재로 나누기도 한다. 이들 중 최고의 능력과 재능을 갖춘 인재를 말한다.

———

世來消息又不知 其然非然聞欲先

　세상에 들려오는 많은 소식들이여 또 알지 못하겠구나,
　그러한지 그렇지 아니한지, 내 먼저 듣고자 하네.

　■ 世來消息(세래소식) : '세상에 들려오는 여러 소식, 풍문'의 뜻이다.

———

雲捲西山諸益會 善不處卞名不秀

　구름 걷히는 서산에 여러 유익한 벗들은 모였지만,
　옳고 그름을 잘 가리지 않아 그 이름 세상에 빼어나지 못하는구나.

　■ 雲捲西山(운권서산) : '구름이 걷히는 서산'의 뜻으로, 하루가 마무리되는 것을 의미한다. '구름이 걷히는 것, 서산(西山)'은 모두 일의 마무리를 의미한다. 즉 무슨 일이든 마무리를 잘 해야 그 이름이 빼어날 수 있다는 말씀이다.
　■ 諸益(제익) : '여러 친구, 특히 나에게 도움을 주는 친구들'의 뜻이다.
　■ 善不處卞(선불처변) : '선(善)함을 처변하지 아니하다. 곧 옳고 그름을 잘 가려내고 또 변별하지 아니함'을 말한다.

何來此地好相見 談且書之意益深

　우리 어인 일로 이곳에 와서 서로 반갑게 만나게 되었는가.

　즐거운 이야기를 나누고 또 글을 쓰니 그 뜻 더욱 깊어지누나.

———

不是心泛久不此 又作他鄕賢又看

　이 마음이 들떠서 오래 이곳에 머물지 않음이 아니다.

　또 다른 마을에서 어진 벗을 만나보고자 함이로다.

　■ 心泛(심범) : 마음이 물에 떠 있듯이 이리저리 한 곳에 안정하지 못하는

상태를 지칭한다.

———

鹿失秦庭吾何群 鳳鳴周室爾應知

　진나라 정원이 사슴을 잃었으니, 우리가 어찌 무리를 이룰 수 있으며,

　봉황이 주나라 궁궐에서 울었으니, 그대는 응당 그 뜻을 알 것이다.

■ 鹿失秦庭(녹실진정) : 진(秦)나라 궁궐의 정원이 사슴을 잃었다는 말로, 진나라가 망함을 의미한다.

이 시구는 중원축록(中原逐鹿)의 고사에서 온 말이다. '중원축록'은 제위를 두고 다투는 것을 말한다. 한고조(漢高祖)가 천하를 통일한 이후, 난을 도모했던 한신(韓信)을 잡아서 처형했다. 신하들에게 "한신이 죽기 전에 무슨 말을 했느냐?"라고 물으니 "'괴통(蒯通)의 말을 듣지 않은 것이 원통하다'고 했다"고 보고했다.

괴통은 한신에게 독자적인 왕조를 세울 것을 권한 바 있다. 이에 한고조가 괴통을 잡아들여 죽이려 하니, 괴통이 말하기를 "천하의 모든 영웅이 폐하처럼 천하를 노렸습니다. 그러나 모두 힘이 부족하여 목적을 이루지 못했습니다. 폐하와 마찬가지로 천하를 노렸다고 해서 이들 모두를 죽이겠습니까?" 라고 반문하였다. 한고조는 마침내 괴통을 풀어주었다. 이때 '천하를 노려 제위에 오르려 하는 것'을 '중원축록(中原逐鹿)'이라고 한다. 즉 '중원(中原)'은 중국의 중심이 되는 지역을 말하고, 사슴을 쫓는다는 '축록(逐鹿)'은 천하를 제패하여 제위에 오르려는 것을 말한다.

이후 전국시대에 전국칠웅(戰國七雄)이 천하를 다투던 것을 또한 '중원축록'이라고 한다. 진(秦)나라가 전국칠웅 중 가장 강력하여 천하를 통일하였다. 진시황(秦始皇)이라 스스로 칭하며 제위를 누리게 되었다. 즉 진나라 궁궐 정원에서 사슴을 기르게 된 것이다. 그러나 진시황과 이세(二世)의 실정(失政)으로 인하여 멸망하게 되었다. 이를 진나라 정원에서 사슴을 잃은 것[鹿失秦庭]이라고 표현한 것이다.

■ 鳳鳴周室(봉명주실) : 봉새가 주나라 궁궐에서 울었다는 말로, 주나라가 흥하고 또 태평성세를 이루었다는 말씀이다. 봉황이 울면 현자가 나타날 조짐이라고 한다.

＊──＊

不見天下聞九州 空使男兒心上遊

  천하는 모두 보지 못했어도 구주(九州)라는 이름은 들었으니,
  공연히 이 대장부로 하여금 마음만 설레게 하는구나.

  ■ 九州(구주) : 온 천하를 말한다. 예로부터 천하를 아홉의 주로 나누어
생각한 데에서 나온 말이다.

  ■ 心上遊(심상유) : 마음이 위에서 논다는 말로, 들떠 설레는 마음을 뜻한
다.

＊──＊

聽流覺非洞庭湖 坐榻疑在岳陽樓

  흐르는 물소리를 듣고 동정호(洞庭湖) 아님을 깨닫고,
  책상머리에 앉은 채 내 악양루(岳陽樓)에 있는가 의아롭구나.

  ■ 洞庭湖(동정호) : 중국 호남성(湖南省) 북부에 있는 중국 제일의 호수이
다.

  ■ 坐榻(좌탑) : '탑(榻)'은 선비들이 글을 읽는 작은 책상을 말한다. 책상머
리에 앉아 있다는 의미이다.

  ■ 岳陽樓(악양루) : 동정호의 기슭에 있는 명승 누각의 이름이다.

———

吾心極思杳然間 疑隨太陽流照影

　　나의 마음 아득한 그 사이를 지극히 생각하고 있나니,
　　의심컨대 태양을 따라 비추는 그림자인가.

　■ 疑隨太陽流照影(의수태양류조영) : 위의 시는 계해년(1863) 10월 27일, 수운 선생이 생신(28일) 전날에 지었는데, 생신날 모인 사람들을 향하여 시를 읊고 또 뜻을 물었다는 기록이 있다.

　특히 이 시에 관한 물음과 함께 "내가 전에 한 꿈을 꾸었는데, 태양의 살기가 왼쪽 넓적다리에 닿자 불로 변하여 밤새도록 타며 사람 인(人)자를 그렸다. 깨어서 넓적다리를 보니 한 점 붉은 흔적이 있어 사흘 동안 남아 있었다. 이로써 항상 근심이 되었고, 마음속으로 장차 화(禍)가 이를 것을 알았다."라는 기록이 『도원기서』에 있다.

　이러한 기록으로 보아, 위의 시는 수운 선생이 꾸었다는 꿈과 관계가 있는 듯하다. 즉 장차 화가 미칠 것을 예감한 시라고 할 수가 있다. 실제로 수운 선생은 한 달 보름 뒤인 그 해 12월 10일 조정에서 파견된 선전관에 의해 체포되고, 이후 대구 장대에서 순도(殉道)한다.

【해설】 '우음(偶吟)'이란 우연히 쓰게 된, 혹은 우연히 읊조리게 된 시라는 뜻이다. 언제 지어졌는지는 확실하지 않다. 위에서 거론한 바와 같이 다만 마지막의 '오심극사(吾心極思)'라는 시구는 수운 선생이 계해년(1863) 10월 27일, 당신의 생신 전날에 지었다가, 생신날 모인 사람들을 향하여 시를 읊고

또 뜻을 물었다는 기록이 있다.

　이러한 사실들로 보아 이 '우음'은 연속되는 하나의 시 작품이 아니라, 그
때그때 쓴 단편적인 시들을 모은 것으로 생각된다. 따라서 어느 한 시기에
집중적으로 지은 것이 아니라, 여러 기간을 걸쳐서 쓴 시들의 모음이라고
봄이 타당할 것이다.

———— * —— * ————

전팔절 ｜ 前八節

不知明之所在　遠不求而修我

不知德之所在　料吾身之化生

不知命之所在　顧吾心之明明

不知道之所在　度吾信之一如

不知誠之所致　數吾心之不失

不知敬之所爲　暫不弛於慕仰

不知畏之所爲　念至公之無私

不知心之得失　察用處之公私

　근원적 밝음이 있는 바를 알지 못하거든, 멀리에서 구하지 말고 나를 닦
으라.

　한울님의 덕이 있는 바를 알지 못하거든, 내 몸이 어떻게 화하여 태어난

것인 지를 헤아리라.

한울님이 우리에게 품부하신 명이 무엇인지 알지 못하거든, 내 마음의 밝고 밝음을 깊이 생각하라.

한울님의 도가 무엇인지 알지 못하거든, 내가 지닌 한울님에 대한 확신이 한결 같은가를 헤아리라.

한울님에 대한 나의 정성이 올바르게 이르고 있는지를 알지 못하거든, 내가 마음을 잃지 않았는지 헤아리라.

한울님 공경하는 바를 알지 못하거든, 잠시라도 한울님 모앙하는 마음을 늦추지 마라.

한울님 두려워하는 바를 알지 못하거든, 내 마음 씀에 있어 지극히 공변되어 사사로움이 없는가를 생각하라.

공변된 마음을 내가 지녔는지, 혹은 지니지 못했는지를 알지 못하거든, 이 내 마음 씀이 공변된 공심(公心)에 의해서 인지, 그렇지 않으면 사심(私心)에 의한 것인지를 살피라.

■ 明之所在(명지소재) : '밝음이 있는 곳'이다. '명(明)'은 '근원적인 밝음'을 말한다. 내가 처음 태어난 곳이며, 육신의 수명이 다하면 돌아갈 곳이다. 즉 근원적 한울님 마음자리를 말한다. 그러므로 이 본원적 자리의 밝음을 알기 위해서는, 멀리에서 구하지 말고 자신을 닦아[遠不求而修我], 자신의 근원을 찾아야 한다.

■ 德之所在(덕지소재) : '덕이 있는 곳'이다. '덕(德)'은 곧 한울님의 덕이다. 인간을 비롯한 우주 만유 모두 한울님의 덕에 의하여 화생(化生)된 것이다. 그러므로 '나를 화생하여 이 세상에 살아가게 한 한울님의 덕을 알기 위해서는, 내 몸이 어떻게 화생되었는가를 헤아려야 한다[料吾身之化生].'

■ 命之所在(명지소재) : '명이 있는 곳'이다. '명(命)'은 천명(天命)을 말한다. 한울님이 부여한 천명에 의하여 우리가 목숨을 지니고 태어났으며 또 살아가는 것이다. 한울님 명에 의하여 포태되며, 또 한울님의 마음을 품부(稟賦) 받는다. 이 마음은 선악(善惡)이나 미추(美醜)에 물들지 않은, 그래서 밝고 밝은 것[明明]이다.

그러나 우리가 살아가면서 이 마음은 습관천(習慣天)에 의하여 그 밝음을 잃게 된다. 따라서 한울님의 명(命)을 망각하게 된다. 그러므로 마음을 닦아 밝고 밝음을 다시 회복하여 '이 마음의 밝음을 깊이 생각하면[顧吾心之明明]', 한울님이 품부한 천명(天命)을 알게 되며, 그 천명에 의하여 우리가 태어나고 또 살아간다는 사실을 깨닫게 된다는 말씀이다.

'고(顧)'는 '돌아보다'이지만, 여기에서는 '깊이 생각하다'의 뜻이다.

■ 道之所在(도지소재) : '도가 있는 곳'이다. '도(道)'는 곧 우주만물이 이루어지며, 운행되고, 또 살아가는 근본 원리이며 이치이다. 그것은 다름이 아니라 한울님의 섭리이기도 하다. 우리가 올바르게 살아간다는 것은 곧 이 근본 이치에 어긋나지 않게, 즉 한울님의 섭리에 따라 살아감을 의미한다.

그러므로 이 근본 이치요 한울님의 섭리인 '도'가 어디에 있는지를 알기 위해서는 먼저 그 한울님에 대한 확신이 있어야 하며, 그 한울님에 대한 '확신이 한결같아야 하는 것[信之一如]'이다.

■ 誠之所致(성지소치) : '정성이 이른 바'로 풀이된다. '성(誠)'은 내가 한울님께 들이는 정성이다. 이 정성이 과연 어느 만큼이나 지극한가 혹은 그렇지 못한가는 바로 나의 마음에 달려 있는 것이다. 그러므로 '나의 이 마음을 얻고 얻지 못함을 헤아리라[數吾心之不失]'고 말씀하신 것이다. '나의 마음을 얻었다거나 잃었다거나[心之不失]'는 것은 결국 한울님에 대한 마음을 얻었거나 잃은 것이다. 마음을 얻으면, 즉 한울님에 대한 확신을 얻게 되면, 자

연히 한울님에 대한 정성이 지극해진다. 그래서 『동경대전』「수덕문」에서 '먼저 확신을 가진 뒤에 정성을 들이라[先信後誠]'라고 말씀하는 것이다.

■ 敬之所爲(경지소위) : '공경하는 마음이 되는 바'이다. '경(敬)'은 한울님을 공경하는 마음이다. 내가 한울님을 지극히 공경한다는 것은 '내 생활 속에서 잠시라도 한울님을 모앙(慕仰)하는 마음을 늦추지 않는 것[暫不弛於慕仰]'을 말한다. 진실로 한울님을 공경하는 마음이 있어야, 한울님을 사모하고 우러르는 마음을 잠시도 늦추지 않게 될 것이다.

■ 畏之所爲(외지소위) : '두려움이 되는 바'이다. '외(畏)'는 한울님을 두려워하는 마음인데, 이는 곧 조심스러워한다는 말이다. 우리가 어른을 대할 때 조심스러운 마음으로 법도에 어긋나지 않게 행동하는 것과 같은 것이다.

'사사로움에 치우치지 않고 공변된 마음을 지닌다는 것[至公之無私]'은 올바로 한울님의 뜻을 따른다는 것이요, 사사로움에 치우쳐 공변되지 못한 것은 한울님을 두려워하지 않고 한울님의 뜻을 따르지 않는 행동이다.

한울님을 두려워하는 마음속에 한울님을 공경하는 마음이 있고, 한울님을 공경하고 두려워하는 마음[敬畏之心]을 지닐 때에 비로소 한울님의 가르침을 받아 올바른 삶을 영위할 수 있는 것이다.

그러므로 『용담유사』「도덕가」에서, '무지한 세상사람 아는 바 천지라도 경외지심 없었으니 아는 것이 무엇이며'라고 노래하며, 세상의 사람들이 그 근본을 잃어버린 것을 한탄하고 있다.

■ 心之得失(심지득실) : '마음의 얻고 잃음'이다. '심(心)'은 사심(私心)이 아닌 공변된 마음이다. 이 공변된 마음을 과연 내가 지니고 있는가 혹은 그렇지 못한가를 알기 위해서는 '이 마음이 어떻게 쓰이는가를 살펴보면[察用處之公私]' 알 수 있는 것이다. 사사로이 쓰이면 이는 곧 사심(私心)이므로 '마음을 잃은 것이요[心之失]', 공변되게 쓰면 이는 공심(公心)이므로 '마음을 얻은

것[心之得]'이 된다.

【해설】 전팔절은 수운 선생이 계해년(1863) 11월에 지은 것이다. 여덟 개 절(節)로 이루어졌기 때문에 '팔절(八節)'이라고 이름한 것이다. 이 문장의 절은 모두 앞뒤 두 개의 절로 이루어져 있으며, 앞의 절은 조건절의 형태를 띠고 있으며, 뒤의 절은 이 조건절에 대한 해답 형식으로 되어 있다.

『도원기서』 등의 기록에 의하면, 팔절의 앞 구절을 각처로 보내어 이 구절에 '합당한 것'을 지어 보내라고 했다고 한다. 즉 도인들이 수련하면서 그 깨달은 바를 알아보기 위한 것으로 생각된다. 이 팔절은 수련하는 사람에게 중요한 지침이 되는 글이다.

특히 『해월신사 법설』 중 「수도법」에 '명덕명도(明德命道) 네 글자는 한울님이 사람의 형성을 이룬 근본이요, 성경외심(誠敬畏心) 네 글자는 몸체를 이룬 뒤에 다시 갓난아이의 마음을 회복하는 노정 절차이다[明德命道 四字 天人成形之根本也 誠敬畏心 四字 成物後克復赤子心之路程節次也]'라고 명기하고 있다. 이와 같은 해월 선생의 설명으로 보아, 명덕명도(明德命道)는 우주의 원리, 한울님 이법의 근본이 되는 것이고, 성경외심(誠敬畏心)은 살아가면서 잃어버린 한울님 마음을 다시 회복하고자 하는 수련에 필요한 덕목이 된다고 하겠다.

후팔절 | 後八節

不知明之所在 送余心於其地

不知德之所在 欲言浩而難言

不知命之所在 理杳然於授受

不知道之所在 我爲我而非他

不知誠之所致 是自知而自怠

不知敬之所爲 恐吾心之悟昧

不知畏之所爲 無罪地而如罪

不知心之得失 在今思而昨非

　밝음이 어디에 있는지 알지 못하거든, 나의 마음을 그 근원의 자리로 보내라.

　한울님의 덕이 있는 바를 알지 못하는 것은, 말로 표현하고자 하나 너무나 커서 말로서는 표현이 되기 어렵기 때문이다.

　한울님이 품부한 명이 있는 바를 알지 못하는 것은, 그 주고받는 이치가 너무나 묘연하기 때문이다.

　한울님의 도가 있는 바를 알지 못하거든, 내가 나 됨이요 다른 것이 아님을 알아야 한다.

　한울님에 대한 나의 정성됨이 어느 만큼에 이르렀는가 알지 못하거든, 이에 스스로 자신이 게으르다는 것을 알아야 한다.

한울님에 대한 나의 공경함이 어느 만큼인지 알지 못하거든, 내 마음이 거슬리고 몽매함을 두려워해야 한다.

한울님에 대한 두려운 마음이 나에게 어느 만큼이나 있는지 알지 못하거든, 죄 없는 곳에서 죄 있는 것과 같이 해야 한다.

공변된 마음을 내가 지녔느냐 지니지 못했느냐를 알지 못하거든, 지금 어제의 잘못을 다시금 생각하고 반성하라.

■ 送余心於其地(송여심어기지) : 근원적인 밝음[明]이 있는 바를 알지 못하거든, 나를 닦고[遠不求而修我] 또 이를 통해 '내 마음을 그 근원자리로 보내야 한다[送余心於其地]'는 말씀이다. '기지(其地)'는 '근원 자리'를 뜻한다.

■ 欲言浩而難言(욕언호이난언) : '덕(德)'은 이 세상에 드러나는 한울님의 덕이다. 이 덕에 의하여 만유가 생성되고 또 살아가는 것인데, 세상 사람들은 이러한 한울님의 덕을 알지 못한다. 이렇듯 사람들이 한울님의 덕을 알지 못하는 것은 다름 아니라, 한울님의 덕이 미치지 않는 곳이 없기 때문에, 그만큼 넓고 또 크기 때문에 '인간의 언어로서는 도저히 표현하기 어렵다[言浩而難言]'는 말씀이다.

■ 理杳然於授受(이묘연어수수) : '명(命)'은 한울님이 우리에게 부여한 천명(天命)을 말한다. 이 명이 있는 바를 사람들이 알지 못하는 것은 '한울님이 만유에게 명을 주고받는 이치가 지극히 묘연하기 때문[理杳然於授受]'이다.

■ 我爲我而非他(아위아이비타) : '도(道)'는 곧 우주가 운행되는 근본 이치이다. 또한 한울님의 섭리이기도 하다. 이 도는 '내가 나 됨에 있는 것이지 다른 데에 있는 것[我爲我而非他]'이 아니다.

■ 是自知而自怠(시자지이자태) : '성(誠)'은 한울님에 대한 나의 정성이다.

한울님에 대한 내 정성이 이르렀는지 알지 못하는 것은 '스스로 게으르기 때문[是自知而自怠]'이라고 하였다.

■ 恐吾心之悟昧(공오심지오매) : '경(敬)'은 한울님을 공경하는 마음을 말한다. 한울님을 공경함이 어느 만큼인지를 알지 못한다는 것은 '나의 마음이 거슬리고 또 몽매하기 때문[恐吾心之悟昧]'이라고 하였다.

■ 無罪地而如罪(무죄지이여죄) : '외(畏)'는 한울님을 공경하고 두려워하는 마음이다. 한울님을 두려워하는 마음을 갖고 한울님을 공경하기 위해서는 '늘 자신이 죄가 없어도 죄 있는 듯이 경외의 마음을 가져야 한다[無罪地而如罪]'는 말씀이다.

■ 在今思而昨非(재금사이작비) : '심(心)'은 사심(私心)이 아닌 공심(公心)을 말한다. 한울님 마음을 회복하지 않은 지난날의 마음 씀이란 바로 사심의 작동이다. 그러므로 공변된 마음을 지니기 위해서는 '늘 잘못되었던 지난날의 마음 씀을 오늘에 반성하며 생각해야 한다[在今思而昨非]'는 말씀이다.

【해설】 후팔절은 구체적으로 언제 지어졌는지 알 수 없다. 전팔절과 같은 조건절을 앞 절로 하고, 이 조건절에 충족되는 답으로 뒤를 잇는다. 그러나 이 후팔절은 전팔절과는 그 구성이 서로 같은 면도 있지만, 다른 점도 있다. 즉 앞 절인 조건절을 충족시키는 내용인 경우도 있지만, 앞 절이 조건절이 아닌 어떠한 원인이나 까닭을 제시하고, 뒤의 절은 이에 답하는 형식으로 되어 있는 경우도 있다. 이는 전팔절과는 구성에서 다소 다른 점이라고 하겠다.

———— * —— * ————

제서 | 題書

得難求難 實是非難 心和氣和 以待春和

얻기도 어렵고 구하기도 어려우나
실지는 어려운 것이 아니니라.
마음이 화하고 기운이 화하여
봄같이 화해지기를 기다리라.

■ 得難求難(득난구난) : '얻기[得]도 어렵고, '구하기[求]도 어렵다'라는 뜻으로, '얻는 것과 구하는 것'에만 매달린다면, 이는 한울님의 본뜻이 아니기 때문에 결국 본래의 목적에 이르기가 어렵다는 말씀이다.

무엇을 얻으려 하지만 말고, 먼저 나의 기운을 바르게 하여 한울님의 기운과 나의 기운이 화해지고자 한다면, 자연 얻게 되는 것이다. 그런데 무턱대고 어떠한 결과를 얻거나 구하려고만 하면, 이는 본래 마음공부와는 어긋나는 것이기 때문에 얻기도 어렵고 구하기도 어려워진다.

■ 實是非難(실시비난) : 한울님 마음과 나의 마음이 서로 화하는 심화(心和), 한울님 기운과 나의 기운이 서로 화하는 기화(氣和)에 이르게 되면, 계절의 자연스러운 순환과도 같이, 겨울이 가고 이내 봄기운이 저절로 화해지는 것과 같이, 자연스럽게 모든 것이 이루어지는 것이기 때문에, '실제로는 어

려운 것이 아니다[實是非難]'라고 말씀한 것이다.

■ 心和氣和(심화기화) : '마음이 화해진다[心和]'는 것은 나의 습관적인 마음이 없어지고 한울님 마음을 회복하게 되어, 나의 마음과 한울님 마음이 하나로 화해지는 것을 말한다. 또한 이러한 마음이 실제로 실천되는 것은 기운 작용을 통하여 되는 것이기 때문에, 나의 기운 역시 한울님 기운과 화해져야 하는 것이다. 이것이 기화(氣和)인 것이다.

수운 선생이 「논학문」에서 '시(侍)'를 설명할 때 말씀하신 '내유신령(內有神靈)'이 심화(心和)의 경지라면, 외유기화(外有氣化)'는 기화(氣和)의 경지라고 말할 수 있다.

【해설】이 시는 계해년(1863) 11월에 쓴 결시(訣詩)이다. 당시 영해, 영덕 지방에 풍습(風濕)이 돌아 도인들이 어려움을 겪게 되자, 박하선(朴夏善)이라는 당시 영해 접주의 청을 받고 쓴 시이다. 이처럼 수운 선생이 풍습을 낫게 해 달라는 '풍습 치유'라는 '제(題)'를 받아 '쓴 것[書]'이기 때문에 그 제목을 '제서(題書)'라고 한 것이다.

—— * —— * ——

영소 | 詠宵

也羞俗娥翩覆態 一生高明廣漢殿
此心惟有淸風知 送白雲使藏玉面

세상의 속된 계집들이 번복하는 모양을 부끄러워하듯이, 서학에 속아 번복하는 세태를 부끄러이 여겨,

　내 일생 높이 달나라 광한전에 들어 세상을 다만 비추고 있을 뿐이도다.

　이러한 나의 마음을 오직 맑은 바람만이 알고 있어,

　흰 구름을 보내어 옥 같은 나의 얼굴을 가리게 하는구나.

　■ 也羞俗娥(야수속아) : '또한 속된 계집(또는 항아)을 부끄러이 여기다'라는 뜻으로 풀 수 있다. 그러나 이 구절은 이러한 한문의 훈(訓)을 통한 풀이만이 아니라, 음차(音借)를 통한 이두식(吏讀式) 풀이 역시 가능한 부분이다.

　즉 '야수(也羞 : 야소교 곧 오늘의 기독교)에게 속아(俗娥: 속아서)'로 풀이할 수도 있다. 따라서 이는 곧 '세상의 속된 계집들이 이리저리 번복하는 모양이 부끄럽듯이, 당시 야소교(耶蘇敎)인 서학에 속아 번복하는 세상의 세태가 싫다'로 풀이할 수 있다.

　■ 一生高明廣漢殿(일생고명광한전) : '광한전'은 달에 있다는 상상 속의 궁궐이다. 선녀 항아(姮娥)가 산다고 한다. 광한전의 한자어는 廣寒殿(광한전)이다. 廣漢殿(광한전)으로도 쓰인다. 당대의 세태가 부끄러워 높이 광한전에 올라 다만 세상을 그윽하게 비추거나 했다는 말씀이다.

　■ 此心(차심) : '이 마음'이란 곧 높이 광한전에 올라 다만 밝게 비추기만 했다는 그 마음을 말한다.

　■ 玉面(옥면) : 옥같이 맑은 얼굴이라는 뜻으로, 밝게 비추는 '달'을 비유한 말씀이다.

【해설】 각자위심(各自爲心)으로 점철된 당대의 세태를 근심하며 바라보는 마음을 저 높은 하늘에 떠서 밝게 세상을 비추는 달에 비유한 시이다.

———

蓮花倒水魚爲蝶 月色入海雲亦地

　연꽃이 물속에 비추니, 물살을 가르고 노니는 물고기들 꽃 사이로 날아다니는 나비와도 같고
　달빛이 바다를 환하게 비추니, 구름 역시 육지와 같구나.

　■ 蓮花倒水(연화도수) : 연꽃이 물에 비치는 모습을 표현한 말이다.
　■ 魚爲蝶(어위접) : 연꽃이 물에 비치니, 그 사이로 노니는 물고기가 마치 연꽃 사이로 날아다니는 나비와 같이 보인다는 표현이다.
　■ 月色入海(월색입해) : '달빛이 환하게 바다를 비추는 것'이다.

【해설】 연꽃이 맑은 물에 비치니, 그 사이를 오가는 물고기들이 마치 꽃 사이를 날아다니는 나비와 같이 보이고, 달빛이 바다 위에 펼쳐진 구름 사이로 들어가니, 그 구름이 마치 넓고 넓은 육지와 같이 보이는 자연의 현상을 노래한 시이다.

———

杜鵑花笑杜鵑啼 鳳凰臺役鳳凰遊

　진달래꽃 활짝 핀 동산에 두견새는 슬피 울고,
　봉황대 지어놓으니 봉황 또한 와서 노니는구나.

- 杜鵑花(두견화) : 진달래꽃
- 笑(소) : 두견화가 활짝 핀 모습
- 役(역) : 봉황대를 짓는 것

【해설】 사람을 비롯한 모든 생명체는 그 환경이나 조건에 맞추어 살 때 가장 이상적이다. 진달래꽃과 두견이가 어울리듯이 봉황대와 봉황이 어울리는 것이다. 봉황을 맞이하기 위해서는 필히 봉황대를 지어놓아야 하듯이, 우리가 무슨 일을 이루기 위해서는 그에 맞는 준비나 대비를 해야 한다는 뜻이다.

* —— *

白鷺渡江乘影去 皓月欲逝鞭雲飛

백로는 그림자 타고 강을 건너고,
밝은 달은 달려가고자 구름을 채찍질하네.

- 白鷺渡江乘影去(백로도강승영거) : 백로가 강을 건널 때 그림자를 타고 간다는 말로, 강 위를 날아 건너는 백로의 모습이 맑은 강물에 비춰서, 마치 자신의 그림자를 타고 건너는 것같이 보인다는 이야기이다.
- 皓月(호월) : 밝은 달
- 鞭雲飛(편운비) : 밤에 달을 쳐다보며 걸어가면, 마치 달이 따라오는 것과 같이 보인다. 그래서 달 주변의 구름이 빠르게 지나가는 듯하다. 이 구름의 모습을 '운비(雲飛)'라고 표현했다. 그래서 밝은 달이 마치 구름에게 빨리 가라고 채찍질 한다고 노래한 것이다.

【해설】 한밤 달빛 아래 강 위를 나르는 백로를 보고 쓴 시이다. 강 위를 가로질러 나르는 백로는 마치 자신의 그림자를 타고 나르는 것과 같고, 하늘에 뜬 밝은 달은 구름이 흐르므로 마치 구름을 채찍질하며 가고 있는 듯이 보인다.

나르는 것은 백로요, 흘러가는 것은 구름인데, 마치 그림자가 강을 건너고 또 밝은 달이 흘러가는 듯이 보이는 것이다.

* —— *

魚變成龍潭有魚 風導林虎故從風

물고기가 변하여 용이 되니 연못에는 물고기가 있고,
숲속의 범을 바람이 끌어내니 그래서 바람이 따라가는구나.

■ 魚變成龍(어변성용) : '물고기가 변하여 용이 된다'는 고사.
■ 風導林虎(풍도임호) : 호랑이는 마치 숲속에 부는 바람과 같이 나타나기 때문에 생겨난 고사.

【해설】 '용'이나 '호랑이'는 신성시되는 동물이다. 또는 훌륭한 인물 등으로 비유되는 동물이기도 하다. 이러한 동물인 '용'도 물속에서 노니는 물고기가 변하여 된 것이요, '호랑이'도 숲속에서 이는 바람 따라 우리 앞에 나타나는 것이다.

그러니 지금 연못 안에 물고기가 노닌다는 것은 이들이 변하여 용이 될 수 있다는 것이요, 바람이 숲을 헤치고 불어온다는 것은 호랑이가 이제 머지않아 출현할 수 있다는 암시가 된다. '용'과 같이 또는 '호랑이'같이 특출한 인물이 나오기를 기대하는 마음이 담겨진 시이다.

* —— *

風來有迹去無迹 月前顧後每是前

바람이 올 때에는 자취가 있으나 갈 때에는 자취가 없고,
달 앞에서 뒤돌아보면 언제나 달 내 앞에 있구나.

■ 去無迹(거무적) : '바람이 갈 때에는 흔적이 없다'는 뜻으로, 바람은 본래 불어오는 것이지 불어가는 것이 아니다. 따라서 불어올 때에는 옷깃도 나부끼고 나뭇잎도 나부끼게 하지만, 지나가면 이내 그 종적을 찾을 수 없는 것이다.
■ 每是前(매시전) : '매번 달의 앞'이라는 뜻으로, 우리가 달밤에 길을 걸어가면, 마치 달이 나를 따라오는 듯 보인다. 이와 같은 현상을 표현한 것이다.

【해설】바람이 분다거나, 또 달이 밝은 밤에 길을 가며 느끼는 정취를 노래한 시이다.

* —— *

煙遮去路踏無迹 雲加峰上尺不高

안개가 앞길을 가렸으나 밟아도 그 흔적이 없고,

구름이 봉우리 위에 얹혀 있으나 그 높이는 조금도 높아지지 않았구나.

■ 煙遮(연차) : '연(煙)'은 '연기'보다는 '안개'로 풀어야 한다. 안개가 꽉 차 있는 모습이다.

■ 雲加峰上(운가봉상) : 산봉우리에 구름이 걸려 있는 모습이다.

【해설】안개를 밟아도 그 흔적이 나지 않기 때문이요, 구름이 아무리 산봉우리에 얹혀 있다고 해도, 그 산봉우리의 높이를 더할 수는 없다. 이런 점에서 '안개'와 '구름'은 실상이 아닌 허상의 상징이 된다.

* —— *

山在人多不曰仙 十爲皆丁未謂軍

산에 사람이 아무리 많아도 이들 모두를 신선이라 말하지 않고

열 사람이 모두 장정(壯丁)이라고 해도 군정(軍丁)이라고는 말할 수 없네.

■ 山在人多(산재인다) : '산에 사람이 있다는 말'은 신선 '선(仙)'이라는 글자를 파자하여 말한 것이다.

■ 十爲皆丁(십위개정) : '열이 모두 정이 된다는 말'은 열 십(十)이라는 글자를 좌우상하 어디에서 보아도 정(丁)의 글자 같이 보인다는 뜻이다.

【해설】'신선 선(仙)'과 '열 십(十)' 글자로 노래한 희시(戱詩)의 일종이다. 그

러나 이는 궁극적으로 산에 산다고 해서 모든 사람이 신선이 아니고, 장정이라고 해서 모두 군인과 같이 씩씩한 남자가 아니 듯이, '신선'이나 '군정(軍丁)'은 사람 중의 사람이요, 남자 중의 남자이어야 한다는 의미를 담고 있다.

* —— *

月夜溪石去雲數 風庭花枝舞蝴尺

> 달밤에 냇가의 돌들 구름이 헤아리며 지나가고
> 바람 부는 뜰 꽃가지를 나비가 춤추며 자질하네.

■ 去雲數(거운수) : 구름이 흘러가는 모습을 노래한 구절이다. 구름이 천천히 흘러가니 마치 냇가의 자갈돌을 헤아리며 가는 듯이 보이기 때문에 이렇듯 표현한 것이다.
　■ 舞蝴尺(무호척) : 나비가 나뭇가지 앞에서 나르고 있는 모습을 노래한 구절이다. 나비가 나뭇가지 앞에서 나르는 모습이 마치 춤을 추며 나뭇가지를 자로 재는 것과 같이 보이기 때문에 이렇듯 표현한 것이다.

【해설】 달밤에 천천히 흘러가는 구름과 한낮 나비가 정원에서 날고 있는 한가로운 모습을 묘사하듯 쓴 시이다. 하늘에 뜬 달은 냇가의 조약돌을 헤아리듯이 천천히 흘러가고, 정원에서 날고 있는 나비는 이 나무 저 가지로 날아다니며 마치 나뭇가지를 자질하듯이 날고 있는 한가롭고 평화로운 풍경을 노래하였다.

人入房中風出外 舟行岸頭山來水

　사람이 방에 들면 바람은 밖으로 나가고,
　배가 언덕머리로 다가가니 산은 물로 내려오네.

　■ 人入房中風出外(인입방중풍출외) : '사람이 방에 드니 바람은 밖으로 나
간다'는 말은 사람들이 방으로 들어오니 냉기가 돌던 방이 다소 온기가 돌
고, 그래서 차가운 바람이 마치 밖으로 나가는 것과 같다는 뜻이다.
　■ 舟行岸頭山來水(주행안두산래수) : '배가 언덕머리로 다가가니 산이 물
로 내려온다'는 말은 배를 저어 언덕에 서서히 이르니 산 그림자가 더욱 가
까이 물에 드리워 비춰는 모습을 묘사한 것이다.

【해설】 사물에 다가가므로 그 사물이 지닌 모습이 변하는 모습을 시로 쓴 것
이다. 가까움과 멂에 의하여 사물이 어떻게 변하는가를 내밀히 관찰하는 모
습을 볼 수가 있다.

花扉自開春風來 竹籬輝疎秋月去

　봄바람 불어오니 꽃 사립문 스스로 열리고
　가을 달 기우니 대나무 울타리 빛 성기네.

- 花扉(화비) : 개나리 등의 꽃나무 가지를 꺾어 만든 사립문이다.
- 竹籬(죽리) : 대나무를 심어 만든 울타리이다.

【해설】 훈훈한 바람이 부는 봄날의 한가한 풍경과 달이 기우는 가을 저녁의
풍경을 노래한 시이다.

———

影沈綠水衣無濕 鏡對佳人語不和

　그림자 푸른 물속에 잠겼으나 옷은 젖지 아니하고,
　거울 속 미인을 대했으나 말하여도 화답치는 못하네.

- 鏡對佳人(경대가인) : 거울 속의 미인을 대하고 있다는 표현이다.

【해설】 그림자가 물에 빠져도 실은 입은 옷은 젖지 않고, 거울 속의 미인은
아무리 말을 걸어도 대답을 하지 않는다. 허상과 실상의 세계를 서로 대비
하여, 사물의 실체를 바라보고자 한 시이다.

———

勿水脫乘美利龍 問門犯虎那無樹

　물 수 자요, 탈 승 자요 그리고 미리 용이로다. 그러니 물을 벗어나서는

아름답고 좋은 용이라도 타지를 말고.

　　문 문 자요, 범 호 자요 그리고 나무 수로다. 묻노니 문에 범이 침범하니 어찌 나무 몽둥이가 없겠는가.

　　■ 勿水脫乘美利龍(물수탈승미리용) : 물 수(水), 탈 승(乘), 미리 용(龍) 등으로 한자의 음과 훈을 그대로 쓴 부분이다. 그러나 이를 억지로 번역하면, '물을 벗어나서 아름답고 좋은 용이라고 해도 타지를 말라'라는 경구(警句)가 되기도 한다. 즉 '물'이라는 조건이 부여된 이후에 용을 만나는 것이 좋다는 의미가 된다.

　　■ 問門犯虎那無樹(문문범호나무수) : 역시 앞 절과 같이, 문 문(門), 범 호(虎), 나무 수(樹) 등으로 한자의 음과 훈을 쓴 부분이다. 그러나 이를 억지로 번역하면, '묻노니 범이 침범하는 문에 어찌 범을 막을 나무 몽둥이가 없겠는가'라는 구절이 된다.

【해설】 한자의 음과 훈을 가지고 지은 희시(戱詩)의 일종이다. 또한 훈 부분에 해당되는 '물', '타다', '용' 등이 서로 상관관계를 지닌 낱말로 이해될 수 있고, '문'과 '범' 그리고 '나무 몽둥이' 등 서로 상관관계를 지난 낱말로 이해될 수가 있다.

＊――＊

半月山頭梳 傾蓮水面扇

　　산머리에 걸려 있는 반달은 산머리를 빗고 있는 얼레빗과 같고,

물 위에 비스듬히 피어 바람에 흔들리는 연꽃은 연못을 부쳐주는 부채와 같구나.

- 梳(소) : 얼레빗.
- 傾蓮(경연) : 물 위에 비스듬히 피어 있는 연꽃.

【해설】 '반달[半月]'과 '물에 핀 연꽃[傾蓮]', '산머리[山頭]'와 '수면(水面)', 그리고 '얼레빗[梳]'과 '부채[扇]'가 서로 대(對)를 이루는 시이다. 산머리에 뜬 달이 마치 산의 머리를 빗기고 있는 얼레빗과 같고, 물 위에 핀 연꽃이 마치 연못에 바람을 부쳐주고 있는 부채와 같다는 매우 재미있는 시선과 착상을 볼 수 있는 시이다.

* —— *

烟鎖池塘柳 燈增海棹鉤

연못에서 피어나는 이내 속, 미루나무는 서서히 잠겨가고,
바다 위 고기잡이배 불빛 속, 노며 낚시기구 하나 둘 드러나고 있구나.

- 烟鎖池塘柳(연쇄지당유) : 물안개가 일어 연못가의 버드나무를 가리는 풍경을 묘사한 것이다.
- 燈增海棹鉤(등증해도구) : 바닷물 위 고깃배의 등불이 비추고, 그 불빛 속의 낚싯배의 노며, 또 낚시 기구들이 조금씩 드러나 보이는 모습을 표현한 구절이다.

【해설】 물가에서 이내가 이는 풍경과, 어둡기 시작하여 낚시꾼의 배에서 하나둘 불빛이 비추어 오는 한가로운 어촌의 풍경을 노래한 시이다.

* —— *

燈明水上無嫌隙 柱似枯形力有餘

　등불이 물 위에 밝게 비추이니 그 아무러한 혐의의 틈은 찾을 수 없고,
　기둥은 비록 마른 나무의 모양을 띠고 있으나 그 힘은 아직 남음이 있도다.

- 燈明水上(등명수상) : 등불이 물 위로 환하게 비추는 모양.
- 無嫌隙(무혐극) : '혐(嫌)'은 혐의를 말한다. '극(隙)'은 틈을 말한다. 혐의를 받을 만한 틈이 없다는 의미이다. 마치 불빛이 물위에 비추니 그 틈이 없듯이, 수운 선생이 아무런 혐의도 없이 관에 체포된 것을 암시한 시구이다.
　또한 수운 선생이 편 가르침인 무극대도(無極大道)는 마치 불빛이 물 위에 비치어 아무 틈이 없듯이 온 세상을 꽉 채울 수 있는 가르침이라는 의미도 된다.

【해설】 이 시는 수운 선생이 관에 체포되어 대구 감영에 갇혀 있을 때에 지은, 최후의 유시(遺詩)이다. 이 시에서 말하고 있는 것처럼, 마치 등불이 물 위를 비추듯이, 그래서 아무런 혐의의 틈도 없음을 말씀하고 있으며, 비록 내가 이렇듯 참형을 당하여 우리 도가 죽은 기둥과 같은 모양을 하게 되었으나, 이는 결코 죽은 것이 아니요, 오는 시절에는 꽃피고 새잎 돋게 할 여력

(餘力)이 남이 있음을 노래한 시이다.

—— * —— * ——

필법 ㅣ 筆法

修而成於筆法 其理在於一心
象吾國之木局 數不失於三絶
生於斯得於斯 故以爲先東方
愛人心之不同 無裏表於作制
安心正氣始劃 萬法在於一點
前期柔於筆毫 磨墨數斗可也
擇紙厚而成字 法有違於大小
先始威而主正 形如泰山層巖

마음을 닦아 필법을 이루나니
마음 닦는 것과 필법을 이루는 것은 그 이치가 한마음에 있느니라.
우리나라는 목국(木局)의 형상이어서
세 번의 끊어질 듯한 어려움에도 나라를 잃지 아니 할 수(數)이니라.
이곳에서 태어났고, 또 이곳에서 얻었다.
그런 까닭으로 생각건대 동방이 먼저 되리라.
사람의 마음이 같지 아니함을 안타깝게 여기니

법도를 지음에 역시 그 안팎이 없어 일치해야 하느니라.

마음을 편안히 하고 기운을 바르게 하여 비로소 획을 긋나니,

만법(萬法)은 처음 찍는 그 한 점에 있느니라.

처음에는 먼저 붓끝을 부드럽게 하고,

먹을 몇 말씩 갈아야 글씨 쓰기를 제대로 할 수 있느니라.

종이는 두터운 것을 택하여 글씨를 이루고

글씨를 쓰는 법도 역시 크고 작음에 다름이 있느니라.

먼저 위엄 있게 시작하여 바르게 쓰는 것을 위주로 하나니,

태산 충암(層巖) 같이 형상을 짓도록 하라.

■ 象吾國之木局(상오국지목국) : '목국(木局)'은 삼합(三合)에 의한 것을 말하는데, 해(亥), 묘(卯), 미(未)가 합한 것을 말한다. 해(亥)에서 생겨나 묘(卯)에서 왕성해지고, 미(未)에서 갈무리된다. 따라서 묘(卯)를 중심으로 삼는다고 하니, 묘(卯)는 동방을 뜻한다. '목국(木局)'은 상승하는 기운이어서 굽히거나 꺾이지 않는 곡직(曲直)의 성질을 띠고 있다. 우리나라 형국은 바로 이와 같은 성질을 띠고 있다는 말씀이다.

■ 數不失三絶(수불실삼절) : '삼절(三絶)'은 여러 가지의 뜻이 있으나, 해월 선생이 「개벽운수(開闢運數)」에서 "우리 도는 삼절의 운에서 창립되었다. 그런 까닭에 나라와 백성이 모두 이 삼절의 운을 면하지 못하리라[吾道 創立於 三絶之運 故國與民 皆未免此三絶之運也]"라고 말씀하였다. 모든 것이 끊어지는 듯한 세 번의 커다란 난국(難局)을 말씀하는 것이라고 하겠다. 따라서 '그 운수에 있어서는 삼절의 커다란 난국을 겪지마는, 결코 나라를 잃지 않을 수(數)'를 지녔다는 말씀이다.

■ 生於斯得於斯 故以爲先東方(생어사득어사 고이위선동방) : '이곳에서 태

어났고 또 이곳에서 얻었다'는 말씀은 곧 수운 선생이 「논학문」에서 "내 역시 동에서 나고 동에서 받았으니, 도는 비록 천도이나 학은 동학이라[吾亦生於東受於東 道雖天道學則東學]"고 한 말씀과 통한다고 하겠다.

그러한 까닭으로 동방에서 태어났고 또 동방에서 도를 얻었으니, 이 동방이 운이 있는 곳이요, 그러니 이 동방인 우리나라에서 먼저 도가 성취될 것으로 생각된다는 말씀이다. '이위(以爲)'는 '~라고 여기다. ~라고 생각한다.'의 뜻이다.

■ 愛人心之不同(애인심지부동) : '애(愛)'의 본래의 뜻은 '사랑하다'이라기보다는, '아끼다, 안타깝게 여기다' 등이다.

'인심지부동(人心之不同)'은 두 가지로 해석될 수 있다. 하나는 '사람의 마음이란 처음 시작할 때와 나중이 일관되지 못하고 서로 다르다'라는 의미이고, 다른 하나는 '세상 모든 사람들의 마음이 서로 같지 않아 들쑥날쑥하다'의 뜻으로 해석될 수도 있다. 본 해의서에서는 전자를 택하였다.

따라서 '사람의 마음이 처음과 끝이 같지 아니하여 일관성 없음을 안타깝게 여기나니'로 번역하였다.

■ 無裏表於作制(무리표어작제) : '작제(作制)'는 어떠한 법제(法制)를 짓는 것을 말한다. 여기서는 글씨 쓰는 법제를 짓는 것을 의미한다.

사람의 마음이 시작할 때와 끝날 때가 서로 같지 않아, 이를 안타깝게 여겨[愛人心之不同], 글씨 쓰는 법도나 마음 공부하는 법도를 지음에 그 안팎이 서로 일치하게 해야 한다는 말씀이다.

■ 萬法在於一點(만법재어일점) : 글씨를 쓰는 모든 법도가 처음 한 점 찍는데에 있다는 말씀이다. 마찬가지로 마음공부에 있어서도 처음 시작하면서 먹는 마음이 매우 중요한 것이다.

■ 前期柔於筆毫(전기유어필호) : 글씨 쓰기에 앞서 먼저 붓끝을 부드럽게

해야 한다는 말씀이다. 그래야 글씨를 고르게 쓸 수 있다. 마찬가지로 수련을 시작하기 위해서는 먼저 그 마음이 안정되고 또 부드러워져야 한다는 뜻이다.

이 구절은 앞의 '마음을 편안히 하고 기운을 바르게 하여 비로소 획을 긋나니[安心正氣始劃]'라고 한 구절과 상통한다.

■ 磨墨數斗可也(마묵 수두가야) : 글씨를 쓰기 위하여 먹을 가는 데에 여러 말[斗]을 허비할 정도로 많이 갈라는 말씀이다. 옛날에 글씨를 쓰는 사람들은 정성된 마음으로 먹을 갈아야 하고, 또한 많이 갈아야 한다고 한다.

이는 곧 글씨를 쓰기 위한 마음가짐을 의미하는 것이기도 하고, 이와 같이 모든 일에 열심으로 정성을 다하여 실행해 나가는 것이 곧 수련이라는 말씀이기도 하다.

■ 法有違於大小(법유위어대소) : '위(違)'는 '어긋나다, 다르다'의 뜻이다. 큰 글씨를 쓰는 것과 작은 글씨를 쓰는 것[大小]은 그 법도가 다르다는 말씀이다.

■ 先始威而主正(선시위이주정) : '위엄과 바름'을 강조한 말씀이다. 위엄 있게 시작하여 시종일관 바른 마음을 위주로 해 나가면, 그 결과가 마치 '태산의 층암과도 같이 장대해질 것[形如泰山層巖]'이라는 말씀이다.

【해설】수운 선생이 임술년(1862) 11월에 홍해(興海) 매곡동(梅谷洞)에 머물 때에 아동들에게 글씨를 가르쳤다고 한다. 또한 이곳에 계시면서 글씨를 쓰는데, 한 자도 잘 써지지 않아, 수운 선생이 한울님께 고하여 신필(神筆) 얻기를 기다렸는데, 한울님으로부터 훗날 붓을 내리겠다는 가르침이 있었다고 한다.

그 후 계해년(1863) 3월 9일 용담으로 다시 돌아온 후, 필법의 조화가 있어 다시 글씨를 쓰게 되었는데, 마치 왕희지(王羲之)의 필체와 같은 글을 쓰게 되는 신이함이 있었다고 한다. 「필법」은 아마도 이때에 지어진 것이 아닌가 추측된다.

이 「필법」은 단순한 글씨 쓰는 필법의 문제만이 아니라, 글씨와 정신, 글씨와 마음, 그리고 나아가 종교적 수행, 종교적 수행을 통한 국가의 운세 문제까지도 모두 아우르는 가르침의 글이다.

—— * —— * ——

유고음 | 流高吟

高峰屹立 群山統率之像
流水不息 百川都會之意
明月虧滿 如節夫之分合
黑雲騰空 似軍伍之嚴威

높은 봉이 우뚝 솟은 것은 뭇 산을 통솔하는 기상이요.

흐르는 물이 쉬지 않는 것은 모든 냇물을 모으려는 뜻이네.

밝은 달이 이지러지고 또 차오르는 것은 절개 높은 사내가 의기투합하여 나뉘고 합하는 모습이요.

검은 구름이 하늘에 나는 것은 군대가 대오를 맞추어 도열한 위엄과 같구나.

■ 明月虧滿(명월휴만) : 달이 기울고 또 가득 차는 현상을 말한다.

■ 節夫之分合(절부지분합) : 절의를 지닌 남아들이 그 의기에 따라 서로 나
뉘기도 하고 또 합하기도 하는 것을 말한다.

■ 黑雲騰空(흑운등운) : '흑운(黑雲)'은 이내 비를 몰아올 그런 구름을 말한
다. 따라서 이내 사나운 소낙비가 내릴 듯한 형상으로 떠 있는 구름을 '위엄
이 있는 군대가 도열하고 있는 형세[似軍伍之嚴威]'로 표현한 것이다.

【해설】 제목인 '유고(流高)'는 이 시의 첫 부분에 나오는 '고봉(高峰)'의 '고
(高)'와 '유수(流水)'의 '유(流)'를 따서 붙인 것이다. 세상의 가장 높은 곳을
향하여 솟아있는 '높음[高]'과 또 높은 곳에서 낮은 곳인 아래로 흘러 내려가
는 '흐름[流]'을 서로 상징적으로 대비하여 표현한 제목이라고 생각된다.

나아가 이는 자연의 높음을 향한 현상과 낮은 곳으로 흘러내리는 현상을
인간사(人間事)에 비유한 노래가 된다.

* —— *

地納糞土 五穀之有餘
人修道德 百用之不紆

땅에 거름을 주어야 오곡이 풍년이 들어 넉넉함이 있고.
사람이 도와 덕을 닦아야 백천만사를 행함에 얽매임이 없다.

■ 百用之不紆(백용지불우) : 세상의 백천만사를 행함에 있어, 그 마음 씀이
조금도 얽매이지 않는 자유로운 상태를 말한다.

【해설】 두 구절이 서로 대구를 이루고 있다. 땅에서 농사짓는 것에 비교하여 사람이 도와 덕을 닦는 문제를 말씀하고 있다.

이 시에서 특히 유의해서 볼 점은 오곡지유여(五穀之有餘)의 '유여(有餘)'와 백용지불우(百用之不紆)의 '불우(不紆)'라고 생각된다. '넉넉함이 있음'과 '얽매이지 않음'이 절묘하게 대를 이루고 있다. 또 이 넉넉함과 얽매이지 않음은 궁극적으로 서로 통하는 말씀이기도 하다.

―― * ―― * ――

우음   偶吟

風過□過枝 風雨霜雪來
風雨霜雪過去後 一樹花發萬世春

바람이 지나간 나뭇가지에 바람 비, 그리고 서리도 눈도 내리네.
바람, 비 그리고 서리와 눈이 지나간 후,
한 나무에 꽃이 피고, 문득 온 세상은 아, 아 봄이네.

【해설】「우음」은 말 그대로 문득 얻게 된 시라는 뜻이다. 비와 바람이 지나고, 또 서리가 내리고 눈이 내리는 시련과 고통이 지난 후에 이내 꽃 피는 봄과 같은 기쁨의 시간이 온다는, 시운시변(時運時變)의 운을 자연에 의거하여 노래한 시이다.

기타 시문 ┃ 其他 詩文

纔得一條路 步步涉險難

山外更見山 水外又逢水

幸渡水外水 僅越山外山

且到野廣處 始覺有大道

　겨우 한 가닥 좁은 길을 찾아 험난한 길을 걷고 걸어 겨우 지나니
　산 너머 또 다시 산을 만나고, 물 건너 또 물을 만나네.
　다행히 물 건너 또 물을 건너고, 근근이 산 넘고 또 산을 넘었네.
　마침내 넓고 넓은 곳에 이르니, 비로소 아, 아 이것이 대도(大道)로구나 깨
닫게 되네.

　　■ 纔得(재득) : 겨우 얻다.
　　■ 一條路(일조로) : 한 가닥으로 간신히 이어진 아주 좁은 길.

【해설】「기타 시문」은 본래 「탄도유심급(歎道儒心急)」의 뒤에 이어져 있던 것
이다. 그러나 훗날 별도로 분리하여 시문의 장을 만들었다. 이 시는 뒤의 시
들과는 다른 별도의 시로 생각이 된다.
　수련의 어려움과 이 어려움을 이겨내고 마침내 이르는 경지를 노래한 시

이다. 산을 넘고 물을 건너 마침내 드넓은 광야에 이르게 되는 것을 어려운 수련을 통해 도달한 경지에 비유한 시이다.

—— * —— * ——

苦待春消息 春光終不來

非無春光好 不來卽非時

玆到當來節 不待自然來

春風吹去夜 萬木一時知

안타까이 봄소식 기다려도 봄볕은 아! 오지를 않네.

봄빛을 좋아하지 않음이 아니나, 오지 않음은 곧 때가 아니기 때문이다.

비로소 올 만한 절기에 이르면, 기다리지 아니해도 자연히 오리니.

지난 밤 아! 봄바람이 부니, 온 천지 나무들 일시에 봄이 왔음을 알아차리네.

【해설】 수운 선생은 『용담유사』 곳곳에서 '춘삼월 호시절'을 말씀하셨다. 다시 개벽의 새로운 시대를 '봄'으로 상징한 말씀이다. 이 시 역시 추운 겨울에 춘삼월 호시절을 그리듯, 다시 개벽의 세상이 도래하기를 염원하는 마음이 담긴 작품이다.

그러나 봄은 그 때가 되어야 돌아오듯이, 우리가 염원하는 다시 개벽의 세상 역시 시운에 의하여 그 때가 되어야 맞이할 수 있다는 가르침이 담겨있다. 이 말씀 역시 「탄도유심급」의 가르침과 같은 맥락이라고 하겠다.

——— * ——— * ———

一日一花開 二日二花開

三百六十日 三百六十開

一身皆是花 一家都是春

하루에 한 송이 꽃 피고 이틀에 두 송이 꽃이 피니

삼백 예순 날, 삼백 예순 송이 꽃이 피네.

한 몸이 다 이에 꽃이요, 온 집안이 모두 봄이구나.

【해설】 모든 일은 선후가 있고 앞뒤가 있는 것이다. 한 날 한 날을 기다리듯이, 그러한 마음으로 새로운 세상을 기다리고 마음공부를 해야만 한 몸이 모두 봄꽃이 피듯 심화기화(心和氣和)가 될 것이요, 나아가 온 세상이 봄과 같은 세상을 맞이하게 된다는 말씀이다.

이와 같은 면에서, 동학 천도교는 일신상(一身上)의 복락이 아닌, 온 세상이 봄을 향하여 가듯이, 세상사람 모두 함께하는 지상천국에 그 종교적 목적이 있음을 알 수 있다.

——— * ——— * ———

瓶中有仙酒 可活百萬人

釀出千年前 藏之備用處

無然一開封 臭散味亦薄

今我爲道者 守口如此瓶

병 안에는 신선의 좋은 술이 있으니, 가히 백만의 사람을 살릴 만하구나.

빚어낸 지는 이미 천 년 전인데, 마땅히 쓸 곳이 있어 간직하노라.

부질없이 한번 봉한 것을 열면, 냄새만 날아가 맛 역시 밍밍해질 것이니

지금 우리 도를 하는 사람들 입 지키기를 이 병과 같이 하라.

- 釀出(양출) : 술 빚어냄.

- 無然(무연) : 아무러한 까닭 없이. 곧 부질없이.

- 守口如此瓶(수구여차병) : 우리의 도를 하는 사람은 입 지키기를 밀봉한 병과 같이 하여, 함부로 앞날을 이야기하는 등의 행실을 삼가라는 말씀이다. 수련을 조금 해서 마음이 열리면 세상 모두 아는 듯이 떠드는 그 모습을 경계한 말씀이다.

【해설】 수련의 중요함과 함께 도 공부하는 사람이 지녀야 할 마음가짐을 노래한 시이다. 조금 안다거나 깨달았다고 해서 함부로 떠들어도 안 되는 것이요, 또 모든 것은 그 때가 있는 것이기 때문에, 그 때에 맞게 시행해야 한다는 가르침이 담긴 시이다. 이 내용 역시 「탄도유심급」 장의 의미와 통한다.

통문 통유
의식 발문

通文 通諭
儀式 跋文

通文
通諭
儀式
跋文

발문 역시 수운 선생 소작(所作)이 아니라,
수운 선생의 경편 모음인 '동경대전(東經大全)'을 편찬,
인쇄한 해월 최시형 선생의 발문이기 때문이다.
→ 발문 역시 수운 선생 소작(所作)이 아니라,
'동경대전(東經大全)'을 편찬한 해월 최시형 선생의 글이기 때문이다.

통문 | 通文

右文爲通諭事 當初敎人之意 病人勿藥自效 小兒得筆 輔聰化善其中 豈非世
美之事耶 已過數年 吾無禍生之疑 不意受辱於治賊之下者 此何厄也 是所
謂難禁者惡言 不施者善行 若此不已 則無根說話 去益搆捏 末流之禍 不知
至於何境 況此 若是善道 同歸於西夷之學 切非羞恥之事耶 何以參禮義之鄕
何以忝吾家之業乎 自此以後 雖親戚之病 勿爲 敎人而曾者 傳道之人 竊査
極覓通于此意 盡爲棄道 更無受辱之弊 故玆明數行書 布以示之 千萬幸甚

오른편의 글은 모든 도인들이 배우고 또 알아야 할 일[通諭]이다.

당초에 사람들에게 가르침을 편 뜻은 병이 든 사람에게 약을 쓰지 않아도
스스로 낫게 하고, 어린 아이가 붓을 잡으면 총명해져서 그 가운데 모든 일
을 잘하게 함에 있었다. 그러니 어찌 세상의 아름다운 일이 아니겠는가.

이렇게 하기를 이미 몇 년의 세월이 지났고, 나는 화(禍)가 생겨날 것은 조
금도 의심하지도 않았다. 그러나 뜻하지 않게도 도적으로 다스려지는 욕을
받았으니, 이 무슨 재앙인가. 이는 이른바 금(禁)하기 어려운 것은 나쁜 말이
요, 시행되지 않는 것이 좋은 행실이다. 이와 같은 일이 그치지 않으면, 근

거 없는 말이 갈수록 더욱 날조(捏造)됨이 더해져서, 나중에는 화가 어느 지경에 이를지 알 수 없는 것이니라. 하물며 (지금의 상황이) 이와 같으니, 이와 같이 좋은 도(道)가 서양 오랑캐의 학(學)으로 한 가지로 싸잡히고 있으니, 참으로 수치스러운 일이 아니겠는가. (서양 오랑캐의 학이라고 음해를 받고 있으니) 어찌 예(禮)와 의(義)를 중하게 여기는 마을에 같이 있게 하고, 어찌 우리 가문의 일을 욕되게 할 수 있겠는가.

이로부터 이후에는 비록 친척의 병환이라도 고치려 하지 말지어다. 사람을 교화하여 일찍이 도를 전한 사람은 조심스레 살피고 극진히 찾아보아 이 뜻에 통하여, 정성을 다하여 도(道)를 망각할 지경에 이르면, 다시 욕을 당하는 폐단은 없을 것이니라.

그러한 까닭에 몇 줄의 글을 써서 밝혀, 펴서 보이노니, 천 번 만 번 심히 다행한 일이노라.

---- * ---- * ----

통유 | 通諭

壹无通諭之事 而二有不然之端 故三有不得已之行 四有不忍情之書 千萬深
量 無書中一失 施行如何 前歲仲冬之行 本非遊江上之淸風 與山間之明月
察其世道之乖常 惟其指目之嫌 修其無極之大道 惜其布德之心 歲換月踰
幾至五朔 入境之初意 只在此山 客不知雲深之處 童應指採藥之行 一以助
工課之懈弛 一以聞家事之否安 心有消遣之意 此日之光景 露蹤於三岐 遞
名於一世 人心不知 我心之故耶 當初不善處卜之故耶 各處諸益 或有事而
來 或無事 而從聞風而來者半 學論而處者半 客亦自知其一 主會不知其數
此將奈何 如許窮山貧谷 饗賓之道 都不過一二三家而已 宅若處多 則其或
不然 而産若饒居 則窟中有樂 然而況此若然之中 老人以詩而心動 少年以
禮而强挽 何者 以詩心動 都非心動 學勤拱扶之心也 以禮强挽 不 强挽 難忍
謀忠之誼也 主人孰能無子貢之心 從客亦誤知 孟嘗之禮 豈不歎哉 豈不惜
哉 雖有裴度之資 吾不堪 吾事 雖有百結之憂 人亦忘人事 若此不已 則末由
不知何境 故不日發程 豈非憫然之事耶 當此燎雨之節 揚風灑雨 草長衣添
不足惜也 竟顧良朋之懸 望恒在不已之中 故玆以數行書 慰以諭之 以此恕
諒如何 歸期似在初冬 勿爲苦俟 極爲修道 以待良時好面 千萬企望

첫째는 통유의 일이 없고, 둘째는 그렇지 아니한 단초가 있으며, 그런 까
닭에 셋째는 부득이 행함이 있으며, 넷째는 참을 수 없는 정(情)의 글이 있

음이라. 천만번 깊이 헤아려 글 가운데에서 하나의 **빠짐**도 없이 시행함이 어떠한고.

지난해 한겨울에 길을 떠난 것은 본래 강상(江上)의 청풍, 산간의 명월과 더불어 놀기 위함이 아니라, 세상의 도가 평상적인 삶과 어긋나는 것을 살피기 위함이니라. 지목(指目)의 혐의를 생각하고, 무극의 대도를 닦고, 한울님 덕을 펴려는 마음을 안타까이 여김이로다.

해가 바뀌고 달이 지나 거의 다섯 달에 이르렀구나. 이곳에 처음 들어온 뜻은 다만 이 산에 있으면서, 구름에 덮인 깊은 곳이기 때문에 다른 사람들은 나의 있는 곳을 알지 못할 것이고, 어디 있느냐고 물으면, 다만 동자(童子)가 약초를 캐러 갔다고 먼 곳을 가리킬 것이라고 생각했기 때문이다.

한편으로는 공부하며, (마음에) 생기는 해이함을 덜고, 한편으로는 집안의 안부나 들으려 함이니라. 마음에는 한가로이 씻어내며 보낼 뜻이 있으나, 오늘의 광경은 종적이 세 갈래의 길에 드러나고, 이름을 일세(一世)에 숨기니, 사람들의 마음이 나의 마음을 알지 못하는 까닭이구나. 당초에 처변을 잘하지 못한 까닭이로다.

각처의 여러 벗들이 혹 일이 있어 오고, 혹 일이 없이도 풍문을 따라 오는 사람이 절반이요, 배움을 논하자 (찾아와) 거처하고자 하는 사람들이 절반이라. 찾아오는 손님들은 자신 한 몸뿐인 줄만 알지만, (맞이하는) 주인은 (오는 손님마다) 맞으면, 그 수가 헤아릴 수 없이 많은 것이로다. 이를 장차 어떻게 하겠는가. 이와 같이 궁벽한 산간, 빈궁한 골짜기에 손님을 맞을 도리로는 모두 불과 한두 서너 채의 집이 있을 뿐이로다. 집이라도 많은 곳이라면, 혹 그럴 수 있고, 산출이 만약 풍요한 곳이라면 굴속이라도 즐길 수 있을 것이리라. 그러나 이와 같이 그러한 중에 노인들은 시(詩)로써 마음을 움직이고, 어린 아이들은 예로써 힘써 만류하니, 어찌할 것인가.

시로써 마음 움직이는 것은 모두 마음 움직이는 것이 아니고, 배움에 힘 쓰도록 붙잡고 도와주려는 마음이요, 예로써 힘써 만류하는 것은 힘써 만류할 뿐만 아니라, 충정을 모의하는 정을 참기 어려운 것이리라. 주인은 누가 능히 자공(子貢)의 마음이 없으며, 따르는 손님 역시 맹상군(孟嘗君)의 예를 잘못 아니, 어찌 한탄스럽지 아니하며, 어찌 애석하지 아니하겠는가. 비록 배도(裴度)와 같이 많은 재물이 있어도 나는 감당하지 못할 것이요, 나의 일이 비록 백결선생(百結先生)과 같은 근심이 있어도 사람들은 역시 사람들의 일을 잊어버릴 것이니라. 이와 같은 일이 그치지 아니하면, 나중에 닥칠 일이 어느 지경에 이르게 될지 알지 못하노라. 그런 까닭에 며칠 있지 못해 떠나게 되었으니, 어찌 민망한 일이 아니겠는가.

이때는 비가 많이 내리는 계절이라, 바람은 불어오고 비는 내려 길게 자란 풀들이 옷을 적시니 족히 애처롭지 아니한가. 마침내 어진 벗들이 멀리 있음을 돌아보고, 항상 다하지 않는 중에 있음을 바라노라. 이러한 까닭에 몇 행의 글을 써서 위안하며 이로써 알리노니 이로써 마음을 널리 열고 양지함이 어떠하리오. 돌아가는 그날은 초겨울이 될 것 같으니, 너무 애써 기다리지 말고 지극히 수도하여 좋은 날에 반갑게 만나기를 기다리라. 천 번 만 번 간절히 바라는 바이다.

—— * —— * ——

의식 | 儀式

布德式 人有願入者 則先入者 傳道之時 正衣冠 禮以授之事
入道式 入道之時 或向東 或向北 設位 致誠行祀 焚香四拜後 以初入呪文 敬
以受之事
致祭式 入道後 致祭節次 設位四拜後 讀祝而卽誦 降靈呪及本呪文事
祭需式 設其醴酒餅麵 魚物果種 脯藿菜蔬 香燭用之 而以肉種論之雉 則例
用猪 則或用祭需之多小 隨其力行之也
先生布德之初 以牛羊猪肉 通用矣 至於癸亥八月 先生顧予 傳道之日 此道
兼儒佛仙 三道之教 故不用肉種事

포덕식 : 입도하고자 하는 사람이 있으면, 먼저 입도한 사람이 도를 전할
때에, 의관을 바르게 하고 예로써 도를 전해준다.

입도식 : 입도할 때에 혹은 동쪽을 향하거나 혹은 북쪽을 향하여 위(位)를
설하고, 정성으로 의식을 행하여, 분향하고 네 번 절한 후에 초입자의 주문
으로써 공경히 하여 받는다.

치제식 : 입도한 이후 한울님께 치제하는 절차는 위를 설하고 네 번 절한
이후에 축문을 소리 내어 읽고 곧 강령주문 및 본주문을 읽는다.

제수식 : 예주(醴酒)와 떡과 국수와 어물(魚物), 과일 종류, 포, 튀각, 채소,
향과 촉 등을 설하여 이를 쓰고, 고기 종류를 가지고 논하면, 꿩고기는 즉 쓰

일 수 있고 돼지고기는 혹 쓰인다. 제수(祭需)의 많고 적음보다는 그 힘써 정
성껏 행하는 것에 따른다.

선생께서 포덕하시던 처음에는 소고기, 양고기, 돼지고기 등을 쓰셨지만,
계해년 8월에 선생께서 나에게 도를 전해 주시던 날에 이르러, 이 도는 유
(儒), 불(佛), 선(仙) 삼도의 가르침을 모두 겸한 것이기 때문에 고기 종류는
쓰지 말도록 당부하셨다.

—— * —— * ——

발문 | 跋文

於戱 先生布德當世 恐其聖德之有誤 及于癸亥親與時亨 常有鋟梓之敎 有
志未就 越明年 甲子不幸之後 歲沈道微 將二十餘年之久矣 而極念前日之
敎命 謹與同志 發論詢約 數年前 自東峽與木川 雖是齊誠刊出 實無慶州之
判刻 爲名 此亦似欠於道內 而惟我慶州 本先生受道之地 布德之所 則似不
可不 以慶州刊出 爲名 故自湖西公州接內 發論設施 與嶺南東峽 幷力刊出
以著无極之經編 而謹與二三同志 不顧世嫌 掃萬除百 誓同極力 大成剞劂
之功 玆豈非慕先生之敎 而遂弟子之願哉 特以三人別錄于篇左
歲在癸未仲夏 道主月城崔時亨 謹誌
道主 崔時亨
　　　　成虞鏞 尹相鎬 李萬基
接主 黃在民 金善玉
有司 安敎善 尹相五

　아아, 선생께서 포덕하실 당시에 한울님의 성스러운 덕이 잘못됨이 있을
까 두려워, 계해년에 이르러 친히 시형(時亨)과 더불어 항상 침재(鋟梓 : 목판
으로 새겨 출간하라는 것)의 가르침이 계시었다. 뜻은 있으나 시행하지 못하
고 지내다가, 그 다음 해를 또 넘기어 갑자년에 불행한 일을 당한 이후에, 세
월은 침전되고 도는 미미해졌었다. 장차 이십여 년의 오랜 세월에 이르러,

지난날의 가르침을 지극히 생각하여, 삼가 동지들과 더불어 논의를 일으키고 약조를 꾀하여 수년 전 동쪽 골자기 지역[麟蹄]과 목천(木川)에서부터, 비록 이를 가지런히 하여 정성으로 출간하였다. 실로 경주(慶州)에서 판각되어 이름을 얻은 것이 없으니, 이 역시 우리 도(道) 내의 흠과도 같은 것이 아니겠는가. 우리 경주는 본래 선생님께서 도를 받으신 곳이고, 또 포덕하신 곳이다. 그러므로 불가불 경주에서 간출(刊出)하여 그 이름을 삼아야 할 것이다. 그런 까닭에 호서(湖西) 지역 공주(公州) 접내(接內)로부터 논의가 일어나고 실시되어, 영남(嶺南) 지역의 동쪽 골자기와 더불어 아울러 힘써 출간하고자 무극(无極)의 경편(經編)을 편찬하고자 했다. 삼가 두 세 동지와 더불어 세상의 오해와 혐의를 염두에 두지 않고, 모든 일을 제쳐 놓고, 맹세하여 한가지로 지극히 힘을 드려, 목판으로 새기는 공을 크게 이루었으니, 이는 어찌 선생의 가르침을 사모하고, 제자의 원하는 바를 이루는 것이 아니겠는가. 특별히 세 사람의 별록(別祿)을 편(篇)의 왼편에 둔다.

계미년 한여름에 도주(道主) 월성(月城) 최시형(崔時亨)은 삼가 기록하다.

도주 최시형

　　　성우용 윤상호 이만기

접주 황재민 김선옥

유사 안교선 윤상오

東經大全

II

한글판
동경대전
(계미중하판 대역)

東
經
大
全

이 장은 한글판 『동경대전』이다.
한글판은 우리나라 중등교육을 받은 정도의 사람이면,
누구나 읽고 그 뜻을 쉽게 이해할 수 있는 정도로 번역하여
한글로 쓰도록 노력하였다.
이 번역본은 계미중하판(1883년 경주판)을 저본으로 삼았다.
이 판본이 가장 많은 경편을 싣고 있기 때문이다.

포덕문 | 한울님 덕을 세상에 펴는 글

하늘과 땅이 처음 열리던 아주 먼 옛날부터 봄, 여름, 가을, 겨울의 네 계절은 일정한 질서에 따라, 서로 바뀌고 또 바뀌면서 오늘까지 이어져 내려왔다.

봄이 깊어지면 여름이 오고, 여름이 깊어지면 가을이 오고, 가을이 깊어지면 이내 겨울이 온다는, 계절이 성(盛)하고 쇠(衰)하는 것 같은 변화와 순환은 우주 개벽 이래, 한 번도 착오를 일으키지 않고 정연하게 반복되어 왔다. 따라서 이러한 계절적 변화와 순환에 의하여, 더위와 추위가 번갈아 나타나고, 기후의 변화에 따라 인간과 만물이 살 수 있는 토양과 환경이 만들어지는 것이다.

이와 같은 우주의 질서 또는 자연의 질서는 다름 아니라, 한울님께서 우리에게 보여주시는 무궁무진한 조화의 모습이다. 만물은 한울님 위대한 조화의 힘에 의하여 살아가는 것이다. 그러나 한울님의 존재를 깨닫지 못한 세상의 어리석은 사람들은 계절 변화의 정연한 질서와 함께 비를 내리고 또 이슬을 내리는 등, 만물을 살아가게 하는 것이 바로 한울님이 베푸는 은덕인지 알지 못하고, 막연히 저절로 일어나는 자연의 현상이라고 생각하며 살아왔다.

布德文

盖自上古以來春秋迭代四時盛衰不遷不易是亦
天主造化之迹昭然于天下也愚夫愚民未知雨露
之澤知其無爲而化矣

중국 상고시대에 오제(五帝)와 같은 임금들이 있었다고 한다. 옛 기록에 의하면, 오제의 한 사람으로 일컬어지는 복희씨(伏羲氏)는 팔괘(八卦)를 지어 하늘의 이치를 밝혔고, 또 신농씨(神農氏)는 농사짓는 법을 가르치고 시장을 열어 물물교환을 가르쳤다고 한다. 또 이외에 누구는 온갖 풀을 맛보아 약초를 만들고, 또 누구는 비파라는 악기도 만들었다고 한다. '오제'는 다름 아닌 인류의 문명을 연 최초의 사람들이며, 임금들이다. 인류가 일정한 법도도 없이 원시적인 생활을 할 때, 이러한 임금들은 하늘의 이치[天理]를 본받아 제도와 법도를 제정하였고, 올바른 삶의 제도와 법도를 바탕으로 한 사회를 형성시켜놓고, 사람들로 하여금 사람답게 살 수 있는 길, 곧 문명시대를 열어놓았다.

인류가 문명의 시대를 열어가기 시작한 이후, 훌륭한 지혜와 덕을 갖춘 성인들이 계속해서 나타났다. 이들은 해가 어느 방향에서 언제 뜨며 달이 언제 기울고 차는가, 또는 밤하늘의 별자리가 어떻게 바뀌는가 등의 천체의 움직임을 관찰하고 또 예측하여, 이 우주가 일정한 법도를 따라 움직인다는 사실을 알아내고 이러한 우주의 움직임이 다름 아닌 천도(天道)임을 깨닫게 되었다. 그러므로 이를 역서(曆書)로 만들어 세상에 내놓아, 세상 사람들이 이를 삶의 근간으로 삼아 살아갔다.

星辰 天地廣敷成出文卷而以定天道之常然

自五帝之後聖人以生日月

또한 이들 성인들은 천도에 따라, 한번 움직이면[動] 언젠가는 다시 고요해지는[靜] 만물의 태어남과 사라지는 생멸(生滅)의 과정과, 한번 성하면[盛] 한번 쇠락하는[敗] 만물의 성쇠(盛衰) 변화 작용 모두가 궁극적으로는 천명(天命)에 의한 것임을 깨닫게 되었다. 그러므로 세상 사람들은 자신들의 삶의 근본이 되는 천명(天命)을 공경하게 되었고, 올바른 삶을 위하여 만물의 모든 변화의 법도를 이루는 근본인 천리(天理)를 따르는 삶을 살도록 노력하였다.

이런 까닭으로 천명을 받들고 천리에 따라 마음을 닦고 몸을 가다듬어, 사람들은 군자가 되고, 배움은 도(道)와 덕(德)을 이루었으니, 도란 곧 만물을 화생(化生)하고 발육(發育)시키는 근본 이치인 천도(天道)요, 덕이란 바로 이 천도를 세상에 드러나게 하는 공덕인 천덕(天德)인 것이다.

또한 만물이 생겨나고 또 자라나는 근본 이치인 천도를 밝히고, 자기 삶에서 실천궁행할 덕목인 천덕을 닦아, 사람들은 마침내 군자가 되고 이에서 한 걸음 더 나아가 우주의 근본 원리를 깨닫고 실천하는 지극한 성인의 경지[至聖]에까지 이르게 되니, 이 어찌 기쁘고 기쁜 일이 아니었겠는가.

그러나 근래에 이르러 세상 사람들은 한울님의 이법
[天理]과 은혜[天德]를 망각하고, 자기 자신만을 위하는 타
락한 이기주의에 물든 마음만이 흉중에 가득 차게 되었
다. 그러므로 한울님이 자신을 생겨나게 하고 또 살아가
게 하는 근본적 섭리(攝理)인 천명(天命)을 거스르는 삶
을 살아가고, 한울님이 자신에게 부여한 천명(天命)을 깊
이 생각하지도 않아, 천리와 천명에 어긋나는 삶을 살아
가게 되었다.

이러한 세태와 인심을 생각하니 내 마음이 자나 깨나
불안하고 앉으나 서나 걱정이 가실 때가 없었다. 더구나
이와 같은 혼탁한 세상, 타락한 세상인심을 극복할 수 있
는 방법을 찾을 수 없어, 더욱 마음만 답답할 뿐이었다.

경신년에 이르러서 세상에 떠도는 이야기가 들려왔
다. "서양 사람들은 '가난한 자가 복을 받나니 천국은 가
난한 자들의 것이니라.'라고 가르치며, 또 이러한 천주
(天主)의 뜻에 따라 부유해지고 고귀해지기는 바라지 않
는다고 하면서, 실제로는 이러한 자신들의 가르침과는
어긋나는 행동을 하였다. 무장한 군대를 보내어 중국을
공격하여 점령하고는, 그 점령한 땅에 자신들의 교회당
을 세우고 또 서학이라는 가르침을 펼치는 모순된 일을
자행한다."는 것이다.

나 역시 이런 말과 행동이 서로 어긋나는 서양 사람
들에 관한 풍문을 듣고는 '이것이 진정으로 세상에 바른
도를 펴는 것인가? 저 서양인들이 펴고 있는 서학이라
는 가르침이 과연 세상을 올바르게 구할 가르침이라고
할 수 있겠는가?' 하는 의심을 품었다.

수운 선생은 일찍이 세상을 올바르게 이끌어 갈 수 있
는 도(道)를 얻고자 10여 년간 전국을 주유(周遊)하였다.
그러나 아무것도 이루지 못하고 다시 자신의 고향인 경
주, 구미산 산중에 있는 용담(龍潭)으로 돌아왔다. 용담
으로 돌아온 이후 굳은 결심과 함께, 도가 이룩되지 않
으면 결코 산 밖으로 나가지 않겠다는 불출산외(不出山
外)를 맹세하고 수련에 임하던 중, 뜻하지 않게도 경신년
4월 초 닷샛날에, 갑자기 마음이 선뜻해지고 몸이 주체
할 수 없이 떨리는 신비한 현상을 겪게 되었다. 마치 병
이 들어 마음과 몸을 진정시킬 수 없는 상태와 같았다.

   이와 같은 증상이 어떻게 하여 나타나는 것인지 알
수도 없었고, 또 그 상태를 말로써 온전히 표현할 수도
없이, 마치 술에 취한 듯도 하고 미친 듯도 하며, 꿈인지
아닌지 알 수 없는 상태가 한동안 계속되었다.

바로 그 즈음에 문득 신비한 말씀이 어디에선가 들려 왔다. 불현듯 들려오는 말씀에 깜짝 놀라 일어나, 조심스레 누구냐고 물어보니, 그 목소리의 주인이 대답하기를 "두려워하지 말고 두려워하지 마라. 세상 사람들이 나를 일컬어 상제라고 하는데, 너는 상제를 모르느냐?" 라는 말씀이 들려왔다.

상제(上帝)는 중국 은(殷)나라 이후, 천상(天上)을 지배하는 신을 이르는 이름이다. 그 이후 동양, 특히 중국과 우리나라의 민간에서 섬기는 천상의 주제신의 이름이 되기도 하였다. 그러므로 많은 사람들에게 신의 명칭으로 알려진 이름이다.

한울님이 수운 선생에게 "세상 사람들이 나를 일컬어 상제라고 하는데, 너는 상제를 모르느냐?" 라고 한 것은 한울님이라는 신의 이름이 '상제(上帝)'라는 의미는 아니다. 한울님은 다만 천상(天上)에 있으면서 천상을 주재하는 신이 아니다. 한울님은 하늘과 땅 모두를 포괄하는 존재로 '우주적인 존재'이다. 그러므로 만물 모두가 모시고 있으며[侍天主], 동시에 이 우주에 가득 편만(遍滿)되어 있는 존재이다. 그러나 이렇듯 새로운 절대적 존재와 수운 선생이 만나게 되고, 한울님은 자신을 설명하기 위하여 지금까지 중국을 비롯한 동양사회에서 불러오던 신의 명칭인 '상제'를 비유적으로 들어 한울님 자신을 보다 쉽게 접근할 수 있게 한 대답이 된다. 그래서 "세상 사람들이 나를 일컬어 상제라고 하는데" 라고 대답한 것이다.

수운 선생이 그토록 오랜 기간 만나 가르침을 받고 싶어 했던 절대의 신을 만나 대화를 한 것이다.

驚起探問則曰勿懼勿恐世人謂我上帝汝不

上帝耶

有何仙語恩入其中

수운 선생이 정신을 수습하여 조심스럽게, "어찌해서 이렇듯 저에게 나타나셨습니까?" 라고 여쭈니, 대답하기를, "내가 천지를 개벽하여 우주의 질서를 바르게 하고 만물이 살아갈 수 있도록 덕(德)을 베푼 지 오만 년이 되었다. 그러나 시간이 지날수록 세상 사람들은 점점 근본을 잊고 타락한 삶을 살아가니 결국 나는 천리에 의한 좋은 세상을 이루어야 한다는, 그러한 공을 이루지 못하였다. 이와 같은 때에 너를 이 세상에 내놓게 되었고, 또 너를 만나게 된 것이다. 이제 너에게 이 법을 주어 너로 하여금 세상 사람들을 가르치게 할 것이니, 조금도 의심하는 마음을 갖지 말라."

이에 묻기를 "그러면 지금 세상 사람들이 새로운 가르침이라고 말하는, 이른바 서도(西道)로써 세상 사람들을 가르칠까요?" 하고 물으니, 한울님께서 대답하시기를 "그렇지 않다. 나에게 영부(靈符)가 있으니, 그 이름은 타락한 세태에 빠져 허덕이고, 그러므로 세상의 온갖 질병으로부터 아픔을 겪는 사람들을 구할 수 있는 선약(仙藥)이요, 그 모양은 우주의 근본인 내 마음을 표상한 태극(太極)이면서 또 내 마음이 약동하는 모양의 표상인 궁궁(弓弓)이다. 나의 이 영부를 받아 세상과 사람들의 질병을 없애고, 나아가 세상 사람들 병든 마음을 치유하라.

또한 나의 이 주문(呪文)을 받아, 이 주문의 가르침과 같이 세상 사람들로 하여금 천리(天理)에 순응하고 천명(天命)을 공경하는 삶을 살게 하라. 천리에 순응하여 천리에 따르는 삶을 살고, 천명을 공경하는 삶이 바로 나를 지극히 위하는 길이다. 이렇듯 나를 위하게 하면, 무궁한 우주의 이치를 깨달아, 너의 생명이 무궁한 이 우주에 근원을 두었음을 깨닫게 되고, 그러므로 너 역시 무궁한 생명을 지녔음을 깨닫게 될 것이다. 그리하여 온 천하에 나의 덕(德)을 널리 펴서, 천리와 천명을 따라 사는 거룩하고 행복한 세상을 이룩할 수 있을 것이다."

내수운 선생]는 세상 사람을 타락한 삶으로부터 구제할 수 있는 영부와 주문을 주신다는 한울님의 말씀에 참으로 감격하지 않을 수가 없었다. 감사하고 감격한 마음으로 영부를 받고자 한울님 분부대로 흰 종이를 펴니, 흰 종이 위에 영부의 모양이 나타났다. 그래서 그 모양대로 붓으로 그리고 불에 살라 이를 다시 물에 타서 마셨다. 이러기를 여러 번을 하니, 몸이 윤택해지고 또 모든 면에서 더욱 건강해졌다. 그래서 마침내 한울님이 말씀하신 그 선약임을 몸소 확인하고 또 알게 되었다.

이렇듯 영부가 선약임을 확인하고, 이 영부를 사람들의 병에 써 보니 어떤 사람은 차도가 있었고 어떤 사람은 차도가 없었다. 어찌해서 이러한 차이가 생기는지 그 이유를 알 수 없어서 자세히 살펴보니, 정성을 들이고 또 정성을 들여서 지극히 한울님 위하는 주문을 열심히 읽으며 천리와 천명에 따라서 사는 사람은 영부를 사용할 때마다 효험이 있고, 한울님의 도와 한울님의 덕을 따르지 않는 사람은 하나같이 효험이 없었다.

受我呪文教人為我則汝亦長生布德天下矣

亦感其言受其符書以呑服則潤身差病方乃知仙藥矣到此用病或有差不差者莫知其端察其所然則誠之又誠至為天主者每每有中不順道德者一一無驗

이와 같은 면으로 보아, 효험이 있고 없는 것은 다른 데에 원인이 있는 것이 아니었다. 실상은 영부를 받는 사람이 얼마만큼 공경하는 마음을 지니고 정성을 들이느냐 그렇지 않느냐에 의한 것임을 알게 되었다.

　지금 우리나라를 돌아보건대, 천리(天理)와 천명(天命)을 따르지 않는 각자위심(各自爲心)의 삶을 살아가므로, 악질(惡疾)과 같은 나쁜 기운이 가득 차게 되었다. 그래서 백성들은 일 년 내내 하루도 편안하게 살지 못하는 지경에 이르렀다. 이것은 다름 아닌, 우리나라를 비롯한 온 세상이 바로 상해(傷害)의 운수에 빠져 있기 때문이다.
　동양을 공략하는 서양의 열강들은 전쟁을 하면, 할 때마다 이기고 또 공격하여 빼앗으니, 이루지 못하는 일이 없는 강성한 나라들임에 틀림이 없다. 이제 서양으로부터 공격을 받아 중국이 망하면, 입술이 없어져 이가 시리게 되는 것과 같은 화(禍)를 우리나라가 머잖아 맞게 될 것이 아니겠는가? 아 아! 보국안민(輔國安民)의 계획과 방책을 장차 어떻게 세워야 하는가?

此非斯人之誠敬耶是故我國惡疾滿
世民無四時之安是亦傷害之數也西
洋戰勝攻取
無事不成而天下盡滅亦不無脣亡之
歎輔國安民
計將安出

아, 슬프구나! 지금 세상 사람들은 새로운 성운(盛運) 의 시대가 머지않아 열릴 것인데도, 그 시운(時運)을 조금도 알지 못하는구나! 이 시운에 따라 펼쳐질 다시 개벽을 위한 나의 가르침을 듣고도 이를 믿지 못하여, 집에 들어가서는 마음속으로 내가 하는 말이 그르다고 부정하고, 또 길거리에 나와서는 삼삼오오 짝을 지어 수군거리며, 천도와 천덕을 따르고자 하지 않으니, 두렵고 걱정스럽기 그지없다.

세상의 현명하다는 사람들도 나의 이 가르침을 듣고는 아니라고 하는 이가 있으니, 참으로 한탄스러운 일이 아닐 수 없다. 이 세태를 어찌할 수가 없는지라, 간략하게 글로 써서 이로써 일깨워 보이고자 하노니, 이 글을 공경스럽게 받아 그 가르침의 말들을 흠모하는 마음으로 배우고 익히라.

惜哉於今世人未知時運聞我新言則入
則心非而巷議不顧道德甚可畏也賢者聞之
或不然而吾將慨歎世則無奈忘略記出論以
敬受此書欽哉訓辭

논학문 | 동학을 논한 글

천도(天道)는 그 형상이 드러나 보이는 것은 아니다. 그래서 형상이 없다고 한다[無形]. 그러나 이 우주에 편만(遍滿)해 있는 삼라만상(森羅萬象)이 궁극적으로는 천도의 작용에 의하여 생겨나고[化生] 성장하고[化育] 또 사라지는[死滅] 것이다. 그러므로 이와 같은 삼라만상이 바로 천도의 자취이다[有迹]. 그래서 천도는 그 형상이 없는 것 같지만, 그 자취는 있는 것이라고 말한다.

또한 땅의 이치[地理]는 너무나 넓고 커서 그 실체를 가늠할 수 없는 것 같지만, 이 땅 역시 일정한 방위가 있다. 동서남북의 사방, 그 사이를 합한 팔방의 방향[方]과 각각 일정한 위치[位]가 있다. 그러므로 그 방위에 따라 기후와 지형이 다르고 또 토질도 같지가 않다.

이와 같은 천도(天道)와 지리(地理)는 상응(相應)을 한다. 그렇기 때문에 하늘에 구성(九星)이 있듯이 땅에도 구주(九州)가 있어 서로 상응하고, 땅에 팔방(八方)이 있어 하늘의 원리인 팔괘(八卦)와 서로 상응하는 것이다. 이렇듯 천도와 지리가 서로 불가분의 관계로 상응하므로 천도에 따라 지리가 영향을 받는 것이다. 즉 계절의 왕래, 낮과 밤의 교차, 밀물과 썰물의 교대, 달의 차고 기움과 같은 영허(盈虛)가 시간의 흐름과 함께 번갈아가며 이어지는 바[迭代]는, 천도에 의하여 정해진 일정한 수(數)가 있기 때문이고, 또 이 우주 만유 역시 생성되었다가는 흩어져 사라지고, 태어났다가는 이내 사멸하는 동정(動靜)은 변하거나 바뀌지 않는 천도의 이치[天理]에 의한 것이다.

論學文

夫天道者如無形而有迹地理者如廣大而有方者也故天有九星以應九州地有八方以應八卦而有盈虛迭代之數無動靜變易之理

음과 양이 서로 어우러진 그 가운데에서 우주의 만상
이 화하여 나온다. 그러나 비록 삼라만상이 같은 이치
로 생성되지만, 그 가운데 가장 신령한 존재[最靈者]는 바
로 사람이다. 그러므로 최령자인 사람은 우주의 법칙을
밝혀야 하고 또 스스로 밝힌 우주의 법칙[天理]을 따르는
삶을 살아야 한다. 이것이 바로 천도(天道)와 지리(地理)
에 상응하는, 사람이 해야 할 바인 인사(人事)이다. 그러
므로 이 우주를 구성하는 근본 요소인 천(天) · 지(地) ·
인(人)의 삼재(三才)가 서로 유기적(有機的) 관계를 이루
는 이치가 정해진 것이다. 또 만물화생의 기본 원소인
오행(五行) 역시 이에서부터 나오는 것이다.

그러면 오행이라는 것은 무엇인가? 우주 만물을 이루
는 원소인 오행을 우주 근본을 이루는 가장 중요한 재질
이 되는 삼재(三才)와의 관계에서 살펴보면, 하늘은 오행
이 서로 어우러져 만물을 생성하는 원리가 되는 것이요,
땅은 오행이 서로 어우러져 자라나고 살아갈 수 있는 바
탕이 되는 것이며, 사람은 오행이 서로 어우러져 살아
움직이게 할 수 있는 기운이 되는 것이니. 하늘[天]과 땅
[地]과 사람[人]이 바로 삼재(三才)로서 서로 유기적 관계
를 맺을 수 있는, 그 일정한 수(數)를 우리는 이와 같은
부분에서 알 수 있는 것이다.

萬物化出於其中, 獨惟人最靈者也. 故定三才之理
出五行之數. 五行者何也. 天爲五行之綱, 地爲五行
之質, 人爲五行之氣. 天地人三才之數, 於斯可見矣.

陰陽相均雖百千

봄이 가면 이내 여름이 오고, 여름이 가면 이내 가을
이 오는 네 계절의 변화와, 또 절기에 따라 바람이 불고
이슬이 내리고 서리가 내리며 눈이 오는 그 사실은 조금
도 그 때를 잃지 아니하여 그 순서가 변하지 아니한다.

아침에 잠시 풀잎에 맺혔다가는 이내 사라지는 이슬
방울과 같이 덧없는 삶을 사는 이 세상 사람들은 어떤 연
유에서 이렇듯 계절의 변화가 질서 정연한지, 그 이유를
알지 못하고 있을 뿐이다. 그래서 이에 대하여 혹은 한
울님의 은혜라고도 하고, 혹은 조화의 공교한 자취라고
도 하며, 설왕설래해 왔다. 이렇듯 모든 자연현상 변화
의 근본이 되는 한울님 조화에 대한 믿음과 확신이 없었
으므로, 예로부터 오늘에 이르기까지 세상 사람들은 그
원인과 이유를 올바르게 알지 못한 채 살아온 것이다.

경신년 사월에 이르러 세상은 어지럽고 백성들의 민
심은 흉흉하였다. 이와 같은 세상의 혼란을 구할 수 있
는 방책이나 방향을 스스로 찾아 정할 수가 없었다.

또한 세간에 괴이하고 사리에 맞지 않는 이야기가 흉
흉하게 떠도니, 이는 다름이 아니라 서양 사람들에 관한
이야기들이었다. "일견 서양 사람들은 도와 덕을 이루어,
그 조화의 힘으로 이루지 못하는 일이 없다고 하면서, 한
편으로는 강성한 무기로 공격하며 전쟁을 일으키니, 참
으로 그 앞에서 당해낼 수 있는 사람이 없다고 한다.

중국이 서양의 공격으로 멸망해 버린다면, 어찌 우리 나라도 머지않아 그 화가 미치지 않겠는가?" 하며 사람들은 걱정을 하고 있었다. "아, 아! 도무지 서양 사람들이 왜 이렇듯 강성한지 그 까닭을 알 수가 없구나! 이 사람들은 도를 서도(西道)라고 칭하고 학을 천주학(天主學)이라고 칭하며, 교를 성교(聖敎)라고 하니, 이것은 하늘이 내린 때를 알고 하늘의 명(命)을 받은 것은 아닌가?" 라고 하면서 세상의 사람들은 수군거리고 있었다.

세상에 횡행하는, 서양 사람들이 행하는 일들과 이를 둘러싼 이야기들을 하나하나 꼽아보니 끝이 없었다. 나 [수운 선생] 역시 두려운 마음이 들었다. 서양은 어떻게 저렇듯 강성한 힘을 갖게 되었는가 생각하며, 내가 늦게 태어난 것을 한탄할 즈음에, 몸이 몹시 떨리며 마음은 선뜻한 한기를 느끼게 되었다. 몸 밖으로는 어떤 신비한 영과 접하는 기운이 있으며, 몸 안에서는 가르침의 말씀이 들려오되, 정신을 차리고 보려 하여도 보이지 않고, 들으려고 해도 들리지 않는 신비한 경지에 들게 되었다.

마음에 괴이하고 의아한 생각이 들어, 혼란된 마음을 가다듬고 기운을 바르게 하여 "어찌하여 이런 일이 일어납니까?" 하고 물었다.

한울님께서 대답하시기를 "내 마음이 바로 네 마음이니라. 네가 나의 마음을 회복한 것이다. 그러므로 너 역시 나와 똑같은 경지에 이르게 되었고, 그러므로 나를 만날 수 있고, 또 나와 대화를 할 수 있게 된 것이다. 이러한 사실을, 이와 같은 경지를 세상 사람들이 어찌 알겠느냐?"

이어서 말씀 하시기를 "세상 사람들은 하늘과 땅이라는 천지(天地)의 형체만을 알고 이 천지, 곧 우주적 존재인 한울님에 관하여서는 모르고 있다. 나는 천지, 곧 우주이며, 그러므로 우주의 만리만사를 섭명(涉命)한다. 따라서 이 우주에서 일어나는 모든 조화의 자취가 나로 말미암은 것 아님이 없다. 세상 사람들이 이것을 모르고 이 조화의 자취를 흔히 '귀신'이라고 말하는데, 이 귀신이라고 일컫는 것도 바로 나이니라." 하시고,

또 이어서 말씀하시기를 "네가 나의 마음을 회복하여 나의 경지에 이르렀으므로 너에게 나의 무궁한 도를 준다. 이를 잘 닦고 다듬어서 나의 도를 밝힐 수 있는 글을 짓고, 그 글로써 세상 사람들을 가르치고, 또 나를 위하는 수련의 법을 정하여 나의 무궁한 덕을 펼치면, 너로 하여금 무궁한 장생의 삶을 얻게 하고, 나의 이 덕으로 온 천하를 빛나게 할 것이다."

나 역시 거의 일 년 동안 수련하며, 한울님으로부터 받은 가르침을 헤아려 보니, 한울님께서 주신 도(道)가 자연의 이법 그대로임을 알게 되었다.

그런 까닭으로, 한편으로는 주문을 짓고, 한편으로는 강령을 하는 법을 짓고, 또 한편으로는 영원히 한울님을 잊지 않는 글을 지으니, 도를 행하는 모든 법도의 순서가 오직 이 주문 스물한 자에 있을 뿐이다.

天地而無知鬼神者吾也及汝无窮无窮之道
修而煉之制其文教人正其法布德則令汝長生昭
然于天下矣吾亦然至一感修而慶之則亦无自
然之理故一以侤呪文一以作降靈之法一以侤不
知

忘之詞次第道法猶爲二十一字而已

해가 바뀌어 신유년(辛酉年, 1861)이 되었다. 비로소 용담(龍潭)의 문을 활짝 열고 세상을 향해 가르침을 펴기 시작하였다. 소문은 온 고을로 퍼지게 되었고, 이를 듣고 사방에서 어진 선비들이 구름처럼 찾아왔다. 선비들은 나[수운 선생]에게 와서 많은 질문을 하였고, 그래서 매우 활발한 토론의 장이 열리게 되었다.

한 사람이 나의 앞으로 나오며 물었다. "지금 하늘의 영(靈)이 선생님께 내려왔다고 하니 어찌하여 그러한 것입니까?" 내가 대답하였다. "모든 만물은 가서는 돌아오지 않는 것이 없으며, 오며는 이내 돌아가지 않는 것이 없다는 이 우주의 이법인 무왕불복(無往不復)의 이치를 받았다." 계속해서 물었다. "그러면 무슨 도라고 이름을 합니까?" 내 대답하기를 "천도(天道)니라." 하였다.

다시 묻기를 "서도(西道)와 더불어 다른 것이 없습니까?" 하므로, 내가 대답하기를 "서학은 나의 도와 같은 것 같으나, 다름이 있고, 신을 향하여 기도도 드리고, 예배도 드리고, 빌기도 하지만, 진정 한울님 위하는 것이 아니다. 다만 자기 자신 하나 죽어 천당에 가기를 비는 것뿐이다. 그러나 내가 후천의 운을 받아 천도를 밝혔듯이, 서학 역시 선천의 운을 받아 일어난 것이므로, 선천과 후천의 다름은 있으나 그 운(運)을 타고 일어남에 있어서는 하나[一]라고 말할 수 있는 것이요, 서학의 도 역시 천도를 궁구하는 것이기 때문에 도(道) 역시 같은 것[同]이다. 그러나 천도를 밝히는 이치, 즉 천도를 밝히고 또 천도에 이르는 그 길은 서로 다르다.[非]"

方賢士進我而問曰今天靈降臨 先生何爲其然 也曰受其无往不復之理曰何道以名之曰天 道也曰與洋道無異者乎曰洋學如斯而有異如呪 而無實然而運則一也道則同也理則非也

轉至辛酉四一

묻기를 "어찌하여 그렇습니까?" 하니, 내가 대답하기를 "나의 도는 한울님의 이법에 의하여 자연스럽게 이루어지는 이치를 그 도법으로 삼은 것이니, 자연스럽게 저절로 되는 한울님의 작용인 무위이화(無爲而化)라고 할 수 있다. 이를 다시 설명하면, 한울님으로부터 받은 마음, 곧 한울님 마음을 지키고 그 기운을 바르게 하여 삶 속에서 실행하면, 한울님 성품을 지니게 되고 한울님의 바른 가르침을 받아 자연한 가운데에 화해 나오는 것이다. 이러함이 바로 나의 도법이다.

그러나 서양 사람들, 특히 선교사들이 하는 말은 앞뒤가 서로 맞지를 않고, 그들이 성경(聖經)이라고 부르는 책의 글에는 옳고 그른 것의 구분이 없다. 또한 도무지 한울님 위하여 한울님 이법에 따라 살고자 하는 공심(公心)이 없고, 다만 자신 한 몸만을 위하는 사심(私心)으로 한울님께 비니, 몸에는 한울님의 감응이 없어 한울님의 감화가 없고, 배움에는 근원적으로 한울님의 도를 깨우칠 가르침이 담겨 있지 못하다.

그러므로 신앙을 수행하고자 하는 형식은 있으나 실지로 나타남이 없고, 한울님을 생각하는 것 같으나 한울님을 위하는 법문인 주문이 없어서, 그 도는 허무에 가깝고 도에 이르는 이치인 학에는 한울님의 원리가 없는 것이다. 그러니 어찌 이러한 서학과 나의 도가 다름이 없다고 하겠는가?"

其然也曰吾道無爲而化矣守其心正其氣率其性

受其教化出於自然之中也西人言無次第無書

白而蠢無爲 天主之端只祝自爲身之謀身無氣

化之神學無 天主之教有形無迹如思无呪道近

曰何爲

噫無學非 天主豈可謂无異者乎

다시 묻기를 "선생님께서 창명하신 도와 서학이 모두 천도(天道)로서 서로 같은 것이라고 말씀하셨습니다. 그러면 선생님의 가르침 역시 그 이름을 서학이라고 이름합니까?" 이에 내가 대답하기를 "그렇지 않다. 내가 동방에서 태어났고 동방에서 이 도를 받았으니, 도는 비록 만물의 생성과 운행의 근원이 되는 천도이나, 그 도에 이르는 이치인 학은 곧 동학이다. 하물며 땅이 동과 서로 나누어졌고, 오랫동안 동과 서는 서로 다른 환경 속에서 살면서 서로 다른 생활의 방식과 사유, 그리고 문화를 지니고 살아왔으니, 서를 어찌 동이라고 말하며 동을 어찌 서라고 말하겠는가? 비유하건대 공자(孔子)께서는 노(魯)나라에서 태어나 유학(儒學)을 일으켰고 맹자(孟子)는 이 유학을 다시 추(鄒) 땅에서 크게 펼쳤기 때문에, 그 가르침이 온 세상에 전해졌어도, 사람들은 공자와 맹자가 태어났고, 또 유학의 학문적, 문화적 바탕이 된 노(魯)나라와 추(鄒) 땅의 이름을 들어 '추로지풍(鄒魯之風)'이라고 부른다. 이와 마찬가지로 나의 도는 이곳 동방인 우리나라의 오랜 사유와 전통을 바탕으로 일어난 것이고, 또한 이곳에서 그 가르침을 펼쳤으니, 어찌 서(西)로서 그 이름을 삼아 부르겠는가?"

선비들이 묻기를 "주문의 뜻은 무엇입니까?" 내가 대답하기를 "한울님을 지극히 위하는 글이다. 그런 까닭으로 한울님께 청원한다는 의미의 글자인 주(呪), 즉 주문이라고 말한 것이다. 이처럼 축원하고 청원하는 글은 옛날 사람들이나 지금의 사람들이나 모두 사용한 것으로, 지금의 글에도 있고 옛글에도 있는 것이다."

묻기를 "강령의 글은 어찌하여 그렇습니까?"

대답하기를 "'지(至)'라는 것은 지극한 것, 지극히 큰
것을 이르는 말이다.

'지기(至氣)'라는 것은 신령한 마음과 함께 우주에 가
득 차 있으며, 간섭하지 않는 것이 없으며, 명(命)을 부여
하지 않는 것이 없다. 그러나 형상이 있는 것 같으나 형
용하기가 어렵고, 들을 수 있는 것 같으나 들을 수 없고,
보일 것 같으나 보기가 어려운 것이니, 이 역시 우주의
원기인 혼원한 기운이 모여 이룩한 하나의 커다란 기운
이다.

'금지(今至)'라는 것은 지금 입도하여 비로소 한울님
기운을 접하고, 또 한울님 기운을 체험하는 것을 말하는
것이요,

'원위(願爲)'라는 것은 청하여 비는 것을 말하는 것이
요,

'대강(大降)'이라는 것은 한울님 기운과 나의 기운이
하나로 융화일체가 되기를 원하는 것이다."

'시(侍)'라는 것은 안으로 한울님의 신령함을 모셨음
을 깨닫고, 밖으로는 한울님의 무궁한 기운과 융화일체
를 이루는 것이다. 그러므로 내가 한울님 모셨음을 깨
닫는 것이다. 이렇듯 한울님의 마음을 회복하고 한울
님 기운을 얻으므로, '나' 스스로 우주의 중심이며 동시
에 '나' 스스로 우주라는 크나큰 기운과 연결되어 있음
을 깨닫는 것이다. 나아가 이 세상 사람들이 내유신령
(內有神靈)과 외유기화(外有氣化)로 한울님 모셨음을 깨
닫게 되어, 우리 모두가 본원적으로 한울님 모셨으므로
이 모셨음을 결코 옮기거나 바꿀 수 없음을 알게 됨을
말하는 것이다.

'주(主)'라는 것은 한울님을 높여 부르는 말씀이다. 한울님은 우리 생명의 근원이므로 천지부모(天地父母)이시다. 그러므로 우리를 낳고 또 키우신 부모님과 같이 섬겨야 하는 존재임을 뜻한다.

'조화(造化)'라는 것은 한울님의 힘이며 작용으로, 자연스럽게 저절로 되는 무위이화(無爲而化)이다.

'정(定)'이라는 것은 한울님의 덕과 더불어 합일이 되는 경지이며, 동시에 한울님 마음이 나의 마음 중심에 자리하는 것이다. 이렇듯 한울님의 덕과 합일되고 한울님의 마음이 내 안에 자리하게 되므로, 나의 마음은 곧 무궁한 한울님 마음이 되며, 나의 베풂은 바로 한울님의 지공무사(至公無私)한 베풂이 되는, 그와 같은 경지에 이름을 '정'이라고 말한다.

'영세(永世)'라는 것은 사람의 일생이다.

'불망(不忘)'이라는 것은 한울님 생각하는 마음을 잠시라도 떠나지 않는, 그 마음을 늘 간직하는 것이다.

'만사(萬事)'라는 것은 수의 많음을 말하는 것이요.

'지(知)'라는 것은 만리만사(萬理萬事)의 이치인 한울님의 무궁한 도를 깨달아, 그 깨달음을 통해 한울님의 지혜를 받는 것이다.

이러한 경지에 이르러, 한울님의 덕을 밝히고 밝혀, 잠시도 한울님 모앙(慕仰)하는 마음을 잊지 않는 삶을 살면, 한울님의 무궁한 지기(至氣)에 지극히 화하여, 지극한 성인의 경지에 이르게 될 것이다.

묻기를 "선생님께서 말씀하시기를 '한울님께서 내 마음이 바로 너의 마음이다라는 오심즉여심(吾心卽汝心)의 가르침을 내렸다.'고 하셨습니다. 이 가르침은 바로 한울님 마음[天心]이 사람의 마음[人心]이라는 가르침으로 생각됩니다. 그런데 어찌하여 지공무사한 한울님의 마음과 같은 마음을 지닌 사람이 그 행함에 있어 어떤 사람은 선(善)을 행하기도 하지만, 어떤 사람은 악(惡)을 행하곤 합니까?"

내가 대답하기를 "사람이 어찌 선한 사람, 악한 사람, 귀한 사람, 천한 사람이 있겠는가? 다만 한울님은 귀한 사람과 천한 사람이 되는 그 준표(準標) 만을 명해주었을 뿐이며, 사람이 살아가면서 겪게 되는 고락의 이치만을 정해 주었을 뿐이다. 사람을 비롯한 모든 존재는 이렇듯 한울님에 의하여 악(惡)함도 선(善)함도, 귀(貴)함도 천(賤)함도 없이, 그 무엇도 공평하게 세상에 태어난 존재일 뿐이다. 그러나 훌륭한 삶을 살아, 그래서 군자가 된 사람의 덕은 그 기운이 바르고, 그러므로 모든 행동거지나 실행하는 바가 반듯하며, 마음 역시 한울님 마음을 회복하여 그 마음을 변하지 않도록 정하였기 때문에 한울님의 덕과 합일하는 것이요, 소인의 행실로 소인의 삶을 사는 사람의 덕은 기운이 바르지 않아 모든 행동거지가 반듯하지 않으며 마음이 이리저리 자주 바뀌는 까닭으로 한울님의 명에 어긋난다.

세상 사람들이 이와 같이 군자의 덕을 쌓느냐, 그렇지 않으면 소인의 삶을 사느냐에 따라, 이 세상이 성운(盛運)을 맞이하느냐, 그렇지 않으면 쇠운(衰運)을 맞이하느냐가 결정된다. 바로 이것이 세상이 성(盛)하느냐 아니면 쇠(衰)하느냐 하는 성쇠(盛衰)의 이치이다."

也故賢則其德念念不忘則化至氣至於至聖曰

天心卽人心則何有善惡也曰命其人貴賤之殊定

其人苦樂之理然而君子之德氣有正而心有定故

與天地合其德小人之德氣不正而心有移故與天

地違其命此非盛衰之理耶

문기를 "한울님의 이법과 명을 따라 사는 것이 귀하게 사는 것이고 또 즐거운 삶이라는 말씀이신데, 어찌하여 이 세상 사람들은 자신이 귀하고 또 즐거운 삶을 이룰 수 있는 한울님을 공경하지 않습니까?" 대답하기를 "죽음에 임하여 한울님을 찾는 것은 살아 있는 모든 사람들의 공통된 마음이며 모습이다. 이는 그 명이 한울님에 있기 때문인 것이다. 이렇듯 사람의 명이 한울님에 달려 있고, 또 한울님이 모든 사람들을 세상에 내셨다는 것은 옛 성인이 말씀한 것으로 지금까지 전해지고 있는 것이다. 그러나 세상의 사람들이 과연 그런가, 그렇지 아니한가 하는 의심하는 마음 사이에서 믿지 못하여, 그 상세함을 알지 못하고 방황하기 때문에 한울님을 공경하지 못하는 것이다."

문기를 "도를 비방하고 또 훼방하는 사람들은 어찌하여 그렇습니까?" 대답하기를 "혹 그럴 수도 있느니라." 또 묻기를 "어찌하여 그럴 수가 있습니까?" 대답하기를 "나의 도는 지금도 듣지 못했고 옛날에도 듣지 못한 일이요, 지금도 비교할 수 없고 옛날에도 비교할 수 없는 법이니라. 그러니 처음 들어 보는 가르침을 듣고 사람들이 나의 이 도를 혹 믿지 못할 수 있다. 그러므로 도를 비방하고 훼방하는 것이 아니겠는가? 나의 도를 마음으로 잘 닦는 사람은 겉으로는 아무것도 드러나지 않는 것 같아 허(虛)한 듯하나, 스스로 마음에 깨닫고 체득하는 바가 있어 실지가 있는 것이요, 수도는 하지 않고 이것저것 듣기만 하는 사람은 겉으로 아는 것이 많아 보여서 실지가 있는 듯하나, 아무것도 체득하는 바가 없어 사실은 허무한 것이다.

死至也曰曤死號天人之常情而命乃在天天生萬
民古之聖人之所謂而尚今彌留然而似然非之
聞天知華然之故也曰侯近者何也曰鈞或可也曰
何以可也曰吾道今不聞古不聞之事今不比古不

比之法也修者如虛而有實

이와 마찬가지로 도를 비방하거나 훼방하는 사람들도 궁극적으로는 듣기만 하고 닦지를 않았기 때문에 도의 참맛을 몰라서 그러한 것이다."

묻기를 "도에 들어왔다가 배반하고 돌아가는 사람은 어찌하여 그렇습니까?" 대답하기를 "이 사람들은 족히 거론할 필요가 없다." 묻기를 "어찌하여 거론할 필요가 없는 것입니까?" 대답하기를 "그저 마음으로 멀리하도록 하라." 묻기를 "입도할 때의 마음은 어떤 것이며, 도를 배반하고 나갈 때의 마음은 어떠한 것입니까?" 대답하기를 "풀 위로 바람이 불면, 풀이 바람에 쓸리어 이리저리 쓰러지듯이, 이들의 마음도 일정한 주견 없이 세상의 명리(名利)에 따라 번복하는 것이다." 묻기를 "그러면 어찌하여 그런 사람들도 강령이 됩니까?" 대답하기를 "한울님의 위대한 덕은 선악을 가리지 않고 모두를 포용하신다. 바른 마음을 지니고 정성을 드리든, 바르지 않은 마음으로 정성을 드리든, 무슨 마음을 지녔든 정성만을 들이면, 감응하여 될 수 있는 것이다. 강령은 한울님 모셨음을 체득하는 길일뿐이다. 그러니 강령이 되는 것만으로 좋다고 말할 수는 없다."

묻기를 "그러면 한울님을 배반하거나 한울님을 믿거나 간에 그에 따른 해(害)도 덕(德)도 없는 것입니까?" 대답하기를 "요순의 시대에는 세상의 모든 백성이 요임금, 순임금의 덕화를 받아 모두 요순과 같이 되었으나, 지금이 세상의 운은 요나 순과 같은 사람의 덕화에 의한 것이 아니라, 세상의 운과 더불어 세상 사람들이 모두 한가지로 돌아가는 것이니, 해가 되고 덕이 되는 것은 한울님의 일이요, 내가 관여할 바가 아니다. 하나하나 캐어본즉 그런 사람들의 몸에 해가 미치는지, 그렇지 않을는지는 상세히 알 수는 없다. 그러나 이 사람들이 복을 누린다고 다른 사람들에게 말할 수는 없는 것이다. 복을 받는다거나 해를 입는다거나 하는 것은 그대들이 물을 바도 아니요, 내가 관여할 바도 아니다. 다만 한울님의 뜻에 따를 뿐이다."

아 아! 제군들이 도에 관하여 물어보는 바가 어찌 이와 같이 밝고 밝은가? 비록 나의 이 보잘 것 없는 글이 정밀한 뜻과 바른 원리에는 미치지 못하나, 그러나 사람 됨됨이를 바르게 하고, 몸을 닦고, 타고난 재질을 키우고 마음을 바르게 하면, 어찌 두 갈래 길에서 길을 잃고 방황을 하겠는가?

무릇 우주의 무궁한 섭리와 도의 심오한 이치가 모두 이 글에 담겨 있으니, 오직 그대들은 이 글을 공경히 받아, 이 글에 담긴 가르침으로 한울님의 성스러운 덕이 이 세상에 펼쳐질 수 있도록 힘쓰라. 이를 비유하여 말한다면, 단맛이 모든 맛을 잘 받아들여 조화를 이루는 것과 같은 것이요, 흰색이 다른 색을 잘 받아들여 채색의 조화를 잘 이루는 것과 같은 것이다.

내가 지금 도의 본체를 논한 이 글을 지어 세상에 이렇듯 펼치게 되니, 그 기쁘고 기쁜 마음을 스스로 이기지 못하겠구나! 이러한 까닭으로, 도를 논하여 이를 말하고 이 가르침을 잘 받도록 타일러 이를 보이나니, 도의 본체를 잘 밝히고 또 상세히 살펴서 한울님 조화의 현묘한 기틀을 잃지 않도록 하라.

吾今樂道不勝欽歎故論而言之諭而示之明而察之不失玄機

수덕문 | 덕 닦음의 요체를 담은 글

만물이 생성되고, 이 생성된 만물이 자라나 무성해
지고, 다시 그 무성함의 끝에 결실을 맺고, 또 이 결실을
이룬 만물이 이내 갈무리되는, '원(元), 형(亨), 이(利), 정
(貞)'은 천도의 변하지 않는 원리이다. 또한 사사로움에
치우치지 않고 오직 천도의 중심인 중도를 잡아서 행하
는 것은, 올바른 사람살이를 위해서는 필히 살펴야 할
일이다.

그러한 까닭으로, 태어나 절로 아는 생이지지(生而知
之)한 성인의 자질을 지닌 스승님이 세상에 나오게 되었
고, 이 스승님의 가르침을 배워 아는 학이지지(學而知之)
한 선유(先儒)들이 서로 전하고 또 전해주었다. 그러한
까닭에 비록 애쓰고 힘을 들여야 만이 비로소 알 수 있
는 곤이득지(困而得之)한 오늘 우리의 천박한 식견[淺見
薄識]이라고 할지라도, 우리 스승님의 성덕(盛德)으로부
터 나오지 않은 것이 없으며, 또한 문왕이나 무왕과 같
은 옛 임금들이 펼친 예의와 법도를 잃지 않고 잘 실행
해 왔기 때문이다.

나는 동방[우리나라]에서 태어나, 아무 하는 일도 없이
하루하루 세월을 보내며, 겨우 가문이나 지키며, 가난한
선비의 행색을 면치 못하는구나. 선조(先祖)의 충의(忠
義)는 그 절개가 용산(龍山, 용산서원)에 남아 있고, 우리
임금님들의 크고 훌륭한 덕(德)은 지난날 임진왜란과 병
자호란이라는 국가적 위기를 모두 극복하고, 세월이 흘
러 다시 임진년과 병자년을 맞이할 수가 있었구나.

修德文

元亨利貞天道之常惟一執中人事之察故生而知
之夫子之聖質學而知之先儒之相傳雖有困而得
之淺見薄識皆由於吾師之盛德不失於先王之古
禮余出自東方無了應日僅保家聲未免寒士先祖

之忠義節有餘於龍山吾王之盛德復運値壬丙

이와 같이 우리 조상께서 남기신 음덕(蔭德)이 끊이지 않고 내려와, 아버님과 같은 큰 선비가 태어나신 것이로구나. 아버님의 명성이 영남(嶺南) 일대를 뒤덮어, 사림(士林)의 선비들이 모르는 사람이 없구나. 조상의 덕이 여섯 세대를 이어왔으니, 어찌 자손에게 경사가 없겠는가?

아, 슬프구나! 글 읽는 선비의 평생이 흐르는 세월 속 한바탕 봄꿈같이 되었구나. 나이 사십에 이르러 평생을 공부한 것은 울타리 가에 버려진 물건과 같이 쓸모없이 되어 버렸음을 알게 되었고, 이제 마음속에는 벼슬길에 나아갈 뜻이 없구나.

한편으로는 귀거래사를 짓고, 한편으로는 과거(科擧)에 임하던 지난날은 옳지 못하고, 오늘 고향에 돌아와 후학을 키우는 일이 옳다는 심정이 들어 도연명(陶淵明)의 각비시(覺非是)의 구절을 읊으며 지팡이를 짚고 나막신을 끌고 오가니, 마치 처사의 행색이요, 산이 높고 물이 긴, 그러한 풍모를 지녔으니, 분명 은둔한 선비가 분명하구나.

기이한 봉우리와 괴이한 바위들로 되어 있는 빼어난 경관의 구미산(龜尾山)은 월성(月城)의 금오산(金鰲山) 북쪽에 위치해 있고, 곳곳에 맑은 담소(潭沼)를 이루며, 맑은 물이 아름다운 보석처럼 흐르는 용추계곡(龍湫溪谷)은 옛 수도 경주(慶州) 마룡(馬龍)의 서쪽에 위치하고 있다.

복사꽃이 흐드러지게 핀 정원은 세상 사람들에게 알려질까 두려울 만큼 아름답고, 용담정 앞으로 흐르는 푸르른 시냇물은 강태공(姜太公)이 낚시를 드리우고 세월을 낚으려는, 그 뜻을 품고 있구나. 정자 가까이 연못이 있으니, 이는 바로 염계(濂溪) 주돈이(周敦頤)가 연꽃을 사랑했던 그 곧은 마음을 지니고자 함이요, 정자의 이름을 용담이라고 하였으니 어찌 남양 땅에 숨어 웅지를 펼 때를 기다리던 제갈량(諸葛亮)을 흠모하는 마음이 아니겠는가?

세월은 흐르는 물과 같아서 그 흘러감을 막기가 어렵구나. 하는 일 없이 하루하루 세월만을 보내던 어느 날, 문득 아버님께서 돌아가시는 슬픔을 당하고 말았구나. 외로운 나의 한 목숨이 나이 겨우 열여섯이니, 무엇을 알았겠느냐. 어린 아이와 다름이 없었다.

아버님께서 평생 이루신 일은 어느 날 문득 일어난 화재로 모두 타 없어져 흔적조차 찾을 수 없게 되었다. 이 자손의 못난 여한은 세상에 낙심만 될 뿐이로구나. 이 어찌 통탄치 아니 하고, 어찌 애석치 아니 하리오.

마음에는 가정을 꾸려나갈 생각은 있으나, 씨 뿌리고 거두는 농사의 일을 알지 못하고, 또 글공부를 독실하게 하지 못하였으니 벼슬에 나아갈 뜻과 마음 모두 잃어버렸구나. 어려운 팔자를 헤아려 보니 또 춥고 배고플 근심만이 있을 뿐이다.

園中桃花恐知漁子之舟屋前滄波
意在太公之釣隱臨池塘無濂溪之志亭號龍潭
豈非慕葛之心難禁歲月之如流哀臨一日之化仙
孤我一命年至二八何以知之無異童子先考平生
之事業無痕於火中子孫不肖之餘恨蓄心於世間

豈不痛哉豈不惜哉心有家庭之業安知稼穡之役
書無工課之篤意墜青雲之地家産漸乏未知末稍
之如何年光漸益可歎身勢之將拙

벌써 나이는 사십에 가까이 다가오고 있으니, 어찌 아무것도 이루지 못한 것에 탄식이 없겠는가? 또한 마땅히 거처할 곳을 정하지 못하였으니, 누가 이 세상천지가 넓다고 말하였으며, 하고자 하는 일이 모두 서로 어긋나기만 하니, 한 몸 추스르기조차 어려운 신세를 스스로 한탄하게 되는구나.

이러한 나의 처지를 깊이 절감하고 난 이후, 마음을 다시 잡아 세상의 복잡하고 번거로운 일을 과감히 떨쳐버리고, 또 가슴속에 맺혀 있는 복잡한 생각들을 모두 스스로 꾸짖어 떨쳐내게 되었다.

용담의 옛집은 아버님께서 거처하시며, 높은 학문과 덕망으로 뭇 선비들로부터 우러름을 받던 곳이요, 경주는 나의 고향이로다. 처자를 거느리고 고향으로 돌아온 날은 기미년(1859년) 10월이요, 새로운 오만 년의 운을 타고 한울님으로부터 무극대도를 받은 때는 경신년(1860년) 4월이라. 이렇듯 한울님으로부터 무극대도를 받은 것은 잠결인 듯 꿈결인지 모르는 사이에 일어난 일이요, 말로는 도저히 형용하기 어려운 일이로다.

천지의 모든 변화가 담겨 있다는 역괘(易卦)의 양수와 음수 모두를 합하여 조화를 이룬 수[大定之數], 즉 천지자연의 모든 변화의 수를 살펴보고, 또 하(夏), 은(殷), 주(周) 삼대의 임금들이 하늘을 공경하던 그 이치(理致)를 살펴보니, 아아, 이에 비로소 옛 선비들이 하늘의 명에 순종하고 따랐던 것을 알겠구나. 이러한 옛일을 생각하니, 오늘의 후학들이 선왕(先王)과 선유(先儒)의 가르침을 망각하고 천리(天理)를 따르지 않고 천명(天命)을 따르지 않는, 그 사실을 스스로 탄식하게 되는구나.

마음을 바르게 잡고 한울님으로부터 받은 도를 닦고
헤아리니, 도의 가르침이 곧 우주의 이법, 자연의 법칙
아님이 없었다. 공자의 도를 살펴보아도 천도라는 하나
의 이치로 정해진 것이요, 또 나의 도를 논해 보니, 곧 천
도를 궁구한다는 점에 있어서는 공자의 도와 서로 같은
것이나, 도를 실행하고 도에 이르기 위한 수행 등은 서
로 다른 것임을 알게 되었다. 마음속에 일어나는 의심을
없애고 확신을 지니게 되니, 인간 만사 모든 일과 이치
가 분명하고 떳떳하게 밝혀지는구나. 고금의 모든 도를
살펴보니, 옛 성인이 펼친 도도 하늘을 공경하고 하늘의
이법에 순응하라는 것이고, 오늘의 내가 받은 도 역시
이와 마찬가지이다. 따라서 이 모두는 사람이 마땅히 따
르고 행해야 할 바이니라.

세상에 이 도를 포덕(布德)하고자 하는 마음을 잠시
접어 두고, 지극한 마음으로 수련에만 임하였다. 이렇듯
수련에만 임하며 포덕을 미루어 오다가, 마침내 신유년
(辛酉年, 1861)을 맞이하였다. 때는 6월이요, 절기는 여름
이었다.

도를 배우려고 찾아온 어진 벗들로 용담의 자리는 가
득하였다. 찾아온 사람들에게 도를 전해주기 전, 먼저
주문을 짓고 도를 행하는 제반 법도를 정하여 주었다.
이렇듯 찾아온 어진 선비들은 도에 관하여 묻고, 또 세
상 사람들을 향하여 포덕할 것을 권하였다.

가슴에는 불사약인 영부를 지니고 있으니 그 형상은 궁을이요, 입으로는 장생의 주문을 읊으니 삼칠자이다. 용담의 문을 활짝 열고 도를 듣기 위하여 찾아오는 사람들을 맞이하니, 그 수효는 헤아릴 수 없을 정도로 많구나. 자리를 펴고 천도의 가르침을 베푸니, 세상에 도를 펴는 그 즐거움이 또한 그러하더라.

갓을 쓴 어른들이 가르침을 받으러 예의를 차려 앞으로 들어왔다가, 가르침을 받고는 물러나가고 하니, 그 광경은 마치 옛날 공자의 삼천 제자가 법도에 따라 예를 갖추고 반열(班列)을 이루어 들고나던 모습과 같으며, 아직 관례(冠禮)를 치르지 않은 동자(童子)들이 절하며 공손히 손을 모아 읍(揖)하니, 옛 공자의 제자인 증석(曾晳)의 말과 같이, 늦은 봄날 기수(沂水)에 목욕하고 시를 읊으며 시원한 봄바람을 쐬며 돌아오는, 그 즐거운 노래를 오늘 다시 듣는 듯하구나.

도를 묻는 사람들 중에는 나보다도 나이가 위인 사람들이 있으니, 이들은 옛날 절제와 중도(中道)로서 예의에 관하여 이야기하던 자공(子貢)처럼, 나이 든 사람으로서의 절제와 도를 묻는 사람으로서의 중도(中道)를 잘 지키는구나. 제자들과 어울려 도에 관하여 문답을 하고, 또 예의를 갖추어 노래 부르고 시를 읊고 춤을 추니, 어찌 이는 그 옛날 공자께서 제자들과 가르침을 주고받으며 더불어 노래하고 춤추던, 바로 그 모습이 아니겠는가?

死之藥号乙其形口調長生之呪曰七其字開門納
客其數其然肆遂設法其味其如冠子進退悅若有
三千之班童子拜拱倚然有六七之詠年高於我是
亦子貢之禮歌詠而舞豈非仲尼之蹈
腦藏不

인의예지(仁義禮智)는 사람이 하늘로부터 품부 받은 본성이다. 이를 삶 속에서 실현하고 또 실천해야 한다는 것은 옛 성인(聖人)들의 가르침이다. 그러나 인의예지를 실현하고 또 세상에 올바르게 현현하게 할 수 있는 도법인 수심정기(守心正氣)는 오직 내가 다시 정한 것이다.

동학에 입도하며 한번 입도의 의식을 치르는 것은 한울님 모심을 영원히 잊지 않겠다는 중한 맹세요, 마음에서 일어나는 수많은 의혹을 깨뜨려 없애는 것은 정성된 마음을 지킬 수 있는 원인이 된다. 옷매무새를 단정이 하는 것은 군자가 행할 바요, 길을 다니며 음식을 먹는다거나 뒷짐을 지고 걷는 것은 천한 사람의 행실이다. 동학 천도교인의 가정에서 먹지 않는 것 오직 한 가지는 개고기이다. 따뜻한 몸에 해가 되는 것은 갑자기 차가운 물에 급하게 들어앉는 것이다. 남편이 있는 부녀자가 문란하게 나다니는 것을 막는 것은 국법에서 금지하는 바요, 누워 큰 소리로 주문을 외우는 것은 정성 들여야 할 우리 도에 태만히 하는 모습이다.

이와 같이 나의 가르침을 펼치니, 이 여덟 가지를 우리 도인이 지켜야 하는 법칙으로 삼으라.

아름답구나! 우리 도가 이 세상에 행하여짐이여. 우리 도에 입도하여 수도를 열심히 하면, 이내 명필인 왕희지(王羲之)와 같이 글씨를 잘 쓸 수가 있게 되고, 나무나 하고 꼴이나 베는 초부(樵夫)라고 해도 세상의 사람들이 저절로 무릎을 칠, 그런 시(詩)를 지어 부르게 된다.

우리 도를 믿어, 지난날의 허물을 뉘우치면, 이 뉘우침 자체가 바로 삶을 풍요롭게 하는 자산이 된다. 그러니 이러한 사람은 중국 제일의 부자라는 석숭(石崇)의 재물이 눈앞에 있다고 해도 결코 부러워하지 않게 될 것이요, 도에 지극한 정성을 드리는 사람은 스스로 세상 이치에 환하게 되어, 사광(師曠)의 총명이라고 해도 부러워하지 않게 된다.

　도를 닦아 용모가 신선과 같이 바뀌는 것은 다름 아니라 그 뜻에 신선의 풍모가 깃들어 있기 때문이요, 도에 정진하면 오랜 병도 스스로 낫게 될 것이다. 그러므로 노(盧)나라 명의인 편작(扁鵲)의 이름조차도 잊어버릴 정도로, 병에 대한 근심과 걱정에서 스스로 벗어나게 될 것이다.

　우리 도에 입도하여 정진하게 되면, 정신적으로나 신체적으로나 많은 기적과 같은 변화가 일어나게 된다. 그러나 이러한 모습은 도를 닦는 동안에 일어나는 특이한 현상일 뿐이지, 결코 도를 닦아 획득하고 도달하려는 목적은 아니다. 그러므로 올바른 한울님의 도를 깨달아 이루고 한울님의 덕을 마음에 세우기 위해서는 이러한 이적에 현혹되거나 구애되지 않고 수도하는 사람의 바른 정성이 있어야 하며, 스승으로부터 올바른 가르침을 받아야 한다.

　지금 세상의 많은 사람들이 혹 떠도는 말을 듣고 헛되이 수도하고, 혹 떠도는 잘못된 주문을 듣고는 외우는 사람들이 많으니, 어찌 잘못된 일이 아니며, 민망한 일이 아니겠는가?

안타까운 나의 마음은 간절하지 않은 날이 없으며, 빛나는 한울님의 성스러운 덕이 혹 잘못될까 두려울 뿐이다.

세상에서 내가 펴는 도가 이와 같이 잘못되고 있는 것은 역시 내가 멀리 떨어져 있어서, 서로 얼굴을 마주하고 교화를 펼치지 못하는 탓이요, 우리 도인의 수가 나날이 늘어 관(官)으로부터 지목(指目)을 받고 있기 때문이다. 이렇듯 서로 멀리 떨어져 있으면서 마음과 마음으로 서로 비추고 또 응하고 있으나, 그래도 서로를 그리워하는 마음은 참으로 이기기 어렵구나.

가까이 가서 서로 만나 마음에 담긴 뜻을 흉금 없이 펴고 싶으나, 관으로부터 지목하는 혐의가 있구나. 그런 까닭으로 이 「수덕문」을 지어 여러 제자들에게 반포하여 보이노니, 어진 나의 제자들이여, 나의 이 가르침을 근실한 마음으로 삼가여 듣고 마음에 새기어 실천하라.

무릇 우리의 이 도는 먼저 마음으로 확신할 수 있어야 한다. 이 마음의 확신은 곧 정성을 들일 수 있는 근거가 된다. 확신 또는 믿음이라는 뜻의 '신(信)'이라는 글자를 풀어보면, '사람[イ =시]의 말[言]'이라는 뜻이다. 이러한 사람의 말들 중에는 옳은 말도 있고, 옳지 않은 말도 또한 있다. 그러니 옳은 말은 취하고 옳지 않은 말은 버려서, 두 번 깊이 생각하여 마음으로 정하도록 하라.

마음으로 정한 이후의 말에는 조금의 흔들림 없이, 확신을 하는 것이 바로 올바른 믿음이다. 이와 같이 닦게 되면, 이내 그 정성을 이룰 수 있는 것이니, 정성과 믿음이라는 것의 사이가 도를 닦는 본원적인 원칙에 있어서 그리 먼 것이 아니다. 사람의 말이 믿음이 되고, 또 이 말이 이루어지는 것이 정성이 되는 것이니, 먼저 확신을 갖춘 이후에 정성을 들이도록 하라. 그래야만 올바른 정성이 된다.

　내가 지금 밝게 깨우칠 수 있는 가르침의 말씀을 전하노니, 이 어찌 그대들 모두 마음 깊이 확고하게 지녀야 할 말씀이 아니겠는가? 공경하고 또 정성을 다하여 나의 이 가르침의 말씀을 어기지 말도록 하라.

불연기연 | 알 수 없다 - 알 수 있다

옛 노래에, "먼 옛날 우주가 처음 이루어지고 만물이 생성됨이여! 각기 이루어짐이 있고, 각기 다른 형상이 있구나!"라고 하였다.

만물이 이루어진 외형만을 일상적인 눈으로 바라보고 이를 논한다면, 예를 들어 '사과이니까 사과 모양으로 생긴 것이지'라거나, '바위이니까 바위 모양으로 저렇게 생긴 것이지'라며, 외형적인 모습에 대하여 그렇고 또 그러하다고 쉽게 생각할 수 있다. 그렇지만 그 사물이 근원적으로 어디에서부터 왔으며 어떻게 현재의 모습으로 형성되었는가 하는 문제를 헤아려 보면, 그 이치는 참으로 멀고도 또 먼 것이 아닐 수 없다. 그러므로 만물의 근원을 헤아린다는 것은 아득한 일이요, 헤아리기 어려운 일이 된다.

'나'라는 존재가 어떻게 이 세상에 태어나게 되었는가를 생각하면, 나를 낳아주신 부모가 계시므로 어떻게 태어났는지를 쉽게 알 수 있다. 또 나 이후로 태어나는 나의 후손들을 생각하면, 후손들 역시 부모님이 나를 낳았듯이 내가 자식을 낳고, 자식이 나의 손자를 낳고 하여 계속 이어지게 됨을 우리는 쉽게 알 수 있다.

앞으로 올 세상을 생각해 보면, 결국 나의 부모가 나를 이 세상에 태어나게 했듯이, '나'라는 '부모'에 의해 태어난 후손들에 의하여 앞으로의 세상은 이루어질 것이다.

그러나 지나간 세상을 헤아려 올라가 보면, 할아버지의 할아버지인 인류 최초의 사람은 어떻게 해서 사람으로 태어났는가 하는 문제와 만나게 된다. 그러면 인류 최초의 사람은 과연 어떻게 해서 사람으로 태어나게 되었는가 하는 의심하는 생각이 들어, 참으로 분간하기가 매우 어려워진다.

아아! 이와 같이 헤아려 봄이여! 우리가 눈으로 보거나 또는 일반적인 생각으로 수긍할 수 있는 사실들을 가지고 미루어 보면, 세상만사가 모두 그러하다고 생각되는 것[其然]이지만, 최초의 인간은 어떻게 사람으로 태어났으며 만물은 또 어떻게 생겨났는가 하는, 우리가 알 수 없는 근원의 문제를 가지고 미루어 생각하면, 세상만사가 모두 알 수 없고 또 알 수 없구나.[不然不然]

어찌하여 이러한 것인가. 먼 옛날 인류 최초의 사람이라는 천황씨(天皇氏)는 어찌하여 자신을 낳아 준 부모가 없는데도 사람으로 태어나 살아갈 수 있었으며, 자신에게 왕위를 물려준 임금도 없었는데 어찌하여 임금이 될 수가 있었는가. 천황씨가 부모도 없이 세상에 태어났다는 사실이여. 어찌 '알 수 없는 일[不然]'이라고 말하지 않을 수 있겠는가. 이 세상에 누가 능히 부모 없이 태어나는 사람이 있겠는가. 우리 조상을 잘 살펴보면, 위의 할아버지가 다음 할아버지를 낳고, 또 다음 할아버지를 낳아, 인류가 계승되어 내려왔다는 그 사실을 살펴보면, 이 또한 그렇다고 수긍할 수 있으며 또 그렇다고 수긍이 되는[其然其然] 까닭이로구나.

之則惑難分於人爲人噫如斯之忖度芳由其然而
著之則其然如其然探不然而思之則不然于不然
何者太古兮今天皇氏豈爲烏人豈爲王斯人之無
芳哉不曰不然也世間執能無父母之人者其然

於世而尋

其然其然又其然之故也

그러하되 세상을 위하여 (하늘이) 천황씨(天皇氏)를 임금으로 삼고 또 스승을 삼았다. 임금 되는 사람은 법으로써 백성을 다스리고, 스승 되는 사람은 예로써 가르치는 것이니, 인류 최초의 임금이 된 사람은 그 임금 자리를 물려준 임금이 없었는데 세상을 다스릴 법과 강령을 어디에서 받았으며, 인류 최초의 스승이 된 사람은 가르침을 베푸는 스승이 없었는데 세상 사람을 가르칠 예와 의를 어디에서 본받았는가. 알지 못할 일이로다, 알지 못할 일이로구나.

태어나면 저절로 모든 것을 아는 생이지지(生而知之)에 의한 것인가, 아니면 아무 함이 없이 절로 되는 무위이화(無爲而化)에 의하여 그렇게 된 것인가. 이와 같이 된 것이 생이지지에 의한 것이라고 하여도 마음 한구석에는 어두워, 그 어두움이 그냥 남아 알 수 없고, 무위이화에 의하여 그렇게 되었다고 하여도 그 이치가 아득하고 아득하여 멀기만 하구나.

인류 최초의 임금이나 스승이 법강이나 예의를 물려받은 임금이나 스승도 없으면서도, 법강을 펴고 가르침을 펼친 것은 엄연한 사실이다. 무릇 이러한 일들은 일반적인 경험이나 인식으로는 도저히 납득되지 않기 때문에, 이를 '불연'이라고 한다. 따라서 사람들은 이 불연(不然)은 알 수 없고 그러므로 불연에 관해서는 말하지 않는다. 그러나 기연은 알 수 있는 것이기 때문에, 마침내는 기연의 일들만 믿는 것이 보통이다.

이에 천지 만물의 외형을 헤아려 보고, 그 만물이 형성된 근본 원리를 상고해 보면, 만물이 만물된 것과 그 만물을 만물로 이루게 한 근본 이치의 이치 됨이 얼마나 크고 먼 것인가.

君者以法造之師者以禮
教之君無傳位之君則法
綱何受師無受訓之師則禮
生以知之而然耶無爲化也
在於暗瞽之中以化而言之理
遠然莊莊之間夫如

然而爲世作之君作之師
無傳位之君則法
何受師無受訓之師則禮
安效不知也不知也

是則不知不然故不曰不然乃知其然故特其然
者也於是而揣其未究其本則物爲物理爲理之大
業幾遠矣哉

하물며 이 세상 사람들이여, 이제 하늘의 이치가 밝아 새로운 오만 년의 운에 따르는 세상이 열리는데, 어찌 이를 알지 못하는가, 어찌 이를 알지 못하는가.

새 운(運)이 정해진 지 벌써 몇 해인가. 새 세상을 열어갈 운이 스스로 와서 회복이 되는구나. 예나 지금이나 천도의 떳떳한 섭리는 변하지 않는 것이거늘, 어찌 운이라 일컫고 어찌 이 운이 회복되었다고 일컫는가.

그러나 만물에 작용하는 천도인 영고성쇠(榮枯盛衰), 즉 꽃피고 시들고 또 성(盛)하고 쇠(衰)하는 변화는 있는 것이다. 아아, 만물의 수많은 변화 중 불연(不然)으로 인식되는 면이여! 이를 헤아리고 밝히고 또 기록하여 이를 거울삼게 할 것이로다.

봄, 여름, 가을, 겨울의 네 계절이 일정한 차례로 조금의 어긋남도 없이 바뀌고 바뀌는데, 이는 어찌하여 그렇게 되며 어찌하여 그렇게 되는 것인가.

산은 높은 지대를 말하고 물은 그 성질이 위에서 아래로 흐르는 것인데, 어찌하여 물이 아래에서 위로 솟구쳐 올라 천지(天池)와 같이 커다란 호수가 백두산 꼭대기에 있는 것인가. 그것이 가능한 일인가, 그것이 가능한 일인가.

어린 아이는 어리고 어려서 말조차 못하는데, 오히려 자기의 부모를 알아보는구나. 어찌 알지를 못하는가, 어찌 알지를 못하는가, 이 세상의 사람들이여! 말 못하는 어린 아이도 알고 있는데, 어찌하여 자신이 태어난 생명의 근원인 한울님을 알지 못하는가.

성인(聖人)이 세상에 태어남이여, 황하(黃河)의 물이 천년에 한 번 맑아지는구나. 성인이 탄생할 운이 스스로 회복되어 그로 말미암아 황하의 물이 맑아지는가, 그렇지 않으면 황하의 물이 성인의 탄생을 알고 그 징조로 스스로 맑아지는 것인가.

밭을 가는 소가 농부의 말을 알아듣고, 농부가 부리는 대로 일을 하는구나. 이 소는 사람의 생각을 아는 것 같고, 또 사람이 하는 말을 알아듣는 것 같구나. 사람보다도 훨씬 힘이 센 소가 사람의 부림에 대항할 수도 있는데도, 어찌하여 대항하지 않고 사람이 부리는 대로 일만을 하는, 그 어려움을 스스로 겪으며, 종국에 가서는 죽임을 당하게 되는가.

까마귀와 같은 미물(微物)도 새끼 때 어미가 먹이를 잡아와 먹여 주던 것을 알고는, 늙은 어미에게 먹이를 물어다 주는 반포(反哺)의 은공을 행하고 있나니, 저들이 효도와 공경을 역시 아는 것인가.

봄이 되면 어김없이 강남 갔던 제비가 옛 주인 집으로 날아오니, 그 주인의 집이 아무리 가난해도 역시 돌아오고 그 주인집이 아무리 가난해도 역시 돌아오는구나.

이와 같은 까닭에 사람의 일반적인 경험이나 식견(識見)을 바탕으로 '그렇다'라고 반드시 말하기 어려운 것은 '불연'이 되는 것이요, 사람의 식견으로 판단하여 '그렇다'라고 단안하기 쉬운 것은 '기연'이다.

멀고 먼 근원을 헤아려 이에 견주어 보면 불연, 불연, 또 불연의 일이지만, 이 모든 일을 조물자인 한울님의 이치에 부쳐서 보면 이 역시 기연, 기연이고 또 기연의 이치로구나.

축문 | 기원하는 글

조선에 태어나 고맙게 인륜에 따라 살아가는 한 사람으로서, 하늘이 덮어주고 땅이 실어주는 은혜를 느끼며 일월이 비추어주는 덕을 입고 있으나, 아직 참에 돌아가는 길을 깨닫지 못하고 오랫동안 이 어지럽고 타락한 세상에 빠져 살면서, 마음에 잊고 잃음이 많았습니다. 이제 이 성세(聖世)를 맞이하여, 도를 깨친 선생님으로부터 가르침을 받아, 지난날의 허물을 참회하고, 일체의 선에 따라 살기를 원하여, 영원히 한울님 모심을 잊지 아니하고, 도를 마음공부에 두어 거의 수련하는 데에 이르렀습니다. 이제 좋은 날에 도장을 깨끗이 하고, 삼가 맑은 술과 마련한 얼마의 제수로써 받들어 청하오니 받으옵소서.

祝文
生居朝鮮忝入倫 叩感
天地盖載之恩荷蒙日月照臨之德未曉歸真之路
久沈苦海心多忘失今玆聖世道覺 先生儆悔
從前之過願隨一切之善永 侍不忘道有心學

熊韋修煉今以吉朝良辰淨潔道場謹以清酌庶
需奉請尚
饗

주문 l 한울님을 위하는 글

선생주문(先生呪文)

　　강령주문(降靈呪文) _ 한울님 기운을 회복하고자
　　하는 주문
　　　　지극한 한울님의 기운이 지금 사월 달에
　　　　이르렀습니다.

　　본주문(本呪文)
　　　　한울님 모셨음을 깊이 깨달아 나로 하여금
　　　　장생하게 하시고 무궁히 만사를 아우르는
　　　　한울님 지혜를 얻게 하십시오.

제자주문(弟子呪文)

　　초학주문(初學呪文) _ 처음 도에 들어온 사람들
　　이 읽는 주문
　　　　한울님을 지극히 위하고 내 마음을 돌아보
　　　　며 한평생 한울님을 잊지 않아 만사가 마
　　　　땅하게 되기를 바랍니다.

　　강령주문(降靈呪文)
　　　　한울님의 지극한 기운이 지금 나에게 이르
　　　　러 한울님 기운과 나의 기운이 융화일체가
　　　　되기를 바랍니다.

본주문(本呪文)

> 한울님 모셨음을 깊이 깨닫고, 한울님의
> 힘에 의하여 한울님 덕과 합일하고 한울님
> 마음이 나의 마음 한가운데 자리하였습니
> 다. 한평생 한울님을 잊지 않고, 그 마음을
> 지키면서 만리만사를 아우르는 도의 근원
> 을 깨달아 한울님으로부터 근원적 지혜를
> 받고자 합니다.

———— * ———— * ————

입춘시 | 입춘절에 쓰는 시

도의 기운 끊이지 않고 길게 이어지니 사악함이 들어
오질 못하네.
각자위심의 삶을 사는 세상의 사람들과는 함께 돌아
가지 않으리.

本呪文
侍天主造化定永世不忘萬事知
立春詩
道氣長存邪不入世間衆人不同歸

—— * —— * ——

절구(絶句)

황하의 물이 맑아지고, 봉황이 돌아와 우는 것을 누가 알겠느냐.

운이 어느 방향에서 어떻게 오는지 나는 알지 못하노라.

내 이 평생에 받은 명은 바로 천년의 운이니,

집안 대대로 이어온 선조들의 성스러운 덕으로 백세를 이어갈 업을 받았구나.

용담의 물이 흘러 흘러 네 바다의 근원이 되고,

구미산에 봄이 다시 돌아오니, 아! 온 세상이 꽃이로세.

—— * —— * ——

강시(降詩)

주문 스물한 자를 그려 써내니 세상 악마 모두 항복을 하네.

絶句

河清鳳鳴孰能知 運自何方吾不知平生受命千年
運聖德家承百世業龍潭水流四海源龜岳春回一
世花

降詩

陶來三七字降盡世間魔

——— * ——— * ———

좌잠(座箴)

우리 도는 넓으나 이르는 길은 매우 간략하다.

많은 말이 필요 없다.

별도의 다른 도리가 있는 것도 아니다.

오직 성·경·신 세 글자뿐이다.

성경신을 행하며, 그 가운데에서 열심히 마음공부를 하여,

터득한 뒤에야 마침내 알 수 있나니

잡념 일어남을 꺼리지 마라.

오직 깨달아 앎에 이르는 것을 두려운 마음으로 생각하라.

座箴

吾道博而約不用多言義別無他道理誠敬信三字

這裏做工夫透後方可知不怕座念起惟恐覺來知

——— * ——— * ———

화결시 ㅣ 和訣詩

온 세상 방방곡곡을 두루 돌아보니

물과 산, 모두 두루두루 알겠구나.

소나무와 잣나무는 푸르른 자태로 꼿꼿이 서 있고

가지마다 잎사귀마다 맺히고 맺힌 수만의 마디, 마디여

늙은 학이 새끼를 쳐서 온 천하에 퍼트리니

和訣詩

方方谷谷行行盡水水山山箇箇知松松栢栢青青

立枝枝葉葉萬萬節節老鶴生子布天下飛來飛去慕

仰極

날아들고 날아가며 서로 우러러 사모하는 그 지극함
이여.

운이여, 운이여, 얻었느뇨. 얻지 못했느뇨.
때를 말함이여 때를 말함이여, 깨달은 자 때를 말함
이여
봉황이여, 봉황이여 어진 사람이 나시도다.
황하여, 황하여 성인이 나시도다.

봄날 집집이 만발한 복사꽃 오얏꽃, 아아 곱기도 곱
구나.
슬기롭고 씩씩한 남아들, 아아 즐겁고도 즐겁구나.
세상의 수많은 골짜기와 산봉우리들, 높고 높음이여
한 걸음 두 걸음 차례차례로 오르며, 오르는 기쁨 나
직이 읊조리네.

새로운 운을 밝게 밝히니, 사람들의 운이 저마다 밝
아지고
함께 공부하는 배움의 맛이여! 생각하는 그 마음 서
로 같구나.

만년 묵은 나뭇가지, 수천의 꽃떨기여.
사해의 구름 그 가운데 높이 뜬 달이여, 거울 같구나.

누각에 올라 있는 저 사람은 마치 학을 타고 날아가
는 신선과 같고
물 위에 뜬 저 배 안의 말은 마치 하늘로 승천하는 용
과 같구나.

一鑑登樓人如鶴背仙泛舟馬若天上龍
萬壑千峰高又高兮一登二登小小吟明明其運各各
明同同學味念念同萬年枝上花千朶四海雲中月
河芳河兮聖人春宮桃李夭夭兮智士男兒樂哉
運兮運芳得否時云時云覺者鳳兮鳳分賢者

사람, 사람이 모두 공자는 아니어도 그 뜻은 한 가지
로 같고

비록 만권의 책을 읽지는 않았어도, 지닌 뜻은 능히
크구나.

꽃잎의 흩날리고 흩날림이여. 붉은 꽃의 붉디붉음이
여.

가지가지마다 돋아나고 돋아남이여, 푸르른 나무의
푸르디푸름이여.

펄펄 내리는 함박눈의 눈발이여. 흰 눈의 희디흼이
여.

넓고 넓은 아득함이여. 맑은 강의 맑디맑음이여.

물위에 떠 있는 배, 한가로이 노를 저음이여.

파도는 일지 않아 물살은 잔잔한데, 물가 백사장은
십리에 뻗쳐 있구나.

한가로이 세상의 이곳저곳을 떠돎이여.

달은 동산에 돌아오고, 저녁바람 서서히 불어오는구
나.

태산의 높고 높음이여, 선생께서 오르는 때는 언제인
고.

맑은 바람이 잔잔히 불어옴이여, 오류선생이 말한 '지
난날은 잘못되었다'는, 그 깨달음을 주고 있구나.

맑은 강의 넓고 넓음이여, 적벽강(赤壁江)에서 객과 한
가로이 즐기는 소동파의 풍류로다.

연꽃이 핀 연못의 깊고 깊음이여, 바로 주렴계 선생
이 즐기는 바로다.

意如同書非萬卷志能大

人無孔子

庀庀飛飛方紅花之紅耶枝枝發發兮綠樹之綠耶

霏霏紛紛兮白雪之白耶浩浩茫茫兮清江之淸耶

足泛桂棹方波不與沙十里路遊開談兮月山東風

此時泰山之時時方夫子登臨何時淸風之徐徐兮

五柳先生覺非淸江之浩浩兮蘇子與客風流池耶

之深淺兮是濂溪之所樂

푸르른 대나무의 푸르고 푸름이여, 군자의 속되지 않음이로다.

푸른 소나무의 푸르고 푸름이여, 냇물에 귀를 씻던 그 절개 높은 처사의 벗이 되는구나.

밝은 달의 밝고 밝음이여, 그 옛날 이태백이 끌어안던 달이로구나.

귀에 닿으면 소리가 되고 눈과 만나면 빛깔이 되나니, 이 모두 한가로이 예와 지금을 이야기하는 것이구나.

천지에 흰 눈이 어지럽게 흩날림이여. 수많은 산봉우리에는 둥지로 돌아가는 새의 자취마저 끊기었구나.

동산에 밝고 밝은 해가 이제 떠오르는데, 서쪽의 산봉우리들이 어찌 이 떠오름을 막을 수 있겠는가.

——— * ——— * ———

탄도유심급 | 도가 빨리 이룩되기만을 바라는 도인들 마음을 탄식하는 글

온 세상을 아우를 크나큰 운이 모두 우리 도로 돌아오리니, 이 크나큰 운과 함께 하는 우리 도는 그 근원이 지극히 깊고, 그 이치가 매우 멀도다.

綠竹之綠兮爲君子之
非俗青松之青青兮洗耳處士爲友
曰太白之所抱爲聲曰色靈是聞談古今
萬里白雪紛紛兮千山歸鳥飛飛絶東山欲登明明
兮西峯何事遮遮路

歎道儒心急
山河大運盡歸此道其源極深其理甚遠

진실로 곧고 굳건한 마음(心柱)을 지녀야만 이 깊고 먼 도의 참맛을 알게 될 것이요, 오로지 변치 않는 한결같은 마음을 한울님 공경함에 두어야만, 만사가 한울님의 뜻에 부합하여, 그 뜻과 같이 될 것이다.

탁한 기운을 모두 쓸어 없애고, 마치 어린아이를 보듬고 다독이듯이, 맑은 기운을 길러야 한다.

한갓 마음을 지극하게 하는 것이 중요한 것이 아니다. 바른 마음을 지니는 것이 무엇보다도 중요하다.

올바른 이치를 터득할 수 있는 총명함이 자연한 가운데에 저절로 화하여 은은히 우러나올 것이요, 앞으로 다가오는 모든 일들은 한울님의 한 이치, 한울님의 한 기운으로 모두 돌아가게 될 것이다.

수도하는 사람은 모름지기 마음속에 다른 사람의 하찮은 허물조차도 두지 말아야 하고, 자신의 비록 적은 지혜라고 해도 다른 사람에게 베풀 수 있는 마음을 지녀야 한다.

이와 같이 큰 도를 작고 하찮은 일, 즉 자신의 개인적인 복(福)을 비는 데에 정성을 들이지 말라. 모두를 위하는 큰일에 임하여 그 마음 다하여 헤아리면, 자연한 가운데에 한울님의 도움이 있을 것이다.

우리가 도를 닦아 이루는 됨됨이는 그 사람의 기국(器局)에 따라, 크게 깨달을 수도 있고 또 적게라도 깨달을 수 있는 것이다.

한울님의 현묘한 기틀이 드러나지 않아도 마음을 조급하게 갖지를 말라. 수련에 정진하여 공을 이루는 그날에 반드시 한울님과의 좋은 인연이 있을 것이다.

乃知道味一念在玆萬事如意消除濁氣兒養淑氣

非徒心至惟在正心隱隱聰明仙出自然來頭百事

同歸一理他入細過勿論我心我心小慧以施於人

如斯大道勿誠小事臨盡料自然有助風雲大手

固我心柱

隨其器局玄機不露勿爲心意功成他日好作仙綠

마음이여! 본래 모양도 없고 보이지도 않는 것이기 때문에 비어 있는 것과 같아, 만물에 응하여도 자취가 나타남이 없는 것이다. 그러나 이러한 마음을 닦아야만 한울님 존재를 깨달아, 한울님의 은덕을 알 수 있는 것이다. 이러한 한울님 덕을 오직 밝히는 것이 바로 도이다.

우리가 도를 깨닫고 또 이루는 것이 한울님 덕에 있는 것이지 결코 인위적인 것에 의하여 이룩되는 것이 아니다. 또한 그 도를 이루는 것은 한울님에 대한 확신에 있는 것이지, 한갓 공부만 하는 데에 있는 것이 아니다.

도는 가까이 있는 것이요 멀리 있는 것이 아니요, 정성에 있는 것이지 구하는 데에 있는 것이 아니다.

만유가 화생하는 이치[不然]나 만유가 화생되어 그 겉으로 들어난 현상[其然]이나 그 본원적인 이치에 있어서는 서로 같은 것이다. 그러므로 만물을 아우르는 근본 이치를 밝히는 도란 멀리 있는 것 같으나 결코 멀리 있는 것이 아니라, 우리 삶 속에 있는 것이다.

心兮本虛應物無迹心修來而知德德惟明而是道在德不在於人在信不在於工在近不在於遠在誠不在於求不然而其然似遠而非遠

시문편 | 詩文篇

결 | 訣

도를 묻는 오늘, 아는 바가 무엇인가.
뜻은 새해 계해년(1863)에 있도다.
공을 이룬 것이 언제인데, 또 때를 만나겠는가.
늦는다고 한하지 마라. 그렇게 되는 것을.
때는 그 때가 있나니, 한탄한들 무엇 하리.
새해 새 아침에 운을 불러 좋은 때를 기다린다.
지난해 서쪽, 북쪽에서 좋은 벗들이 찾아옴이여,
훗날 알리라. 우리의 이 집에서의 그날 그 기약을.
봄이 오고 있음을 마음으로부터 응하여 알 수 있으
니,
지상신선의 소식 가까워지네.
이날 이때 신령한 벗들의 모임이여,
헤아릴 수 없는 마음, 그 가운데 자리한 대도(大道)여.

——— * ——— * ———

우음 | 偶吟

남쪽의 별이 가득 차오르고 북으론 은하수가 둘러져
있구나.
대도(大道)는 이 천체의 변화와 같아서, 크나큰 재앙
에서부터 벗어나리라.

거울로 만리(萬里)를 비추어 보니, 눈동자가 먼저 깨
닫고,
달이 삼경에 솟아오르니, 뜻이 문득 열리는구나.

어느 사람이 비를 얻어 능히 사람을 살리는가.
한 세상 바람 따라 오가듯, 그렇게 살아왔네.

겹겹이 쌓인 세속의 먼지 내 씻어내고저,
표연히 학을 타고 신선되어 선대(仙臺)를 향해 날아가
고저.

청명한 밤하늘에 달이 밝은 것은 다른 뜻이 있는 것
은 아니네.
이와 같이 좋은 밤, 서로 웃으며 이야기를 나누는 것,
예로부터 전해 오는 우리의 좋은 풍속일세.

사람이 이 세상에 태어나서 무엇 얻음이 있겠는가.
도를 묻는 오늘 주고 또 받을 다름이라네.

偶吟

南辰圓滿北河回　大道如天脫却灰　鏡投萬里眸先
覺月上三更意忽開　何人得雨能入活　一世從風征
去來百疊塵埃吾欲滌　飄然騎鶴向仙臺清宵月明
無他意好笑妙言古來風入世間有何得問道今

日授與受

그 가운데 이치가 있으나 아직 깨닫지 못하네.
뜻이 어진 이의 문하(門下)에 있으니 반드시 나와는 같으리니.

하늘이 만 백성을 내시고 또 도를 내셨도다.
제각기 기상이 있음이여. 내 알지 못함이라.

폐부에 통하여 그 뜻 어기지 않으니,
크고 작은 일 사이에 의심할 것 있을 수 없나니.

말 위에서 맞이하는 한식(寒食)이여. 이곳은 나의 고향이 아니로구나.
이제 고향으로 돌아가 벗들과 옛일을 함께 하고 싶네.

의(義)와 신(信)이여. 또 예(禮)와 지(智)여.
이들 모두는 무릇 나와 그대가 한번 만나는 그 가운데에 생겨나는 것이로다.

오는 사람 가는 사람, 그때가 또 어느 때인가.
같이 앉아 한가로이 이야기를 하며 상재(上才) 오기를 기다리노라.

세상에 들려오는 많은 소식들이여 또 알지 못하겠구나.
그러한지 그렇지 아니한지, 내 먼저 듣고자 하네.

萬民道又生各有氣像吾不知通于肺腑無違志大
小事間兼不在馬上寒食非故地欲歸吾家友皆事
義與信兮又禮智凡作君一會中來人去人又何
時同坐間談頷上才世然消息又不知其然非然聞

有理其中姑未覺志在賢門必我同天生

欲先

구름 걷히는 서산에 여러 유익한 벗들은 모였지만,
옳고 그름을 잘 가리지 않아 그 이름 세상에 빼어나지 못하는구나.

우리 어인 일로 이곳에 와서 서로 반갑게 만나게 되었는가.
즐거운 이야기를 나누고 또 글을 쓰니 그 뜻 더욱 깊어지누나.
이 마음이 들떠서 오래 이곳에 머물지 않음이 아니다.
또 다른 마을에서 어진 벗을 만나보고자 함이로다.

진나라 정원이 사슴을 잃었으니, 우리가 어찌 무리를 이룰 수 있으며,
봉황이 주나라 궁궐에서 울었으니, 그대는 응당 그 뜻을 알 것이다.

천하는 모두 보지 못했어도 구주(九州)라는 이름은 들었으니,
공연히 이 대장부로 하여금 마음만 설레게 하는구나.

흐르는 물소리를 듣고 동정호(洞庭湖) 아님을 깨닫고,
책상머리에 앉은 채 내 악양루(岳陽樓)에 있는가 의아스럽구나.

나의 마음 아득한 그 사이를 지극히 생각하고 있나니,
의심컨대 태양을 따라 비추는 그림자여.

雲捲西山諸益會喜 不處卜名不秀何妹此地
好相見談且書必意益深 不是心适久不此又作他
鄉賢友者鹿失叅庭吾何羣鳳鳴周室前應知
不見天下聞九州空使男兒心上遊聽流覺非洞庭
湖坐楊雖在岳陽樓吾心極思杳然間疑隨太陽流

照影

──── * ──── * ────

전팔절 | 前八節

근원적 밝음이 있는 바를 알지 못하거든, 멀리에서 구하지 말고 나를 닦으라.

한울님의 덕이 있는 바를 알지 못하거든, 내 몸이 어떻게 화하여 태어난 것인지를 헤아리라.

한울님이 우리에게 품부하신 명이 무엇인지 알지 못하거든, 내 마음의 밝고 밝음을 깊이 생각하라.

한울님의 도가 무엇인지 알지 못하거든, 내가 지닌 한울님에 대한 확신이 한결 같은가를 헤아리라.

한울님에 대한 나의 정성이 올바르게 이르고 있는지를 알지 못하거든, 내가 마음을 잃지 않았는지 헤아리라.

한울님 공경하는 바를 알지 못하거든, 잠시라도 한울님 모앙하는 마음을 늦추지 마라.

한울님 두려워하는 바를 알지 못하거든, 내 마음 씀에 있어 지극히 공변되어 사사로움이 없는가를 생각하라.

공변된 마음을 내가 지녔는지, 지니지 못했는지를 알지 못하거든, 이 내 마음 씀이 공변된 공심(公心)에 의해서인지, 그렇지 않으면 사심(私心)에 의한 것인지를 살피라.

八節

不知明之所在遠不求而修我不知德之所在料吾
身之化生不知命之所在顧吾心之明明不知道之
所在度吾信之一如不知誠之所致數吾心之不失
不知敬之所爲暫不弛於慕仰不知畏之所爲念乎

公之無私不知心之得失察用處之公私

후팔절 | 後八節

근원적 밝음이 어디에 있는지 알지 못하거든, 나의 마음을 그 근원의 자리로 보내라.

한울님의 덕이 있는 바를 알지 못하는 것은, 말로 표현하고자 하나 너무나 커서 말로서는 표현이 되기 어렵기 때문이다.

한울님이 품부한 명이 있는 바를 알지 못하는 것은, 그 주고받는 이치가 너무나 묘연하기 때문이다.

한울님의 도가 있는 바를 알지 못하거든, 내가 나 됨이요 다른 것이 아님을 알아야 한다.

한울님에 대한 나의 정성됨이 어느 만큼에 이르렀는가 알지 못하거든, 이에 스스로 자신이 게으르다는 것을 알아야 한다.

한울님에 대한 나의 공경함이 어느 만큼인지 알지 못하거든, 내 마음이 거슬리고 몽매함을 두려워해야 한다.

한울님에 대한 두려운 마음이 나에게 어느 만큼이나 있는지 알지 못하거든, 죄 없는 곳에서 죄 있는 것과 같이 해야 한다.

공변된 마음을 내가 지녔느냐 지니지 못했느냐를 알지 못하거든, 지금 어제의 잘못을 다시금 생각하고 반성하라.

又

不知明之所在 送余心於其地 不德之所在 欲言浩
而難言 不知命之所在 理査然於授受 不知道之所
在我爲我 而非他 不知誠之所致 是自知而自怠不
知敬之所爲 恐吾心之晻昧 不知畏之所爲 無罪地

而如罪不知心之得失 在今思而懲非

──── * ──── * ────

제서 ǀ 題書

얻기도 어렵고 구하기도 어려우나
실지는 어려운 것이 아니니라.
마음이 화하고 기운이 화하여
봄같이 화해지기를 기다리라.

──── * ──── * ────

영소 ǀ 詠宵

　세상의 속된 계집들이 번복하는 모양을 부끄러워하
듯이, 서학에 속아 번복하는 세태를 부끄러이 여겨,
　내 일생 높이 달나라 광한전에 들어 세상을 다만 비
추고 있을 뿐이도다.
　이러한 나의 마음을 오직 맑은 바람만이 알고 있어,
　흰 구름을 보내어 옥 같은 나의 얼굴을 가리게 하는
구나.
　연꽃이 물속에 비추니, 물살을 가르고 노니는 물고기
들 꽃 사이로 날아다니는 나비와도 같고
　달빛이 바다를 환하게 비추니, 구름 역시 드넓은 육
지와 같구나.

　진달래꽃 활짝 핀 동산에 두견새는 슬피 울고,
　봉황대 지어놓으니 봉황 또한 와서 노니는구나.

백로는 그림자 타고 강을 건너고,
밝은 달은 달려가고자 구름을 채찍질하네.

물고기가 변하여 용이 되니 연못에는 물고기가 있고,
숲속의 범을 바람이 끌어내니 그래서 바람이 따라가
는구나.

바람이 올 때에는 자취가 있으나 갈 때에는 자취가
없고,
달 앞에서 뒤돌아보면 언제나 달 내 앞에 있구나.

안개가 앞길을 가렸으나 밟아도 그 혼적이 없고,
구름이 봉우리 위에 얹혀 있으나 그 높이는 조금도
높아지지 않았구나.

산에 사람이 아무리 많아도 이들 모두를 신선이라 말
하지 않고
열 사람이 모두 장정(壯丁)이라고 해도 군정(軍丁)이라
고는 말할 수 없네.

달밤에 냇가의 돌들 구름이 헤아리며 지나가고
바람 부는 뜰 꽃가지를 나비가 춤추며 자질하네.
사람이 방에 들면 바람은 밖으로 나가고,
배가 언덕머리로 다가가니 산은 물로 내려오네.
봄바람 불어오니 꽃 사립문 스스로 열리고
가을 달 기우니 대나무 울타리 빛 성기네.

白鷺渡江

鳥影去皓月欲逝鞭雲飛魚變成龍潭有魚風尊林
虎故從風風來有迹去無迹月前顧後每是前烟遮
去路踏無跡雲加峰上尺不高山在入多不曰仙十
鳥皆丁未謂軍月夜溪石去雲數風庭花枝舞蝴尺

入霧中風出外舟行岸頭山來水
花扉自開春風來竹籬輝踈秋月去

그림자 푸른 물속에 잠겼으나 옷은 젖지 아니하고,
거울 속 미인을 대했으나 말하여도 화답치는 못하네.

물 수 자요, 탈 승 자요 그리고 미리 용이로다. 그러니
물을 벗어나서는 아름답고 좋은 용이라도 타지를 말고.
문 문 자요, 범 호 자요 그리고 나무 수로다. 묻노니
문에 범이 침범하니 어찌 나무 몽둥이가 없겠는가.

산머리에 걸려 있는 반달은 산머리를 빗고 있는 얼레
빗과 같고,
물 위에 비스듬히 피어 바람에 흔들리는 연꽃은 연못
을 부쳐주는 부채와 같구나.

연못에서 피어나는 이내 속, 미루나무는 서서히 잠겨
가고,
바다 위 고기잡이배 불빛 속, 노(櫓)며 낚시 기구 하나
둘 드러나고 있구나.

등불이 물 위에 밝게 비추이니 그 아무러한 혐의의
틈은 찾을 수 없고,
기둥은 비록 마른 나무의 모양을 띄고 있으나 그 힘
은 아직 남음이 있도다.

필법 | 筆法

마음을 닦아 필법을 이루나니

마음 닦는 것과 필법을 이루는 것은 그 이치가 한마음에 있느니라.

우리나라는 목국(木局)의 형상이어서

세 번의 끊어질 듯한 어려움에도 나라를 잃지 아니할 수(數)이니라.

이곳에서 태어났고, 또 이곳에서 얻었다.

그런 까닭으로 생각건대 동방이 먼저 되리라.

사람의 마음이 같지 아니함을 안타깝게 여기니

법도를 지음에 역시 그 안팎이 없어 일치해야 하니라.

마음을 편안히 하고 기운을 바르게 하여 비로소 획을 긋나니,

만법(萬法)은 처음 찍는 그 한 점에 있느니라.

처음에는 먼저 붓끝을 부드럽게 하고,

먹을 몇 말씩 갈아야 글씨 쓰기를 제대로 할 수 있느니라.

종이는 두터운 것을 택하여 글씨를 이루고

글씨를 쓰는 법도 역시 크고 작음에 다름이 있느니라.

먼저 위엄 있게 시작하여 바르게 쓰는 것을 위주로 하나니,

태산 층암(層巖) 같이 형상을 짓도록 하라.

筆法

修而成於筆法其理在於一心豈吾
國之木局數不
失於三絶生於斯得於斯故以爲先
東方愛入心之
不同無裡表於作制安心正氣始畫
萬法在於一黙
前期承於筆臺磨墨數斗可也擇紙
厚而成字法有

達於大小先始威而主正形如泰山層巖

────＊────＊────

유고음 | 流高吟

높은 봉이 우뚝 솟은 것은 뭇 산을 통솔하는 기상이요.

흐르는 물이 쉬지 않는 것은 모든 냇물을 모으려는 뜻이네.

밝은 달이 이지러지고 또 차오르는 것은 절개 높은 사내가 의기투합하여 나뉘고 합하는 모습이요.

검은 구름이 하늘에 나는 것은 군대가 대오를 맞추어 도열한 위엄과 같구나.

땅에 거름을 주어야 오곡이 풍년이 들어 넉넉함이 있고.

사람이 도와 덕을 닦아야 백천만사를 행함에 얽매임이 없다.

────＊────＊────

우음 | 偶吟

비바람이 지나간 나뭇가지에 바람 비, 그리고 서리도 눈도 내리네.

바람, 비 그리고 서리와 눈이 지나간 후,

한 나무에 꽃이 피고, 문득 온 세상은 아, 아 봄이네.

流高吟

高峯屹立羣山統率之像流水不息百川都會之意
明月虧滿如郎夫之分合黑雲騰空似軍伍之嚴威
地納糞土五穀之有餘人修道德百用之不紆

偶吟

風過雨過枝風雨霜雪來風雨霜雪過去後一樹花
發萬世春

——— * ——— * ———

기타 시문 | 其他 詩文

겨우 한 가닥 좁은 길을 찾아 험난한 길을 걷고 걸어
겨우 지나니
산 너머 또 다시 산을 만나고, 물 건너 또 물을 만나
네.
다행히 물 건너 또 물을 건너고, 근근이 산 넘고 또 산
을 넘었네.
마침내 넓고 넓은 곳에 이르니, 비로소 아, 아 이가 대
도(大道)로구나 깨닫게 되네.

안타까이 봄소식 기다려도 봄볕은 아! 오지를 않네.
봄빛을 좋아하지 않음이 아니나, 오지 않음은 곧 때
가 아니기 때문이다.
비로소 올 만한 절기에 이르면, 기다리지 아니해도
자연히 오리니.
지난 밤 아! 봄바람이 부니, 온 천지 나무들 일시에 봄
이 왔음을 알아차리네.

하루에 한 송이 꽃 피고 이틀에 두 송이 꽃이 피니
삼백예순 날, 삼백예순 송이 꽃이 피네.
한 몸이 다 이에 꽃이요, 온 집안이 모두 봄이구나.

병 안에는 신선의 좋은 술이 있으니, 가히 백만의 사
람을 살릴 만하구나.

縷將一條路 芟芟步險難 山外更見山 外山又逢水
辛渡水外水 僅越山外山 且到野廣處 始覺有大道
苦待春消息 春光終不來 非無春光好 不來卽非時
茲到當來節 不待自然來 春風吹去夜 萬木一時知
一日一花開 二日二花開 三百六十日 三百六十開

一身皆是花 一家都是春
瓶中有仙酒 可活百萬人

빚어낸 지는 이미 천 년 전인데, 마땅히 쓸 곳이 있어 간직하노라.

부질없이 한번 봉한 것을 열면, 냄새만 날아가 맛 역시 밋밋해질 것이니

지금 우리 도를 하는 사람들 입 지키기를 이 병과 같이 하라.

無然一開封臭散哧亦薄今我爲道者守口如此缾

釀出千年前藏之備用處

통문 | 通文

오른편의 글은 모든 도인들이 배우고 또 알아야 할 일[通諭]이다.

당초에 사람들에게 가르침을 편 뜻은 병이 든 사람에게 약을 쓰지 않아도 스스로 낫게 하고, 어린 아이가 붓을 잡으면 총명해져서 그 가운데 모든 일을 잘하게 함에 있었다. 그러니 어찌 세상의 아름다운 일이 아니겠는가.

이렇게 하기를 이미 몇 년의 세월이 지났고, 나는 화(禍)가 생겨날 것은 조금도 의심하지도 않았다. 그러나 뜻하지 않게도 도적으로 다스려지는 욕을 받았으니, 이 무슨 재앙인가. 이는 이른바 금(禁)하기 어려운 것은 나쁜 말이요, 시행되지 않는 것이 좋은 행실이다. 이와 같은 일이 그치지 않으면, 근거 없는 말이 갈수록 더욱 날조(捏造)됨이 더해져서, 나중에는 화가 어느 지경에 이를지 알 수 없는 것이니라. 하물며 (지금의 상황이) 이와 같으니, 이와 같이 좋은 도(道)가 서양 오랑캐의 학(學)으로 한 가지로 싸잡히고 있으니, 참으로 수치스러운 일이 아니겠는가. (서양 오랑캐의 학이라고 음해를 받고 있으니) 어찌 예(禮)와 의(義)를 중하게 여기는 마을에 같이 있게 하고, 어찌 우리 가문의 일을 욕되게 할 수 있겠는가.

通文

右文爲通諭事當初敎人之意病人勿藥自效小兒得筆輔聰化善其中豈非世美之事耶已過數年吾無禍生之疑不意受辱於治賊之下者此何厄也是所謂難禁者惡言不施者善行若此不已則無根說

話去益搆捏末流之禍不知至於何境況此若是善道同歸於西夷之學功非羞恥之事耶何以參禮義之鄕何以忝吾家之業乎

이로부터 이후에는 비록 친척의 병환이라도 고치려 하지 말지어다. 사람을 교화하여 일찍이 도를 전한 사람은 조심스레 살피고 극진히 찾아보아 이 뜻에 통하여, 정성을 다하여 도(道)를 망각할 지경에 이르면, 다시 욕을 당하는 폐단은 없을 것이니라.

그러한 까닭에 몇 줄의 글을 써서 밝혀, 펴서 보이노니, 천 번 만 번 심히 다행한 일이노라.

통유 | 通諭

첫째는 통유의 일이 없고, 둘째는 그렇지 아니한 단초가 있으며, 그런 까닭에 셋째는 부득이 행함이 있으며, 넷째는 참을 수 없는 정(情)의 글이 있음이라. 천만번 깊이 헤아려 글 가운데에서 하나의 빠짐도 없이 시행함이 어떠한고.

지난해 한겨울에 길을 떠난 것은 본래 강상(江上)의 청풍, 산간의 명월과 더불어 놀기 위함이 아니라, 세상의 도가 평상적인 삶과 어긋나는 것을 살피기 위함이니라. 지목(指目)의 혐의를 생각하고, 무극의 대도를 닦고, 한울님 덕을 펴려는 마음을 안타까이 여김이로다.

해가 바뀌고 달이 지나 거의 다섯 달에 이르렀구나. 이곳에 처음 들어온 뜻은 다만 이 산에 있으면서, 구름에 덮인 깊은 곳이기 때문에 다른 사람들은 나의 있는 곳을 알지 못할 것이고, 어디 있느냐고 물으면, 다만 동자(童子)가 약초를 캐러 갔다고 먼 곳을 가리킬 것이라고 생각했기 때문이다.

한편으로는 공부하며, (마음에) 생기는 해이함을 덜고, 한편으로는 집안의 안부나 들으려 함이니라. 마음에는 한가로이 씻어내며 보낼 뜻이 있으나, 오늘의 광경은 종적이 세 갈래의 길에 드러나고, 이름을 일세(一世)에 숨기니, 사람들의 마음이 나의 마음을 알지 못하는 까닭이구나. 당초에 처변을 잘하지 못한 까닭이로다.

通諭

壹死通諭之事而二有不然之端故三有不得已之行四有不忍情之書千萬深量無書中一失施行如何前歲仲冬之行本非遊江上之淸風與山間之明月察其世道之乖常惟其指目之嫌修其兄極之大

道惜其布德之心歲擾月踰幾至五朔入境之初意只在此山客不知窟深之處童童捨採藥之行一以助工課之懈弛一以聞家事之否安心有消遣之意此日也光景蹤跡於三岐邊名於一世入心不知我心之故耶當初不善處下之故耶

각처의 여러 벗들이 혹 일이 있어 오고, 혹 일이 없이도 풍문을 따라 오는 사람이 절반이요, 배움을 논하자 (찾아와) 거처하고자 하는 사람들이 절반이라. 찾아오는 손님들은 자신 한 몸뿐인 줄만 알지만, (맞이하는) 주인은 (오는 손님마다) 맞으면, 그 수가 헤아릴 수 없이 많은 것이로다. 이를 장차 어떻게 하겠는가. 이와 같이 궁벽한 산간, 빈궁한 골짜기에 손님을 맞을 도리로는 모두 불과 한두 서너 채의 집이 있을 뿐이로다. 집이라도 많은 곳이라면, 혹 그럴 수 있고, 산출이 만약 풍요한 곳이라면 굴속이라도 즐길 수 있을 것이리라. 그러나 이와 같이 그러한 중에 노인들은 시(詩)로써 마음을 움직이고, 어린 아이들은 예로써 힘써 만류하니, 어찌할 것인가.

시로써 마음 움직이는 것은 모두 마음 움직이는 것이 아니고, 배움에 힘쓰도록 붙잡고 도와주려는 마음이요, 예로써 힘써 만류하는 것은 힘써 만류할 뿐만 아니라, 충정을 모의하는 정을 참기 어려운 것이리라. 주인은 누가 능히 자공(子貢)의 마음이 없으며, 따르는 손님 역시 맹상군(孟嘗君)의 예를 잘못 아니, 어찌 한탄스럽지 아니하며, 어찌 애석하지 아니하겠는가. 비록 배도(裴度)와 같이 많은 재물이 있어도 나는 감당하지 못할 것이요, 나의 일이 비록 백결선생(百結先生)과 같은 근심이 있어도 사람들은 역시 사람들의 일을 잊어버릴 것이니라.

各處諸益或有事

而來或無事而從聞風而來者半學論而處者半客
亦自知其一主會不知其數此將奈何如許窮山貧
谷饗賓之道都不過一二三家而已宅若處多則其
或不然而產若饒居則窟中有樂然而況此若然之

中老人以詩而心動少年以禮而強挽何者以詩心
動都非心動學勸拱扶之心也以禮強挽不壹強挽
難忍謀忠之誼也主人孰能無子貢之心從客亦誤
知孟嘗之禮豈不歎哉豈不惜哉雖有裴度之資吾
不堪吾事雖有百結之憂人亦忘人事若

이와 같은 일이 그치지 아니하면, 나중에 닥칠 일이 어느 지경에 이르게 될지 알지 못하노라. 그런 까닭에 며칠 있지 못해 떠나게 되었으니, 어찌 민망한 일이 아니겠는가.

이때는 비가 많이 내리는 계절이라, 바람은 불어오고 비는 내려 길게 자란 풀들이 옷을 적시니 족히 애처롭지 아니한가. 마침내 어진 벗들이 멀리 있음을 돌아보고, 항상 다하지 않는 중에 있음을 바라노라. 이러한 까닭에 몇 행의 글을 써서 위안하며 이로써 알리노니 이로써 마음을 널리 열고 양지함이 어떠하리오. 돌아가는 그날은 초겨울이 될 것 같으니, 너무 애써 기다리지 말고 지극히 수도하여 좋은 날에 반갑게 만나기를 기다리라. 천 번 만 번 간절히 바라는 바이다.

末由不知何境故不日發程豈非憫然之事耶當此
潦雨之節揚風灑雨草長衣添不足惜也竟顧良朋
之懸望恒在不已之中故茲以數行書慰以諭之以
此惣諒如何歸期似在初冬勿爲苦俟極爲修道以

此不已則

待良時好面千萬企望

의식 | 儀式

포덕식 : 입도하고자 하는 사람이 있으면, 먼저 입도한 사람이 도를 전할 때에, 의관을 바르게 하고 예로써 도를 전해준다.

입도식 : 입도할 때에 혹은 동쪽을 향하거나 혹은 북쪽을 향하여 위(位)를 설하고, 정성으로 의식을 행하여, 분향하고 네 번 절한 후에 초입자의 주문으로써 공경히 하여 받는다.

치제식 : 입도한 이후 한울님께 치제하는 절차는 위를 설하고 네 번 절한 이후에 축문을 소리 내어 읽고 곧 강령주문 및 본주문을 읽는다.

제수식 : 예주(醴酒)와 떡과 국수와 어물(魚物), 과일 종류, 포, 튀각, 채소, 향과 촉 등을 설하여 이를 쓰고, 고기 종류를 가지고 논하면, 꿩고기는 즉 쓰일 수 있고 돼지고기는 혹 쓰인다. 제수(祭需)의 많고 적음보다는 그 힘써 정성껏 행하는 것에 따른다.

布德式　入有願入者則先入者傳道之時正衣冠

禮以授之事

入道式　入道之時或向東或向北設　位致誠行

祝焚香四拜後以初入呪文敬以受之事

致祭式　入道後致祭鄭次設　位四拜後讀祝而

卽誦　降靈呪及本呪文事

祭需式　設其醴酒餅麵魚物果種脯蕾菜蔬香燭

用之而以肉種論之難則㒼用猪則或用祭需之

多小隨其力行之也

선생께서 포덕하시던 처음에는 소고기, 양고기, 돼지
고기 등을 쓰셨지만, 계해년 8월에 선생께서 나에게 도
를 전해 주시던 날에 이르러, 이 도는 유(儒), 불(佛), 선
(仙) 삼도의 가르침을 모두 겸한 것이기 때문에 고기 종
류는 쓰지 말도록 당부하셨다.

先生布德之初以牛羊猪肉通用矣至於癸亥八月
先生顧予傳道之日此道煎儒佛僊三道之教故
不用肉種事

발문 | 跋文

아아, 선생께서 포덕하실 당시에 한울님의 성스러운
덕이 잘못됨이 있을까 두려워, 계해년에 이르러 친히 시
형(時亨)과 더불어 항상 침재(鋟梓 : 목판으로 새겨 출간하
라는 것)의 가르침이 계시었다. 뜻은 있으나 시행하지 못
하고 지내다가, 그다음 해를 또 넘기어 갑자년에 불행한
일을 당한 이후에, 세월은 침전되고 도는 미미해졌다.
장차 이십여 년의 오랜 세월에 이르러, 지난날의 가르침
을 지극히 생각하여, 삼가 동지들과 더불어 논의를 일
으키고 약조를 꾀하여 수년 전 동쪽 골자기 지역[鱗蹄]과
목천(木川)에서부터, 비록 이를 가지런히 하여 정성으로
출간하였다. 실로 경주(慶州)에서 판각되어 이름을 얻은
것이 없으니, 이 역시 우리 도(道) 내의 흠과도 같은 것이
아니겠는가. 우리 경주는 본래 선생님께서 도를 받으신
곳이고, 또 포덕하신 곳이다. 그러므로 불가불 경주에서
간출(刊出)하여 그 이름을 삼아야 할 것이다. 그런 까닭
에 호서(湖西) 지역 공주(公州) 접내(接內)로부터 논의가
일어나고 실시되어, 영남(嶺南) 지역의 동쪽 골짜기와 더
불어 아울러 힘써 출간하고자 무극(无極)의 경편(經編)을
편찬하고자 했다.

於戲 先生布德當世恐其聖德之有謬及于癸亥
親與時亨常有鋟梓之 教有志未就越明年甲子
不幸之後歲沉道微迄將二十餘年之久矣而槪念
前日之 教命謹與同志發論詢約數年前自東峽
與木川雖是齊誠刊出實無慶州之判刻爲名此亦

似欠於道內而惟我慶州本 先生受道之地布德
之所則似不可不以慶州刊出爲名故自湖西公州
接山教論設施與嶺南東峽幷力刊出以著无極之
經編而

삼가 두 세 동지와 더불어 세상의 오해와 혐의를 염두에 두지 않고, 모든 일을 제쳐 놓고, 맹세하여 한가지로 지극히 힘을 들여, 목판으로 새기는 공을 크게 이루었으니, 이는 어찌 선생의 가르침을 사모하고, 제자의 원하는 바를 이루는 것이 아니겠는가. 특별히 세 사람의 별록(別錄)을 편(篇)의 원편에 둔다.

계미년 한여름에 도주(道主) 월성(月城) 최시형(崔時亨)은 삼가 기록하다.

도주 최시형
　　성우용 윤상호 이만기
접주 황재민 김선옥
유사 안교선 윤상오

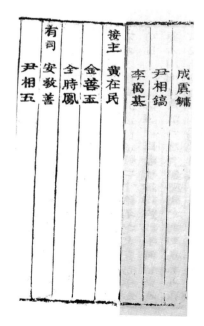

東經大全

東經大全

III

동경대전
문헌 연구

'새로 발견된 『동경대전』'에 관하여

1. 들어가는 말

　동학 천도교단의 기록에 의하면, 초기 동학 시기에 『동경대전』과 『용담유사』 등 동학경전을 여러 번에 걸쳐 목판으로 간행하였다고 되어 있다. 이 중 가장 최초의 판본은 경진판(庚辰板)으로, 1880년 강원도 인제(麟蹄) 갑둔리(甲遁里)에 있는 김현수(金顯洙)라는 제자의 집에서 간행한 기록이 있지만, 현재 원본이 발견되지 않고 있다.

　기록에 의하면 그로부터 3년 뒤인 1883년 2월에 충청도 목천(木川) 구내리(區內里) 김은경(金殷卿)이라는 제자의 집에서 『동경대전』을 간행했다고 되어 있다.[1] 이것이 이른바 계미중춘판(癸未仲春板)이다. 이 판본 역시 최근

1　『천도교회사 초고』를 비롯한 여러 기록에 계미년(1883) 2월에 간행된 것으로 나온다. 그러나 『시천교역사』에는 임오년(1882)에 출간된 것으로 나온다. '임오판'과 '계미판'이 다른 것이 아니라, 그 기록이 모두 '목천 구내리 김은경의 집에서 간행되었다.'는 것으로 보아 같은 판본을 『시천교역사』에서 잘못 기록한 것으로 판단된다.

까지 발견되지 않고 있으며, 다만 그 필사본만이 규장각에 소장된 「관몰문서(官沒文書)」 중에 있을 뿐이다. 그러나 최근에 충청도 목천에서 이 판본이 발견되어 원 소장자인 김찬암(金燦菴)의 손자인 김진관 씨가 보관하고 있다가 최근에(2021년 5월) 대전역사박물관에 기증하였다.[2] 그러나 이 판본에 대한 구체적인 내역은 아직 학계에 보고되지 않았다.

이와 같은 두 판본 이외에, 어느 기록에도 간행의 사실이 없는 다른 판본인 계미중하판(癸未仲夏板)과 무자계춘판(戊子季春版)이 발견되어 각각 학계에 보고되었다.[3] 즉 동학교단에서는 1880년대에 들어 이렇듯 네 번에 걸쳐 『동경대전』을 간행했던 것이다.

이들 『동경대전』은 해월 선생이 주관하여 간행한 것들이다. 특히 해월 선생은 관의 추적에 쫓기면서 강원도, 경상도, 충청도 등 산간 지역에서 숨어 살아야 하는 고통스러운 환경 속에서도, 오직 스승의 가르침을 세상에 올바르게 전해야 한다는 일념으로 이렇듯 어려운 일을 해냈던 것이다.

그러나 아직 최초의 판본인 경진판이 발견되지 않고 있어, 동학을 연구하는 사람들이나, 동학 천도교 관계자들을 안타깝게 하고 있다. 이러던 중 최근에 이르러 또 다른 판본의 『동경대전』이 발견되었다.[4] 그러나 이 판본에

2　『계미중춘판 동경대전』 마지막 장인 해월의 「발문」 끝에 '天原郡 木川面 寒泉 金燦菴'이라는 글씨가 있다. '燦菴'은 동학계통의 道號이다. 김찬암이라는 사람은 동학의 계파인 天眞敎의 교인이다. 김연국이 侍天敎의 대례사로 간 이후 다시 계룡산으로 들어가 上帝敎로 분립하였고, 이 상제교가 훗날 천진교가 되었다.

3　계미중하판(癸未仲夏板)은 1969년 강원도 속초에 거주하고 있는 문용익(文龍翼)씨의 소장 원본을 천도교 중앙총부에서 입수하여 공개함으로써 세상에 알려졌다. 또 무자계춘판(戊子季春板)은 1978년 충남 아산군 염기면 송곡리에 거주하던 박명순(朴明淳)씨 소장본이 공개되어 알려졌다.

4　이 판본은 2009년 독립기념관에서 전개한 자료 기증 운동 때에 충청남도 서산시 음암

는 다른 판본들과 다르게, 발간 연대가 명기되어 있지 않다. 다른 판본에는 당시 판각과 간행을 주관했던 해월 선생에 의한 발문과 함께 발문의 말미에 간행 간지가 명기되어 있다. 그러나 이 '새로 발견된 『동경대전』'에는 해월 선생의 발문도 없을 뿐더러, 간행 연대를 알 수 있는 기록이 전혀 없다. 따라서 어느 시기에 간행이 된 판본인지를 알 수가 없다.

이 판본을 입수하여 다각적으로 검토해 본 결과, 이 판본이 최초의 판본인 『경진판 동경대전(庚辰版 東經大全)』일 가능성이 매우 높다는 판단을 하게 되었다. 본 글을 통해 이렇듯 새로 발견된 판본이 지금까지 발견하지 못한 『경진판 동경대전』일 가능성에 대하여, 다각적인 고찰을 해 나가자 한다.

『동경대전』 경진판의 면모를 알 수 있는 기록은 그렇게 많지 않다. 다만 이 판본을 기획하고 또 간행하는 과정에 같이 기획된 것으로 알려진 기록인 『도원기서(道源記書)』 내용을 검토해 보면, 경진판의 면모를 짐작할 수 있는 부분들이 있다. 또한 이 경진판을 발간하고 채 3년이 지나지 않은 시점에 간행한 계미중춘판에 해월 선생이 쓴 「발문」, 또 경진판을 다시 중간(重刊)하며 빠진 문건을 채웠다고 되어 있는 '무자계춘판'의 「발문」 등에도 경진판의 면모를 추정할 수 있는 내용이 있다.

또한 현재 발견된 계미중춘판, 계미중하판, 그리고 무자계춘판은 모두 경

면 신장1리 179에 사는 이상훈 씨가 기증의사를 밝힘에 따라, 7월 16일 독립기념관 한국독립운동사연구소의 홍선표, 조성진 두 연구원이 이상훈 씨 집을 방문하여 수집한 자료이다. 이후 7월 24일 대전에서 기증식을 갖고 독립기념관에 기증 보관되었다. 이상훈 씨의 증언에 의하면 이상훈 씨의 큰아버지인 이철용이라는 분은 한일합방에 분노를 느끼고, 그 부당함을 주장하다가 왜경(倭警)을 죽이는 사건을 일으킨다. 이로 인하여 옥고를 치르기도 하고, 평생을 피신해 살면서, 동생의 집인 이상훈 씨 아버지 집에 와 숨어 지내게 되었다. 이철용 씨는 광복이 되던 해인 1945년에 한 많은 생을 마친다. 이 목판본 『동경대전』은 이철용 씨가 동생 집에 남겨놓은 짐 속에 있던 것이다.

진판을 저본으로 했다고 판단된다. 따라서 '새로 발견된『동경대전』'이 경진판인가를 밝히기 위해서는 이들 판본들과 대조 비교해야 할 필요가 있다. 이 글은『도원기서』의 기록, 그리고 계미중춘판, 계미중하판, 무자계춘판 등의 판본들을 '새로 발견된『동경대전』'과 서로 비교하여, 이 판본이 최초의『동경대전』판본인 경진판일 가능성을 밝혀내고자 한다.

2. 계미중춘판.무자계춘판 「발문」을 통해서 본 경진판의 면모

지금은 계미중춘판이 발견되어, 그 전모를 확인할 수 있지만, 이 판본이 발견되기 전에도 해월 선생의 「발문」은 1907년 천도교중앙총부에서 간행한 최초의 활자본『동경대전』에서 찾아 볼 수가 있었다. 이 활자본에는 해월 선생이 쓴 계미중춘판의 「발문」과 3세 교주인 의암 선생이 쓴 「발문」, 그리고 4세 대도주(大道主)를 승통 받았다가, 이내 시천교(侍天敎)의 대례사(大禮師)로 간 구암(龜菴) 김연국(金演局)이 쓴 「발문」이 실려 있다.

1907년판 활자본에 실린 해월 선생의 「발문」은 규장각에 있는 필사본의 「발문」, 그리고 새로 근자에 발견된 계미중춘판의 「발문」 등과 그 내용이 모두 같다. 이 발문을 먼저 인용해 보면 다음과 같다.

> 아, 아 선생님께서 포덕을 하실 그 당시에 성덕(聖德)의 잘못됨이 있을까 두려
> 워, 계해년(癸亥年, 1863, 필자 주)에 이르러 친히 시형(時亨)과 더불어 침재(鋟梓)
> 의 가르침이 있었다. 뜻은 있으나 이루지 못하고 있다가, 해가 지나 갑자년(甲
> 子年, 1864, 필자 주)의 불행이 있게 되었고, 이후 세월은 오래되고 도는 미미하
> 여 장차 18년의 오랜 시간이 지나, 경진년(庚辰年, 1880, 필자 주)에 이르러 전일
> 의 가르침을 지극히 생각하여 동지들과 더불어 논의를 하고, 약조를 꾀해 새

기는 공[剞劂之功]을 이루었으나, 글이 많이 빠진 한탄이 있었다. 그러한 까닭
으로 목천(木川) 접중(接中)으로부터 찬연히 복간하여 무극의 경편(經編)을 나
타내게 되었다. 이는 어찌 선생님의 가르침을 사모함이 아니겠는가. 감히 졸
문으로 망녕되게 편말(篇末)에 쓴다.[5]

무자계춘판의 「발문」은 계미중춘판의 「발문」과 대동소이하다. 따라서 전
문을 인용하지 않고, 먼저 간행된 계미중춘판의 「발문」을 중심으로 논의를
진행하고, 무자계춘판의 「발문」은 참고하는 방식을 택하고자 한다.

수운 선생이 한울님으로부터 도를 받는 결정적인 종교체험을 한 해는 경
신년(庚申年, 1860) 4월이다. 그러나 수운 선생은 바로 자신의 가르침을 세상
에 펴지 않고 일년 가까운 시간을 수이탁지(修而度之)하며, 자신이 받은 도를
헤아리고 또 이를 체계화시켜 나갔다. 이러한 정련의 과정을 거친 이후 다
음 해인 신유년(辛酉年, 1861) 6월부터 용담(龍潭)의 문을 활짝 열고는 찾아오
는 사람들에게 가르침을 펼쳤다.

해월 선생은 이때 소문을 듣고 용담으로 수운 선생을 찾아가 가르침을 받
은 인물이다. 이후 해월 선생의 사람됨과 그 정성을 깊이 인지한 수운 선생
은 해월 선생에게 도통(道統)을 전수한다. 이때가 계해년(1863) 8월이다. 즉
「발문」 중 '계해년(癸亥年, 1863)에 이르러 친히 시형(時亨)과 더불어 침재(鋟
梓)의 가르침이 있었다.[及于癸亥 親與時亨 常有鋟梓之敎]'[6]는 부분은 해월 선생

5   『癸未仲春 東經大全』「跋文」, "於戲先生布德當世 恐其聖德之有誤 及于癸亥 親與時
    亨 常有鋟梓之敎 有志未就 越明年甲子不幸之後 歲沈道微 迨將十八之久矣 至於庚辰
    極念前日之敎命 謹與同志 發論詢約 以成剞劂之功矣 文多漏闕之歎 故自木川接中 燦
    然復刊 以著極之經編 玆豈非慕先生之敎耶 敢以拙文妄錄于篇末."
6   '及于癸亥 親與時亨 常有鋟梓之敎'에 관하여, '계해년에 이르러 친히 시형에게 주며

이 스승인 수운 선생으로부터 도통을 받게 되고, 또 이와 같이 경전 판각의 대임을 받은 것으로 풀이된다.

이후 계해년 12월에 수운 선생은 조선조 조정에서 급파한 선전관(宣傳官) 등에 의하여 용담에서 체포, 서울로 압송되어 과천까지 이르렀다. 그러나 이때 당시 임금 철종(哲宗)이 승하하여, 국상(國喪)을 치르게 되자 수운 선생을 압송하던 일행들은 과천에서 길을 돌려 대구(大邱)로 돌아와 감영 옥에 수감한다. 대구 감영에서 국문(鞫問)을 받은 이후 갑자년(甲子年, 1864) 3월 10일 대구 남문 밖에 있는 관덕당(觀德堂)에서 사형을 당해 순도한다. 「발문」 중 '갑자년(甲子年, 1864)의 불행이 있게 되었고[甲子不幸]'라는 문구는 바로 이 사실을 일컫는 말이다.

수운 선생의 참형 이후 해월 선생은 경상도와 강원도, 충청도의 산간마을로 숨어 다니며, 흩어진 동학교도들을 다시 모아들이고, 교단을 새롭게 정비해 나간다. 이러한 각고의 노력을 통해 어느 정도 교단을 재건하게 된 해월 선생은 스승의 가르침을 담은 글들을 모아 『동경대전』과 『용담유사』를 간행하게 된다. 그러나 이렇듯 각고의 노력을 통해 간행한 경진판에는 '글이 많이 빠진 한탄이 있다.[文多漏闕之歎]'라고, 계미중춘판 「발문」을 통하여 회고한다. 또한 경진판을 간행한 지 불과 3년이 되지 않아 다시 계미중춘판을 간행하게 된 가장 중요한 원인 역시 이 '문다누궐지탄(文多漏闕之歎)'에

항상 침재의 가르침이 있었다.'라고 해석하는 경우도 있다. 이러한 해석은 해월이 수운 선생으로부터 직접 『동경대전』의 경편들을 받았고, 그러므로 판각 당시 해월에게 원본이 있었다는, 원본설의 중요한 근거가 된다. 그러나 '及于癸亥 親與時亨 常有鋟梓之敎'의 부분에 대하여 '계해년에 이르러 친히 시형과 더불어 항상 침재의 가르침이 있었다.'로 해석하는 것이 더 타당하다. 따라서 이 구절이 원본설의 결정적인 근거가 되지 못한다.

있다고 말하고 있다. 즉 '여러 동지들과 논의를 하고 약조를 꾀하여 목판을 새기는 공을 이루었으나, 글에 빠진 것이 많아, 목천(木川) 접중에서 다시 간행을 하게 되었다.[謹與同志 發論詢約 以成剞劂之功矣 文多漏闕之歎 故自木川接中 燦然復刊]'는 것이다.

이와 같은 계미중춘판 「발문」으로 미루어 보아, 『동경대전』 경진판에는 빠진 글들이 많음을 알 수 있다. 특히 '문다누궐(文多漏闕)'이라는 표현으로 보아, 글자가 빠진 것이 아니라, 중요한 '문(文)', 곧 '문장(文章)'들이 누락되었음을 알 수 있다. 이는 곧 판각으로 새기는 과정에서 실수로 몇 자 정도가 누락된 것을 의미하는 것이라기보다는, 완전한 원본을 확보하지 못했기 때문에 몇 문장들이 누락된 것이라는 뜻으로 이해할 수 있다. 만약 판각하는 과정에서 몇 자 정도가 실수로 빠졌다면, '궐자(闕字), 탈자(脫字)' 정도로 표기를 했을 것이다. '문다누궐(文多漏闕)'이라고 표기를 한 것으로 보아 많은 문장이 누락되었음을 알 수 있다.

또한 무자계춘판의 「발문」에 "경진년에 이르러 시형(時亨)이 전일의 가르침을 지극히 생각하여 삼가 동지들과 더불어 논의를 하고, 약조를 꾀해 새로 개간하게 되었다. 그러나 글에 혹 빠진 것이 있고, 권(卷)이 몇 권에 지나지 않았다."[7]라고 하였다. 이러한 무자계춘판 「발문」 또한 경진판에는 단순히 몇 글자가 빠진 것만이 아니라, 몇 개의 글 또는 문장이 누락되었음을 더욱 분명하게 확인해 주는 기록이라고 할 수 있다.

'새로 발견된 목판본' 『동경대전』과 계미중춘판 『동경대전』을 서로 비교해 보면, 아래와 같은 부분이 '새로 발견된 목판본'에는 빠져 있다.

---

7 『戊子季春 東經大全』「跋文」, "至於庚辰 時亨極念前日之教命 謹與同志 發論詢約 新爲開刊 而書或有淚闕 卷不過幾許."

纔得一條路 步步涉險難　　山外更見山 水外又逢水

幸渡水外水 僅越山外山　　且到野廣處 始覺有大道

苦待春消息 春光終不來 非無春光好 不來卽非時

玆到當來節 不待自然來 春風吹去夜 萬木一時知

一日一花開 二日二花開

三百六十日 三百六十開

一身皆是花 一家都是春

瓶中有仙酒 可活百萬人　　釀出千年前 藏之備用處

無然一開封 臭散味亦薄　　今我爲道者 守口如此瓶

(「歎道儒心急」 이하 「詩文」 중에서)

　「탄도유심급」의 후미에 붙어 있는, 이른바 「시문」 부분이 '새로 발견된 『동경대전』'에는 없다. 이 「시문」 부분은 계미중춘판에 이어서 발간된 계미중하판에서도 볼 수 있다. 그러나 의암 선생 시절 발간한 활자본에는 실려 있지 않다. 그 이후 오랫동안 천도교중앙총부에서 간행하는 『동경대전』 편제에 이 「시문」은 '일시증보(逸詩增補)', 또는 '기타 시문(其他 詩文)'이라는 제하에 「대도(大道)」, 「선주(仙酒)」, 「만수춘(萬樹春)」 등의 제목을 달고 실려 있다. 이후 계미중하판이 발견된 이후 「시문」이라는 별도의 제명(題名)으로 실리게 되었다.

　다음으로는 「화결시(和訣詩)」 중에서, 계미중춘판에는 있지만, '새로 발견된 『동경대전』'에는 없는 부분들이다.

萬里白雪紛紛兮 千山歸鳥飛飛絶

東山欲登明明兮 西峰何事遮遮路

(「和訣詩」중에서)

또 「영소(詠宵)」 중에도 다음과 같은 부분들이 '새로 발견된『동경대전』'
에서는 빠져 있다.

蓮花倒水魚爲蝶 月色入海雲亦地

杜鵑花笑杜鵑啼 鳳凰臺役鳳凰遊

白鷺渡江乘影去 晧月欲逝鞭雲飛

魚變成龍潭有魚 風導林虎故從風

風來有迹去無跡 月前顧後每是前

煙遮去路踏無跡 雲加峯上尺不高

山在人多不曰仙 十爲皆丁未謂軍

月夜溪石去雲數 風庭花枝舞蝴尺

人入旁(房)中風出外 舟行岸頭山來水

花扉自開春風來 竹籬輝踈秋月去

影沉綠水衣無濕 鏡對佳人語不知

勿水脫乘美利龍 問門犯虎那無樹

(「詠宵」중에서)

계미중춘판이나 계미중하판에는 모두 이 부분이 「영소」에 포함되어 있
다. 그러나 '새로 발견된『동경대전』'에는 이 부분이 빠져 있다.

또한 '새로 발견된『동경대전』'에는 계미중춘판이나 계미중하판 모두에

있는, 동학의 중요한 종교 의식인 포덕식, 입도식, 제수식, 치제식 등의 '의식(儀式)'을 행하는 절차나 그 의의를 기록한 부분이 없다.

布德式 人有願入者 則先入者 傳道之時 正衣冠 禮以授之事

入道式 入道之時 或向東或向北 設位 致誠行祀 焚香四拜 後以初入 呪文 敬以
受之事

致祭式 入道後 致祭節次 設位四拜 後讀祝而卽誦降靈呪及本呪文事

祭需式 設其醴酒餅麵魚物果種脯醢菜蔬 香燭 用之 而以肉種論之 雉則例用猪
則或用 祭需之多小 隨其力行之也

先生布德之初 以牛羊猪肉 通用矣 至於癸亥八月 先生顧予 傳道之日 此道兼儒
佛仙三道之敎 故不用肉種事

(「儀式」 부분)

또한 무자계춘판에는 '새로 발견된 『동경대전』'에는 물론 없고, 계미중춘판에도 없는 문장들이 더 실려 있다.

高峰屹立 群山統率之像

流水不息 百川都會之意

明月虧滿 如節符之分合

黑雲騰空 似軍伍之嚴威

地納糞土 五穀之有餘

人修道德 百用之不紆

(「流高吟」)

風過雨過枝 風雨霜雪來

風雨霜雪過去後 一樹花發萬世春

(「偶吟」)

　무자계춘판에 실려 있는 「유고음」과 「우음」은 계미중춘판에는 없지만,
계미중하판에는 실려 있다. 즉 계미중춘판에 실리지 않은 것을 계미중하판
에서 싣고, 또 무자계춘판에 실은 것으로 생각이 된다. 이와 같은 점으로 보
아 계미중춘판 『동경대전』의 「발문」에서 발견되는 경진판에서의 '문다누궐
(文多漏闕)'이나, 무자계춘판 『동경대전』의 「발문」에서 볼 수 있는 '서혹유누
궐 권불과기허(書或有漏闕 卷不過幾許)'는 위에서 열거한 「탄도유심급」의 후
미에 붙어 있어야 하는 「시문」과 「영소」의 일부분들, 또 「화결시」의 일부분,
그리고 「의식」 또는 「유고음」, 「우음」 등을 가리키는 것으로 생각된다.

　이러한 점이 바로 '새로 발견된 『동경대전』'을 경진판 『동경대전』으로
생각하게 하는 첫 번째 이유가 된다. 뒤에 발간되는 판본에는 있는 부분
이 '새로 발견된 목판본'에는 없다. 이것이 바로 계미중춘판이나, 계미중
하판, 무자계춘판 등의 「발문」에서 말하는 '문다누궐(文多漏闕)'이나 '서
혹유누궐 권불과기허(書或有漏闕 卷不過幾許)'에 해당되는 부분이라고 할
수 있다.

3. 『도원기서』를 통해서 본 경진판의 면모

『도원기서』는 『동경대전』 경진판이 나온 1880년 6월 이후에 필사로 간행

된 동학의 역사서이다.[8] 『도원기서』가 편찬 간행된 곳은 강원도 정선(旌善)의 방시학(房時學)이라는 제자의 집이다. 이 책은 도(道)의 연원(淵源)이 수운 선생에게서 시작되어 해월 선생에게로 이어졌다는 사실을 큰 근간으로 하고 있다. 이 책을 편찬할 당시 중요한 역할을 한 것으로 생각되는 사람들인 강시원(姜時元), 유시헌(劉時憲), 신시일(辛時一) 등이 쓴 후서(後序)를 고찰해 보면, 수운 선생에게서 시작된 가르침의 연원을 바르게 잇고자 하는 간절한 염원에 의하여 간행된 서적임을 알 수 있다. 나아가 도(道)의 연원(淵源)을 바르게 세움으로써 동학의 종교로서의 독자성을 분명히 하기 위하여 기획되고 편찬된 서적임을 알 수 있다.

『도원기서』의 처음 이름은 『최선생문집 도원기서(崔先生文集 道源記書)』이다. 1978년 처음 발견될 당시 표제가 그렇게 되어 있었다. 그러나 이 책에는 표지에 명기된 바와 같은, '수운 선생의 문집에 해당되는 부분[崔先生文集]'은 없고, 다만 도의 연원과 역사만이 기록되어 있다. 이와 같이 이 책이 지닌 표제로 보아 처음에는 수운 선생의 문집에 해당되는 『동경대전』이나 『용담유사』를 같이 수록할 기획이었던 것으로 추정된다. 그러나 도적(道跡)과 문집(文集) 모두를 포함하는 『최선생문집도원기서(崔先生文集道源記書)』를 간행하기 위한 처음의 계획이 어떠한 사정에서인지 변경되어, 『도원기서』라는 도의 연원(淵源)을 기록한 한 권의 역사서가 별도로 필사로 간행되었고, 이어서 『동경대전』, 『용담유사』라는 수운 선생의 가르침을 담은 두 권의 문

---

8 『도원기서』의 출간 연대에 관하여 동학 천도교단의 여러 기록들에는 1879년으로 되어 있다.(『천도교회사 초고』, 『侍天敎宗歷史』) 그러나 『도원기서』를 검토해 보면, 그 내용이 1880년 경진판 『동경대전』을 간행하는 시점까지 되어 있다. 따라서 그 간행 연대는 1880년으로 보아야 한다.

집은 목판으로 판각되어 별도로 간행된 것이 아닌가 추정이 된다.[9]

　이렇듯 도적과 문집을 같이 편찬하여 발간하고자 했던 처음 계획이 바뀌게 된 것은 『도원기서』의 내용 중에 해월 선생 등의 동학도들이 신미년(辛未年, 1871) 이필제(李弼濟) 의거와 깊이 관련되어 있다는 사실이 포함되어 있기 때문이 아닌가 생각이 된다. 그러므로 부득불 도적인 『도원기서』는 필사가 되어 간행되는 즉시 사람의 눈에 띄지 않게 견봉날인(堅封捺印)이 되어 감추어진다.[10]

　『도원기서』에는 1880년 당시 강원도 인제 김현수의 집에서 『동경대전』을 발간하는 내용이 기록되어 있다.

> 5월 9일 판각소를 설치하고 11일에 비로소 개간(開刊)을 하다. 6월 14일에 이르러 인쇄를 하여 출간함을 마치고, 15일에는 별도로 제단을 설치하다. 그때의 공별록(功別錄)을 표하여 기록하다.[11]

　6월 14일에 출간을 했다는 책이 바로 수운 선생의 문집인 『동경대전』이다. 또한 다음과 같은 기록도 『도원기서』에 보인다.

> 아아 선생의 문집(文集) 침재(鋟梓)를 경영한 지 세월이 이미 오래 되었구나! 지금 경진년(庚辰年)에 나와 강시원, 전시황 및 여러 사람들이 장차 간판(刊板)을

9　이에 관해서는 拙稿, 「해월의 행적에 관한 일고찰」, 『동학연구』 20집, 한국동학학회 참조.

10　『天道敎會史草稿』 「地統」

11　『道源記書』, "五月初九日 設爲刻板所 而十一日 爲始開刊 至於六月十四日 畢爲印出 十五日別爲設祭 其時表功別錄記文."

경영하려고 발론(發論)을 하니 각 접중(接中)이 다행히도 나의 의론과 같아 각 소(刻所)를 인제(麟蹄) 갑둔리(甲遁里)에 정하게 되었다.[12]

해월 선생은 수운 선생의 문집인『동경대전』을 이미 1879년부터 침재하기 시작했고, 여러 접과 사람들의 의견을 모아 판각소(板刻所)를 인제 갑둔리 김현수의 집에 두었다. 이러한 기록 중에 유의해야 할 점은 해월 선생 등이 기획하며 내놓은 명칭은 '수운 선생의 문집(文集)'이라는 점이다. 수운 선생이 제자들에게 가르침을 편 '경전(經典)'이 아니라, '문집(文集)'이라고 표기하고 있다는 사실이다. 이와 같은 기록으로 보아 처음 수운 선생의 가르침을 담은 글들을 모아 판각하고 한 권의 책으로 간행하고자 기획할 당시에는 '경전(經典)'으로 생각하기보다는 '문집(文集)'으로 생각하였다는 것을 알 수 있다.

'새로 발견된『동경대전』'에는 '문집'으로서의 면모가 보인다. 첫째가 편찬 체제이다. 계미중춘판이나, 계미중하판과는 다르게 그 체제가 '권지일(卷之一), 권지이(卷之二)…' 등으로 되어 있다. 두 판본을 비교해 보면 이러한 모습은 확연하다.

계미중춘판의 경우 다음과 같은 순서로 편집되어 있다.

> 布德文, 論學文, 修德文, 不然其然, 祝文, 立春詩, 絶句, 降詩, 座箴, 和訣詩, 歎道儒心急, 訣, 偶吟, 八節, 通文, 儀式

---

12 『도원기서』, "於戱 先生文集 鋟梓之營 歲已久矣 今於庚辰 余與姜時元全時晄及諸益 將營刊板 而發論各接中 幸同余議 而刻所定于麟蹄甲遁里."

그러나 '새로 발견된 『동경대전』'의 목차를 보면 다음과 같이 되어 있다.

卷之一 : 布德文, 東學論

卷之二 : 修德文, 不然其然, 歎道儒心急

卷之三 : 祝文, 呪文, 降詩

卷之四 : 座箴, 八節, 筆法

卷之五 : 和訣, 降訣, 題書

卷之六 : 附詩賦

卷之七 : 通文

즉 '새로 발견된 『동경대전』'의 경우 그 목차나 체제가 문집으로서의 체제를 갖추고자 했음이 역력하다. 특히 권지육(卷之六)에 '부(附)'라는 말을 붙여, '시부(詩賦)'가 부록과 같은 것임을 명기하고 있다. 이와 같은 체제는 『도원기서』에서 확인할 수 있는 바와 같이 해월 선생 등이 '수운 선생의 문집'을 편찬하고 또 판각한다는 의식 속에서 기획되고 또 간행된 것임을 보여준다.

또한 앞에서 살펴본 바와 같이 '새로 발견된 『동경대전』'에는 동학의 「의식」에 관한 설명이나 의의를 쓴 부분이 실려 있지 않다. 그러나 계미중춘판이나 계미중하판에는 이 부분 모두가 실려 있다. '동학의 경전'이 아닌, '수운 선생의 개인 문집'으로서 기획되고 또 편찬이 되었다면, 동학의 의식을 실어야 할 하등의 이유가 없을 것이다. 바로 이 점이 '새로 발견된 『동경대전』'이 '문집'으로서의 의식 속에서 꾸며졌다는 증거의 하나라고 하겠다.

특히 수운 선생이 해월 선생에게 "제를 지낼 때에는 양이나 돼지 등 고기 종류를 쓰지 말라는 가르침을 내렸다."[13]는 기록이 있는 것으로 보아, 해월 선생이 이 「의식」 부분에 관하여 몰랐을 리가 없다. 그러나 수운 선생 개인의 문집을 제자들이 편찬한다는 의식이 다소나마 있었기 때문에, 이러한 동학의 의식에 관한 부분은 싣지 않은 것으로 추정이 된다.

『동경대전』과 같이 기획되고 편찬된 『도원기서』에 나타난 이와 같은 여러 사실이 '새로 발견된 『동경대전』'에 나타나고 있다는 점이, 이 판본을 경진판이라고 보는 두 번째 이유이다.

4. '새로 발견된 『동경대전』'의 표기 및 체제 문제

수운 선생의 『동경대전』에는 중심을 이루는 네 편의 글이 있다. 「포덕문(布德文)」, 「논학문(論學文)」, 「수덕문(修德文)」, 「불연기연(不然其然)」 등이 그것이다. 이 중 「논학문」은 표제 그대로 '학(學)'을 논함으로써, 이 '학(東學)'의 정체성을 분명하게 밝히는 글이다. 이때의 '학'은 '동학'을 의미한다. 수운 선생은 자신의 가르침을 펼 때 '도(道)'와 '학(學)'을 분명하게 구분하여 말씀하였다. 그러므로 제자들이 서학(西學)과는 어떻게 다르냐고 묻는 말에 "도는 비록 천도이나 학은 곧 동학이다."[14]라고 분명하게 대답한다. 곧 '도'와 '학'을 구분하여, 서학의 '도'도 '천도'이지만, 그 천도를 궁구하는 '학'은 서학과는 다른 '동학', 곧 '동방지학(東方之學)'이라고 천명하였다.

이와 같은 견지에서 보면, 「논학문」의 '학'은 곧 '동학'이다. 따라서 「논학

---

13 『도원기서』, "至於癸亥八月 先生顧予 傳道之日 此道兼儒佛仙三道之教 故不用肉種事"
14 『동경대전』 「논학문」, "道雖天道 學則東學."

문」은 곧 '동학을 논하는 글'이다. 그러므로 초기 동학에서는 이 「논학문」
을 「동학론(東學論)」이라고 부르기도 했다. 그러나 이 「논학문」을 「동학론」
이라고 표기한 기록은 오직 『도원기서』와 이 『도원기서』를 바탕으로 수운
선생의 행적만 기록한 『수운행록(水雲行錄)』에만 나온다. 이 두 기록을 보면
다음과 같다.

> 送舊迎新之懷 難禁一夜之半 寒燈孤枕 輾轉反側 而一切賢友之共依 每憶妻子
>
> 之相思 强作 道修詞 又作 東學論 勸學歌…[15]

> 送舊迎新之懷 難禁一夜之半 寒燈孤枕 輾轉反側 而一切賢友之共懷 每憶妻子
>
> 之相思 强作 道修詞 又作 東學論 勸學歌…[16]

위의 두 기록은 문맥이나 글자가 거의 똑같다. 다만 『수운행록』에서 '일
체현우지공의(一切賢友之共依)'라고 기록한 데 반하여 『도원기서』에서는 '일
체현우지공회(一切賢友之共懷)'라고 기록하고 있다. 이는 오기(誤記)에 의한
것으로 생각이 된다.

'새로 발견된 『동경대전』'만은 유일하게 「논학문」이라는 제목을 쓰지 않
고, 『도원기서』나 『수운행록』의 기록과 같은 「동학론」이라는 제목을 썼다.
그 이후 어느 판본에도 「논학문」을 「동학론」이라고 이름한 것은 없다.

'새로 발견된 『동경대전』'에서 이 외에 계미중춘판과 편명(篇名)이 다르게

---

15 金庠基 校閱, 『水雲行錄』, 『아세아연구』 통권 13호, 1964. 3. 고려대 아세아문제 연구
   소.
16 『도원기서』.

표기된 경우는 또 있다. 계미중춘판에는 「영소(詠宵)」라고 표기되었는 데 비해 '새로 발견된 『동경대전』'에는 「영소(咏宵)」라고 표기되어 있다. 이 외에 「결(訣)」을 「강결(降訣)」로 표기하였다.

　이러한 차이점 외에도 '새로 발견된 『동경대전』'과 계미중추판을 비교해 보면, 그 표기에 서로 다른 부분이 다소 보인다. 이를 표로 보면 아래와 같다.

편 명	계미중춘판	새로 발견된 『동경대전』	비 고
포덕문	余亦無功故 生汝世間	余亦無功故 生汝世閒	間 → 閒
논학문	又有怪違之說 崩騰于世間	又有怪違之說 崩騰于世閒	間 → 閒
논학문	似然非然之間	似然非然之閒	間 → 閒
수덕문	擺脫世間之紛繞	擺脫世閒之紛繞	間 → 閒
불연기연	世間孰能無父母之人	世閒孰能無父母之人	間 → 閒
불연기연	化而言之 理遠於茫茫之間	化而言之 理遠於茫茫之閒	間 → 閒
강시	圖來三七字 降盡世間魔	圖來三七字 降盡世閒魔	間 → 閒
우음	人生世間有何得	人生世閒有何得	間 → 閒
우음	大小事間疑不在	大小事閒疑不在	間 → 閒
우음	吾心極思杳然間	吾心極思杳然閒	間 → 閒
통유	江山之明月 山間之淸風	江山之明月 山閒之淸風	間 → 閒
수덕문	一以詠覺非是之句	一以咏覺非是之句	詠 → 咏
수덕문	龍湫之淸潭寶溪	龍湫之淸潭寶谿	溪 → 谿
수덕문	自歎後學之忘却	自歎後學之忘卻	却 → 卻
수덕문	童子拜拱倚然 有六七之詠	童子拜拱倚然 有六七之咏	詠 → 咏
탄도유심급	不然而其然 似遠而非遠	不然而其然 似遠而不遠	非遠 → 不遠
우음	凡作吾君一會中	兀作吾君一會中	凡 → 兀
절구	平生受命千年運	平生命受千年運	受命 → 命受
통유	少年以禮而强挽	少年以禮而彊挽	强 → 彊
통유	揚風洒雨	揚風灑雨	洒 → 灑
통유	草長衣添	草長衣霑	添 → 霑
수덕문	衣冠正齊 君子之行	衣冠整齊 君子之行	整 → 正
수덕문	極念致誠之端 然而彌留	極念致誠之端 然而彌埨	彌留 → 彌埨
논학문	尙今彌留	尙今彌埨	彌留 → 彌埨

위의 표에서 보는 바와 같이 두 판본의 비교에서 가장 많이 나타나는, 서로 다르게 표기된 글자는 '간(間)'을 '한(閒)'으로 표기한 예이다. 그러나 '한(閒)'은 '한가하다'라는 의미로 주로 쓰이기는 하지만, '간'으로 읽히는 경우도 있다. 이 경우에는 '사이 간(間)'의 의미와 동일하게도 쓰인다. 본래 '간(間)'이라는 글자의 고자(古字)는 '달(月)이 문(門) 사이로 들어온다'는 의미의 회의(會意) 글자인 '간(閒)'이다. 이 '간(閒)'이 변하여 오늘의 '간(間)'이 된 것이다. 따라서 '새로 발견된 『동경대전』'에 '사이'라는 의미로 '간(閒)'이라는 글자를 표기한 것은 잘못된 것이 아니라, 고자(古字)로 표기한 것이다.

그렇지만 「화결시」 중의 '진시문한담고금(盡是聞談古今)'과 「우음」 중의 '동좌한담원상재(同坐閒談願上才)' 등에서 나오는 '간(閒)'은 그 내용상으로 보아 '한가하다'는 의미의 '한'으로 읽히고 또 쓰였다. 그러나 이 부분에서도 '새로 발견된 『동경대전』'은 모두 '간(閒)'이라는 글자로 표기를 하고 있다. 따라서 '간(間)'과 같은 의미로 쓴 '간(閒)'의 표기와 혼동을 줄 가능성이 너무 높다.

그 이외 '영(詠)→영(咏)', '계(溪)→계(谿)', '각(却)→각(卻)', '쇄(灑)→쇄(洒)', '미류(彌留)→미류(彌瑠)'[계미중춘판→새로 발견된 목판] 등으로 표기한 것은 같은 의미의 글자이기 때문에 문제가 되지 않는다. 다만 고자(古字)를 썼다는 점이 다를 뿐이다. '새로 발견된 『동경대전』'이 주로 고자로 표기했음을 알 수 있다.

또한 「탄도유심급」의 마지막 부분을 계미중춘판에는 '不然而其然 似遠而非遠'라고 표기한 데 비하여 '새로 발견된 『동경대전』'에는 '不然而其然 似遠而不遠'으로 표기하였다. 즉 '비원(非遠)'을 '불원(不遠)'으로 표기하였다. 이 둘의 의미는 큰 차이는 없다고 본다. 그러나 이후 발간된 계미중하판이나 무자계춘판 등 모든 판본에는 '비원(非遠)'으로 표기되어 있는 점으로 보아 '새로 발견된 『동경대전』'의 '불원(不遠)'이 잘못된 표기라고 생각된다.

이 외에 「수덕문」 중의 '의관정제(衣冠正齊)'를 '새로 발견된 『동경대전』'에서는 '의관정제(衣冠整齊)'로 표기하였다. 계미중하판에는 '의관정제(衣冠定齊)'로 표기하였다. 즉 '정(正)', '정(整)', '정(定)' 등으로 모두 다르게 표기하였다. 그러나 무자계춘판에서는 다시 '정(正)'으로 바꾸어 표기하고 있다. 또한 「절구」 중의 '평생명수천년운(平生受命千年運)'을 '새로 발견된 『동경대전』'에서는 '평생명수천년운(平生命受千年運)'이라고 하여 '수명(受命)'을 '명수(命受)'로 글자를 바꾸어 표기하였다. 문장 구조로 보아 '명수(命受)'는 잘못된 표기이다. 계미중하판, 무자계춘판을 비롯한 모든 판본에도 역시 '수명(受命)'으로 표기되었다. 또한 「통유」 중에 '초장의첨(草長衣添)'이 '새로 발견된 『동경대전』'에서는 '초장의점(草長衣霑)'으로 표기되어 있다. 즉 초장의첨(草長衣添)은 '비가 내리는 계절이 되어 바람이 불고 비가 내리고, 풀이 길어 옷에 달라붙는다.'로 번역되지만, '새로 발견된 『동경대전』'의 구절[초장의점(草長衣霑)]로 번역하면, '~ 풀이 길고 옷이 젖는다.'로 번역이 된다. 문맥상으로 보아 계미중춘판의 '초장의첨(草長衣添)'이 타당하다. 또한 계미중하판이나 무자계춘판에도 역시 '초장의첨(草長衣添)'으로 표기되어 있다.

이처럼 여러 판본을 비교해 보면 '새로 발견된 『동경대전』'에 비하여 계미중춘판은 새롭게 교열된 모습이 완연하다. 잘못된 표기를 고쳤다거나, 고자로 표기한 것을 당시 통용되는 글자로 바꿔 표기하는 등, 계미중춘판에서는 표기 면에서 한층 더 발전한 모습이 확인된다. 이로 보아 계미중춘판보다 '새로 발견된 『동경대전』'이 먼저 간행된 판본임을 알 수 있다.

옛글은 모두 구두점이나 띄어쓰기가 되지 않은 백문(白文)으로 되어 있다. 그러나 임금이나 절대자를 지칭하는 글자 앞에는 한 자를 띄어쓰는 것이 관례이다. 『동경대전』 목판본의 경우에도 백문으로 되어 있으며, 절대자를 의미하는 글자 앞은 한 자 띄어서 쓰고 있다. 그러나 계미중춘판과 '새로 발견된 『동경대전』'을 비교해 보면, 띄어 쓰는 경우가 서로 다르게 되어 있음을 발견하게 된다.

먼저 계미중춘판에서는 띄어 쓰는 것이 두 경우이다. 한울님을 뜻하는 '천주'나 '상제'의 경우가 그 하나이고, 수운 선생을 지칭하는 '선생'의 경우가 그 두 번째이다. 이 두 경우 이 외에는 어디에서고 띄어쓰기를 하지 않았다. 그러나 '새로 발견된 『동경대전』'에는 이러한 두 경우에 물론 띄어 썼고, 다음과 같은 경우에도 띄어쓰기를 하고 있다.

接 '靈' 之氣(논학문),

降話之 '敎'(논학문),

日今 '天靈' 降臨(논학문),

然則何道以名之曰 '天道' 也(논학문)

日然則何以 '降靈' 也(논학문)

吾 '王' 之盛德歲復回於壬丙(수덕문)

無異童子 '先考' 平生之事業(수덕문)

一番致祭永 '侍' 之重盟(수덕문)

이상에서 보는 것처럼 '영(靈)', '교(敎)', '천령(天靈)', '천도(天道)', '강령(降靈)', '왕(王)', '선고(先考)', '시(侍)' 등의 글자 앞에서도 띄어쓰기를 하고 있다. '영(靈)'은 '한울님의 영'이고, '교(敎)' 역시 '한울님의 가르침'이고, '강령(降靈)'은 한울님의 기운과 융화일체가 되는 것을 의미하며, 또 '시(侍)'는 한울님을 모셨다는 뜻이기 때문에 띄어쓰기를 한 것으로 생각된다. 또한 '천령(天靈)'이나 '천덕(天德)' 역시 같은 의미에서 띄어쓰기를 한 것으로 판단된다. 그런가 하면, 당시 임금을 지칭하는 '왕(王)'이나 수운 선생의 아버지를 지칭하는 '선고(先考)'까지 모두 띄어쓰기를 하였다.

또 '천주(天主)'나 '선생(先生)'의 앞에는 한 자를 띄어 쓴 것이 아니라, 한 칸을 띄어서 썼다. 이는 계미중춘판과 판이하게 다른 모습이다.

이와 같이 존경을 표하는 '띄어쓰기'에 있어 계미중춘판과 '새로 발견된 『동경대전』'에서 차이가 두드러진다. 즉 계미중춘판은 동학교단의 경전으로서의 체제를 표방한 모습이라면, '새로 발견된 『동경대전』'은 아직 그 체제가 완비되지 못했으므로 동학에서 절대자로 신봉하는 한울님 또는 동학 선생인 수운 선생 이외의 대상인 '천도', '천령', '영', '교', '시', '강령', 심지어는 '왕'이나 '수운 선생의 아버지' 등의 앞에도 띄어쓰기를 한 것이다. 이것이 지시하는 바는 '새로 발견된 『동경대전』'은 아직 동학교단이 그 체제나 의례를 완전히 정비하지 못한 상태에서 발간되었음을 뜻하는 것이다. 즉 동학이 종교로서 신봉하고 또 존중할 대상에 대한 확고한 기준을 정하지 못한 단계에 발간되었음을 의미한다. 그러나 이 몇 년 사이 이에 대한 입장을 확고하게 한 이후, 계미중춘판을 발간하면서 수정한 것이라고 볼 수 있다.

또한 그 체제에서도 계미중춘판과 '새로 발견된 『동경대전』'이 서로 다르게 되어 있다. 앞에서 '새로 발견된 『동경대전』'은 '문집'의 형태를 취했음은 이미 밝힌 바 있다. 그 외에도 몇 부분이 서로 다르게 되어 있다. 「우음」의 경우, 계미중춘판에는 '우음'이라는 한 제목 아래 실린 시를 '새로 발견된 『동경대전』'에서는 세 부분으로 나누어 각기 다른 제목을 붙여 놓았다. '남진원만북하회(南辰圓滿北河回)'에서 '표연기학향선대(飄然騎鶴向仙臺)'까지를 「우음」이라고 제목을 붙였고, '청소월명무타의(淸宵月明無他意)'에서 '봉명주실이응지(鳳鳴周室爾應知)'까지를 또 「우음」이라고 별도로 제목을 붙였다. 그리고 '불견천하문구주(不見天下聞九州)'에서 마지막인 '의수태양유조영(疑

隨太陽流照影)'까지를 「절구」라는 제목을 붙였다.

이것은 '새로 발견된『동경대전』'에만 나타나는 체제이다. 계미중춘판 이후의 판본에는 모두 계미중춘판 체제를 따르고 있다. 이러한 사실로 보아, '새로 발견된『동경대전』'의 체제를 바꾸어 계미중춘판이 된 것이고, 이후 동학교단에서는 계미중춘판의 체제를 그대로 따라 계미중하판이나 무자계춘판『동경대전』을 간행한 것으로 생각이 된다.

5. 『도원기서』에 나오는 경진판『동경대전』 제작과정

『동경대전』 경진판 제작을 위해 해월 선생의 지도를 받으며 동학교단은 오랫동안 준비를 했다. 또한 출간 자본 역시 각 접이 많은 성금을 내는 노력을 했다. 먼저『동경대전』 경진판 제작을 위해 각 접에서 낸 성금을 보면 다음과 같다.

> 상주(尙州) 윤하성(尹夏成) 40금 책본당(册本當)
>
> 정선접중(旌善接中) 35민(緡)
>
> 인제접중(麟蹄接中) 130금(金)
>
> 청송접중(靑松接中) 6민(緡)

상주의 윤하성이라는 사람이 개인적으로 성금을 냈고, 정선과 인제, 청송 등지에서 많은 성금을 갹출해 냈다. 이런 정성이 모여『동경대전』 경진판이 제작되었던 것이다. 또한『동경대전』 경진판 제작을 위한 판각소(板刻所)를 강원도 인제 갑둔리에 1880년(경진년) 5월 9일 설치하고 11일에 개간하기 시작하여 6월 14일에 이르러 인출(印出)하기를 마쳤다고 한다. 그리고 그다음

날인 15일에 한울님께 고하는 제사를 지냈다고 되어 있다.[17]

이러한 『도원기서』에 나오는 『동경대전』 경진판 제작을 위해 1880년 5월 9일 설치되었다는 판각소는 엄밀하게 말해서 판각을 위한 곳이 아니라, 인쇄를 하기 위한 시설이라고 할 수가 있다. 즉 5월 11일부터 인쇄를 하여 한 달이 조금 지난 6월 14일에 인쇄를 마치고 일책의 『동경대전』을 간행한 것이다.

그러면 『동경대전』 경진판 목판 판각은 언제 하였는가? 『도원기서』에 나오는 「별공록(別功錄)」에 의하면, 경진년 이전부터 침재(鋟梓)를 하였다고 한다.[18] 즉 오랫동안 목판으로 새기는 작업을 해왔고, 이 작업이 다 끝난 후, 경진년에 이르러 해월 선생이 강시원(姜時元), 전시황(全時晄) 등과 의논하여 출간할 각소를 인제 갑둔리(甲遁里)로 정했던 것이다.

또한 판각과 인쇄 등의 과정을 거쳐 『동경대전』 경진판을 펴낼 때까지 해월 선생을 포함하여 일을 맡아 할 각 유사(有司)를 두었다. 총감독인 도청(都廳)은 해월 선생 자신이 맡고, 감역(監役)에 두 사람, 교정(校正) 세 사람, 직일(直日)에 네 사람, 접유사(接有司)에 네 사람, 수유사(收有司)에 다섯 사람, 치판(治板)에 한 사람, 침재(鋟梓)에 세 사람, 운량(運糧)에 네 사람, 서유사(書有司)에 한 사람, 공궤(供饋)에 두 사람, 이렇게 모두 서른 사람의 유사를 정하여[19] 조직적이고 효율적으로 판각하고 인쇄하는 등, 『동경대전』 경진판을

---

17 『도원기서』, "五月初九日 設爲刻板所 而十一日 爲始開刊 至於六月十四日 畢而印出 十五日 別爲設祭"

18 『도원기서』, "於戲 先生文集 鋟梓之營 歲已久矣"

19 『도원기서』, "刻板時有分定 都廳崔時亨 監役姜時元 全時晄 校正沈時貞 全時奉 劉時憲 直日張道亨 金文洙 張炳奎 李晉慶 接有司金錠浩 辛時永 黃孟基 趙時哲 收有司洪時來 辛時一金鎭海李廷鳳 治板 金鎦浩 鋟梓沈遠友 崔錫夏 全允權 運糧張興吉 金寅相 金孝興 李千吉 書有司 全世仁 供饋 李貴祿 姜基永"

제작하였던 것이다.

이와 같은『동경대전』경진판 제작을 위한 각 유사의 조직으로 보아『동경대전』경진판은 목판으로 제작되었음이 분명하다. 일 년이라는 오랜 시간을 침재(鋟梓)하였고, 또 치판(治板), 침재(鋟梓), 서유사(書有司) 등의 각 책임자를 나누어 둔 사실이 이를 말해 준다. 따라서 '새로 발견된『동경대전』'이 경진판이기 위해서는 목활자본이 아닌 목판본이어야 한다.

특히 침재(鋟梓)를 위해『동경대전』을 써야 하는 서유사(書有司)는 정선 도인인 전세인(全世仁)이다. 전세인이 침재를 위해 글씨를 먼저 쓰고, 이를 침재(鋟梓)를 맡은 세 사람이 일 년이 지나도록 힘들여 목판에 새겼던 것이다.

서유사(書有司)인 전세인(全世仁)은『동경대전』경진판 제작과 함께 기획되고 필사로 출간된『도원기서』의 글씨를 쓴 장본이기도 하다. 그런가 하면,『도원기서』가 필사되어 출간된 이후 해월 선생의 명에 의하여 유시헌(劉時憲)의 집에 보관되었다. 그런데 훗날 천도교에서 분립한 시천교(侍天敎)의 대례사(大禮師)로 간 김연국(金演局)이 시천교의 교인들을 이끌고 계룡산으로 들어가 상제교(上帝敎)를 설립한 이후, 유시헌에게서『도원기서』를 가지고 갔다. 이후 1908년 전세인이 계룡산 상제교 본부에 가서 며칠을 묵으며『도원기서』를 또 필사하여 가지고 왔다. 전세인이 필사한『도원기서』는 지금은 영월에 거주하는 유시헌의 증손자가 보관하고 있다. 이때 필사해 가지고 나온 본을『수운대선생사적안(水雲大先生事跡案)』이라는 표제를 붙여 일책으로 제본하였다. 이렇듯『도원기서』는 정선 사람 전세인에 의하여 1880년에 필사된 것과 1908년에 필사된 두 권의 본이 오늘까지 전한다.

이렇듯『동경대전』경진판의 글씨와『도원기서』, 그리고『수운대선생사적안(水雲大先生事跡案)』의 글씨 모두를 전세인(全世仁)이 썼다는 것을 알 수 있다. 따라서『동경대전』경진판의 글씨와『도원기서』, 그리고『수운대선생사적안(水雲大先生事跡案)』의 글씨를 감정하여, 같은 사람의 필적임이 확인이 되면, 이는 분명 『동경대전』이 경진판으로 판명된다.

6. 결론

이 글은 '새로 발견된 『동경대전』'의 정체를 밝히기 위하여 경진판(1880) 판각 당시 같이 기획되고 간행된 『도원기서』를 중요한 자료로 참고하였다. 또 '새로 발견된『동경대전』'과 계미중춘판(1883, 봄), 계미중하판(1883, 여름), 무자계춘판(1888, 봄) 등을 서로 비교, 고찰하였다.

'새로 발견된『동경대전』'을 최초의 『동경대전』 판본인 경진판이라고 비정할 수 있는 여러 가지 사실을 논구하였다.

첫째, '새로 발견된『동경대전』'은 『도원기서』에서 경진판 『동경대전』을 간행할 당시 언급하고 있는 바와 같이, 그 체제가 '문집(文集)'의 형태를 띠고 있음을 확인하였다.

둘째, '새로 발견된『동경대전』'을 계미중춘판이나 계미중하판, 무자계춘판 등과 비교했을 때, '새로 발견된『동경대전』'에는 많은 문장들이 빠져 있음을 확인할 수 있었다. 이러한 사실은 계미중춘판과 무자계춘판의 「발문」에서 언급하고 있는 '경진판의 잘못된 것을 바로 잡고자 간행을 한다'는 기록, 즉 '경진판에는 글이 많이 빠졌다거나, 권이 몇 권 되지 않는다'는 기록을 뒷받침하는 근거가 된다.

셋째, '새로 발견된『동경대전』'에 실린 글들의 제목이 계미중춘판이나 계미중하판, 무자계춘판 등과 다른 것들을 확인했다. 특히 '새로 발견된『동경대전』'은 「논학문」을 「동학론」이라고 표기하였다. 「동학론」이라는 제목은 초기동학 시기 문서에만 나오는 이름이며, 더욱이 '새로 발견된『동경대전』'

이외의 동학경전의 어느 판본에도 나오지 않는 제목이다. 또한 표기된 글자에서도 '새로 발견된『동경대전』'은 다른 판본들에 비하여 잘못된 표기가 많았고, 고자(古字)로 표기된 부분 역시 많았다. 이와 같은 점이 '새로 발견된『동경대전』'이 동학경전의 가장 오래된 판본임을 증명하는 근거가 된다.

넷째, 표기의 방법, 예를 들어 한울님을 의미하는 '천주'나 '상제', 수운 선생을 뜻하는 '선생'이라는 글자 앞에서는 한 자씩 띄어 써서 존경을 나타내는 방식에서도, '새로 발견된『동경대전』'은 '영(靈)', '교(敎)', '천령(天靈)', '천도(天道)', '강령(降靈)', '왕(王)', '선고(先考)', '시(侍)' 등의 앞에서도 띄어쓰기를 하였다. 그러나 계미중춘판 이후 판본들에서는 한울님을 의미하는 '천주'나 '상제', 수운 선생을 뜻하는 '선생' 앞 이 외에서는 띄어쓰기를 하지 않고 있다. 이와 같은 사실은 동학이 종교로서 신봉하고 또 존중해야 할 대상에 대한 기준을 확고하게 정하지 못한 상태에서 '새로 발견된『동경대전』'을 발간했음을 의미한다. 그러나 계미중춘판 이후의 판본에서는 신봉하고 존중해야 할 대상을 분명하게 한계를 지어 나타내고 있다. 이러한 사실이 바로 '새로 발견된『동경대전』'이 계미중춘판에 앞선 판본임을 말해 주는 또하나의 근거가 된다.

이러한 새로 발견된『동경대전』이 경진판일 가능성이 높은 몇 가지 사실 이외에,『도원기서』에 나오는 경진판 제작 과정을 살펴보면 이 판본이 어떤 판본임을 알 수 있다. 따라서『도원기서』를 중심으로 경진판 제작 과정을 살펴보았다.

그 결과 첫째, 일 년이라는 긴 시간 동안 침재를 한 것과 침재유사(鋟梓有司)를 두고 치판유사(治板有司)를 두고, 서유사(書有司)를 둔 점으로 보아『동경대전』 경진판은 목판본임을 알 수 있다. 또한 서유사(書有司)인 전세인(全世仁)이『동경대전』을 비롯해 1880년과 1908년, 이렇게 두 번 필사된『도원기서』의 글씨를 모두 쓴 장본임이 밝혀졌다. 따라서 경진판을 판명하는 관건은 각 본의 필적을 감식하는 방법에 있다고 하겠다. 이것이 밝혀지지 않는 한 새로 발견된 『동경대전』이 경진판이라고 단정할 수는 없는 일이다.

또한 '새로 발견된 『동경대전』'에 「발문」이나 발간 연대, 나아가 발간 당시 상황이 명기되지 않은 것은 어떤 연유일까? 이에 대한 의문이 없을 수 없다. 이에 대해 추정할 수 있는 것은 경진판 「발문」을 경진판 판각 당시 같이 기획된 『도원기서』 내용 중의 「별공록」으로 대신했기 때문이 아닌가 하는 점이다. 「별공록」에는 경진판의 기획 및 간행 과정이 담겨져 있을뿐더러, 경진판 판각 당시 비용을 낸 명단과 각 유사(有司)의 명단이 기재되어 있다. 즉 같이 기획되고 간행된 『도원기서』에 경진판 간행 당시의 자세한 상황이 「별공록」을 통해 명기되어 있으므로 본 책에는 생략된 것이 아닌가 추정할 수 있는 것이다.

'새로 발견된 『동경대전』'은 여러 면에서 경진판일 가능성을 지니고 있다. 그렇지만 확실한 간지를 알 수 없어 『동경대전』이 경진판이라고 단정하기는 어렵다. '새로 발견된 『동경대전』'이 '목판본'인가, '목활자본'인가를 감정받아야 하고, 나아가 두 본의 필적이 『도원기서』와 같은 것인가를 감정받아야 하는 문제가 남았다. 이러한 문제는 그 분야의 전공자, 전문가의 몫으로 남겨 둔다.

『동경대전』 간행의 서지적 고찰

1. 들어가는 말

『동경대전(東經大全)』은 동학 천도교의 으뜸이 되는 경전이다. 해월 선생에 의하여 강원도 인제(麟蹄) 갑둔리(甲遁里) 김현수(金顯洙)의 집에서 처음 간행(경진판)된 이후 동학 천도교단에서 지속적으로 간행하여 오늘에 이르고 있다.

『동경대전』은 잘 알려진 바와 같이 처음에는 목판으로 간행되었다. 『동경대전』이 처음 목판으로 간행된 것은 앞에서 이야기한 바와 같이, 1880년 강원도 인제에서 간행된 판본이다. 이를 경진판(庚辰板)이라고 부른다. 이 경진판은 오랫동안 발견되지 않고 있었다. 그러나 필자가 얼마 전 새로 발견된 『동경대전』을 고찰하여, 새로 발견된 판본이 경진판일 가능성이 높음을 논구한 바 있다.[1]

---

1 졸고, 「새로 발견된 목판본 동경대전에 관하여」, 『동학학보』 21집, 동학학회, 2010. 12.

경진판이 발간된 후 3년이 지난 1883년 계미년에 동학교단은 두 번에 걸쳐『동경대전』을 목판으로 간행한다. 1883년 봄에 한번, 그리고 그 해 여름에 한번, 이렇듯 연달아『동경대전』을 간행한 것이다. 이를 각각 계미중춘판과 계미중하판이라고 부른다. 계미중춘판이 충청도 목천에서 간행되었다는 사실이 천도교 역사에 기록되어 있다. 그러나 계미중하판에 관해서는 어디에도 간행 기록이 없다. 그러던 중 1969년 강원도 속초에 거주하는 문용익(文龍翼) 씨의 소장 원본을 천도교중앙총부에서 입수하여 공개하면서 세상에 알려졌다. 이것이 1883년 여름 경주(慶州)에서 발간된 계미중하판(癸未仲夏板)이다. 이와 같은 판본들 이외에 동학 천도교의 기록에는 보이지 않지만, 1978년 충남 아산군 염기면 송곡리에 거주하던 박명순(朴明淳) 씨 소장본이 공개되어 알려진, 1888년 봄에 간행된 무자계춘판(戊子季春版) 등 초기에 발간된 판본들이 있다.

경진판, 계미중춘판, 계미중하판 등에 이어 동학교단에서는 무자계춘판(戊子季春板)을 간행하였고, 이후 몇 차례 더 판본을 간행한 것[2]으로 생각된다. 1892년에도 발간한 임진판이 또 발견된 사실이 이 점을 뒷받침해준다. 동학 3세 교주인 의암(義菴) 손병희(孫秉熙, 1861-1922)가 1905년 동학을 천도교로 대고천하(大告天下)한 이후에는 활자본『동경대전』이 간행되기 시작했다.

이 글은『동경대전』의 서지적 고찰로, 그간에 간행된『동경대전』의 목판본과 활자본을 중심으로, 판본 비교 고찰을 하고자 한다. 이를 통해 그간 『동경대전』의 체제는 어떠한 변천을 하였으며, 오늘날 천도교단에서 사용하는『동경대전』은 어떠한 경로를 거쳐 오늘에 이르게 되었는가를 살펴보

---

2 이와 같은 사실은 천도교단의 기록에는 없지만, 이후에 목판으로 발간된『동경대전』이 발견되고 있음을 보아 알 수 있다.

고자 한다.

이와 같은 고찰은 궁극적으로 앞으로 좀 더 충실한 『동경대전』을 마련할 수 있는 전기(轉機)를 마련하기 위한 작업이다.

2. 『동경대전』 판본 비교

동학교단 초기인 경진년(1880)에 인제에서 목판으로 『동경대전』을 간행한 이후, 동학교단에서는 지속적으로 동학경전을 간행해 왔다. 따라서 현재까지 발견되는 판본은 대여섯 종이 된다. 최근 필자가 '경진판'이라고 비정한 '새로 발견된 『동경대전』'은 결정적인 단서가 포착되지 않는 한 경진판으로 확정할 수는 없다.[3] 필자는 다만 그 가능성만을 제기했을 뿐이다.

이렇듯 초기 동학교단에서 간행된 목판본 『동경대전』은 그 체제가 크게 다르지 않으나, 세세한 내용에서는 유의미한 차이가 드러나고 있다. 필자가 경진판이라고 비정한 '새로 발견된 『동경대전』'과 최근(2021년 5월)에 소장자로부터 충남역사박물관에 기증된 계미중춘판(1883, 봄) 『동경대전』, 그리고 계미중하판(1883, 여름) 『동경대전』, 무자계춘판(1888, 봄) 『동경대전』, 최근에 발견이 되었으나 아직 학계에는 보고되지 않은 신묘중춘판(1891) 『동경대전』, 그리고 임진판(1892) 『동경대전』을 서로 비교하여, 제 판본의 체제와 내용의 차이와 유사점을 비교하고자 한다.

각 판본의 체제를 비교하여 도표로 나타내면 다음과 같다.

---

3 '결정적인 단서'가 없다는 것은 '새로 발견된 『동경대전』'에 간행 연대가 명기되어 있지 않음을 의미한다.

새로 발견된 『동경대전』	계미중춘판	계미중하판	무자계춘판	신묘중춘판	임진판
포덕문	포덕문	포덕문	포덕문	포덕문	포덕문
동학론	논학문	논학문	논학문	논학문	논학문
수덕문	수덕문	수덕문	수덕문	수덕문	수덕문
불연기연	불연기연	불연기연	불연기연	불연기연	불연기연
탄도유심급	축문	축문	축문	축문	주문
축문	주문	주문	주문	주문	축문
주문	입춘시	입춘시	입춘시	강시	절구
강시	절구	절구	절구	입춘시	팔절
좌잠	강시	강시	강시	절구	결
팔절	좌잠	좌잠	좌잠	우(又)	화결시
필법	화결시	화결시	화결시	좌잠	탄도유심급
화결	탄도유심급	탄도유심급	탄도유심급	화결시	우음
강결	결	결	결	결	좌잠
제서	우음	우음	우음	우음	영소
입춘시	팔절	팔절	팔절	탄도유심급	제서
절구	제서	제서	제서	제서	입춘시
우음	영소	영소	영소	팔절	필법
우음	필법	필법	필법	우(又)	통문
절구	통문	유고음	유고음	영소	통유
영소	통유	우음.2	우음.2	우음	
통문	의식	통문	통문	필법	
통유	발문	통유	통유	유고음	
		의식	의식	통문	
		발문	발문	통유	

　‘새로 발견된 『동경대전』’에서부터 임진판(1892) 『동경대전』까지 여섯 종의 『동경대전』 판본 체제를 표와 같이 비교해본 결과, 그 체제는 서로 대동소이함을 알 수 있다.

　즉 『동경대전』 중 동학 천도교의 교의를 중점적으로 썼다고 평가되는 「포덕문」, 「논학문」, 「수덕문」, 「불연기연」 등 네 편은 어느 판본에서고 공통적으로 앞부분에 자리하고 있다. 이와 같은 편제는 이들 네 편이 『동경대전』

의 중추임을 의미한다. 다만 '새로 발견된『동경대전』'에서만 「논학문」을 「동학론」이라고 표기하고 있다. 「동학론」이라는 명칭은 초기 동학의 기록인 『도원기서』와 이 『도원기서』를 저본으로 삼아 수운 선생의 행적만을 기록한 것으로 추정되는 『수운행록』에서만 발견되는 이름이다.

또한 '새로 발견된『동경대전』'은 계미중하판에 「우음」 한 편으로 실린 시들을 '우음', '우음', '절구' 등 세 편으로 나누어 각기 독립된 시문으로 실었다. 그런가 하면 '영소'라는 제목 아래 불과 세 편 정도의 시문을 싣고 있어 계미중하판에 비하여 양적으로 소략하다. 「화결시」 역시 '계미중하판'에 비하여 몇 구가 적다.

1891년 신묘년 중춘에 간행된 판본은 '계미중하판' 중 「우음」에 실린 일부를 떼어서 「우(又)」라는 제목을 붙여 별도로 나누고 「절구」의 또 다른 하나로 게재하였다. 그런가 하면 '계미중하판'과 비교해 보면, 「탄도유심급」의 뒷부분이 누락되었고, 「화결시」나 「우음」 역시 뒷부분이 누락되었다.

각 판본에 실려 있는 편수를 비교해 보면, 편수가 가장 적은 판본이 '임진판'이고, 편수가 가장 많은 판본은 계미중하판과 무자계춘판이다. 목천에서 1883년 봄에 발간된 계미중춘판에는 「유고음」과 「우음 2」[4]가 실려 있지 않은 데 비해, 경주에서 1883년 여름에 발간된 계미중하판과 1888년 봄에 발간된 무자계춘판에는 이들 두 편이 첨부되어 있다. 그러나 이들보다 더 늦은 시기인 1892년에 발간된 임진판에는 「강시」, 「유고음」, 「우음 2」, 「의식」, 「발문」 등이 실려 있지 않다.

---

4   「우음」이라는 제목의 글이 두 편이 있다. 계미중춘판과 계미중하판에 실려 있는 또 다른 「우음」은 '風過雨過枝 風雨霜雪來 風雨霜雪過去後 一樹花發萬世春'이라는 짧은 시이다. 같은 제목의 시가 두 편이라 편의상 「우음 2」라고 이름했다.

계미중하판과 무자계춘판에 실린 편수가 가장 많고, '새로 발견된 『동경대전』'이 편수가 가장 적다. '새로 발견된 『동경대전』'은 어느 시기에 발간된 것인지 아직 정확하게 밝혀지지 않았기 때문에 그 시기를 거론하기 어렵지만, 계미중하판이나 무자계춘판과 임진판 등과 비교해 보면, 더 적은 편수를 보유하고 있다는 점에서 앞의 두 판본보다 먼저 나온 것이라고 볼 수 있다.

다시 말해서 경진판 이후 처음 나온 판본인 계미중춘판에서는 「유고음」, 「우음 2」가 실려 있지 않은 데 비하여, 이 판본보다 3개월 후에 나온 판본인 계미중하판과 또 5년 뒤에 나온 무자계춘판에는 이들 두 편이 실려 있다는 것은, 당시 동학교단의 지도부가 「유고음」, 「우음 2」 등 두 편을 새로 발견했거나, 이 두 편을 수운 선생의 시로 새롭게 인정했다[5]는 의미가 된다.

1891년 신묘중춘에 발간된 『동경대전』 역시 천도교 역사에는 기록되지 않은 판본이다. 이 판본은 계미중춘판과 같은 편수가 실려 있다. 그러나 목차의 순서가 다른 판본과는 매우 다르다. '새로 발견된 『동경대전』'에서 무자중춘판까지 네 종의 판본은 거의 비슷한 목차로 이루어져 있다.

또한 임진판은 매우 부실한 면이 보인다. 「화결시」 후반부의 상당 부분과 「우음」의 후반부 상당 부분이 판각에서 누락되어 붓으로 써 넣어 보충을 한 것이다. 더구나 임진판은 간행되었다는 역사 기록도 없고, 발문도 없어 어디에서 어떤 사람들에 의하여 발간되었는지 알 수 없는 판본이다.

---

5 특히 「유고음」을 수운 선생의 시라고 새롭게 인정했다고 가정해 보는 것은 이 「유고음」이 1961년도 이후 다년간 발간된 『천도교경전』의 『동경대전』에 실리지 않고 『해월신사 법설』에 실렸기 때문이다. 즉 계미중하판이 발견되기 전까지 「유고음」은 천도교단에서 해월 선생의 시로 간주되고 있었다.

3. 『동경대전』 활자본 비교

1900년대 이후에 목판본이 아니라 활자본으로 경전이 간행된다. 1907년도 발간된 활자본은 천도교중앙총부에서 편찬한 것이고, 또한 당시 교주인 의암 선생과 또 원로인 구암 김연국이 「발문」을 쓴 것 등으로 보아, 대고천하(1905) 이후 천도교단에 의하여 공식적으로 간행된 최초의 활자본 경전임을 알 수 있다. 이후 천도교단에서는 지속적으로 활자본 『동경대전』을 간행한다. 1907년 간행된 활자본 『동경대전』 목록은 다음과 같다.

표제는 '동경대전'으로 되어 있다. 본문은 「포덕문」, 「논학문」, 「수덕문」, 「불연기연」으로 되어 있고, 이어서 부(附)라는 표기와 함께 「축문」, 「주문」, 「입춘시」, 「강시」, 「좌잠」, 「화결시」, 「탄도유심급」, 「결」, 「우음」, 「팔절」, 「제서」, 「영소」, 「필법」의 순으로 수록되어 있다. 이어서 후미에 「세재계미중춘도주월성최시형근지(歲在癸未仲春道主月城崔時亨謹誌)」라는, 해월 선생이 1883년 충청도 목천에서 계미중춘판을 발간할 당시 썼던 발문(跋文)을 실었다. 또한 의암 선생의 「제3세도주손병희경서(弟三世道主孫秉熙敬敍)」가 실려 있고, 이어서 김연국이 쓴 「발문」이 실려 있다.

이와 같이 해월 선생이 계미중춘판 『동경대전』에 쓴 「발문」이 실려 있는 것으로 보아 1907년도 간행 『동경대전』은 '계미중춘판'을 저본으로 삼아 편찬한 것이라고 생각된다. 수록된 편수나 경편(經篇)의 순서가 '계미중춘판'과 서로 일치한다는 것도 이를 뒷받침해 준다. 다만 계미중춘판에는 「통문」과 「통유」, 그리고 「의식」이 있는 데 반해 1907년도 판에는 앞에서 거론한 의암 선생과 김연국의 발문이 있다.

이와 같은 면으로 보아 천도교단에서 처음 『동경대전』을 편찬하고 간행할 때 계미중춘판을 저본으로 삼고 당시 상황에 맞지 않은 몇 편을 빼는 대신 교주인 손병희와 그다음 반열인 김연국이 쓴 발문을 추가했음을 알 수 있다.

1907년도에서부터 오늘까지 천도교단에서 나온 『동경대전』의 목차를 정리, 비교하면 다음과 같다.

1907년도 1936년도 1947년도	1956년도 (주해본)	1961년도	1968년도	1969년도	1984년도	1988년도	1991년도
포덕문	포덕문	포덕문	포덕문	포덕문	포덕문	포덕문	포덕문
논학문	논학문	논학문	논학문	논학문	논학문	논학문	논학문
수덕문	수덕문	수덕문	수덕문	수덕문	수덕문	수덕문	수덕문
불연기연	불연기연	불연기연	불연기연	불연기연	불연기연	불연기연	불연기연
축문	축문	축문	탄도유심급	탄도유심급	축문	축문	축문
주문	주문	주문	팔절	팔절	주문	참회문	참회문
입춘시	입춘시	입춘시	좌잠	주문	입춘시	주문	주문
절구	절구	절구	필법	입춘시	절구	입춘시	입춘시
강시	강시	강시	주문	절구	강시	절구	절구
좌잠	좌잠	좌잠	참회문	좌잠	좌잠	강시	강시
화결시	화결시	화결시	입춘시	화결시	화결시	좌잠	좌잠
탄도유심급	탄도유심급	탄도유심급	화결시	결	탄도유심급	화결시	화결시
결	결	결	결	우음	결	탄도유심급	탄도유심급
우음	우음	절구	시	영소	우음	결	시문
팔절	팔절	우음	영소	필법	팔절	우음	결
제서	제서	팔절(1,2)	강시	기타시문	제서	팔절	우음
영소	영소	제서	절구		영소	제서	전팔절
필법	필법	영소	결시		필법	영소	후팔절
		일시중보	우음			필법	제서
		춘소식	제서			유고음	영소
		만수춘	시			우음	필법
		대도				기타시문	유고음
		선주					우음
		필법					
		유시					

천도교단(천도교중앙총부)에서는 1907년도 판 『동경대전』 발간 이후에, 이와 같은 체제로 1936년과 1947년에 『동경대전』을 간행한다. 1936년은 일제

강점기이기 때문에 『동경대전』 간행에 많은 어려움을 겪었다. 특히 함께 묶어 낸 『용담유사』의 「용담가」 앞 부분의 "국호는 조선이요 읍호는 경주로다" 등의 구절을 검정 먹으로 까맣게 지운 후에야 배포할 수 있었다. 더구나 "개 같은 왜적놈이"라는 구절이 나오는 「안심가」는 편명에서 제외되는 수난을 겪기도 하였다. 광복이 된 1947년에 들어서야 1907년도 판을 온건히 복원하여 출간할 수 있었다.

참고로 1907년도, 1936년도, 1947년도에 간행한 『동경대전』은 순한문으로 되어 있으며, 표제는 '동경대전 부 용담유사'로 되어 있다. 1947년도 판에는 「검결」이 『용담유사』 뒤에 첨부되었다. 「검결」이 게재된 천도교경전은 이 판본이 처음이다. 잘 알려진 바와 같이 「검결」은 수운 선생이 조선조 조정에 체포되어 대구 감영에서 문초를 받을 때, 난을 도모한 혐의를 받게 한 중요한 근거가 되는 것이었다. 그러므로 그 이후 동학교단에서는 「검결」을 사용하지 않았다. 따라서 동학 시대에 간행된 『용담유사』에서 「검결」은 배제가 되었다. 그러다가 광복이 되고 처음 간행한 1947년도 판에 비로소 「검결」을 편입한 것이다.

천도교중앙총부에서는 1947년도 판 『동경대전』 간행 이후 『동경대전』 주해본을 기획하였으나 6·25전쟁으로 인하여 무산되고, 전쟁이 끝난 1956년도에 이르러서야 『동경대전』 주해본이 간행되었다. 이 판본이 『동경대전』 최초의 번역본이며 주해본이 된다. 내용과 체제는 1907년도 판과 동일하다. 1907년도 판을 중심으로 번역을 하고 주해를 붙인 것이다. 이 1956년도 판에는 당시 교령이며 교서편찬위원장인 공진항의 머리말이 앞에 붙어 있다. 이 머리말에 의하면 "『동경대전』이 해방 후 한글 번역이 두 번이나 되었다. 그러나 아직 불완전한 점이 없지 않아 있었는데, 이번에 교회에서 느낀바 있어 편찬위원회를 조직하고 이에 새로운 한글본을 편찬하게 되었다."

라고 되어 있다.

해방 후에 한글 번역본으로 발간된 『동경대전』은 1956년도 판이 처음이다. 그러니 두 차례나 번역되었다는 것은 두 번 한글로 번역을 하였으나, 불완전한 점이 있어 출간은 하지 않았고, 이번(1956)에 처음 출간을 하였다는 것으로 해석을 해야 할 듯하다. 또한 1956년도 판은 그 표제를 '천도교경전'이라고 하여 지금까지의 '동경대전, 부 용담유사'로 되어 있던 표제가 바뀌었다. 즉 '용담유사'를 부(附)로 보던 지금까지의 인식을 바꾸어, 『동경대전』과 『용담유사』를 동일하게 보고 '천도교경전'에 포함한 것이다. 그 체제도 '동경대전', '용담유사', '검결', '천덕송' 등으로 되어 있다.

1956년도 『동경대전』('천도교경전')은 최초의 한글 번역본이며 주해본이라는 데에 그 의의가 있다.

이후 천도교단에서는 『동경대전』, 『용담유사』와 함께 해월 선생, 의암 선생의 법설 발굴에 박차를 가하였다. 기존의 『천도교서』나 『천도교회사 초고』, 『천도교창건사』 등 천도교 역사서에는 해월 선생과 의암 선생의 글들이 실려 있다. 이렇듯 사서(史書)에 실린 제 법설들과 원로 교인들이 소장하거나 알고 있는 바를 전국적으로 수집하여 『천도교경전』 안에 '동경대전', '용담유사', '해월신사 법설', '의암성사 법설'을 함께 싣는 작업을 진행했다. 그 결과물이 1961년 간행된 일명 '삼부경전(三部經典)'이다.

1961년도 판 『천도교경전』 체제 중 『동경대전』 부분만을 보면, 1907년도 판과 그 이후 판본에서 보지 못했던 제목들이 눈에 띈다. '일시증보(逸詩增補)'라고 하여, 수운 선생 시들을 새롭게 찾아 추가로 수록한 것이다. '일시증보(逸詩增補)'라는 제하에 담긴 시는 '춘소식(春消息)', '만수춘(萬樹春)', '대도(大道)', '선주(仙酒)' 등 네 편이다.

이 네 편의 시의 제목은 1961년도 판 『동경대전』을 편찬하면 편찬자들이 시의 내용과 걸맞은 제목을 임의로 붙인 것이다. 이들 시를 보면 다음과 같다.

春消息

苦待春消息 春光終不來

非無春光好 不來卽非時

玆到當來節 不待自然來

春風吹去夜 萬木一時知

一日一花開 二日二花開

一身皆是花 一家都是春

萬樹春

風過雨過枝 風雨霜雪來

風雨霜雪過去後

一樹花萬發樹春

大道

纔得一條路 步步涉險難

山外更見山 水外又逢水

幸渡水外水 僅越山外山

纔得野廣處 始覺有大道

仙酒

瓶中有仙酒 可活百萬人

釀出千年前 藏之備用處

無然一開封 臭散味亦薄

今我爲道者 守口如此瓶

　이들 '일시중보'의 시 중 「춘소식(春消息)」, 「대도(大道)」, 「선주(仙酒)」 등은 계미중춘판, 계미중하판, 무자계춘판 등에 실린 「탄도유심급(歎道儒心急)」의 뒷부분에 있는 시들이다. 또 「만수춘(萬樹春)」은 '우음(偶吟)'이라는 제목으로 계미중하판과 무자계춘판의 뒷부분에 실려 있다.

　이때는 아직 계미중춘판을 비롯한 여러 판본이 발견되지 않았던 때이기 때문에 이들 시에 관하여 확인할 근거가 없고, 다만 천도교인들 사이에 전하는 바를 수집하여 1961년도 판에 편입한 것으로 생각된다.

　또한 이 1961년도 판 『천도교경전』에는 계미중하판과 무자계춘판에 실린 「유고음(流高吟)」이 『동경대전』이 아니라, 『해월신사 법설』에 실려 있다. 이것도 천도교인들 사이에 전해 오던 바를 수집한 것인데, 아직 계미중하판이나 무자계춘판이 발견되지 않았기 때문에, 수운 선생의 시임을 알지 못하고 해월 선생 편에 편입한 것이다.

　이후 천도교단에서는 1968년 9월 14일 『동경대전』, 『용담유사』, 「검결」 등을 일책으로 묶어 『천도교경전』이라는 표제로 간행하였다. 1961년에 이른바 '삼부경전'을 간행하여 사용하다 보니, 『동경대전』과 『용담유사』 등 수운 선생의 저작만이 경전이라는 이견이 있으므로 이렇게 새로이 간행한 것으로 판단된다.

　천도교단 내에서 그간 '삼부경전'에 관한 논란이 많았다. 해월 선생의 법설은 해월 선생이 말씀을 하면 문식(文識)이 있는 제자가 받아 쓴 것이 대부분이기 때문에, 『동경대전』처럼 일정한 제목 아래 쓴 것이 아니다. 천도교 역사서에 여러 법설이 혼용되어 나오고, 혹은 원로 교인들이 공부할 때 가지고 있던 것들을 수합하여 교중의 몇 사람이 정리하고 분류하여 제목을 붙여 '해월 선생의 법설'이라고 내놓았기 때문에, 이에 관한 논란이 많았던 것이다.[6]

1968년도 판『동경대전』은 그 체제가 1961년도 판과 같다. 다만 1961년도 판에는 '일시증보(逸詩增補)'라는 제목을 붙인 아래에 「춘소식(春消息)」, 「대도(大道)」, 「선주(仙酒)」, 「만수춘(萬樹春)」 등으로 나누어 게재를 한 데 반하여 1968년도 판에는 일괄하여 '시'라는 제목 아래 이 시들을 수록하였다. 또한 「필법」 이후의 글인 「주문」, 「참회문」, 「입춘시」, 「화결시」, 「결」, 「시」, 「영소」, 「강시」, 「절구」, 「결시」, 「우음」, 「제서」, 「시」 등은 모두 한글 번역문 없이 순한문으로만 실었다.

1968년도 판을 낸 지 1년 뒤인 1969년도에도 『천도교경전』을 다시 간행한다. 이때에는 1968년도 판과는 다르게 1961년도에 간행한 이른바 '삼부경전' 체제를 다시 도입하여 간행하였다. 1961년도 판에 다만 '일시증보(逸詩增補)'라고 했던 것을 '기타 시문(其他 詩文)'이라고 하여 그대로 수록하였다.

그런가 하면, 해월 선생의 법설에 1961년도 판과 같이 「유고음(流高吟)」이 그대로 실려 있다. 1969년에는 계미중하판 『동경대전』이 발견된 해인데, 1969년도 판 『천도교경전』을 기획 간행할 당시에는 계미중하판을 아직 참조하지 못한 듯하다.

---

6 박응삼, 「붓을 놓으며」, 1961년도 판『천도교경전』.

1969년도 판 『천도교경전』에서 1961년도 판과 확연하게 다른 점은 수운 선생, 해월 선생, 의암 선생의 글에 관하여 편명을 달리하고 있다는 점이다. 1961년도 『천도교경전』은 '천종법경(天宗法經)', '도종법경(道宗法經)', '교종법경(敎宗法經)'이라는 이름으로 수운 선생, 해월 선생, 의암 선생의 글들에 편명을 붙였다. 그러나 1969년도 판 『천도교경전』은 '동경대전', '용담유사', '해월신사 법설', '의암성사 법설' 등으로 표기를 했다. 이러한 표기는 그 이후 오늘까지 그대로 이어진다. 천도교단의 합의에 의한 편명이라고 생각된다. 이후 1969년도 판 『천도교경전』은 1981년도까지 7판을 거듭하여 간행되었다.

　　천도교단에서는 1984년도에 좀 새로운 체제의 『천도교경전』을 발간한다. 『천도교경전』을 1부와 2부로 나누어 1부는 '동경대전'과 '용담유사'를 현토 없이 원문 그대로 실었다. 물론 '용담유사'는 고어(古語) 표기가 아닌, 현대어 표기를 따랐지만, 한자를 표기하지 않았다.

　　이러한 시도는 1984년도 판 『천도교경전』 간행사에서 고정훈 당시 교령이 밝힌 바와 같이, "대신사(수운 선생) 순도 2주갑을 맞아 거룩한 뜻을 후세"에 보다 정확하게 전하기 위하여 원문을 별도의 장으로 두어 경전의 체제를 잡은 것으로 생각된다. 그러나 1961년도 판에 '일시증보(逸詩增補)'라는 제목 아래에 또 1968년도 판에서는 '기타 시문(其他 詩文)'이라는 제목 아래에 실었던 「춘소식(春消息)」, 「대도(大道)」, 「선주(仙酒)」, 「만수춘(萬樹春)」 등의 시들이 1984년도 판에는 수록되지 않았다. 이 당시에는 '계미중하판'이 발견이 되었음에도 불구하고, 이 판본에 관하여 검토가 충분히 이루어지지 못했기 때문에, 이들이 빠진 것으로 추정된다.

　　이보다 4년 후인 1988년에 이르러 천도교단은 다시 '수운 선생의 글과 해월 선생의 글, 그리고 의암 선생의 글'을 모두 집대성하여 『천도교경전』을 간행한다. 이때는 '계미중하판'과 '무자중춘판' 모두가 발견된 후이다. 그러므로 천도교단은 이 두 판본을 참조하여 1988년도 판을 간행한 것으로 생각된다. 그러므로 지금까지 해월 선생의 글로 간주되어 해월신사 법설에 편입이 되어 있던 「유고음(流高吟)」이 '동경대전에 편입되었고, 지금까지 '일시증보(逸詩增補)'나 '기타 시문(其他 詩文)'이라는 제하에 실었던 「춘소식(春消息)」, 「대도(大道)」, 「선주(仙酒)」, 「만수춘(萬樹春)」 등의 시들이 「우음 2」로, 또는 작은 제목 없이 '기타 시문(其他 詩文)'이라는 제하에 다만 행만 구분하여 수록하였다.

'계미중하판'과 '무자계춘판'에는 「우음 2」가 별도로 수록되어 있고, 「춘소식(春消息)」, 「대도(大道)」, 「선주(仙酒)」 등은 「탄도유심급」 후반에 별도의 제목 없이 연속하여 수록되어 있다. 이러한 '계미중하판'과 '무자계춘판'의 현황을 확인하고, 참고하여 1988년도 판을 간행한 것을 알 수 있다.

이후 천도교단에서는 1991년에 이르러 경전을 가죽 표지로 바꾸며 그 체제를 다소 변경하였다. 1988년도 판에서 '기타 시문'이라는 제하로 경전의 마지막에 수록했던 시들을 「탄도유심급」 다음에 「시문」이라는 제명으로 게재 수록한 것이다. 본래 이 시들은 앞에서 말한 바와 같이 「탄도유심급」 후반에 별도 제목 없이 연속하여 수록되어 있던 것이기 때문에 이를 반영하여 이렇듯 체제를 바꾼 것으로 생각된다. 특히 경전에 '기타 시문'의 '기타'라는 말이 들어가는 것이 바람직하지 않았기 때문으로 풀이된다.

1991년도 판은 그다음 해인 1992년에 '개정초판'이라는 이름으로 간행하였다. 그러나 두 판본은 실제로는 아무런 차이가 없다. 더욱이 1991년도 판은 12월 14일에 간행하였고, 1992년도 판은 2월 24일에 간행하였다. 불과 2개월 만에 개정판을 낸다는 것은 가능하지 않다. 따라서 두 판본은 같은 것으로 간주된다.

1991년도 간행된 『천도교경전』이 현재(2021)까지 개정 없이 그대로 판수만 바뀌면서 간행되어 왔다. 다만 2012년도에 교서편찬위원회에서 원문에서 잘못 표기된 글자들을 수정하여 수정판을 간행한 바 있다. 이때 논란의 여지가 있는 글자에 관해서는 그 수정 여부를 차후로 미루었다.

1991년도에 『천도교경전』을 내고 30년이 다 되도록 경전의 번역 등을 개정하지 않은 것은 두 가지 의미가 있다. 하나는 이때 거의 완벽에 가까운 경전을 편성했다는 뜻이다. 그러나 다른 한편으로 보면 안일하게 경전을 찍어내기만 했지, 좀 더 시대에 부응하는 경전으로 거듭나고자 하는 노력을 하지 않았다는 뜻이 될 수도 있다.

4. 나가는 말

1880년 인제 갑둔리에서 『동경대전』이 간행된 이후, 지속적으로 동학경전이 간행되었다. 초기에는 원문만을 수록한 『동경대전』이었고, 특히 『용담유사』와는 별책으로 간행이 되었다. 그래서 그 표제도 '동경대전'이었다. 그러나 1907년 이후 활자본이 나오면서 '용담유사'가 편입되었고, '동경대전 부 용담유사'라는 표제가 되었다. 그러다가 광복 후 『동경대전』과 『용담유사』 둘 모두 동일한 위격의 경전으로 보아 '천도교경전'이라는 표제하에 편성하였다. 그 후 해월 선생, 의암 선생의 글(법설)이 편입되었지만 '천도교경전'이라는 표제를 지속적으로 유지하여 오늘에 이르고 있다.

경전은 그 체제에 못지않게 중요한 것은 내용이다. 더군다나 『동경대전』을 비롯한 『해월신사 법설』, 『의암성사 법설』은 한문으로 표기가 되었다. 따라서 한글 번역이 매우 필요하고 중요하다. 더구나 모든 것이 빠른 속도로 바뀌는 시대에 현실적인 언어감각을 반영한 새로운 번역이 요구된다. 특히 최근 들어 오랫동안 중고등학교에서 한문을 깊이 있게 가르치지 않고, 그래서 이른바 '한글세대'가 대세를 이루고 있는 실정이다. 그러나 『동경대전』 첫 주해 번역본인 1956년도 판과 오늘의 『동경대전』을 비교할 때, 그 번역 투가 별반 다르지 않다. 번역이 대부분 오늘의 젊은이들이 읽기엔 부적합한 한문투라는 말이다.

1956년도 판 경전이 나온 지 65년이 지났다. 65년이면 그 당시 태어난 사람이 이제 노년에 들어가는 세월이다. 그 아들 세대나 손자 세대가 읽어야 할 경전이 65년이 지나도록 번역에 아무런 혁신이 없다면 참으로 용인하기 어려운 상황이다. 65년이라는 긴 세월이 지나고 몇 세대의 사람들이 지나갔어도 번역이 그 옛날 투에 머물러 있는 현실을 깊이 생각해야 할 것이다.

이러한 현실을 깊이 통탄하고 교단 외에서 주해서나 번역을 시도한 경우가 있다. 그러나 이러한 사례는 참고는 될망정, 교단의 공식적인 입장이 되지 못하기 때문에, 공식적으로 '천도교경전'이라고 세상에 내놓을 수 없는 형편이다. 무엇보다 그 해석하는 사람에 따라 해의가 달라서, 교리 해석에 혼란을 야기하는 원인이 될 수도 있다.

따라서 천도교단은 안일하게 대처하지 말고, 교단 차원에서 경전 전담 기구를 만들어 체제를 확립하고, 권위 있는 번역을 하여 교단의 공식적인 '새 번역 경전'을 하루속히 내놓아야 할 것이다. 지금까지 나온 '천도교경전'을 교내외를 막론하고 수집, 분석하여, 교단의 공식 경전이 나오기를 기대한다. 이는 천도교인뿐 아니라 동학, 천도교를 애호하는 일반인을 위해서도 시급한 일이다. 종교는 종교로서의 권위를 가져야 한다. 종교의 권위는 다른 것에서 나오는 것이 아니다. 경전과 교리의 권위 있는 해석에서 비롯된다. 따라서 천도교단의 경전 새 번역은 앞으로 천도교단이 밝고 든든하게 나아갈 길임을 유념해야 한다.

『동경대전』의 체제와 내용

1. 들어가는 말

『동경대전』은 동학의 교조인 수운 최제우(水雲 崔濟愚, 1824~1864) 선생의 문집이며, 동시에 동학의 가장 중요한 경전이다. 따라서 『동경대전』에 대한 연구는 단순한 문집 성격에 관한 연구를 뛰어넘어, 수운 선생의 사상, 나아가 동학사상에 대한 연구로 이어지게 된다.

지금까지 우리 학계에서 진행되어 온 동학에 대한 연구 성과는 결코 적은 양이라고 할 수는 없다. 더욱이 동학 연구는 철학, 종교학, 역사학, 정치학, 경제학, 사회학, 문학, 신문방송학 등 인문사회과학 분야 전반에 걸쳐 연구되어 왔다.

이와 같이 폭넓은 분야에서 동학이 연구되고 또 그 성과를 얻고 있는 것은 동학이 단순히 하나의 사상이나 종교에 그치지 않고, 그 실천의 면에서 우리나라 근대사에 미친 영향이 지대했을 뿐만 아니라, 나아가 인간 삶의 문제에 총체적으로 작용하는 원리이며 또 한국학의 정체성을 정립할 수 있는 중요한 학적 대상으로 많은 연구자들에게 인식되고 있기 때문으로 판단된다.

그러나 많은 동학 연구자들이 그 연구를 수행하면서 동학의 원리를 구명하고 또 이해하는데 가장 중요한 동학경전에 관한 면밀한 검토 없이, 부분적으로 인용하고 또 필요에 따라 거두절미(去頭截尾)하고 인용하는 사례가 왕왕 있어, 논의 과정에서 오해와 왜곡을 초래하는 경우가 없지 않다.[1] 그런가 하면, 동학에 관한 많은 연구가 동학의 본질에 대한 이해를 바탕으로 하지 않고, 동학 또는 동학운동의 현상에 치중함으로써 동학의 본질에 이르지 못한 연구 성과가 나오기도 한다.

따라서 이 글에서는 『동경대전』의 구성과 내용을 살펴보고, 나아가 『동경대전』에 나타난 동학의 중요한 사상적 개념어를 살펴본 다음 그 의미를 구명함으로써, 동학의 본질을 좀 더 적확하게 이해하는 길을 마련하고자 한다. 이에서 한 걸음 더 나아가 앞으로 진행되는 동학 연구에 『동경대전』이라는 동학 천도교단의 가장 중요한 경전이 널리 활용될 수 있는 길을 마련하는 것을 이 글의 기본적인 목표로 한다.

2. 『동경대전』의 구성과 내용

『동경대전』은 일반적인 문집과 유사하게, 문(文)과 시문(詩文)으로 되어 있다. 앞부분에는 문(文)에 해당되는 글이 실려 있고, 시문은 뒷부분에 실려 있다. 이른바 문에 해당하는 경편(經篇)으로는 「포덕문(布德文)」, 「논학문(論學文)」, 「수덕문(修德文)」, 「불연기연(不然其然)」 등 동학사상을 본격적으로

---

1 이와 같은 연구 태도를 극복하고, 좀 더 정확한 『東經大全』 원문에 대한 연구의 필요성을 피력한 기왕의 연구 성과도 또한 나오고 있다. 金仁煥, 「동학의 논리」, (『韓國言語文學』 제16집, 한국언어문학회, 형설출판사, 1978.2.

서술한 경편들과 「탄도유심급(歎道儒心急)」, 「필법(筆法)」, 「축문(祝文)」 등이 있고, 시문으로는 「입춘시(立春詩)」, 「절구(絶句)」, 「강시(降詩)」, 「좌잠(座箴)」, 「결(訣)」, 「우음(偶吟)」, 「제서(題書)」, 「영소(詠宵)」, 「유고음(流高吟)」 등이 있다. 이 외에 동학의 「주문(呪文)」과 「팔절(八節)」이 있으며, 수운 선생이 제자들에게 보낸 「통문(通文)」과 「통유(通諭)」가 각기 한 편씩 실려 있고, 『동경대전』 판각 당시 교주이자 판각을 주도한 해월(海月) 최시형(崔時亨) 선생이 쓴 「발문(跋文)」과 「입도식(入道式)」, 「치제식(致祭式)」, 「제수식(祭需式)」 등의 동학의식 절차를 기록한 글들이 수록되어 있다.[2]

즉 『동경대전』은 수운 사상의 진수를 담은 글과 종교의식에 필요한 사항을 적은 글, 그리고 수도 절차나 수도를 위해 필요한 내용을 담은 글, 또한 수운 선생이 시의 형식으로 쓴 잠언과 같은 글이나 문학적인 정서를 드러낸 시들로 구성되어 있다. 이 글에서는 논의의 편의를 위하여 1) 수운 선생의 사상을 본격적으로 서술하는 네 편의 글, 2) 수도(修道)나 종교적인 수행을 위한 글, 3) 종교적 깨달음을 담은 시문 형식의 글 등으로 나누어 그 내용을 고찰하고자 한다.

1) 동학의 요체를 담은 글들

『동경대전』 중 동학의 요체를 담은 글로는 「포덕문」, 「논학문」, 「수덕문」, 「불연기연」 등 네 편을 들 수 있다. 이 네 편은 『동경대전』의 종(宗)을 이루는 경편들이다.

---

2 이 글의 대상이 된 『동경대전』의 板本은 癸未仲夏板(1883. 여름)이다. 따라서 열거된 『동경대전』의 내용 역시 上記 板本에 수록된 것들이다.

「포덕문」은 동학이 창명된 다음해인 신유년(辛酉年, 1861) 봄에 쓰여졌다.[3] 수운 선생은 경신년(庚申年, 1860) 4月 한울님으로부터 무극대도(無極大道)를 받는 결정적인 종교체험을 한 이후, 일 년 이상 수련을 하며 지냈다. 이후 신유년 6월에 들어서 비로소 본격적인 포덕을 시작한다.[4] 「포덕문」은 수운 선생이 본격적인 포덕을 하기 바로 전에 지은 것으로 생각된다.

「포덕문」은 그 구성상 몇 개의 단락으로 나누어 볼 수 있다. 먼저 글의 서장에서 우주 생성 이후 오늘에 이르기까지의 인류 역사를 도덕적인 측면에서 간략하고 또 요약적으로 기술하였다. 나아가 도덕적인 타락이 극에 달한 현세는 이로 인하여 극도의 시대적인 위기를 겪고 있으며, 마침 그 당시 동아시아를 침공해 오는 서양 세력 때문에 우리나라는 더 큰 위기를 겪고 있다고 기술한다.

수운 선생은 이러한 위기의 근원으로 세상 사람들이 자신의 근본인 한울님을 잊어버리고 또 잃어버린 채, 한울님의 공변(公辨)된 마음으로 살지 않고, 자신의 이익만을 추구하는 각자위심(各自爲心)의 삶을 살아간다고 비판하였다. 여기에는 이와 같은 시대적 위기를 극복하고 새로운 세상을 이룩하기 위해서는 한울님 뜻을 가르치는 동학이 출현해야 한다는, 동학 출현의 당위성이 내포되어 있다.

다시 말해 수운 선생은 이 「포덕문」 서장을 통해, 성쇠(盛衰)의 이치에 따라 지금 세상은 쇠운(衰運)이 지극한 시대이며, 필연적으로 새로운 성운(盛運)을 맞이할 때가 도래하였음을 강조하였다. 계속해서 수운 선생은 세상을

---

3 『도원기서』, "適至辛酉春 作布德文."
4 『동경대전』「수덕문」, "更逢辛酉 時維六月 序屬三夏 良朋滿座 先定其法 賢士問我 又勸布德."

구하고 새로운 질서로 새 세상을 열어갈 가르침인 무극대도를 한울님으로부터 받게 되는 과정과 그 이법, 이 가르침을 세상에 펴야 할 필연적인 사유가 있음⁵을 「포덕문」을 통하여 강조하고 있다.

「포덕문」은 결국 세상 사람들이 천리(天理)를 따르지 않고, 천명(天命)을 깊이 생각하지 않으므로,⁶ 성쇠의 이치에 의하여 세상은 혼돈과 위기를 겪는 각자위심(各自爲心)의 세상이 되었으므로, 이러한 세태를 극복하고 새로운 세상, 곧 다시 개벽의 세상을 맞이하기 위해서는 세상 사람들이 '한울님 존재'를 깨닫고, 한울님의 덕화(德化)에 의하여 우주 만물이 화생되었음을 체득해야 함을 강조한다. 다시 말해 수운 선생이 한울님으로부터 받은 무극대도에 의하여, 한울님의 덕을 세상에 펴야 한다는 논리를 전개한다. 바로 이것이 「포덕문」을 지은 진의라고 할 수 있다.

'포덕(布德)'이라는 말은 이 「포덕문」 중에 나오는 "너 역시 장생하여 천하에 덕을 펴리라"⁷라는, 한울님이 수운 선생에게 한 말에서 비롯되었다. 따라서 '포덕'의 뜻은 '천하에 한울님의 덕을 편다(布天主之德於天下)'는 것이라고 할 수 있다. 결론적으로 「포덕문」은 제목이 시사하는 바와 같이, 수운 선생이 한울님의 덕을 천하에 펴는 이유와 그 방법(주문과 영부)이 핵심이라고 하겠다.

「논학문(論學文)」은 임술년(壬戌年, 1862) 1월에서 2월 사이에 쓰여진 경편

---

5 『동경대전』 「포덕문」, 不意四月 心寒身戰 疾不得執症 言不得難狀之際 有何仙語 忽入 耳中……(중략)……敎人爲我 則汝亦長生 布德天下矣

6 『동경대전』 「포덕문」, '又此挽近以來 一世之人 各自爲心 不順天理 不顧天命 心常悚 然 莫知所向矣

7 『동경대전』 「포덕문」, "汝亦長生 布德天下矣."

이다. 또한 동학 초기 기록에 보면 이는 '동학론(東學論)'이라고 불리기도 하였음을 알 수 있다. 특히 이 「논학문」은 신유년(1861) 겨울 관의 지목을 피하여 길을 떠나 전라도 남원에 있는 교룡산성(蛟龍山城) 내의 작은 암자인 은적암(隱跡庵)에 머무는 동안 쓴 글이다.[8]

수운 선생이 도를 받고 펴던 경주 용담(龍潭)을 떠나 이 은적암까지 오게 된 것은, 당시 경주부(慶州府)에서 수운 선생의 도를 서학으로 주목하고, 이를 탄압했기 때문인 것으로 생각된다. 특히 남원 은적암에서 쓴 것이 분명한 『동경대전』 중에 실려 있는 「통유」[9]에 의하면, 수운 선생은 지목의 혐의가 있어 은적암으로 온 것이 분명하다.[10] 이때의 지목은 당시 경상도 일원의 유생들이 서원 간에 「통문」을 돌리며 이야기한 바와 같이 동학을 '서학의 말류(末流)'로 지목한 것이었을 것이다.

그러므로 수운 선생은 자신이 펴고 있는 도가 서학과는 어떻게 다르며, 나아가 그 도의 본질이 무엇인가를 세상에 알리기 위하여, 깊은 산간인 이곳 은적암에 들어 「논학문」을 지은 것이다. 따라서 이 「논학문」에는 서학과

8 『천도교회사』 「천통」.
9 『동경대전』에 실려 있는 「통유」를 은적암에서 썼다고 보는 것은 그 내용 중에 '前歲 仲冬之行'이라는 구절을 근거로 한다. 수운 선생이 동학의 가르침을 펴면서 보낸 겨울은 네 번뿐이다. 첫 겨울인 경신년(1860)은 아직 세상에 도를 펴지 않던 겨울이다. 그러므로 지목의 혐의가 없었음이 분명하다. 두 번째 겨울인 신유년(1861)에 길을 떠나 은적암으로 왔다. 세 번째 겨울인 임술년(1862)에는 홍해 손봉조의 집에 있으면서 접주제를 시행하였다. 네 번째 겨울인 계해년(1863) 겨울은 수운 선생이 조선 조정에서 파견한 선전관에게 체포되어 대구 감영에 구금되어 있었다. 그러므로 '지난해 겨울 길을 떠났다.[前歲仲冬之行]'는 「통유」 중의 기록은 신유년 겨울을 말하는 것이 분명하다.
10 『동경대전』 「통유」, "前歲仲冬之行 本非遊江上之淸風 與山間之明月 察其世道之乖常 惟其指目之嫌 修其無極之大道 惜布德之心."

의 비교를 통하여 동학이 서학과 본질적으로 어떻게 다르며, 또 자신이 펴는 도의 본지는 어떠한 것인가를 밝히고 있다.

즉 수운 선생은 「논학문」을 통해 자신의 도가 서학이 아닌 '동학(東學)'임을 밝히고 있으며,[11] 그 핵심인 동학의 주문(呪文) 스물한 자에 대해 구구자자 해의하여, 당시 동양으로 밀려오던 가르침인 서학과 자신의 도가 어떻게 다른가를 설파하고 있다. 결국 수운 선생은 「논학문」에서 동학을 정의하고, 동학의 요체를 밝히고 있다.

「수덕문(修德文)」은 임술년(1862) 6월 경주 근교에서 쓴 경편이다. 「논학문」이 서학과의 비교를 통하여 동학의 본체를 밝힌 경편이라면, 「수덕문」은 유학(儒學)과의 비교를 통해 동학의 요체를 논한 경편이다.

수운 선생은 먼저 이 글의 서장을 통해, 동양 사회가 오랫동안 성인(聖人)과 선현(先賢)의 가르침을 받아왔으며, 또 이들이 이루어 놓은 법도에 의하여 질서를 유지해 왔음을 피력하였다.[12] 나아가 이와 같은 동양 사회 또는 우리 전통사회를 지탱해 온 유교적인 질서 속에 수운 선생 역시 선조 때부터 누대(累代)에 걸쳐 살아왔음을 강조하고 있다.

이것은 결국 수운 선생이 펼치는 '동학이라는 가르침'도 궁극적으로는 유교적 가르침에 위배되는 가르침이 아니라는 점을 강조하는 것이기도 하다. 즉 당시 유학자들이나 서원(書院)의 유생들이 지목(指目)하듯이, 이른바 정학(正學)이라고 하는 성리학에 반하는 가르침이 아니라는, 강력한 주장이

---

11 『동경대전』「논학문」, "道雖天道 學則東學."
12 『동경대전』「수덕문」, "雖有困而得之 淺見薄識 皆由於吾師之盛德 不失於先王之古禮."

여기에 담겨 있다.

다시 말해서 과거 동양 사회를 이끌어 왔던 선학(先學)들의 학문도 결국은 천도(天道)를 궁구하는 학문이요, 수운 선생의 도(道) 역시 천도라는 의미에서 서로 대동소이(大同小異)한 것이요,[13] 이는 예나 지금이나 사람들이 행해야 할 마땅한 도리(道理)이므로, 결국 조금도 위배되는 것이 아니라는 의미가 된다.

수운 선생은 이와 같은 논리를 바탕으로, 유교의 핵심 덕목인 인의예지(仁義禮智)가 올바르게 사람들의 내면에서 구현되고 또 이 사회에서 실천되기 위해서는 자신의 새 가르침인 수심정기(守心正氣)를 수행해야 한다고 강조하였다.[14] 즉 수심정기(守心正氣)의 새로운 수행법(修行法)을 통하여 인의예지의 덕목이 삶 속에서 실현되므로, 타락한 당시 세태를 새롭게 개벽하는 새로운 심법(心法)으로 수운 선생은 이 수심정기를 「수덕문」에서 천명하였던 것이다.

곧 「수덕문」은 수운 선생이 펴는 도가 동양 사회나 조선에서 정통의 가르침 유학과 대치되는 가르침이 아니며, 오히려 유학과 마찬가지로 세상 사람들이 행해야 할 정학(正學)임을 강조한 글이다. 또한 「수덕문」에서 수운 선생은 세상에 바른 도가 실현되기 위해서 필요한 수행으로 자리매김한 규칙을 제시하고 있다.

「불연기연(不然其然)」은 수운 선생이 관에 체포되기 한 달 전인 계해년(癸

---

13 『동경대전』「수덕문」, "覺夫子之道 則一理之所定也. 論其惟我之道 則大同而小異也."
14 『동경대전』「수덕문」, "仁義禮智 先聖之所教 守心正氣 唯我之更定."

亥年, 1863) 11월에 지은 글이다.[15] 다시 말해 수운 선생의 종교적인 가르침을 담은 네 편의 경편 중 가장 마지막에 지은 글이다.

「불연기연」은 만물에 대한 인식의 태도, 또는 방법을 개진한 글이다. 또 수운 선생이 자신의 중심 사상으로 제시한, 만물이 한울님을 모셨다는 '시천주(侍天主)'의 진리에 이르는 길을 제시한 가르침이다.

수운 선생은 이 「불연기연」 편 외에도 곳곳에서 '불연기연'을 언급하고 있다. 즉 『용담유사(龍潭遺詞)』 중 「흥비가(興比歌)」에서는 "이 글 보고 저 글 보고 무궁한 그 이치를 불연기연 살펴내어 부(賦)야 흥(興)야 비(比)해 보면 글도 역시 무궁이요 말도 역시 무궁이라 무궁히 살펴내어 무궁히 알았으면 무궁한 이 울 속에 무궁한 내 아닌가."[16]라고 노래하여 세상의 이치와 만물을 기연(其然)으로만 살피지 말고 불연(不然)의 면도 살펴서, 만물의 본체를 바르게 볼 때에 비로소 도(道)의 근원을 깨달을 수 있다고 말한다. 즉 모든 이치를 '불연'과 '기연'의 관계 속에서 살펴볼 수 있을 때에 비로소 그 진의를 찾을 수 있고, 나아가 '나'라는 존재가 무궁한 이 울, 곧 우주와 더불어 존재하는 무궁한 존재라는 것을 깨닫게 된다고 말한다. 즉 불연기연의 인식을 통하여 유한적인 자아관념을 벗어버리고, 이 우주와 더불어 무궁한 존재임을 깨닫게 된다는 것이다.

또한 「탄도유심급」에서도 "불연이 기연이요, 먼 것 같으나 멀리 있는 것이 아니다."[17]라고 피력하여 이 세상에 불연으로 인식되는 것들도 궁극적인 면에서는 기연이므로, 늘 불연으로만 생각하던 한울님의 조화도 올바르고

---

15 『도원기서』, "至十一月 作不然其然 又作八節句."
16 『용담유사』「홍비가」.
17 『동경대전』「탄도유심급」, "不然而其然 似遠而非遠."

또 지극한 수련을 통해 한울님을 깨닫게 된다면, '아! 그렇구나' 하고 긍정하며 이해할 수 있는 기연이 되며, 진리가 멀리 있는 듯해도 가까이 있음을 깨닫게 된다는 것이다.

수운 선생은 우주의 만물이 겉으로 나타나는 현상과 그 현상의 근원이 되는 본질의 문제를 '기연'과 '불연'이라고 말하고 있다. 다시 말해서 기연이란 그러한 사실을 우리가 쉽게 판단하고 설명할 수 있는 이단자(易斷者)의 세계를 말하는 것이요, 불연은 그렇게 되는 이유를 규명하거나 설명하기 어려운 난필자(難必者)의 세계라고 설명한다.[18]

이와 같이 우리 인간이 인식하고 또 인식하지 못하는 세계가 만유에는 동시에 같이 존재하고 있다는 것이다. 따라서 겉으로 드러나는 부분은 '기연(其然)'이 되고 있는 것이고, 그 만물의 뿌리는 '불연(不然)'에 닿고 있으므로, 외면상 '기연'과 '불연'이 서로 다른 것인 양 보이고 있다. 그러나 궁극적으로는 이 모두 동일한 뿌리에서 비롯되는 것으로, 서로 같은 것이 된다고 하겠다.

즉 수운 선생은 이 「불연기연」 장을 통하여 '기연'이라는 만물의 드러난 측면만을 볼 것이 아니라, 이 '기연'의 본질, 본원적인 측면이 '불연'을 항상 염두에 두어 만물의 본체를 올바르게 인식하고, 나아가 만물이 그 본원적인 면에서는 모두 같은 뿌리에서 비롯된 동등한 존재이며, 유한한 인간도 무궁한 한울님에 뿌리를 둔, "무궁한 이 울 속에 무궁한 나"라는 동학의 가르침, 즉 시천주(侍天主)의 본의를 올바르게 인식하도록 가르치고 있다.

---

18 『동경대전』「불연기연」, "是故 難必者 不然 易斷者 其然."

2) 종교적 수행을 위한 글

종교적인 수행을 위한 글 중 가장 중요하고 우선하는 것은 「주문(呪文)」이다. 「주문」은 수운 선생이 경신년(庚申年, 1860) 4월 결정적인 종교체험을 하며 한울님과 대화할 때 한울님으로부터 받은 것이다.[19] 그런가 하면 「논학문」에서는 종교체험을 한 후 거의 일 년 가까이 수련을 한 이후에 지었다고 되어 있다.[20] 한 번은 한울님으로부터 받았다고 하였고, 또 다른 한 번은 수운 선생이 직접 지었다고 하였으니, 이것을 어떻게 받아들여야 할지 혼란스럽다. 이는 한울님이 수운 선생에게 먼저 주문에 관한 가르침으로 주었고, 이 가르침을 수운 선생이 일 년 가까이 닦고 살펴보고[幾至一歲 修而度之] 난 후, 다시 지어서 세상에 내놓은 것으로 이해할 수 있다. 종교체험 상태에서 한울님으로부터 주문을 받는 것은 매우 주관적인 것이기 때문에 이를 체계화하는 '수이탁지(修而度之)' 기간이 필요했을 것으로 생각된다.

또한 이 「주문」은 「선생 주문」과 「제자 주문」으로 나뉘어 있다.[21] 다만 오늘날 천도교에서는 「제자 주문」만을 사용한다. 이는 「논학문」에서 수운 선생이 구구자자 해설한 주문이 이 「제자 주문」인 것과 무관하지 않다.

「주문」은 우선 한울님을 지극히 위하는 글이다.[22] 한울님을 지극히 위한다는 것은 다만 한울님을 우러르고 떠받드는 것이 아니라, 한울님 뜻인 천리(天理)와 천명(天命)에 따라 살아가는 것을 말한다. 또한 이 「주문」은 곧 동

---

19 『동경대전』「포덕문」, "受我呪文 敎人爲我……."
20 『동경대전』「논학문」, "吾亦幾至一歲 修而度之 則亦不無自然之理 故一以作呪文 一以作降靈之法 一以作不忘之事 猶爲二十一字而已."
21 『도원기서』, "幾至一歲 修而煉之 無不自然之理……(중략)……一以作 呪文二件 一件呪先生讀之 一件呪傳授於子侄 又作降靈之文."
22 『東經大全』「論學文」, "曰呪文之意 何也 曰至爲天主之字故 以呪言之 今文有古文有."

학의 가르침에 이르는 차제도법(次第道法)을 모두 담고 있는 글이라고 하였다.[23] 따라서 이 주문은 동학의 종교적 수행에 가장 중요한 글로서, 천도교단에서 오늘까지 중요한 수행의 요체로 실행되고 있다.

「축문(祝文)」은 수운 선생이 한울님께 천제(山祭)를 지낸다거나, 입도식(入道式) 또는 포덕식(布德式) 등의 종교적인 의식을 행할 때에 읽기 위하여 지은 글이다. 언제 지어졌는지는 기록이 없다.

이「축문」은 훗날 천도교에서 「참회문(懺悔文)」으로 고쳐, 수련을 할 때에 읽게 하였다. 즉「축문」의 말미에 있는 "금이길조양신 청결도량 근이청작서수 봉청상향(今以吉朝良辰 淸潔道場 謹以淸酌 庶需 奉請尙饗)"이라는 부분을 "금이길신 청결도량 지성지성 봉청감응(今以吉辰 淸潔道場 至誠至願 奉請感應)"이라고 고쳐서 수련을 하기에 앞서 읽는「참회문」으로 사용해 왔다. 이것은 '동학'을 '천도교'로 대고천하한 이후에 의식이 한울님께 제사 등을 지내는 대신에 시일식 등의 예배 형태로 바뀌게 되고, 「축문」을 사용하지 않게 되었기 때문이다. 이와 같은 제도의 변화에 따라 「축문」의 일부를 고치고 이를「참회문」이라는 이름으로 바꾸어, 수련을 할 때 사용하게 된 것이다. 「축문」이「참회문」으로 바뀌어『동경대전』에 실린 것은 6·25 전쟁 이후이다.

「탄도유심급(歎道儒心急)」은 언제 어디에서 쓰였는지 기록이 없다. 어느 정도 포덕이 된 이후에 많은 제자들이 조급하게 도를 통하고 좋은 세상이 오기를 마음 급하게 바라는 경우가 많았기 때문에, 수운 선생이 이들 제자

---

23 『東經大全』「論學文」, "次第道法 猶爲二十一字而已."

들에게 그 조급함을 없애고 차분히 수련에 임하여 도가 현현되는 그 때를 기다리라는 의미에서 이 글을 지은 것이다.

그러므로 글의 첫머리에 "산하의 큰 운이 모두 이 도로 돌아온다."[24] 라고, 최종적인 결론을 먼저 제시하고 있다. 다시 말해 세상의 모든 운(運)이 우리 도(道)로 돌아올 것이니, 마음을 가다듬어 지극히 바른 마음으로 수련에 임하며 자연히 이루어질 때를 기다리라고 당부하고 있다.

따라서 이 「탄도유심급」은 수련하는 모든 사람들에게 중요한 길잡이가 된다. 수련을 하면서 가져야 할 자세나 마음가짐, 또는 어떻게 마음을 닦아야 하는가, 하는 문제가 상세하고 또 실질적으로 담겨 있다.

「필법(筆法)」은 언제 지어졌다는 기록이 없다. 다만 수운 선생이 임술년 (1862) 11월 흥해(興海) 매곡동(梅谷洞) 손봉조(孫鳳祚)라는 제자의 집에 머물면서 아동들에게 글씨 쓰기를 가르쳤다는 기록이 있고, 그 후 계해년(1863) 3월 9일에 용담으로 다시 돌아온 이후, 필법의 조화가 있어 마치 왕희지(王羲之)와 같은 필체를 얻게 되었다는 기록이 있다.[25] 이 「필법」은 아마도 이때 쓴 것이 아닌가 생각된다.

또한 이 「필법」은 단순한 글씨 쓰는 법이 아니라, 글씨 쓰기와 수양, 글씨 쓰기와 마음, 그리고 종교적인 수행에 비견하여 국가의 운세까지도 포괄하여 언급하는 상징적인 글이다.

---

24 『동경대전』 「탄도유심급」, "山河大運 盡歸此道."
25 『도원기서』, "三月初九日 還于本家 先生與第二子世淸 金春發成一圭河漢龍姜奎浩 日以始造法筆 以習額子 或習眞體 不過數日 筆似王羲之跡."

「좌잠(座箴)」은 수운 선생이 계해년(1863) 4월에 당시 용담으로 찾아온 강수(姜洙)라는 제자가 수도의 절차를 물었을 때, 그 대답으로 수도에 유념하도록 당부하며 지어준 시이다. 5언 시 형식을 띠고 있는 이 글은 수련하는 사람의 '좌우명(座右銘)'이 될 수 있는 잠언(箴言)과 같은 시'라는 의미에서, '좌잠(座箴)'이라고 제목을 붙인 것으로 생각된다.

특히 이 시에는 한울님에 대한 확신을 의미하는 '신(信)'과 이 확신 위에서 한울님의 뜻을 받들고 위하는 자세인 '경(敬)', 또 그 마음을 한결같이 정성을 들여야 한다는 '성(誠)' 등 동학 수행 자세와 덕목이 제시되어 있다.

「팔절(八節)」은 「전팔절(前八節)」과 「후팔절(後八節)」로 이루어져 있다. 이 중 「전팔절」은 수운 선생이 계해년(1863) 11월에 지은 것으로 되어 있다.[26] 여덟 개의 문장이 절을 이루기 때문에 '팔절'이라고 이름한 것이다.

「팔절」은 신앙의 자세와 수련에 연관되는 명(明), 덕(德), 명(命), 도(道), 성(誠), 경(敬), 외(畏), 심(心) 등의 주제를 시의 형식을 빌려 설명한 글이다. 따라서 이 「팔절」은 수련하는 사람들에게 매우 중요한 지침이 된다.

「전팔절」은 전절(前節)에서 개념에 대한 물음을 던지면, 후절(後節)에서 대답하는 형식으로 되어 있고, 「후팔절」은 「전팔절」과는 다르게 전절(前節)에서 제시한 물음의 원인이나 까닭을 후절(後節)에서 밝히는 형식으로 구성되어 있다.

해월 선생은 이 「팔절」이 "명덕명도 네 글자는 한울님 조화에 의하여 사람이 형성되는 근본이고, 성경외심 네 글자는 육체가 형성된 후에 다시 갓

---

26 『도원기서』, "至十一月 作不然其然 又作八節句 輪 示於各處."

난아이의 마음을 회복하는 노정 절차이다."²⁷라고 하였다. 즉 명덕명도(明德命道)는 사람으로 태어나면서 갖춘 근본적인 덕목이다. 그리고 성경외심(誠敬畏心)은 우리가 살아가며 잃어버린 근본 덕목을 회복하기 위해 닦아야 하는 덕목이다.

따라서 이 「팔절」에서 제시된 덕목은 수행과 도를 공부하는 사람에게 필수적인 것이다. 특히 이 「팔절」은 수운 선생이 수행을 통하여 체득하고 깨달은 바를 시의 형식으로 표현한 것이기 때문에, 수행자들에게 많은 도움을 줄 수 있는 글이라고 하겠다.

「입춘시(立春詩)」는 수운 선생이 득도하기 이전, 기미년(1859) 11월에 울산에서 용담으로 돌아와 불출산외(不出山外)를 맹세하고 수련에 임하던 도중 경신년(1860) 입춘절을 맞이하여 쓴 시이다.

수운 선생이 울산에서 용담으로 돌아온 것은 수련에 더욱 정진하기 위해서이다. 그러므로 용담으로 돌아온 이후 수운 선생은 득도를 하지 못하면, 결코 세상에 나가지 않겠다는 굳은 결심을 하고, 이름을 '제선(濟宣)'에서 '제우(濟愚)'로 바꾸고 수련에 임하게 된다.²⁸ 이 「입춘시」는 이와 같은 수운 선생의 결의, 도를 이루지 못하면 결코 세상에 나가지 않는 것은 물론 목숨까지 끊겠다는 굳은 결의가 담긴 시이다. 또한 '타락한 세상 사람들과는 함께 하지 않겠다[世間衆人不同歸]'는, 그만큼 세상을 구원하고자 하는 강한 의지와 수행에 임하는 마음을 담고 있어, 이 「입춘시」는 모든 수행자가 숙지해

---

27 『해월신사 법설』「수도법」, "明德命道 四字 天人成形之根本也 誠敬畏心 四字 成物後 克復赤子心之路程節次也."
28 『천도교서』.

야 할 문구라고 생각된다.

이상과 같이 『동경대전』에는 종교적인 의식에 필요한 「축문」과 종교적 수행을 위해 필요한 「주문」, 그리고 수행의 방법이나 그 자세를 적은 「탄도유심급」, 「팔절」, 「필법」, 「좌잠」, 「입춘시」 등의 글이 실려 있다.

3) 종교적 깨달음을 담은 글

『동경대전』에 실려 있는 종교적 깨달음을 담은 글들은 대체로 시문의 행태로 표현되어 있다. 여기에는 수운 선생이 득도 이전에 쓴 시에서부터 대구 관덕당(觀德堂)에서 참형을 당하기 직전 대구 감영에서 쓴 시까지 있어, 수운 선생의 사상이나 동학의 수행 등을 통해 도달한 깨달음의 경지를 이해하는 데에 중요한 자료가 된다.

종교적 깨달음을 표현한 대표적인 시로는 「강시(降詩)」와 「제서(題書)」가 있다. 「강시」는 제목이 시사하는 바와 같이 한울님이라는 절대적 존재로부터 받은 가르침을 시(詩)로 표현한 것이다. 따라서 여기에는 앞날의 예언과 같은 것이 포함되어 있기도 하다.

「강시」는 계해년(1863) 정월 초하루에 지은 시이다.[29] 이때는 특히 전년도인 임술년(1862) 12월에 수운 선생이 직접 각처의 접주(接主)를 정해준 직후이기도 한다. 따라서 이에는 새로 맞이하는 계해년에 도를 펴나갈 의지가 깃들어 있으며, 이 의지를 바탕으로 희망을 잃지 말라는 수운 선생 당부가

---

29 『천도교회사 초고』 「천통」.

잘 드러난 시이기도 하다.

또한 「제서」는 계해년 11월에 쓴 시이다. 당시 영해(寧海), 영덕(盈德) 일대에 풍습(風濕)이 돌아 도인들이 어려움을 겪자, 박하선(朴夏善)이라는 당시의 영해 접주의 청을 받고 쓴 시이다.[30] 이 시를 읽은 뒤에 동학도인들 모두 풍습을 고쳤다는 일화도 같이 전한다.

「절구(絕句)」는 7언으로 되어 있는 두 편의 시가 합해져서 된 시이다. 앞에 있는 "하청봉명(河淸鳳鳴)……" 부분은 수운 선생이 득도 후 7-8개월쯤 지난 후에 쓴 것이고,[31] 뒷부분의 "용담수류(龍潭水流)……"라고 시작되는 시는 계해년 7월 23일 영덕에서 파접(罷接)한 이후에 지은 시이다.[32]

「절구」의 앞부분에 나오는 구절은 수운 선생이 한울님으로부터 무극대도를 받은 감회와 그에 상응하는 운이 이내 올 것이라는 예언을 쓴 시이며, 뒷부분에 나오는 구절은 '용담(龍潭)'과 '구미산(龜尾山)'을 그 발원으로 하여 일어난 동학의 가르침이 이제 곧 온 세상에 퍼져서 인류에게 광명을 주게 될 것이라는 의미가 깃든 시이다. 특히 수운 선생이 도를 좀 더 조직적이고 효율적으로 펴기 위하여 접을 정하고, 각 접주에게 이와 같은 시를 써 줌으로써 도의 장래에 대한 희망을 고취하는 시라고 하겠다.

이 외에 「화결시(和訣詩)」, 「결(訣)」, 「우음(偶吟)」, 영소(詠宵)」, 「유고음(流高吟)」 등의 시문 역시 종교적 깨달음을 담고 있다.

---

30 『도원기서』, "北道中 風濕之氣 猶獨大熾 勿論男女老弱 而緣於厥濕 久弊課工 以是爲問 告于先生 則曰此後去作 所志訴於天主也 其後寧海人朴夏善 作爲狀見於先生 先生曰 吾必受命得題 遂以執筆 停息俄而降題 題書日……."

31 『도원기서』, "過去七八朔後 纖身潤富容貌幻態 有詩 河淸鳳鳴孰能知 運自何方不知."

32 『도원기서』, "自罷接後 斂筆書 是作道歌 有詩一句 龍潭水流四海源 龜岳春回一世花."

이 시문들은 모두 여러 편의 시들을 합해서 한 편으로 편성한 것이다. 이들 시문은 그 일부 구절만이 지어진 연대가 밝혀져 있다. 따라서 이들 시문은 한 제목 아래에서 같은 시기에 쓰여진 통일된 시문으로 간주하기는 어렵다.[33]

「화결시」는 수운 선생이 한울님과 시로써 화답(和答)하며 받은 결(訣)을 쓴 시이다. 그러므로 그 제목을 '결(訣)로서 서로 화답(和答)'했다는 의미의 '화결(和訣)'이라고 했다.[34] 따라서 이 시는 전통적인 한시의 격을 벗어 버린 파격의 시 형태를 띠고 있다. "방방곡곡행행진(方方谷谷行行盡)……."이라는 첫 구절은 수운 선생이 주유팔로하던 시절이나, 용담을 떠나 전라도 은적암으로 가던 때에 쓴 시로 생각된다. 또 "송송백백청청립(松松栢栢靑靑立)……." 의 두 번째 두 구절은 임술년 11월 흥해 매곡동에 있는 손봉조 집에 있을 때 쓴 시이다. 수운 선생 자신의 송백(松栢) 같은 지절을 노래한 시이다. 이 외의 시구들은 언제 어디에서 썼는지 기록이 없어 창작 연대를 알 수 없다. 다만 수운 선생이 한울님과 화답하며 그때그때 쓴 시들 여러 편을 「화결시」라는 제목 아래 함께 묶은 것으로 생각된다.

「결」은 수운 선생이 한울님으로부터 받은 비결(秘訣)이라는 의미가 담긴 제목의 시이다. 따라서 예언적이고 또 잠언적인 성격을 띠고 있다. 이 「결」도 수운 선생이 임술년 12월 흥해 매곡동 손봉조 집에서 처음 접주제를 확립하고, 계해년을 맞아 새해 새 아침에 쓴 시이다. 그러므로 이 시에는 새로운 결의와 내일에 대한 희망도 들어 있다.

33 졸고, 「최수운의 한시 연구」, 『한국언어문화』 22권, 한국언어문화학회, 2002.
34 『도원기서』, "先生與天主 和答訣句 松松栢栢之篇."

특히 「결」 중에 나오는 "지난해 서쪽 북쪽에서 영우(靈友)들이 찾아왔네.[去歲西北靈友尋]"라는 구절에서 나오는 '영우(靈友)'는 접주제를 확립하고, 각처의 접주를 정했을 때, 이곳을 찾아왔던 당시 접주들을 지칭한 구절이다. 이런 점에서 볼 때 「결」은 수운 선생이 접주제에 얼마나 큰 기대를 하고 있는지를 보여주는 시이다.

「우음」이나 「영소」는 모두 '노래한다'는 의미가 담긴 제목의 시들이다. 그러나 이 시문들도 같은 시기에 한 번에 지은 시문이 아니라, 여러 시문을 서로 모아 편성한 시문들이다.[35] 또한 「유고음(流高吟)」은 이 시의 시작 부분에 나오는 "고봉흘립(高峰屹立)"의 '높을 고(高)'와 "유수불식(流水不息)"의 '흐를 유(流)'의 글자를 따서 붙인 제목이라고 생각된다.

이 외에도 「기타 시문(其他 詩文)」이 전하고 있는데, 이는 본래 「탄도유심급(歎道儒心急)」 뒷부분에 붙어 있던 시문들로서, 후대에 『동경대전』을 복간하면서 분리 독립시킨 것이다. 이 「기타 시문」은 수련하는 사람의 마음가짐이나 자세에 대한 것이 주요 내용이다.

이상과 같이 『동경대전』은 그 구성상 크게는 문(文)과 시문(詩文)으로 되어 있고, 내용상으로 본다면, 1) 도의 요체를 밝힌 글, 2) 종교적인 수행을 위한 글, 3) 종교적 깨달음이나 수행 요체를 시문 형식을 빌려서 쓴 시 등 세 부분으로 구성되어 있다.

---

35 「우음」 중 "吾心極思"의 구절은 수운 선생이 계해년 10월 27일 자신의 생일 전날에 지었고, 생일날 당일 모인 제자들을 향하여 시를 읊고 또 뜻을 물었다는 기록이 있다. 또한 「詠宵」 중 "燈明水上"의 구절은 수운 선생이 체포되어 대구 감영에 갇혀 있으면서 지은 遺詩이다. 이런 점을 보아 이들 시문들은 훗날 『동경대전』이 발간될 때에 편찬자에 의하여 재구성 되었을 가능성이 매우 높다.

4. 『동경대전』에 나타난 동학의 주요 개념

동학의 여러 사상을 논의하기 위하여 가장 우선적으로 살펴야 할 것은 동학의 개념어라고 생각된다. 동학의 개념어, 또는 동학을 말하고 있는 용어들은 동학 특유의 사상을 담고 있기 때문이다. 따라서 동학의 독특한 개념을 담고 있는 용어나 요소들을 『동경대전』 등의 동학경전을 중심으로 살피는 작업 또한 중요하다고 생각된다.

여기서는 수운 선생이 천명한 대표적인 개념어인 '시천주(侍天主)', '수심정기(守心正氣)', '동귀일체(同歸一體)' 세 용어를 집중적으로 고찰하고자 한다.

1) 시천주(侍天主)

동학의 여러 사상 중 가장 중요하게 논의되는 것은 '시천주(侍天主)'이다. '시천주'는 그 문자 그대로 해석하면, '천주(天主), 곧 한울님을 모셨다'는 말이다. 그러나 이 '시천주'라는 말은 단순히 한울님을 모셨다는 것만을 뜻하는 것은 아니다.

'시천주'라는 용어가 등장하는 곳은 『동경대전』의 「주문」과 「논학문」 중 '주문'을 해의하는 대목이다. 특히 이 '시천주'는 동학 주문의 일부분으로 나오는 용어로, 수운 선생이 주문 스물한 자를 해의하는 자리에서 상세하게 설명하고 있다. 따라서 이 '시천주'를 좀 더 상세하게 논의하기 위해서는 먼저 수운 선생의 주문 해의를 살펴볼 필요가 있다.

수운 선생은 주문 스물한 자를 해의하면서, '천(天)'이라는 문자에 관해서는 해의를 하지 않았다. 그러면서 '시(侍)'와 '주(主)'를 한 자 한 자 풀이 하고 있다. 따라서 이 '시천주'라는 용어는 '시(侍)＋천(天)＋주(主)'의 세 글자가 합성된 개념어라고 할 수 있다. 이로 보아, 이 '시천주'의 의미를 좀 더 상세하게 논의하기 위해서는 각 글자의 의미를 면밀하게 검토하고 살필 필요가 있다.

먼저 수운 선생은 '시(侍)'를 해의해서, "안으로는 신령이 있고, 밖으로는 기화가 있어 세상 사람들이 옮기지 아니함을 각기 안다"[36]라고 설명하였다. 즉 모신다는 의미의 '시(侍)'는 그 글자인 '모신다'라는 단순한 의미가 아님을 알 수 있다.

「논학문」의 이 대목을 해월 선생은 그의 법설에서 다음과 같이 다시 풀이하고 있다.

> 내유신령(內有神靈)이라는 것은 처음 태어나는 어린아이의 마음을 말하는 것이고, 외유기화(外有氣化)라는 것은 포태될 때의 이치에 의하여 기운이 바탕에 응하여 체(體)를 이루는 것이다.[37]

즉 내유신령이라는 것은 이 세상에 처음 태어날 때의 어린아이의 마음 곧 한울님의 마음이요, 외유기화라는 것은 포태가 될 때에 한울님 이치에 의하여 한울님 기운이 부모님 육체라는 바탕에 응하여 몸을 이루는 것이라는 의미이다.

이와 같은 수운 선생의 해의와 해월 선생의 풀이를 중심으로 '시'를 고구해 보면, 이 '모신다'는 의미의 '시'는 안으로는 처음 태어난 아기의 마음과 같은 가장 순수한 마음, 곧 한울님의 마음을 지니는 것을 말하는 것이요, 밖으로는 처음 무형(無形)의 생명이 부모에게서 처음으로 포태될 때 한울님 이

---

36 『동경대전』「논학문」, "內有神靈 外有氣化 一世之人 各之不移."
37 『해월신사 법설』「영부 주문」, "內有神靈者 落地初 赤子之心也 外有氣化者 胞胎時 理氣應質而成體也."

법에 의하여 한울님 기운이 부모님의 육신을 만나 유형(有形)의 생명체로 바뀌는 그 순간을 뜻하는 것이라고 하겠다. 즉 '시천주'의 '시'는 인간이 처음 포태될 때에 모시게 된 한울님의 지공무사(至公無私)한 마음을 다시 회복하는 것을 의미하는 것이요, 나아가 우주의 본원적인 혼원(渾元)한 기운을 다시 회복하는 것을 뜻하는 것이라고 하겠다.

또 수운 선생은 이 '시(侍)'를 일세지인 각지불이(一世之人 各知不移)"라고 설명하였다. 이 말은 '자신이 체득한 내유신령과 외유기화는 결코 옮기거나 변할 수 없는 본원적인 것임을 세상 사람들이 각기 안다'는 의미이다. 이는 다시 말해서 수행과 수련을 통하여 회복한 한울님의 마음과 기운을 깨닫고, 한울님 모심이 다른 것에서 비롯되어 온 것이 아니라, 인간, 나아가 모든 존재 본원적인 것이라는 사실을 알게 된다는 뜻이다.

'시천주'는 지금까지 잊고 살아왔던 한울님 마음과 기운을 회복함으로써 그 모심을 깨닫고, 나아가 이러한 한울님의 마음과 기운을 실천하며 살아가는 것을 의미한다. 그러므로 유한한 존재인 사람이 무한적인 존재인 신, 곧 한울님이 되는 것이라고 하겠다. 이와 같은 연유로 '인즉천(人卽天)', 또는 '인내천(人乃天)'의 교리가 수운 선생의 '시천주(侍天主)'를 근원으로 해서, 동학 제2세 교주인 해월 선생이나 제3세 교주인 의암 선생에 의하여 천명된 것이라고 말할 수 있다.

시천주에서 '천(天)'은 그 문자의 의미만을 해석하면 '하늘'이 된다. 통상적으로 '천(天)'은 '지(地)'에 대응하는 개념으로서의 하늘이다. 그러나 수운 선생이 의미하는 '천(天)'의 개념, 특히 시천주에서 쓰이는 '천(天)'은 '땅[地]'에 대응되는 '하늘[天]'의 뜻이 아니라 '하늘과 땅'을 포괄하는 절대적인 개념이다. 다시 말해 시천주에서 '천(天)'은 땅에 대한 '하늘'이 아니라, 『용담유사』의 한 구절과 같이 '무궁한 이 울',[38] 곧 '우주'를 의미한다. 현재 천도교에서 신앙 대상을 '한울님'으로 부르는 것은 이와 같은 이유 때문이다.

또한 '주(主)'는 문자 그대로 해석을 하면, '님'이라는 의미가 된다. 그러나 수운 선생은 이를 해의하여 "주(主)라는 것은 존경함을 칭하는 것으로 부모와 똑같이 섬겨야 하는 것을 말한다"[39]라고 다시 설명하였다. 즉 '주(主)'란 첫째, 존칭하는 말이라는 뜻이고, 둘째, 부모와 한가지로 섬겨야 하는 것이라는 뜻이다. 다시 말해서 우주의 자율적 존재로서의 '천(天)'에 '주(主)'의 개념을 더함으로써 존경하고 또 우러르며 나를 낳아준 부모와 같은 인격적인 존재라는 의미가 담기게 된다. '천주', 곧 한울님은 내 생명의 근원이기 때문에 부모와 같다는 말씀이다.

그런가 하면 이 '주(主)'는 '부(父)와 모(母)'의 두 측면을 모두 아우르는 말이다. 즉 지금까지 인류 사회에서의 신의 개념은 '아버지', 아니면 '어머니' 또는 '남성' 아니면 '여성'이라는, 어느 한 쪽의 성(性)만을 지니는 것이 일반적이었다. 이에 비하여 수운 선생이 천명하는 신의 개념은 '부(父)와 모(母)'를 구유(具有)한 존재로 우리 생명의 근원이 된다. 그러므로 "나를 세상에 태어나게 한 부모와 한가지로 섬기는 것[與父母同事者]"이라고 해의한 것이다. 따라서 수운 선생의 가르침을 받은 해월 선생은 그 법설에서 "칭기존이여부모동사자(稱其尊而與父母同事者)는 말씀은 선천의 어느 성인들도 밝히지 못한 말로서, 수운 대선생님이 처음 창시한 대도(前聖未發之辭)이다"[40]라고 한 것이

---

38 『용담유사』, 「흥비가」.
39 『동경대전』, 「논학문」, "主者 稱其尊而與父母同事者."
40 『해월신사 법설』, 「천지부모」, "稱其尊而與父母同事者 前聖未發之辭 水雲大先生主始創之大道也."

다. 다시 말해서 '부(父)와 모(母)', 양성(兩性)을 구유하여, 모든 생명이 태어나는 근원이 되는 신(神)임을 천명했던 성인은 아직까지 없었다는 말이다.

이상과 같이 '시천주'의 '시(侍)'와 '천(天)'과 '주(主)'의 개념을 수운 선생의 해의에 따라서 해석해 본다면, '천주(天主)'는 곧 해월 선생의 표현과 같이 '천지부모(天地父母)'[41]를 의미하는 것이며, '시천주'는 곧 천지부모인 한울님 마음과 기운을 다시 회복하여 이를 삶속에서 실천하고 생활하는 한울 사람의 경지를 말한다. 곧 시천주는 다만 인간 내면에 신(神)인 한울님을 모신 것/모셔져 있는 것만을 의미하는 것이 아니라, 한울님 본성을 회복하여 한울님 모셨음을 깨닫고, 나아가 본성에 따르는 삶을 영위하는 것을 말한다.

또한 이와 같은 '시천주'는 모든 인간의 내면에 주체적으로 신(神)인 한울님을 모시고 있다는 것이기 때문에, 모든 사람은 그 본원적으로 평등하다는, 만인평등주의의 명백한 근거가 된다. 따라서 이러한 평등주의적인 시천주 사상은 그간 많은 연구자들에 의하여, 조선조라는 봉건사회에 있어 획기적인 것으로, 반상(班常), 귀천(貴賤), 남녀(男女), 노소(老少)의 신분적인 구분을 해체하는 근대적인 사상으로 평가받고 있다.

그러나 '시천주'의 평등주의는 단순한 근대적인 평등주의가 아니라, 인간의 내면에 모시고 있는 한울님을 회복함으로써 실현되는 만인평등이라는 측면이 있기 때문에, 그 '평등'의 가치나 의미의 차원이 근대적인 평등주의를 넘어선다. 즉 법 앞에서의 평등이나 신 앞에서의 평등이 아닌, 근원적인 평등이며, 나아가 인간이 본래 모신 한울님의 마음과 기운을 회복하는 차원에 이르러야만이 진정 평등해진다는 의미를 내포하고 있다.

---

41 『해월신사 법설』「천지부모」.

따라서 '시천주 사상'이 지향하는 사회, 세상은 다만 정치적, 경제적인 측면에서의 평등 사회가 아니라, 본성을 회복하고 또 이를 실현해 나가는 사회, 그러므로 세상 사람들 모두 그 평등의 원칙을 지킬 수 있는 사회를 의미하는 것이라고 하겠다. 그러므로 '시천주'의 평등주의는 새로운 다시 개벽의 세상을 열어가는, 새로운 질서로 개벽된 사회를 이룩하는 데에 절실하게 요구되는 평등사상이라고 하겠다.

이처럼 개벽적 차원에서 평등할 수 있는 경지에 이르게 되면, 다만 사람들만 평등한 것이 아니라, 만물 역시 시천주 아님이 없으니, 궁극적으로는 동식물과 미생물, 나아가 무기물까지 같은 뿌리를 지닌 근원적으로 평등한 존재임을 말할 수 있게 된다. 그러므로 동학이 지향하는 시천주는 '인오동포 물오동포(人吾同胞 物吾同胞)'[42]의 동귀일체(同歸一體)라는 새로운 차원의 세상을 이루는 바탕이 된다.

2) 수심정기(守心正氣)

수운 선생은 젊은 시절 세상을 두루 떠돌아다니며, 인심과 풍속을 살피며, 세상을 구할 도를 구한 적이 있다. 이러한 수운 선생의 구도적 여정을 동학에서는 주유팔로(周遊八路)라고 부른다.[43]

이와 같은 구도 여정에서 수운 선생은 당시 조선 사회 질서의 사상적 토대인 유교의 권위와 교화력 붕괴, 또는 물밀듯이 밀려오는 전혀 이질적인 문화인 서학으로 인하여 겪게 되는 문화적인 교란상태, 그리고 이런 내우

---

42 『해월신사 법설』, "…敬天함으로써 人吾同胞 物吾同胞의 全的 理諦를 깨달을 것이요…."
43 『천도교창건사』.

외환으로 인하여 야기되는 사회적인 혼란 등을 목도하게 된다. 즉 당시 수운 선생이 주유팔로를 통하여 인식했던 조선 사회의 현실은 경제적인 어려움이나 정치적인 혼란이 심각한 것은 물론이거니와 더 근본적으로 문제가 되는 것은 심각한 사회적·문화적인 혼란상이었던 것이다.[44] 수운 선생은 이러한 혼란이 궁극적으로는 당시 세상 사람들의 각자 자신만을 위하는 마음, 곧 '각자위심(各自爲心)'의 심성에 기울어진 데에 기인하고 있다[45]고 진단하였다.

따라서 이와 같은 시대적인 위기를 극복하고 새로운 질서를 구축하기 위해서는 가장 먼저 사람들의 타락한 심성이 회복되어야 한다는 것이 수운 선생의 생각이었다. 즉 사람의 내면에 내재한 '인의예지(仁義禮智)'의 품성이 다시 회복되고 또 이 사회적으로 실현되어야 한다는 것이다. 이를 위해서 수운 선생이 제시한 것이 곧 '수심정기(守心正氣)' 네 글자이다. 이는 곧 사람들의 타락한 심성을 회복시킬 새로운 도덕률이기도 하다. 이러한 생각을 수운 선생은 다음과 같이 말하고 있다.

> 인의예지(仁義禮智)는 선천의 성인이 가르친 바요, 수심정기(守心正氣)는 오직 내가 다시 정한 것이다.[46]

인의예지라는 덕목은 앞 시대를 살았던 선성(先聖)들의 가르침이라면, 수

---

44 尹錫山, 『龍潭遺詞 硏究』, 민족문화사, 1987, 86~114쪽.
45 『동경대전』「포덕문」, "又此挽近以來 一世之人 各自爲心 不順天理 不顧天命 心常悚然 莫知所向矣."
46 『동경대전』「수덕문」, "仁義禮智 先聖之所敎 守心正氣 惟我之更定."

심정기는 이를 이어서 수운 선생 자신이 다시 정한 것이라는 뜻이다. 여기에서 주목해야 할 것은 '유(惟)'라는 글자와 '갱(更)'이라는 글자이다. 수심정기네 글자는 '오직[惟] 수운 선생 자신이 '다시[更]' 정한 것이라는 뜻인 동시에, 인의예지와도 매우 밀접한 연관을 맺고 있다는 설명이 된다. 수운 선생을 계승한 해월 선생은 그의 『법설』에서, "수심정기 네 글자는 천지(天地)가 운절(隕絶)되는 기운을 다시 보충하는 것이니라. 경(經)에 말씀하시기를 '인의예지는 옛 성인의 가르친 바요, 수심정기는 오직 내가 다시 정한 것이니라.' 하셨으니, 만일 수심정기가 아니면 인의예지의 도를 실천하기 어려운 것이니라."[47]라고 하여 인의예지를 온전히 실천하기 위해서는 수심정기가 되어야 한다고 설명하였다.

인의예지는 주지하는 바와 같이 유가의 대표적인 덕목이다. 유가에서는 이를 사덕(四德) 혹은 사단(四端)이라고도 하며, 측은지심(惻隱之心), 수오지심(羞惡之心), 공경지심(恭敬之心), 시비지심(是非之心)의 근본이 되는, 인간 본성을 지칭하는 말이다.[48] 이러한 사단(四端)은 '후천적으로 얻는 것이 아니라 태어날 때부터 본래 지니고 있는 것으로, 다만 사람들이 자각하지 못할 뿐'이라는 것이 전통적인 유가의 생각이다. 또한 『대학』에서 이야기되는, 명덕(明德)[49]의 본체가 되는 것이기도 하다. 그러므로 유가의 궁극적인 이상은 수기

---

47 『해월신사 법설』「수심정기」, "守心正氣 四字 更補天地隕絶之氣 經曰 仁義禮智 先聖之所教 守心正氣 惟我之更定 若非守心正氣則 仁義禮智之道 難以實踐也."
48 『맹자』「고자장상」, "惻隱之心 人皆有之 羞惡之心 人皆有之 恭敬之心 人皆有之 是非之心 人皆有之 惻隱之心仁也 羞惡之心義也 恭敬之心禮也 是非之心智也."
49 明德은 朱子의 註에 의하면, 사람이 하늘에서부터 얻은 바로, 虛靈不昧하고 衆理를 갖추고 있어 萬事에 應하는 것으로, 태어날 때 인간이 하늘에서부터 받는 밝고 맑은 天性을 의미한다.

(修己)를 행하여 스스로 명덕(明德)을 밝히고, 인간의 구습(舊習)에 의해서 감추어진 인의예지를 드러내고, 이를 천하에 펴는[明明德於天下] 것이다. 그러므로 맹자는 자신의 본성을 지키는 대로 행하는 것이 선(善)[50]이라고 말한다.

이처럼 유가의 종(宗)을 이루는 가르침인 인의예지는 윤리성에 입각한 인간의 본성을 지칭하는 말이다. 그러므로 수운 선생이 천명한 본래의 마음을 지킨다는 '수심(守心)'이란, 유가적인 해석을 따른다면, '하늘에서부터 품부받은 인의예지를 회복하고 또 지킨다'는 의미가 된다. 즉 '수심(守心)'이란 유가적인 입장에서 본다면 인의예지를 다시 찾는 것을 의미한다. 그러나 이것을 동학의 입장에서 말한다면 본래 태어날 때 지녔던 한울님 마음을 회복하고 이 회복한 마음을 지키는 것을 뜻한다.

나아가, 이렇듯 본성인 한울님의 마음을 회복하고 또 이를 그저 지키는 데에서 그치지 않고, 삶속에서 실행하고 또 실천하도록 가르치는 것이 바로 '정기(正氣)'이다. '기(氣)'란 곧 모든 작용의 원리가 된다. 즉 이 '기(氣)'를 통하여 모든 것이 작용되고 또 실천된다. 따라서 '기운을 바르게 한다'는 '정기(正氣)'는 곧 기운을 바르게 하여 바른 실행, 바른 실천을 한다는 의미가 된다.

이상에서 살펴본 것처럼, '수심정기'란 '내 안에 모셔진 한울님을 깨달아 한울님 마음을 회복하고 또 이를 실천하는 동학의 중요한 수행법(修行法)이라고 하겠다. 즉 수심정기란 한울님 마음을 회복하여 한울님 모심을 개개인의 내면에서 주체적으로 체득하는 길이요, 또 한울님의 삶을 실천하며 살아가는 것을 의미하는 것이다.

이를 달리 말하면, 수심(守心)은 내가 모신 무궁한 한울님 마음을 회복하

---

50 『맹자』「진심장하」, "何謂善 何謂信 曰可欲之爲善 有諸己之謂之."

고 또 지키는 것이기 때문에 우주적 질서를 내 안에서 회복하는 길이요, 정기(正氣)는 무궁한 한울님 바른 기운으로 실행하는 것이기 때문에 우주 운행의 법칙에 주체적으로 참여하는 길이라고 할 수 있다. 그러므로 해월 선생은 이러한 '수심정기' 네 글자를 "천지(天地)가 운절(隕絶)되는 기운을 다시 보충하는 것"이라고 설명하는 것이다.

인류가 오랫동안 '한울님 모심'을 깨닫지 못한 삶을 영위하였으므로, 자신과 이 우주가 어떻게 연결되어 있는지를 알지 못했다는 말씀이다. 따라서 수심정기를 통하여 한울님 모심을 깨닫고, '시천주'에 이르게 되면, 지금까지 내 마음과 '끊어져 있었던 천지의 기운[天地隕節之氣]'[51]을 다시 회복하게 된다는 것이다.

이처럼 수운 선생이 제시하는 수행법인 '수심정기'는 '인의예지'와 같은 인간의 본성을 회복하는 길이요, 나아가 우주적 질서에 주체적으로 참여하는 삶을 영위하는 길이기도 하다. 이러한 '수심정기'에 이르기 위해서 가장 먼저 요구되는 것은 한울님을 두려워하고 공경하는 마음인 경외지심(敬畏之心)이라고 수운 선생은 역설한다. 다음과 같은 『용담유사』의 구절에서 이를 확인할 수 있다.

> 아동방(我東方) 현인달사(賢人達士) 도덕군자(道德君子) 이름하나
>
> 무지한 세상사람 아는 바 천지라도 경외지심(敬畏之心) 없었으니
>
> 아는 것이 무엇이며…[52]

---

51 『해월신사 법설』「수심정기」, "守心正氣四字 更補天地隕絶之氣."
52 『용담유사』「도덕가」.

위에 인용된 부분은 실질적이지 못한 유교주의의 형식적 덕목에 대한 비판이다. 아무리 아는 것이 많고, 그 지식을 바탕으로 인의예지의 덕목을 조리 있게 설명할 수 있다 해도, 이것만으로는 궁극적으로 도덕군자가 되지 못한다는 것이 수운 선생의 지론이다. 이것은 당시 형식주의로 떨어져 버린 주자주의(朱子主義)에 입각한, 그러므로 관념적인 이론이 되고 만 덕목들은 타락한 세상 사람들의 인성을 회복시키는 데 아무런 도움이 되지 못한다는 것이다. 그러므로 도덕군자를 자임하는 명현달사나 경외지심이 없는 지식인은 결국은 '무지한 세상사람'이 아니고 무엇이겠느냐는 것이 수운 선생의 생각이다.

여기서 유교적 형식주의를 타파하는 방법으로 제시되는 것이 '경외지심'이다. 그리고 수운 선생은 이 경외지심을 바탕으로 본래의 마음을 지키고 이를 올바르게 실천할 수 있는 '수심정기'를, 시대적 위기를 극복할 수 있는 새로운 수행법으로 제시하는 것이다. 이런 점에서 결과적으로 수심정기는 조선조 사회가 견지해 온 유교적 전통사회, 전통문화와의 과감한 결별을 뜻하는 것이기도 하다.

> 원처(遠處)에 일이 있어 가게 되면 내가 이코 아니 가면 해가 되어 불일발정(不日發程) 하다가서 중로에 생각하니 길은 점점 멀어지고 집은 종종 생각나서 금치 못할 만단의아(萬端疑訝) 배회노상 생각하니 정녕히 알작시면 이 걸음을 가지마는 어떨런고 어떨런고. 도로 회정 하였더니 저 사람 용렬하고 글 네 자 밝혀내어 만고사적(萬古史蹟) 소연하다.[53]

53 『용담유사』「흥비가」.

위에 인용된 『용담유사』 구절의 '글 네 자'란 바로 '수심정기'를 이르는 말로서, 이를 세상에 밝혀내니 만고사적(萬古史蹟)이 다 밝게 되었다는 말씀이다. 이와 같이 수심정기는 궁극적으로 개개인의 내면적 자각과 수행, 내면성에의 침잠을 통해 이룩되는 것이며, 인간의 본성인 인의예지의 덕목을 각자의 내면에서 회복하는 길이며, 나아가 세상 모든 사람들이 무궁한 한울님을 모신 무궁한 존재임을 자각하는, '시천주'에 이르는 길이기도 하다.

이와 같이 수운 선생이 새로이 제시하는 수행법인 수심정기는 당시의 세태를 효박한 세상으로 만든 주된 원인인, 하늘의 이법을 따르지 않고, 하늘의 명을 생각하지 않는[不順天理 不顧天命], 그러므로 자신의 개인적인 이익만을 추구하는 각자위심(各自爲心)의 세태를 지양하고, 개개인의 내면에 한울님의 도와 덕을 회복시키고자 하는 수행 방법의 하나이다. 이는 곧 당시의 시대적 위기를 극복하는 길이며, 동시에 오늘 인류가 봉착한 위기를 넘어서는, 새로운 만인평등, 만물공생의 다시 개벽 세상을 이룩하는 길이기도 하다.

3) 동귀일체(同歸一體)

『동경대전』 중에는 '동귀일체(同歸一體)'라는 용어는 나오지 않는다. 이는 수운 선생의 또 다른 저술인 『용담유사』 중에 나오는 말이다.[54] 다만 이와 같은 의미로 생각되는 '여세동귀(與世同歸)'[55] 또는 '동귀일리(同歸一理)'[56]라는 용어가 『동경대전』 중에 보인다. 이 동귀일체라는 용어는 수운 선생이 천명

---

54 『용담유사』「권학가」, "時運을 의논해도 一盛一敗 아닐런가 衰運이 지극하면 盛運이
　　오자마는 현숙한 모든 군자 同歸一體 하였던가."
55 『동경대전』「논학문」, "斯世之運 與世同歸."
56 『동경대전』「탄도유심급」.

한 다시 개벽을 논의하는 중요한 용어이기 때문에 이에 대한 정확한 설명이 필요할 것으로 보인다.

수운 선생은 자신이 처해 있는 당시를 낡고 부패한 세상이라고 진단하였다. 불순천리(不順天理)하는 세태 속에서 무너진 도덕으로 인하여 상해지수(傷害之數)에 허덕이는 당시의 시대적 위기를 수운 선생은 '괴질운수(怪疾運數)'[57]로 보았다. 그러므로 이러한 세상을 지양하고 새로운 다시 개벽의 세계를 여는 것이 수운 선생의 궁극적인 이상이라고 할 수 있다. 따라서 수운 선생은 이러한 세계를 열어가고자 새로운 개벽, 곧 다시 개벽(開闢)을 그 중요한 사상적 목표로 제시한다.

다시 개벽이란 물질개벽만이 아니라, 정신개벽도 의미한다. 즉 '시천주'를 통하여 각자위심[58]에 물들어 있는 사람들의 마음과 기운을 모두 한울님의 마음과 기운으로 바꾸는, 개벽을 뜻하는 것이다. 나아가 이는 곧 '내 안에 모신 한울님을 깨달음으로 해서 한울님의 덕(德)과 일치하는 '여천지합기덕(與天地合其德)'하는 경지를 뜻하기도 한다.[59] 이와 같이 정신을 개벽한 사람을 수운 선생은 '지상신선(地上神仙)'이라고 이름하였다. 다음과 같은 『용담유사』 구절들을 보자.

> 시킨대로 시행해서 차차차차 가르치면
>
> 무궁조화(無窮造化) 다 던지고 포덕천하(布德天下)할 것이니
>
> 차제도법(次第道法) 그뿐일세 법을 정코 글을 지어

---

57 『동경대전』 「논학문」, "是故我國 惡疾滿世 民無四時之安 是亦傷害之數也."

58 『동경대전』 「포덕문」, "又此挽近以來 一世之人 各自爲心 不順天理 不顧天命."

59 『동경대전』 「논학문」, "君子之德 氣有正而心有定 故與天地合其德."

입도한 세상사람 그날부터 군자되어

무위이화될 것이니 지상신선 네 아니냐.[60]

　각자위심에 기울어진 세상 사람들이 동학에 입도하여, 수심정기의 수련 법을 통해 무위이화로써, 이내 지상신선이 된다고 노래하고 있다. 여기에 등장하는 '군자'나 '지상신선'은 다시 말해 '무궁한 나'로서의 존재의 실상을 깨달은 사람으로, 곧 한울님의 덕을 체득한 사람이다. 나아가 당시의 시대적 위기 속에서 요구되는 이상적인 인간상이기도 하다.[61]

　그러한 '군자'나 '지상신선'은 특정한 사람만 될 수 있는 것이 아니라, 세상 모든 사람, 곧 반상(班常)이나 귀천(貴賤)의 구별 없이 군자도 되고 또 지상신선도 될 수 있다는 것이 수운 선생의 지론이다. 그러므로 "입도한 그날부터 군자가 된다"고 하여, 유교적 '군자' 개념을 일반화하여 개개인의 내면에 주체화하고,[62] 신선을 지상신선으로 현실화하여 부름으로써 동학 특유의 인간관을 제시한 것이다.

　이러한 지상신선들이 만드는 세상, 즉 세상 모든 사람들이 지상신선의 경지에 도달하는 세상이 곧 새로운 다시 개벽의 세계이며, 동시에 동귀일체(同歸一體)의 세상이기도 하다. 여기서 동귀일체란 각 개인이 자기 이익만 내세우는 각자위심의 반대가 되는 개념으로, 한울님의 뜻을 자신의 뜻으로 삼아 한울님과 한마음으로 돌아간다는 의미가 되며, 동시에 지공무사

---

60 『용담유사』, 「교훈가」.

61 졸고, 「龍潭遺詞에 나타난 水雲의 人間觀」, 『한국학논집』 5집, 한양대 한국학연구소, 1983.

62 申一澈, 「崔水雲의 歷史意識」, 『韓國思想叢書』 IV, 태광문화사, 1980, 41쪽 참조.

(至公無私)한 한울님 마음을 지닌 지상신선들의 공동체를 지칭하는 말이 되기도 한다. 그러므로 이는 사람들로 하여금 '나'라는 개체를 뛰어넘어 '우리'라는 공동의 장으로 사회를 바라보고 또 인식하게 하는 계기를 마련하는 중요한 개념이다.

5. 남는 문제

잘 알려진 바와 같이 '동경(東經)'이란 '동학의 경전'이라는 말이다. 또한 '대전(大全)'이란 '모두를 합하여 크게 하나로 이루었다'는 의미이다. 따라서 '동경대전(東經大全)'이란 '동학의 경편(經篇)들을 모두 모아 크게 한 책으로 이루었다'는 의미의 표제가 된다.

수운 선생이 처음 이들 경전의 글을 쓸 때는 한 편 한 편 써서 제자들에게 가르침의 글로 주었기 때문에, 이때는 이들 모두를 통합하는 이름인 '동경대전'이라는 이름은 없었던 것으로 생각된다. 이 명칭은 수운 선생의 도를 이어받은 해월 선생 등에 의하여 모두 모아져 간행될 때 붙여진 표제라고 생각된다.

또한 『동경대전』의 체제 역시 해월 선생 등이 '동경대전'이라는 한 권의 책으로 만들 때 편성된 것이라고 하겠다. 수운 선생이 직접 제자들을 가르칠 때는 한 편 한 편 주면서 가르침을 폈을 것이므로, 해월 선생을 비롯한 제자들의 수중에 있을 때는 일정하게 편집이 된 상태가 아니었을 것이다. 더구나 어느 경편은 해월 선생에 의하여 구송(口誦)이 되기도 하였기 때문에 더욱 그러하리라 생각된다.

『동경대전』 내용 중 가장 종(宗)을 이루는 경편은 「포덕문」, 「논학문」, 「수덕문」, 「불연기연」이다. 그러므로 천도교 초기, 활자본으로 발간이 될 때 이

네 편 이외의 글에는 '부(附)' 또는 '부록(附錄)'이라고 표기를 하였다. 즉 네 편은 주가 되는 경편이라면, 그 이외의 경편은 부록이라고 생각했다는 의미이다. 왜 부록이라고 하였는지는 명확하게 확인되지는 않지만, 「포덕문」 등 네 편이 주가 되기 때문에 나머지는 부(附)라고 한 것으로 추정된다. 이에 대한 명확한 해명 또한 필요하다.

'시문'의 경우 「결」이나 「좌잠」 등은 한 제목 한 편이 수록되어 있지만, 「화결시」나 「영소」, 「우음」 등은 쓴 장소나 시기가 다른 시편들 여럿을 모아 하나의 제목을 붙여 묶은 시문임이 분명하다.

이렇듯 하나의 제목 안에 묶은 것을 과연 수운 선생이 한 것이냐, 아니면 해월 선생을 비롯한 『동경대전』 편찬자들이 한 것이냐 하는 의문이 남는다. 나아가 여러 편을 모아 묶어서 하나의 '화결시' 등의 제목을 붙인 것도 과연 수운 선생이 부친 것인가 하는 생각을 하게 된다. 이러한 문제 역시 앞으로 밝혀져야 할 문제이다.

경편에 대한 논구에 이어 『동경대전』을 중심으로 동학 천도교의 중심이 되는 개념어의 의미에 관해 개진하였다. '시천주', '수심정기', '동귀일체' 등에 관하여 설명하였지만, 그 이외의 많은 동학 천도교의 개념어에 관하여 좀 더 시간을 가지고 집중적으로 천착해야 할 것으로 사료된다. 이에 대한 후속 작업을 윤석산, 『동학교조 수운 최제우』(도서출판 모시는사람들, 2004, 191-279쪽)에서 진행하였다.

『동경대전』 간행과 『도원기서』 편찬의 의의

1. 들어가는 글

수운 선생이 대구 관덕당(觀德堂)에서 순도(殉道)한 이후, 조선 조정에서는 동학의 뿌리를 뽑고자 수운 선생의 제자들에 대한 지명수배령을 내렸다. 이때 지명수배자로 지목된 인물들은 최자원(崔自元), 강원보(姜元甫), 백원수(白源洙), 최신오(崔慎五), 최경오(崔景五) 등이다.[1] 이 중 최경오가 해월 선생이다. 해월 선생의 자(字)가 '경오'이기 때문이다.

해월 선생은 지명수배를 피해 안동, 죽변, 예천 등지를 숨어 다니다가, 1865년 경상도 영양(英陽) 용화동(龍化洞) 윗대치[上竹峴]라는 산간 마을로 숨어 들어간다. 해월 선생이 영양에 와서 어느 정도 자리를 잡아가자, 입소문을 타고 이러한 사실이 동학 교도들에게도 알려지게 되고, 각처로 흩어졌던 동학의 교도들이 이곳으로 모여들었다. 이때 영월에 숨어 지내던 수운 선생

---

1 『日省錄』, 「徐憲淳狀啓」.

의 유족들 또한 찾아와 함께 살게 되었다.

영양 용화동 윗대치에서 어느 정도 안정을 찾게 되자 해월 선생은 스승의 가르침인 『동경대전』과 『용담유사』[2]를 외어내어 문식(文識)이 있는 제자에게 받아쓰게 하여, 윗대치에 모인 사람들을 중심으로 공부를 시작하였다.[3] 그리고 스승인 수운 선생이 순도한 3월 10일, 태어난 10월 28일, 한울님으로부터 무극대도를 받은 4월 5일 등에는 향례를 지내기 시작하였다.

이러한 공부와 향례를 행하며 동학을 재건시키던 1870년 영해에서 이필제(李弼濟)라는 인물로부터 전갈이 왔다. 억울하게 돌아가신 스승님 신원(伸寃)을 하자는 제안이었다. 우여곡절 끝에 영해부 관아를 점거하는 데는 성공하였으나 이 일로 말미암아 7년 가까이 잘 지내던 영양 용화동 윗대치는 관군들의 공격을 받게 되고, 해월 선생은 간신히 몸을 피해 도주를 한다. 이때 해월 선생은 다시금 혈혈단신이 된다.

이후 영월(盈越)의 박용걸(朴龍傑)과 정선(旌善)의 유인상(劉寅常) 등의 도움으로 영월과 정선에 정착하면서, 해월 선생은 와해된 동학교단을 다시 일으키는 노력을 계속한다.

이때 해월 선생이 기획한 핵심적 방법은 49일 특별기도이다. 이를 통해 이필제 의거 등으로 쫓겨 다니고 숨어 다니며 흐트러진 마음을 다시 잡고, 견고히 하기 위하여 유인상의 집에 기도소를 마련하고 49일 간의 특별기도를 시행하는가 하면, 태백산중의 작은 암자인 적조암(寂照庵)에 들어가 또다시 49일 특별기도를 봉행한다. 이후 해월 선생은 지도급 인사나 신입 도인들을 대동하고 여덟 차례에 걸친 특별기도를 실행한다.

---

2   이 당시는 '동경대전', '용담유사' 등의 명칭은 아직 없었다.
3   『천도교회사초고』「지통」.

이러한 특별기도를 통한 신앙심 회복과 함께 해월 선생은 신앙적 결속을 위하여 의례를 제정하여 시행한다. 이것이 곧 설법제(說法祭), 인등제(引燈祭), 구성제(九星祭) 등이다. 이러한 활동을 통하여 교세를 강원도에서 충청도로, 이어 전라도까지 넓혀 가게 되었다. 그런가 하면, 수운 선생 때 시행하던 개접(開接) 예를 재개하여 확대된 조직을 결속하고 수행과 의례를 강화하였다. 이와 같이 의례와 조직 강화를 해나가는 한편, 해월 선생은 동학교단을 내적으로 공고히 하는 데에 매우 긴요한 동학역사 기록의 편찬과 스승의 가르침을 담은 경전(經典) 간행을 계획한다.

도적(道跡)이라는 동학 역사서와 동학경전의 간행은 해월 선생의 치밀한 계획 아래 기획된 것이라고 하겠다. 교단이라는 체제를 형성하는 데에 긴요하게 요구되는 '신앙심' 확립, '종교적 의례' 정립, '도적과 경전 발간'이라는 세 요소를 순차적으로 시행하였던 것이다.

2. 도적 편찬과 경전 간행의 의의

1차적으로는 동학의 역사서인 도적(道跡) 및 경전의 간행은 1879-1881년까지 진행되었다. 처음에는 정선 남면에 있는 방시학(房時學)의 집에서 기획이 되어 도적(道迹)에 해당되는 『도원기서(道源記書)』[4]를 이곳에서 필사본으로 간행하였다. 방시학의 집에 수단소(修單所)를 설치하고 『도원기서(道源記

---

4 이 책의 표지에는 '崔先生文集道源記書'라고 되어 있다. 그러나 이 글에서는 이를 줄여서 '道源記書'라고 표기한다. 실제 책의 내용도 문집에 해당하는 부분은 포함되지 않았다.

書)』를 기획한 시기는 1879년 11월이다.[5] 또 이전부터 침재(鋟梓)해 오던『동경대전』[6] 간행을 위해 이로부터 6개월 후인 1880년 5월 9일에 강원도 인제 (麟蹄) 김현수(金顯洙)의 집에 간행소를 마련하고, 한 달여 후인 지난 6월 14일 100여 부의『동경대전(東經大全)』을 목판으로 간행하였다.

다음 날인 15일에는 봉고식(奉告式)을 치르고, 간행된『동경대전』을 각처로 보냈다.[7] 또 그로부터 1년 후인 1881년 6월에 충청북도 단양(丹陽)에 있는 여규덕(呂圭德)의 집에 또 다른 간행소를 마련하고『용담유사(龍潭遺詞)』를 목판으로 간행하였다.[8] 즉 해월 선생은 1879년 이후 2년여 동안 강원도 정선(旌善), 인제(麟蹄), 그리고 충청도의 단양(丹陽) 등지에서 도적인『도원기서(道源記書)』와 수운 선생의 문집인『동경대전(東經大全)』, 그리고『용담유사(龍潭遺詞)』등을 순차적으로 간행하는 역사를 펼쳤다. 다시 말해서 이 기간은 동학의 중요한 문건들이 집중적으로 간행이 되던 시기이다.

당시 동학의 역사를 담은 도적(『道源記書』)이나 가르침을 담은 경전(『동경대전』『용담유사』)을 간행한 지역은 모두 산간마을로, 오늘날에도 버스가 하루에 한두 번밖에 들어가지 않는 산 밑 첫 동네 오지마을들이다. 처음『동경대전』이 간행된 강원도 인제 갑둔리(甲遁里)는 지금 군부대가 들어가 있어 마을의 흔적이 모두 사라졌다. 군부대가 들어서기 전『동경대전』간행소가

---

5 천도교 초기 기록에『道源記書』가 기획되고 또 출간된 시기가 1879년 11월이라고 되어 있지만(『天道教會史草稿』), 실상 그 출간 시기는 1880년 6월『東經大全』이 출간된 이후라고 추정된다.
6 『도원기서』, "先生文集 鋟梓之營 歲已久矣"
7 『해월선생문집』, "刊出大全 百餘卷 頒布各處."
8 『천도교회사』「地統」, "六月에 神師이 大神師의 所著하신 歌詞를 發刊하사 道人에게 頒給하시니 是時 開刊所는 丹陽郡南面泉洞 呂圭德家러라."

차려져 있던 김현수의 집 자리에는 자그마한 농가가 있었다. 동네 노인들의 증언에 의하면, 본래 김현수의 집은 입 구 자(口字) 모양을 한 제법 큰 집이었다고 한다.

처음 『용담유사』를 간행한 단양 샘골은 경상도와 충청도의 경계를 이루는 소백산맥 줄기 1,000미터가 넘는 도솔봉 북쪽 산자락에 자리하고 있는, 산 밑 첫 동네이다. 단양 시내에서 풍기 방향으로 10킬로미터 정도를 가다가, 오른쪽으로 접어들어 장정리(長亭里)를 향해 15킬로미터 정도를 가면 장정리를 지나 샘골에 이른다. 장정리는 다소 큰 마을이다. 이 장정리를 지나 샘골로 이어지는 길은 평지가 아니라, 경사를 이루고 있다. 마치 산으로 들어가는 길인 양 비교적 급한 경사를 이루고 있다. 그러나 지금은 포장이 된 도로로 잘 닦여 있다.

이렇듯 경사가 진 길을 따라가다 보면 왼쪽으로 남천리(南泉里)라는 돌표지가 보이는데, 이곳으로 들어가면 샘골이라는 마을이 나온다. 샘골 마을 역시 산비탈을 개간하여 조성한 마을인 듯, 위에서부터 마을 아래로 다소 급한 경사를 이루고 있다. 그래서 매해 장마 때면 도솔봉에서 큰물이 급류를 이루어 내려오므로 마을에 많은 피해를 준다고 한다. 이 물 사태를 막기 위하여 마을 집 앞으로 장마에 대비하는 배수로를 만들었다. 큰물에 대비하여 만든 배수로이기 때문에 여느 배수로보다 깊고 또 그 폭도 넓게 되어 있다. 최근에는 산뜻한 전원주택들이 하나 둘 들어서고 있다.

이 산 아래 첫 동네인 샘골에서도 마을의 끝자락에 여씨(呂氏)가 예전에 살았다고 한다. 얼마 전까지 작은 집이 있었는데, 지금은 집터만 남아 있다. 옛날 해월 선생이 『용담유사』를 간행하던 때의 집은 없어진 지 오래이다.

해월 선생은 젊은 시절 종이를 만드는 제지소(製紙所)에서 용인(庸人)으로 일을 했다. 제지소에서 일할 당시 제지소 심부름으로 만난 사람들을, 훗날 포덕을 했다. 제지소에서 일을 하고, 그때 사귄 사람들을 많이 포덕했던 경험은 해월 선생이 동학 경전을 판각하고 인쇄하는 일에 많은 도움이 되었을 것으로 생각된다. 즉 제지소 심부름을 하며 만났던 사람들은 대개 종이와 관련된 일을 하는 사람들이다. 이들 중 판각이나 인쇄와 관련된 기술자도 적지 않았을 것임을 쉽게 상상할 수 있다. 특히 경주 일원은 종이가 많이 나던 지역이며, 수운 선생의 제자들 중에는 강원보(姜元甫)와 같은 대지상(大紙商)이 있었다는 사실 등이, 척박한 환경 속에서도 해월 선생을 중심으로 하는 동학교도들이 『동경대전』 등의 목판 인쇄라는 어려운 일을 해낼 수 있었던 중요한 요인이 되었을 것이다.[9]

해월 선생이 중심이 되어 도적(道跡)인 『도원기서』를 간행한 것에 관하여, 연구자들은 "최시형의 역할을 강조한 것이며, 그 도통(道統)이 수운 선생에서부터 해월에게로 이어졌다는 정통성을 확보하는 데에 기여를 한 것"[10]으로 보고 있다. 따라서 이와 같은 도적 편찬 이후 해월 선생의 지도체제가 더욱 안정이 되었다고 보고 있다. 그런가 하면 『동경대전』을 비롯한 경전 발간에 관해서도, 동학 교도들이 경전을 소지할 수 있을 정도로 그 숫자가 많아졌고, 시대적 분위기가 형성이 되었으며, 따라서 동학적 가치체계가 심화, 확장된 것이라고 분석하고 있다.[11]

9 박영학, 『동학운동의 공시구조』, 나남출판사, 1990, 184-187쪽. 또한 해월의 손자인 崔益煥은 현전하는 '해월장'이라는 목각 도장은 해월이 직접 판각한 것이라고 증언했다. 이와 같이 해월 스스로 목각을 할 수 있는 능력을 지닌 사람이었다.
10 박맹수, 『최시형 연구』, 한국정신문화연구원 한국학대학원 박사학위논문, 1995, 96쪽. 이와 같은 견해는 오문환, 『최시형의 정치사상 연구』, 연세대학교대학원 박사학위 논문, 1995. 이에서도 마찬가지로 기술하고 있음.
11 오문환, 『사람이 하늘이다』, 솔, 1996, 122-123쪽.

해월 선생은 깊고 깊은 산간마을로 숨어 들어가 도적을 간행하고 또 경전을 간행함으로써 스스로 도통을 물려받았다는 사실을 확고히 하고, 동학의 적자(嫡子)로서 정통성을 확보하였으며, 또한 동학교단 내에서 안정된 지위를 확보하는 계기를 마련했던 것은 사실이다. 그러나 해월 선생이 펼친 일련의 편찬, 간행 사업은 좀 더 본질적인 면, 곧 동학교단을 종교적으로 더욱 공고히 했으며, 나아가 교단 내적으로 체제를 강화하는 작업이었다는 점에 그 의의가 있다.

즉 해월 선생이 아직은 산간에 숨어 지내야 하는 어려운 상황 속에서 도적과 경전을 간행한다는 어려운 일을 수행한 사실에 관하여 정치적, 사회적인 측면으로만 해석을 할 것이 아니라, 종교적인 측면, 곧 교단 조직이나 체제 확립의 문제 등에 초점을 두고 해석해야 할 것으로 생각된다.

이와 같은 해월 선생의 노력은 이필제의 의거와 연계되어 풍비박산이 난 영양 용화동 중심의 교단을 다시 일으키기 위하여, 가장 먼저 종교적 수련에 주력했던 사실과 그 맥을 같이 하고 있는 것으로 생각된다. 결론적으로 해월 선생을 중심으로 1870년대에서 1880년대 초반의 10년간은 수련으로 종교성을 강화하고, 도적(道跡) 간행을 통해 정통성을 확립하였으며, 경전을 간행하여 종교적 교의를 확립함과 동시에 위상을 정립하고 나아가 의례의 정비와 정례화를 통해 종교적 의식 등을 다듬고 또 체제를 확립해 나간 시기였음을 알 수 있다.

이러한 과정을 통해 수운 선생 당시에 경상도 일대와 충청도 일부에 머물던 동학은 19세기 중반의 시대적 요청 속에 대두하던 변혁의 물결을 타고 전국적인 조직으로 성장하였고, 이러한 종교적 기반을 바탕으로 교조신원운동, 갑오동학혁명 등의 거국적인 신앙운동을 펼칠 수 있었던 것이다. 나아가 해월 선생의 이와 같은 노력은 해월 선생을 이은 의암(義菴) 손병희(孫

秉熙, 1861-1922)의 시대에 이르러, 동학이 '천도교'라는 종교로 거듭날 수 있는 중요한 기반이 되었던 것으로 생각된다.

스승인 수운 선생이 관에 체포되어 처형당하고 난 이후 해월 선생이 가장 관심을 기울인 것은 스승의 가르침을 어떻게 하면 올바르게 보존하고 또 세상에 전할 수 있는가 하는 문제였다. 스승의 가르침을 많은 사람들이 자의적으로 해석하고, 그러므로 그 가르침이 와전되는 것을 해월 선생은 가장 두려워했다.[12] 스승의 가르침이 와전된다는 것은 진리의 왜곡이며, 스승의 뜻을 저버리는 일이고, 이단의 난립을 가져오는 결과가 되기 때문이다.

그러므로 해월 선생은 스스로 "내가 잠자고 꿈꾸는 사이인들 어찌 선생이 남기신 가르침을 잊어버리겠는가?"[13]라고 술회하였다. 즉 스승의 가르침을 올바르게 세상에 전하는 일이 바로 새로운 다시 개벽의 세상을 이룩하는 길이라고 굳게 믿었기 때문이었다. 그러므로 해월 선생은 영양 용화동에 들어가 어느 정도 안정을 얻게 되는 1865년에 이르러, 이내 수운 선생의 가르침의 글들을 구송(口誦)을 통해 제자들로 하여금 받아쓰게 했다.[14] 또한 해월 선생은 관의 추적을 받아 산간 오지를 전전하는 긴박한 상황 속에서도 한시도 보따리를 놓지 않고 짊어지고 다녔기 때문에 세간으로부터 '최보따리'라는 별명을 얻기도 하였다. 해월 선생이 한시도 놓치지 않고 짊어지고 다녔다는 보따리 속에는 스승의 가르침을 담은 글들이 있었던 것으로 추정이 된다.[15]

즉 해월 선생은 스승의 참형으로 교단이 풍비박산이 나고, 그 이후 어느

---

12 『癸未仲春板 東經大全』「跋文」, "昔大神師著一經 以詔後世 當時門弟親炙者 隨聞箚記 或不無異同錯謬 惟我海月先師 懼夫愈久而愈夫眞也 乃命剖劂."
13 『해월신사 법설』「기타」, "余夢寐間 先生遺訓忘却."
14 『천도교회사』「지통」.
15 이것은 다만 추정일 뿐이다. 특히 동학 연구가인 표영삼 선생의 추정에 의한 것이다.

정도 수습을 하였다가 이필제의 의거에 참여하는 바람에 다시금 위기를 맞게 된 동학교단을 일으키기 위하여, 특별기도를 통하여 종교적 내면의 힘을 다지는 한편, 의례를 정례화하였고 또 동학의 정신에 따라 이를 규범화하여 종교적 외형을 구축해 나갔다. 그런가 하면, 도적(道跡) 간행을 통해 도의 근원을 밝히고 도맥(道脈)의 정통성을 확립하였으며, 경전 간행을 통해 종교적 교의를 확립해 나갔던 것이다.

이렇듯 해월 선생은 1870년대 초반 이후 10년 가까운 기간 동안 교단 형성의 가장 중요한 요소가 되는 '수행'과 '의례' 등을 행하고 또 구축하였고, 이어서 '경전과 도적(道跡)'을 간행하여 교단으로서의 체제와 조직을 강화하는 한편, 종교적인 면에서 동학의 면모와 체제를 공고히 해 나갔던 것이다.

3. 『도원기서』 발간 연대와 의미

강원도 정선에 있는 방시학(房時學)의 집에서 발간한 『도원기서』는 동학의 역사를 최초로 정리했다는 점에서 그 의의가 매우 크다. 이 책은 도(道)의 연원(淵源)이 수운 선생에게서 시작되어 해월 선생에게로 이어졌다는 사실을 큰 근간으로 하고 있다. 그런가 하면, 수운 선생에게서 시작된 가르침의 연원을 바르게 잇고자 하는 염원이 간절하게 깃들어 있는 책이다. 다음과 같은 강시원(姜時元)의 후서(後序)는 이러한 사실들을 잘 이야기해 주고 있다.

> 세월은 흐르는 물과 같이 빨라서 기묘년(己卯年) 가을에 이르러 저와 주인(최시형-필자 주)이 선생님의 도원(道源)을 잇고자 하는 뜻이 있어, 이에 선생님의 일과 자취를 수단(修單)한즉 두미(頭尾)가 착잡하고 전후(前後)가 문란하여, 쓰되 능히 붓을 범하지 못하여 혹 잘못할 단초가 있을까 두려웠습니다.···(중략)···연

원(淵源)에 근본을 두고 그 뿌리에서 발하였으니, 즉 근원은 스스로 근원이요, 뿌리는 스스로 뿌리가 됩니다. 선생님의 연원(淵源)을 살핀즉 이 세상에 풍화(風化)된 것이 밝게 담겨 있고, 이어 선생님으로부터 나와서 우리에게 미친 것입니다. 선생님께서 가르치던 바는 하늘에서 받아 동(東)에서 배우신 것입니다. 하늘에서부터 배워 몸에 화(化)한 것이니 이는 자연의 이치 아님이 없습니다. 또 무위(無爲)로써 화(化)한 것입니다. 제가 지금 이래로 간절히 흠앙하는 마음이 있는 것은 일체의 선(善)을 원하면서도 마침내 종전의 허물을 뉘우치지 않는 것이니, 시원(時元)이 홀로 선생님께 부끄럽지 않겠습니까? 아아, 선생님의 도(道)여! 덕(德)이여! 물은 넓고 넓으며 구름은 담담하도다. 물[水은] 한가지로 흐르고 구름[雲은] 같이 맑으니, 길고 긴 그 하나의 빛깔을 내 어찌 감히 다시 쓰겠습니까?[16]

　후서(後序)를 쓴 강시원은 본래 이름이 강수(姜洙)로, 수운 선생이 도를 펼때 동학교단에서 이미 중요 인물로 자리매김했다. 또한 훈장을 할 정도로 학식도 있는 사람으로 『도원기서』를 편찬할 때에 적극적으로 참여한 사람이다.[17] 또한 강시원과 함께 후서를 쓴 유시헌(劉時憲)과 신시일(辛時一)은 모두 해월 선생에게 입도한 사람들이지만, 그 후서를 통하여 수운 선생의 도원(道源)을 매우 그리워하고, 또 직접 뵙고 가르침을 받지 못했음을 안타까워하는 심정을 술회하고 있다.[18]

16 『도원기서』 「후서」.
17 일반적으로 『도원기서』의 저자를 강시원으로 보고 있다. 그러나 『도원기서』는 어느 한 개인의 저술이 아니라, 당시 기획했고 또 편술에 참여했던 모든 사람의 공동 집필이라고 봄이 타당하다.
18 『도원기서』 「유시헌 후서」, "於戲 余不聞丈席之訓 又不見先生之儀形 而今日聞其先

이와 같은 강시원, 유시헌, 신시일 등의 「후서」에서 확인할 수 있는 바와 같이, 『도원기서』는 바로 수운 선생으로부터 발원된 도의 연원을 바르게 밝혀, 그 가르침을 잇고 또 세상에 바르게 알리고자 하는 뜻에서 기록되고 편찬된 동학 최초의 역사서이다. 특히 『도원기서』는 많은 연구자들이 언급한 바와 같이, 이후 동학교단에서 나오는 모든 역사서의 저본이 되기도 했다. 즉 한문본인 『수운재문집(水雲齋文集)』이나 『대선생사적(大先生事蹟)』, 또 국한문본인 『본교역사(本敎歷史)』, 『천도교서(天道敎書)』, 『천도교회사초고(天道敎會史 草稿)』 등 모두가 『도원기서』를 저본으로 했거나 영향을 받은 것으로 평가된다.[19] 그만큼 동학의 역사에서 이 서적은 중요한 위치를 점하고 있다.

또한 이 서적의 표제가 시사하는 바와 같이 '도(道)의 연원(淵源)을 밝혀 기록'한 책으로, 동학의 가르침이 지금까지의 다른 도, 즉 유도(儒道)나 불도(佛道), 선도(仙道), 나아가 당시 새로운 가르침으로 퍼지고 있는 서도(西道)와는 그 연원을 달리하는 독자적인 도(道)임을 강조하기 위한 저술이라고 할 수 있다. 즉 수운 선생은 자신의 글을 통해 때로는 공자의 가르침과 자신의 도가 대동소이(大同小異)하다고 언급하기도 했고,[20] 때로는 선성(先聖)인 공자(孔子)의 가르침과 자신의 도를 구분하여 논하기도 했다.[21] 그런가 하면 수운 선생 스스로 서학과의 비교에서 "도(道)는 같고, 운(運)도 하나이나, 이(理)는

生之風化 見其先生之道源 則余自有追遠 感古之心 而自不覺愧歎也." 「辛時一 後序」, "余自歎修後 未覺之悔."

19 박맹수, 「東學史書 『崔先生文集 道源記書』와 그 異本에 대하여」, 『韓國宗敎』15, 원광대 종교문제연구소, 1990.12.

20 『동경대전』 「수덕문」, "覺來夫子之道 一理之所定也 論其惟我之道則 大同而小異也."

21 『동경대전』 「수덕문」, "仁義禮智 先聖之所敎 守心正氣 惟我之更定."

다르다."[22]라고 언명했는가 하면, 동학이 시천주(侍天主)의 '천주(天主)'라는 용어로 인하여, 유생들에 의하여 서학의 잔류로 오해를 받기도 했다.

　그러나 해월 선생은 바로 '도의 연원을 밝히는 역사서'인 『도원기서』를 기획하고 간행함으로써, 동학은 역사적인 면, 또는 사상적인 면에서 유도 도 서학도 아닌, 오직 수운 선생에게서 발원된 독창적이며 독자적인 가르침 임을 분명히 하고자 했던 것으로 풀이된다. 즉 『도원기서』의 간행은 단순한 동학 역사서의 간행이 아니라, 도(道)의 연원(淵源)을 세움으로써 동학의 독 자성을 분명히 하는 중요한 작업의 하나였다고 하겠다.

　그러나 이러한 『도원기서』는 간행이 되자마자 견봉날인(堅封捺印)되어 유 시헌에게 맡겨졌고, 다른 사람의 눈에 띄지 않도록 깊이 감추라는[23] 명을 받 는다. 이렇게 한 이유는 많은 연구자들이 추론하듯이, 이 책에 해월 선생을 비롯한 동학교도들이 이필제(李弼濟)의 의거와 깊이 연루되어 있다는 사실 이 기록되어 있기 때문이다. 견봉날인하여 감추지만, 훗날이라도 도(道)의 연원이 바르게 세상에 이어지고 또 전해지기를 바라는 마음에서, 이와 같은 조치가 취해진 것이라고 생각된다.

　『도원기서』를 완성한 직후에 깊이 감추었다는 사실에서 추론할 수 있는 또 하나의 사실은, 일부 연구자들이 지적하는 바와 같이 『도원기서』가 다만 당시에 해월 선생의 정통성을 확립하기 위하여 편찬된 것만은 아니라는 점 이다. 만약 해월 선생의 정통성을 확립하기 위하여 이 책을 편찬하였다면, 이『도원기서』는 편찬 직후 복제되어 여러 곳으로 배포되었을 것이 분명하 다. 그렇게 하여 자신이 동학의 정통 계승자로서 수운 선생으로부터 도통

22 『동경대전』「논학문」, "運則一也 道則同也 理則非也."
23 『천도교회사』「지통」.

을 물려받은 적자(嫡子)임을 드러내고 또 알리고자 했을 것이다. 그러나 해월 선생 등은 아직 세상에 내놓을 시기가 아니라고 판단하고 깊숙이 감추어 놓았다.[24]

『도원기서』의 표지명은 '최선생문집도원기서(崔先生文集道源記書)'이다. 그러나 이 책에는 표지에 명기된 '최선생문집(崔先生文集)'에 해당되는 내용은 없고, 다만 도의 연원과 역사만 기록되어 있다. 따라서 이는 어찌 보면 완성된 책이 아니라는 생각이 든다. 즉 문집 부분이 이 책에 실리지 않은 채 미완으로 남아 있다는 생각을 하게 된다.

수운 선생의 문집은 잘 알려진 바와 같이 『동경대전』과 『용담유사』이다. 또한 『도원기서』가 간행된 연대는 모든 기록에 1879년으로 되어 있는데, 이 책의 내용에는 1880년의 기사도 함께 실려 있어, 혼선을 빚고 있다. 즉 1880년 6월 강원도 인제 김현수의 집에서 수운 선생의 문집을 간행하는 기사가 실려 있다.[25] 이때 '수운 선생 문집'은 『동경대전』 하나만을 지칭한다.

이것은 무엇을 말하는 것인가? 이는 곧 도적(道跡)과 문집(文集) 모두를 포함하는 『최선생문집도원기서(崔先生文集道源記書)』를 간행하기 위한 처음의 계획이 어떠한 사정에서인지 변경이 되었고, 『도원기서』라는 도의 연원(淵

---

24 『도원기서』가 堅封捺印이 되어 숨겨져 있었으나, 1906년 경부터 세상에 알려지게 되었다. 그리하여 동학교단의 역사서 기록에 활용이 된다. 그러던 중 任置하고 있던 劉時憲의 아들인 劉澤夏로부터 金演局이 가져가게 되었고, 이후 1978년 金演局의 아들인 金德經이 세상에 공개함으로써 알려지게 되었다.(표영삼, 『동학』 2, 통나무, 2005. 97쪽 참조). 이후 1908년에 정선 사람인 全世仁이 김연국이 이끄는 上帝敎가 있는 계룡산에 찾아가 며칠을 묵으며 『도원기서』를 필사해 왔다. 이 필사본은 유시헌의 증손이 지금 보관하고 있다.

25 『도원기서』, "五月初九日 設爲刻板所而十一日 爲始開刊 至於六月十四日 畢爲印出 十五日別爲設 祭其時表功別錄記文."

源)을 기록한 한 권의 역사서가 별도로 간행되었으며, 이어서『동경대전』과
『용담유사』라는, 수운 선생의 가르침을 담은 두 권의 문집이 별도로 판각되
어 간행된 것이라고 풀이할 수 있다.

앞에서 잠시 논의한 바와 같이, 해월 선생은 교단의 기반을 공고히 하기
위하여 먼저 49일 특별기도라는 종교적인 수행(修行)을 실시하고, 인등제(引
燈祭), 구성제(九星祭) 등의 종교적 의례(儀禮)를 정례화한 후, 동학의 바른 역
사 기록과 수운 선생의 가르침을 확고하게 정립하기 위한『최선생문집도원
기서』를 기획하였다. 이와 같은 추론의 근거는 다음의 기록에서 그 실마리
를 찾을 수 있다.

> 아아 선생의 문집(文集) 침재(鋟梓)를 경영한지 세월이 이미 오래 되었구나! 지
> 금 경진년(庚辰年)에 나와 강시원, 전시황 및 여러 사람들이 장차 간판(刊板)을
> 경영하려고 발론(發論)을 하니 각 접중(接中)이 다행히도 나의 의론과 같아 각
> 소(刻所)를 인제(麟蹄) 갑둔리(甲遁里)에 정하게 되었다.[26]

『도원기서』에 나오는 이 글은 해월 선생이 경진년(庚辰板, 1880)에『동경
대전(東經大全)』을 발간한 사실을 쓴 1880년의 기사이다. 따라서 위의 내용
으로 보아『동경대전』을 출간하기 위하여 침재(鋟梓), 곧 판각을 하기 시작
한 것은 그 전 해인 1879년이었다. 즉 위의 기록에 따르면,『도원기서』를 기
획한 1879년에 이미『동경대전』을 간행하기 위하여 침재(鋟梓)를 시작했다.
이처럼 같은 시기에 도적(道跡)인『도원기서』와 수운 선생의 문집인『동경

---

26 『도원기서』, "於戲 先生文集 鋟梓之營 歲已久矣 今於庚辰 余與姜時元全時晄 反詣益
　　將營刊板 而發論各接中 幸同余議 而刻所定 于麟蹄甲遁里."

대전』이 기획되었고 또 착수가 되었다. 따라서 해월 선생은 처음에는 '최선생문집(崔先生文集)'과 '도원기서(道源記書)'를 아울러 '최선생문집도원기서(崔先生文集道源記書)'를 간행하고자 했던 것으로 생각된다. 그러나 도적(道跡)을 기록한 『도원기서』에는 아직 발설할 수 없는 부분이 있어서, 깊이 감추어두기 위하여 별도로 한 부만 필사(筆寫)하여 간행한 것이라고 추론할 수 있다. 이에 따라 처음 계획한 '최선생문집도원기서'는 변경이 되어, 『도원기서』와 『최선생문집』이라는 두 종의 책으로 나뉘어 하나는 필사로, 또 하나는 목판으로 간행이 된 것으로 생각된다.

따라서 이들 두 책은 모두 1880년에 간행된 것이 분명하다. 즉 『도원기서』의 내용으로 보아 『동경대전』은 1880년 6월 14일에 간행되었고, 『도원기서』는 『동경대전』이 간행된 이후 1880년 어느 시점에 간행된 것임을 알 수 있다. 다시 말해 『도원기서』는 동학교단의 여러 초기 기록들[27]과 같이 1879년 11에 간행된 것이 아니라, 1880년 6월 『동경대전』이 간행된 이후에 간행되었다.

4. 『동경대전』과 『용담유사』 간행의 종교적 의의

1879년에 이르러 해월 선생에 의하여 기획이 된 '최선생문집'은 1880년 6월 인제에서 간행되었다. 이때 붙여진 표제(表題)가 무엇인지는 알 수가 없다. 아직 경진판(庚辰板)이 발견이 되지 않았기 때문이다.[28] 다만 앞에서 인

---

27 1879년에 『도원기서』가 발간이 되었다는 기록은 『천도교회사초고』와 『시천교종역사』 등에 나온다.
28 그러나 최근 간지를 알 수 없는 목판본 『동경대전』이 발견이 되었다. 이 새로 발견된

용한 『도원기서』의 기록에 의하면, "아아, 선생의 문집(文集) 침재(鋟梓)를 경영한 지…"[29] 등의 기록으로 보아, 수운 선생의 글들에 대해 동학교단에서 '경전'이라는 인식보다는 '문집'으로서의 인식이 앞서 있었던 것이 아닌가 생각된다.

흩어져 있던 경편(經篇)들이 한 권으로 편집되면서 '최선생문집(崔先生文集)'은 '동경대전(東經大全)' 또는 '성경대전(聖經大全)' 등으로 그 표제가 바뀐다.[30] 즉 이 시기에 이르러 '문집(文集)'이라는 이름에서 '경전(經典)'이라는 이름으로 바뀐 것이다.

동양에서 본래 '경(經)'은 '성인지언경야(聖人之言經也)'라 하여 '성인(聖人)의 말씀'을 뜻하는 것으로, 예사롭게 쓸 수 있는 말이 아니다. 이런 측면에서 본다면, 수운 선생의 글을 '문집'이 아니라 '동경대전'이니, '성경대전'이니 하며 '경(經)'이라는 명칭으로 명명했던 사실은, 곧 해월 선생 등 동학교도들이 수운 선생을 성인(聖人)으로 추앙하였기 때문인 것으로 풀이된다. 이렇듯 처음 기획할 때는 그 이름이 '최선생문집'이었는데, 이것이 출간되면서 '성경대전' 또는 '동경대전'의 이름으로 출간이 되었다는 것은 많은 시

목판본이 『동경대전』 경진판일 것으로 추정된다.

29 『도원기서』, "先生文集鋟梓之營…."

30 현재 1880년에 인제에서 간행된 『東經大全』인 庚辰板이 발견이 되지를 않아 그 표제가 정확하게 무엇으로 되어 있는지는 알 수가 없다. 다만 그보다 3년 후인 1883년 봄에 간행된 癸未仲春板이 최근 발견되었는데, 그 표제 역시 '東經大全'으로 되어 있다. 또 1883년 여름(癸未仲夏板)에 간행된 판본에도 '東經大全'으로 되어 있다. 그러나 규장각 官沒文書에 癸未仲春板의 필사본이 전하고 있는데, 그 표제는 '聖經大全'으로 되어 있다. 또한 1892년에 간행된 표제도 '聖經大全'으로 되어 있다. 이와 같로 미루어 보아 1890년대에 동학교단에서 '東經大全'을 '聖經大全'이라고 부른 때가 있었던 것으로 추정된다.

사점을 제공한다.

위에 인용된 『도원기서』 중의 기록, 즉 해월 선생이 스승의 글을 모아 한 권의 책으로 판각하여 1880년 6월 14일 간행하고, 15일에 봉고식(奉告式)을 하면서 읽은 별공록(別功錄)에는 "아아 선생의 문집(文集)을 간행하려 한 지도…"라고 하여, 그냥 '문집(文集)'이라고만 표기하고 있다.[31] 그러나 해월 선생이 직접 쓴 것으로 되어 있는 계미(癸未, 1883) 중춘판(仲春板)과 중하판(仲夏板)의 발문(跋文)에는 '문집'이라는 표현 대신 "…이로써 무극(无極)의 경편(經篇)을 편찬하였다…"[32]라고 되어 있다. 즉 수운 선생이 남긴 글들을 '성인(聖人)이 지은 글'이라는 뜻의 '경편(經篇)'이라고 표기했다.

이렇듯 해월 선생에 의하여 일책(一冊)으로 간행되면서, 수운 선생의 글들은 '경편(經篇)'으로, 또 수운 선생의 문집(文集)은 '경전(經典)'으로 불리게 되었다. 이와 같이 '최선생문집(崔先生文集)'이 '동경대전(東經大全)'이라는 이름으로 한 번 자리 잡은 이후, 동학교단의 어느 기록에도 '문집(文集)'이라는 표현은 찾아 볼 수 없다. 즉 해월 선생은 동학의 경전을 간행하면서, 스승의 '문집(文集)'을 '무극대도(无極大道)의 경편(經篇)', 곧 '경전(經典)'으로 자리매김한 것이다.

물론 동학교단 내에서 해월 선생이 이와 같이 '경전'으로 자리매김하여 부르기 전에도 수운 선생의 글을 경편(經篇)으로 생각하고 또 불렀을 가능성이 없지 않다. 그러나 수운 선생의 글을 동학교단에서 공식적으로 '경편(經

---

31 『도원기서』에 나오는 別功錄이 지금은 발견이 되지 않은 『동경대전』 庚辰板의 跋文과 유사하지 않을까 추정된다.

32 『동경대전』(계미중춘판) 「跋文」 또는 『동경대전』(계미중하판) 「跋文」, "以著无極之經篇."

篇)' 또는 '경전(經典)'으로 부르고 인식하게 된 것은 해월 선생의 이와 같은 경전 발간 때였음이 분명하다. 1880년에 이르러 해월 선생의 경전 발간은 동학교단으로서, 스승의 가르침을 문자화하여 공식화했다는 의미와 함께, 스승의 가르침을 경전으로 인식하게 되었다는 중요한 의미가 있는 것이다.

다시 말해 경전의 성립은 동학이 한 종교로서 분명한 독자성을 확보하는 순간인 것이다. 지금까지의 조선 사회를 유지하는 사상적 근간이 되어 왔던 유학 또는 당시 새로운 가르침으로 세력을 확장하고 있던 서학과는 그 차원을 달리하는 새로운 가르침으로서 동학의 정체를 분명하게 확립하는 '종교적 사건'이었다고 할 수 있다.

5. 나가는 글

오랫동안 『동경대전』이나 『용담유사』가 간행될 때, 문식(文識)이 없는 해월 선생이 입으로 구송을 하고, 이를 제자들이 받아씀으로 한 권의 경전으로 출간하게 되었다는 구송설(口誦說)[33]이 매우 지배적이었다. 구송설의 단초가 된 것은 천도교 측의 기록이다.

> 5月에 神社 刊行所를 麟蹄郡 甲遁里 道人 金顯洙家에 設하시다. 先時에 大邱 慘變 後 大神師의 所者 刊册이 火痕 中에 燒盡하고 一도 可考할 바 無하더니 是時에 神社 親히 修輯하실새 本來 文識이 無함으로써 記述을 不得하시고 天師께 告하사 降話의 敎로 此經을 口誦하사 文識의 人으로 하여금 代書케 하실

---

33 '口誦說'은 주로 天道敎側의 國漢文混用本 기록인 『天道敎書』나 『天道敎創建史』 등을 기초한 것으로, 韓㳓劤, 李光麟, 愼鏞廈, 姜在彦 등이 제기를 하였다.

새 5月에 東經 開刊을 始作하여 6月 15日에 訖工하시다.[34]

이와 같은 천도교 측의 구송설을 정면으로 부인하고 원본설이 제기된다. 즉 해월 선생이 스승인 수운 선생으로부터 물려받은 『동경대전』 원문을 보따리에 넣고 늘 짊어지고 다녔다는 주장과 함께, '수운 선생이 해월 선생에게 침재를 하여 간행을 하라는 말과 함께 경전의 원본을 직접 주었다'는 기록[35]을 근거로 삼아, 구송설이 아닌 원본설(原本說)을 주장하는 연구자들[36]도 또한 있다.

그러나 해월 선생이 짊어지고 다녔다는 보따리에 『동경대전』 원문이 있었는지 확인할 길이 없다. 해월 선생이 '최보따리'라는 별명을 얻은 것은 1885년 경상도 상주(尙州) 앞재[前城村]라는 마을로 옮겨갔을 때이다.[37] 이때는 『동경대전』 경진판을 간행한지 5년이나 지난 때이다. 또 계미중춘판이나, 계미중하판 역시 발간한지 2년이나 지난 후이다. 『동경대전』 판본이 이미 세 번씩이나 발간이 된 이때(1885)에 이르러 새삼 '최보따리'라는 별호를 얻은 것으로 보아, 유독 보따리 안에 수운 선생이 주었다는 『동경대전』 원문이 들어 있다고 보기에는 어렵다.

더구나 해월 선생의 보따리 안에 스승으로부터 받은 『동경대전』 원문이 있었다는 것은 동학 연구자 표영삼의 추측일 뿐이다. 어디에도 해월 선생의

---

34 『天道教創建史』·「第二編 第五章 開接과 遺蹟刊行」
35 『癸未仲夏板 東經大全』·「跋文」, 於戱 先生布德當世 恐其聖德之有誤 及于癸亥 親與時享 常有鋟梓之敎
36 '原本說'을 제기한 학자들로는 崔東熙, 申一澈, 表映三 등이다.
37 오지영, 『동학사』·제2장, "또 尙州化寧面前城村에 移寓하였다 先生은 恒時 移徙가자 주고 봇다리를 지고 단임으로써 世上사람드리 別號를 崔봇다리라고 불렀었다."

보따리 안에 『동경대전』 원문이 있었다는 기록은 없다. 필자에게 표영삼이 "『동경대전』 원문이 있었을 것이다."라고 그 추측을 이야기한 바 있다. 표영삼 살아생전의 "『동경대전』 원문이 있었을 것"이라는 추측이 아무런 근거도 없이 오늘 사실인 양 회자(膾炙)되고 있을 뿐이다.

또한 계미판 발문에 나타나는 '친여시형(親與時亨)'이 '친히 시형에게 주며'로도 번역이 가능하지만, '친히 시형과 더불어'로도 그 번역이 가능하다. 특히 이 '친여시형(親與時亨)'의 '여(與)'를 '주다'로 해석을 한다면, '주다'는 타동사로 목적어를 가지고 있어야 한다. 그러나 목적어가 없다. 또한 이 기록에 이어지는 '상유침재지교(常有鋟梓之敎)'는 '주다'보다는 '더불어'로의 가능성이 더 높음을 보여준다. 즉 이 부분의 '상(常)'은 '친히 시형에게 (원본을) 주며 늘 침재의 가르침이 있었다.'라는 번역보다는, '친히 시형과 더불어 늘 침재의 가르침이 있었다.'라는 번역이 보다 자연스럽기 때문이다.

더구나 『계미중춘판』이나 『계미중하판』에 해월 선생이 직접 쓴 발문을 검토해 보면, 처음 인제 갑둔리에서 『경진판 동경대전』을 낼 때에 해월 선생의 손에 완전한 원본이 없었음을 알 수가 있다.

> 아 아 선생 포덕 당세에 성덕(聖德)의 잘못이 있을까 두려워 계해년에 이르러 친히 시형(時亨)과 더불어 침자(鋟梓)의 가르침이 있어 뜻이 있었으나, 이루지 못하다가, 갑자년의 불행한 일 이후, 세월은 오래되고 도는 미미하여 장차 18년의 오랜 시간이 지나, 경진년에 이르러 전일의 가르침을 극념하여 동지들과 더불어 논의를 하고, 약조를 꾀해 새기는 공(剞劂之功)을 이루었으나, 글이 많이 빠진 한탄이 있었다. 고로 목천(木川) 접중(接中)으로부터 찬연히 복간하여 무극의 경편(經編)을 나타내게 되었다. 이는 어찌 선생의 가르침을 사모함이

아니겠는가. 감히 졸문으로 망녕되게 편말(篇末)에 쓴다.[38]

또한 해월 선생을 도와서 경진년 인제에서 경전 발간에 참여를 했던 김연국(金演局)이 쓴 「발문」들을 보면, 이와 유사한 점들을 발견할 수가 있다.

> 해월성사(海月聖師)는 이 경전으로 이 도를 전해왔는데, 혹 성덕에 그릇됨이 있을까 두려워 흩어진 편들을 모아 새기는 공을 크게 이룩했다.[39]

위의 글은 김연국이 천도교에서 분립한 시천교의 대례사로 간 이후 발간한 『시천교 동경대전』의 「발문」이다. 강원도 인제에서 경진판을 발간할 당시 김연국은 직접 관여는 하지 않았어도, 가까이에서 해월 선생을 모시고 제례 등에 적극적으로 참여를 했던 인물이다. 이와 같은 김연국의 '흩어진 편들을 모아 새기는 공을 크게 이룩했다.[收其散編 大成剞劂之功]'는 기록은 많은 신빙성을 지닌다고 하겠다.

또한 이와 같은 김연국의 『시천교 동경대전』의 「발문」과 함께 김연국이 아직 천도교에서 중요한 직책을 맡고 있을 당시 발간을 한 『동경대전』의 「발문」에도 이와 같은 맥락의 기록이 보인다.

---

38 『東經大全』(癸未仲春)·「跋文」, "於戲先生布德當世 恐其聖德之有誤 及于癸亥 親與時亨 常有鋟梓之敎 有志未就 越明年甲子不幸之後 歲沈道微 迨將十八之久矣 至於庚辰 極念前日之敎命 謹與同志 發論詢約 以成剞劂之功矣 文多漏闕之歎 故自木川接中燦然復刊 以著極之經編 玆豈非慕先生之敎耶 敢以拙文妄錄于篇末"

39 『侍天敎東經大全』·「跋文」, "海月聖師 以斯經傳斯道 或恐聖德之有誤 收其散編 大成剞劂之功"

무릇 경(經)이라는 것은 신성(神聖)의 말씀이다. 경이 전해지지 않으면, 즉 신성이 인몰되는 것이다. 예전에 대신사(大神師)께서 일경(一經)을 지어 후세에 내렸는데, 당시 문제(門弟)가 친자(親炙)하는 것을, 듣는 데로 따라 끌어 써서, 혹 다르고 같은 것이 잘못된 것이 없지 않아, 우리 해월선사께서 심히 오래되고 더욱 진리를 잃으실 것을 두려워하여, 이에 기궐(剞劂)을 명하셨다. … (중략) … 좀이 슬고 불에 탄 나머지를 수습하여 제원본(諸原本)과 비교해보니, 열에 여덟아홉은 잘못되었다.[40]

인용된 김연국의 「발문」은 포덕 48년 맹동(孟冬)에 간행된 것으로 보아, 의암 손병희가 동학을 천도교로 선포한 이후인 1907년 겨울에 간행한 것이다. 이 기록에서 볼 수 있듯이, 처음 경전 발간 당시에 해월 선생에게 완전한 원본이 없었던 것으로 판단이 된다. 그러나 상기 두 발문에서 모두 유의할 수 있는 것은 '흩어져 있던 편(編)을 거두어 모았다', '좀이 슬고 불에 탄 나머지를 수합했다'라는 부분이다. 이는 해월 선생이 『동경대전』이나 『용담유사』를 간행하기 위하여 여러 곳에 흩어진 것들을 수합하고 비교했다는 말이 된다.

그런가 하면, 문자로 기록된 것뿐만 아니라 구송되는 것 역시 해월 선생이 참조했다는 하나의 방증으로도 이는 채택될 수도 있다.

또한 동학의 여러 기록을 살펴보면, 『동경대전』이나 『용담유사』가 수운

---

40 布德四十八年 孟冬 發刊 『東經大全』·「跋」, "夫經者神聖之言 經而不傳 卽湮沒神聖也 昔大神師著一經 以詔後世 當時門弟之親炙者 隨聞記 或不無異同錯謬 惟我海月先師 懼夫愈久而愈失眞也 乃命剞劂…(중략)…收拾於蠹燼之餘者 較諸原本 又十誤八九…."

선생에 의하여 창작되는 즉시 교도들에게 전수되었고, 또 암송되게 하였다. 이와 관련이 있는 기록을 인용해 보면 다음과 같다.

> 壬戌年 봄 3월 懸西에 있는 白士吉의 집으로 돌아왔다. 崔仲義를 시켜 집에 편지를 보내며 아울러 學과 詞 두 件(東學論과 道修詞, 勸學歌)을 同卦했다.[41]

이는 수운 선생이 「동학론」과 「도수사」, 「권학가」를 지은 지 불과 3개월이 안 된 후의 기록이다. 수운 선생은 경주 용담을 떠나, 먼 전라도 은적암에 있으면서도, 이곳에서 지은 『동경대전』 중 한 편과 가사 두 편을 인편으로 교도들이 있는 경주 용담으로 보낸다. 그러므로 자신의 가르침을 담은 글들을 인편이나마 보내, 이를 읽고 외우도록 했던 것으로 보인다.

특히 수운의 글 끝부분에 보이는, '구구자자(句句字字) 살펴 내어'[42] 하는 부분이나, 또 "졸문졸필(拙筆拙文) 지어내어 모몰염치(冒沒廉恥) 전해 주니 이 글 보고 웃지 말고 흠재흠사(欽哉欽辭) 하였으라"[43] 하는 등의 결사 부분을 보아, 전해 주는 자신의 글들을 열심히 읽고 외우라는 뜻이 담겨져 있음을 알 수 있다.

그런가 하면, 『수운행록』 등에도 수운 선생이 교도들에게 자신이 쓴 글을 직접 주며, 읽고 그 내용을 외우라고 하는 기록이 보인다.

> 또 「흥비가」 한 편을 특별히 내려 주시며 말씀하시기를, 이 노래 역시 좋은 것

---

41 『道源記書』, "壬戌春三月 還來於縣西白士吉家 使崔仲義修送書家 又卦送學興詞二件"
42 『용담유사』·「도수사」
43 『용담유사』·「권학가」

이니 외우며 생각해 보아라 하였다.[44]

수운 선생은 다만 읽고 외우라고 했을 뿐만 아니라 어느 만큼 읽고 외웠는가 확인하고, 교도들에게 면강(面講)을 시키기도 했던 것으로 나타난다.

> 선생이 말씀하기를 「흥비가」는 전일에 반포한 바이다. 혹 열심히 읽었는가? 각 면강을 시키니, 차례로 이를 읽은 후에 강수(姜洙)만이 홀로 좌중에서 나와 선생을 대하고 면강을 하고 요지를 물으니…(중략)…강수 역시 돌이켜 요지를 물으니, 선생이 동쪽을 가리키고 서쪽을 가리키니, 강수 또 문장군(蚊將軍)의 뜻을 물으니, 선생이 말하기를 그대는 마음이 통하게 되면 가이 알 수 있다. 강수 역시 무궁(無窮)의 이치를 물으니 선생 말씀하기를 그 역시 마음이 통하면 알 수 있다.[45]

위의 기록을 볼 때, 수운이 써서 제자들에게 준 글을 처음부터 끝까지 그 의미를 궁구하며 외우게 했던 사실로 보아, 많은 사람들에 의해서 암송되고 또 후대로 구송되었을 것으로 보인다. 이렇듯 '선생의 가르침'이라는 이름 아래, 제자들에 의해서 암송되는 사랑을 받게 되었고, 새로 들어오는 교도들에게는 주로 이를 구송하게 하여, 이에 담긴 교리에 대한 토론을 벌리게 했을 것으로 생각된다.[46]

---

44 『水雲行錄』, "又興比歌一章 特賜曰 興比歌亦好 誦之思之"
45 『道源記書』, "先生曰 興比歌 前有頒布矣 或爲熟誦之耶 各爲面講也 第次講之後 姜洙 獨出座中 對先生而面姜問旨…(중략)…洙亦反爲問旨 則先生指東指西也 洙亦問 蚊將 軍之意 先生曰 君爲心通可知矣 洙問 無窮之理 先生曰其亦心通之之耳"
46 金義煥, 「우리 나라 近代史論考」, 三協出版社, 1964, 159쪽 참조.

또한 지난날의 동양, 특히 우리나라에서의 공부 방식은 배운 것 처음부터 끝까지 외우는 것임은 잘 알려진 사실이다. 지난번에 배운 것을 선생님 앞에서 모두 외우는 면강을 한 후에야 다음을 공부하는 형식을 취한 것이 우리나라의 전통적인 공부 방법이었다.

이와 같은 것들을 바탕으로 볼 때, 천도교 측의 기록에서 볼 수 있는, 해월 선생이 직접 암송하여 제자로 하여금 받아 적게 하였다는 구송설(口誦說)은 이러한 사실들의 확대 기록이라고 생각된다.

이러한 몇 가지 자료를 중심으로 볼 때에 『동경대전』이나 『용담유사』는 산재해 있던 기록과 원본 또 구송 등 모든 것을 종합 정리하여, 다시 해월 선생에 의해서 판본으로 정착된 것으로 보인다. 그러므로 『동경대전』이나 『용담유사』의 정착에 대해서는 구송설과 원본설이 종합적으로 검토되어야 할 것으로 믿는다.

또한 이렇듯 여러 과정을 통해 경진년(1880)에 인제에서 간행된 『동경대전』은 '수운 선생 문집'에서 '경전'으로 자리매김 하게 되었다.

경진판 『동경대전』과 『도원기서』의 간행은 해월 선생의 교단 구축을 위한 면밀한 계획 아래 진행된 일이었다. 즉 49일의 기도를 통한 '신앙심의 회복', 그리고 '종교적 의례의 정례화' 등을 확립하고, 이어서 '경전(經典)과 도적(道迹)을 간행'하므로 교단의 면모를 구축하였던 것이다. 그러므로 동학이 다른 가르침인 유학이나 서학과는 대별될 수 있는 독자적인 경전을 지닌 종교로서 그 자리를 확보하게 된 것이라고 하겠다.

이필제의 의거와의 연류로 인하여, 다시 관의 추적을 받게 된 해월 선생은 1871년 강원도 영월의 깊은 산간 마을인 직동(稷洞)으로 숨어들어 한 겨울을 보낸 이후, 영월 직동의 박용걸 집을 찾아와 새로 입도를 한 정선의 유인상 등의 도움을 받아 풍비박산의 교단을 다시 일으키게 된다. 그러므로 영월, 정선, 단양이라는 태백산맥과 소백산맥이 어우러지는 깊은 산간을 중심으로 흩어진 교도들을 모으는 한편 새로운 교도들을 포덕하여 새롭게 교단을 형성시킨다.

이렇듯 형성된 교인들을 중심으로 해월 선생은 49일의 특별수련을 감행하므로 마음의 심지를 공고히 해나갔고, 이를 바탕으로 인등제, 구성제, 설법제 등 종교적 의례를 확립시키므로 신앙의 결속을 공고히 해나갔다.

수련과 의례의 확립 등을 통해 어느 정도 교단의 면모를 확립한 해월 선생은 동학의 역사를 정리한 도적(道跡)인 『도원기서』을 편찬 간행하고, 또 스승의 가르침인 경전을 목판으로 간행하므로 동학이 한 교단으로서 그 모습을 보다 공고히 하는 기틀을 마련하였다.

이와 같은 면에서 1870년대 초에서 1880년까지의 10년에 이르는 이 기간 중, 영월, 정선, 단양, 인제 등의 지역을 중심으로 펼쳐진 동학교단의 활동은 매우 중요한 의의를 지닌 것이다. 즉 이 기간 동안, 충청도, 강원도 산간 지역에서 펼친 해월 선생을 중심으로 하는 동학교단의 노력은 괴멸의 위기를 넘어, 독자성을 지닌 교단으로서의 면모를 확립하였으며, 훗날 동학혁명을 일으킬 수 있고, 또 동학을 천도교로 거듭날 수 있게 한 중요한 바탕을 마련한 것이다.

해월 법설의 초기 자료 연구

1. 들어가며

잘 알려진 바와 같이 해월 최시형은 동학의 2세 교주이다. 스승인 수운 선생이 갑자년(1864) 3월 대구 관덕당(觀德堂)에서 참형을 당한 이후, 35년 간 태백산맥과 소백산맥이 이어지는 강원도, 충청도, 경상도의 깊고 깊은 산간에 숨어 지내면서, 괴멸의 위기에 놓여 있던 당시 동학교단을 다시 일으키는 데에 결정적인 기여를 하였다. 뿐만 아니라 동학교도를 지도하여 교조신원운동, 동학혁명 등을 주도하여 우리 근대사에 중요한 족적을 남긴 인물이기도 하다.

이와 같은 해월 선생에 관하여 동학교단의 기록들을 비롯하여 대부분은 '문식(文識)이 없다'라고 하였다. 즉 당시 사회 체제로 보아 그 신분도 낮고 또 배우지 못해서 문자를 모르는 무식한 사람이라는 것이 해월 선생에 대한 일반적인 평가이다. 그런가 하면 해월 선생이 문식이 없으므로 '이 사람의 말에도 좋다'하고 '저 사람의 말에도 좋다'는 식의 태도를 보였다고 기록한 부분도 있다.[1] 특히 해월 선생의 이러한 면이 동학교단 내에서 강조되어, 스승인 수운 선생의 저술인 『동경대전』 등을 발간할 때에 '글을 터득하지 못해서 영(靈)으로서 구송(口誦)하고 제자로 하여금 받아 적게 했다'는 '구송설(口誦說)'을 낳는 배경이 되기도 하였다.[2]

그러나 해월 선생에 관한 다른 기록이나 증언들을 종합해 보면, 해월 선생은 아버지가 별세하기 전인 15세까지는 비록 계모 슬하이기는 하지만, 정상적인 가정에서 자랐으며 서당 공부도 했다. 해월 선생은 비록 어머니를 일찍 여의었으나, 10살이 되던 해에 경주 서쪽 선도산(仙桃山) 밑에 있는 서악서원(西岳書院)에서 공부했다. 이때 해월 선생은 한국의 천재로 일컫는 김정설(金鼎卨, 그 호인 凡夫라고 알려진 인물)의 스승인 김계사(金桂史)와 동문수학했다.[3] 즉 해월 선생이 당시 유생들이나 여타의 선비들 같이 높은 학문이 없을 뿐이지, 결코 글을 아예 모르는 사람은 아니라고 판단된다. 더욱이 해월 선생이 30여 년간 끊임없이 괴멸의 위기에 놓여 있는 교단을 다시 일으키고, 이에 따르는 중요한 일들을 적극적으로 주관했던 역사적 사실들로 보아 식견이 부족했던 사람이기는커녕 오히려 그 누구보다도 뛰어난 판단력과 지도력을 지닌 인물이었음을 알 수 있다.

특히 해월 선생은 흩어진 교도들을 모으고 다시 교단을 일으키는 과정에서, 당시의 다른 민중 지도자들과는 다르게, 스승인 수운 선생으로부터 받은 종교적인 수행법이나 종교적인 가르침을 가장 중시했던 것이다.[4] 그러므

---

1 특히 吳知泳이 저술한 『東學史』에는 마치 해월 선생이 文識이 없어 판단력마저 뒤떨어지는 듯이 기록한 부분도 있다.
2 李敦化, 『천도교창건사』 「제2편」 제5장, 開接과 遺蹟刊行.
3 소춘, 「대신사 생각」, 『천도교회월보』 163호, 1924년 3월호.
4 海月 선생은 1871년 寧海 李弼濟의 義擧에 연루되어 더욱 깊은 산간으로 숨어 든 이후

로 교도들은 이러한 해월 선생의 가르침에 따라 일사불란하게 움직이는, 매우 조직적인 체계를 갖춰 나갔다. 이렇듯 해월 선생이 정선, 영월, 단양, 영양 등 강원도와 충청도, 경상도 산간을 다니며 펼친 가르침, 또는 이를 바탕으로 정리한 기록들이 바로 오늘 우리가 알고 있는 해월 선생의 법설이 된다. 즉 해월 선생은 30여 년간 동학교단을 이끌면서 수많은 가르침의 말과 글을 통해 교도들을 교화했고, 이러한 가르침은 스승인 수운 선생을 이어 동학교단을 발전시키는 사상적 근간이 되었다. 특히 해월 선생의 법설은 동학의 사상이 오늘날의 시대적 위기를 극복할 수 있는 새로운 대안으로까지 논의되는 중요한 바탕이 된다.

그러나 해월 선생 당시의 기록이 많이 인멸되어, 해월 법설의 원본이라고 할 수 있는 것이 거의 남아 있지 않다. 이러한 상황에서 천도교단은 1961년, 일명 삼부경전(三部經典)인 『천도교경전(天道敎經典)』을 발간하며, 해월 선생의 법설을 수집 정리하여 수록하였다. 따라서 이 1961년도 판 『천도교경전』은 해월 법설을 체계적으로 정리한 최초의 판본이 된다. 이 1961년도 판 『천도교경전』은 이후 그 내용이나 제목 또는 체제를 일부 수정하면서 여러 차례 발간하였다.

이보다 앞선 1900년대 전후한 시기의 동학교단 측 기록과 1910년대 전후한 시기의 동학교단측의 기록을 살펴보면, 부분적으로 해월 선생의 가르침이 포함되어 있다. 또 1920년대 이후 동학교단에서는 본격적으로 동학의 역

에도, 동학교단을 위하여 太白山 寂照庵에서 동학의 지도자들과 함께 1880년대까지 49일 기도 수련을 하는 등, 여덟 차례에 걸쳐 종교적 수행을 실행한다. 그런가 하면, 동학교단의 초기 기록인 『本敎歷史』, 『天道敎書』, 『天道敎會史』, 『天道敎創建史』, 『侍天敎歷史』에 의하면 해월 선생은 중요한 시기마다 敎徒들을 모아 놓고 가르침을 편 것으로 나타나고 있다.

사를 정리하여 출간을 하는데, 이들 역사서에는 좀 더 풍부하게 해월 법설이 소개되고 있다.

이 글은 이러한 제반 기록과 자료들을 통하여 해월 선생의 법설을 찾아보는 데 목적이 있다. 먼저 1961년도 판 『천도교경전』에 해월 법설 배경을 살피고, 이 1961년도 판 해월 법설의 저본이 되었을, 동학교단의 초기 기록인, '관몰문서(官沒文書)'라고 불리는 『동학서(東學書)』, 그리고 『천약종정(天約宗正)』과 『천경정의(天經正義)』, 또 1920년대의 기록인 『천도교서(天道敎書)』 등에 나타나는 해월 선생의 법설을 찾아보고자 한다.

이어서, 1961년 이후 판을 거듭하면서 발간된 해월 법설이 그 목차에 어떠한 변화가 있었는지도 살펴보고자 한다. 법설 내용에 대한 주해는 후고로 미루고, 본 연구에서는 법설의 목차가 판별에 따라서 어떻게 바뀌고 있는지만 검토한다. 본 연구는 이러한 기초적인 문헌 검토를 통하여 앞으로의 해월 법설 연구가 본격화되는 토대를 마련하고자 한다.

2. 해월 법설의 간행 경로

동학 경전이 일책(一冊)으로 완성된 것은, 해월 선생이 주관해서 1880년 강원도 인제(麟蹄) 갑둔리(甲遁里)에서 간행한 『동경대전』과, 다음 해에 충청도 단양 샘골에서 간행한 『용담유사』가 그 처음이다.[5] 이후 목천(木川), 경주(慶州) 등지에서 목판으로 간행이 되었다.[6]

---

5 『천도교회사』「천통」.
6 木川에서 동학의 경전이 발간된 사실은 동학의 제반 기록에 나타나고 있지만, 慶州에서 간행된 癸未仲夏板(1883년)에 관해서는 어느 기록에도 나오지 않는다. 그러나

천도교의 3세 교주 의암 손병희가 1905년 동학을 천도교로 대고천하(大告天下)한 이후, 초기 천도교에서는 『동경대전』과 『용담유사』를 한 권의 책으로 묶어서 인쇄본 경전을 발간하였다.[7] 그 후 8·15 광복 이후에 들어서서 1947년과 1956년 등 두 번에 걸쳐 천도교에서는 경전을 발간하는데, 이때 역시 『동경대전』과 『용담유사』만을 그 대상으로 삼았었다.

해월 선생의 법설과 의암 선생의 법설이 『천도교경전』으로 편입된 것은 1961년 4월 5일 자로 발간된 일명 삼부경전(三部經典), 곧 『천도교경전』이 최초이다. 이때 처음으로 『동경대전』과 『용담유사』, 그리고 '해월 선생 법설', '의암 선생 법설' 모두는 '천도교경전'이라는 이름 아래 함께 편성, 발간이 되었다. 그때 목차는 『동경대전』과 『용담유사』를 '천종법경(天宗法經)', 해월 선생 법설을 '도종법경(道宗法經)', 의암 선생 법설을 '교종법경(敎宗法經)'이라고 표기하였다. 즉 1961년에 처음 삼부경전이 편찬되고 간행될 때는 수운, 해월, 의암 등 교주들의 가르침을 오늘과 같이 '경전과 법설'로 나누지 않고, 모두 '법경(法經)'이라는 이름으로 표기하였다. 이렇듯 세 분 교주의 가르침을 '법설과 경전'의 합성어인, '법경'이라는 이름으로 부른 것은 수운 선생과 해월 선생, 의암 선생 세 분 교주에 대하여 차등을 두지 않고 모두 대등한 관계로 인지한다는 의미가 이에는 담겨져 있다.

1961년도 판 『천도교경전』 간행을 주관했던 박응삼(朴應三)의 후기를 보기로 하자.

1978년 충남 아산군 염기면 송곡리에 거주하던 朴明淳 씨가 공개하여 알려지게 되었고, 이는 오늘 전하는 가장 오래된 판본이다. 신인간편집실, 『신인간』 제55호, 1978. 3.

7 『東經大全』附 『龍潭遺詞』, (發行人 朴寅浩, 昭和十一年 八月二十七日 發行)

이 책은 그 내용을 「천종법경」(최수운대신사 편) 「도종법경」(해월신사 편) 「교종법경」(손의암성사 편) 등 3편으로 가려서 엮었다.

천종, 도종, 교종이란 것은 의암성사 시대부터 일컬어온 바요, 특히 우리는 삼세교조를 후천(後天)의 천황, 지황, 인황(天皇, 地皇, 人皇)으로 모시는 것이며 더욱이 이것은 우리들 제자의 생각이라기보다 직접 세 분 스승님께서 법설로 하신 것임을 교사의 기록에서 고증할 수 있는 것이다.[8]

위의 박응삼 후기에서 보는 바와 같이 1961년도 판 경전의 의미는 세 사람의 교주를 동등한 관계로 보는 점이다. 특히 '천종', '도종', '교종' 등 이들 세 교주들의 '천(天)'과 '도(道)'와 '교(敎)'라는 가르침에 의하여 '천도교(天道敎)'가 성립되었다는 의미를 강조한 것으로 생각된다. 따라서 그 경전의 명칭도 '삼부경전(三部經典)', 즉 '일부(一部), 이부(二部), 삼부(三部)'라는, 서로 대등한 요소의 종합을 의미하는 명칭으로 부르게 된 것이 아닌가 추측할 수 있다.

이렇듯 1961년도 판 삼부경전 『천도교경전』의 의미는 지금까지 『동경대전』과 『용담유사』만을 '천도교경전'으로 삼았던 데서, 그 범위를 확대하여 해월 선생과 의암 선생의 가르침까지 경전으로 삼음으로써, 역대 천도교의 스승들의 위상을 승격시킨 점이다.

또 박응삼은 1961년도 판 경전에 해월 선생의 법설이나 의암 선생의 법설을 함께 담아 편찬할 수 있었던 경위를 다음과 같이 기록하고 있다.

(전략) 또는 「천종법경」이라, 「도종법경」이라 한 것도 이번에 새삼스러이 지어

---

8 『天道敎經典』, 천도교중앙총부, 布德102년(1961), '붓을 놓으며'.

낸 것이 아니오, 일찍이 지강 양한묵(芝江 梁漢默) 선생께서 「동경연의」를 다시 주해를 붙이어 「천종법경」이라 하였으며 해월신사의 법설을 종합하여 주해를 붙이어 「도종법경」이라 하고 다 같이 강습 교재로 쓰던 것이다.(활자화되는 못 하였으나…) (중략) 「천도교창건사」를 비롯하여 백중빈(白重彬) 씨가 간직하였던 「동경대전」 원문(포덕 24년에 목천(木川)에서 출판된 것을 포덕 48년에 복사한 것)과 부안수도원에 간직되었던 「용담유사」(목천판) 원문과 고 김우경(金友慶) 사모님이 생존해 계실 때에 간직했다가 역자에게 나리어 주신 「무체법경」 원문과 그 밖에 김동현(金東顯) 씨의 수록한 것을 복사한 백운정(白雲亭) 씨의 수기와 황업주(黃業周) 씨의 수기에서 「도종법경」에 대한 원문을 많이 참고하였으며 기타 시문(詩文)에 이어서는 「도종법경」의 것은 정갑수(丁甲秀) 씨(생존시에)의 것을, 「교종법경」의 것은 역시 황업주 씨의 것을 많이 수록하였으며, 「도종법경」 중의 「유고음」은 역자가 십여년 전 황해도 은율 지방 모 독신부인(성명미상) 댁에서 수록한 것이다.[9]

위에 인용한 박응삼의 후기에 의하면, 『천도교창건사』를 참고하고 나아가 여러 교도들이 간직하고 있던 것을 수집하여 해월 선생의 법설과 의암 선생의 법설을 정리한 것을 알 수 있다. 또한 박응삼은 해월 법설이 이미 양한묵(梁漢默)이 강습 교재로 썼던 '도종법경'이라는 이름으로 먼저 정리되고 또 주해가 되어 있었다고 기록하고 있다.

양한묵은 초기 천도교의 중진으로 3.1독립운동 당시 33인 중의 한 사람이었고, 이로 인하여 옥중에서 옥사한 사람이다. 따라서 박응삼의 후기와

9 앞의 책.

같이 양한묵이 「도종법경」, 곧 해월 선생의 법설을 강습 교재로 썼다면, 이는 1910년대 전후의 일로, 『천도교창건사』보다도 훨씬 앞선 것이 된다. 또한 박응삼이 수집하였다는, 백운정 등 여러 교도들이 가지고 있던 해월 법설, 곧 「도종법경」은 양한묵이 강습 교재로 쓰던 것이라고 생각된다. 즉 박응삼은 양한묵이 1910년대 전후에 강습 교재로 사용했던 「도종법경」 등에 실린 해월 법설을 위에서 인용한 당시의 많은 교인들로부터 구해서 이를 정리한 것이라고 하겠다.

이렇게 해서 정리된 해월 법설을 당시 편집위원인 장창걸(張昌杰), 백중빈(白重彬), 백세명(白世明), 한태연(韓泰然), 이우영(李宇英), 이재순(李在淳), 최동희(崔東熙), 주동림(朱東林) 등이 독회를 거쳐 확정한 뒤에 '도종법경'이라는 이름을 붙여 『천도교경전』에 편입한 것이다.[10] 이것이 오늘 우리가 보는 『해월신사 법설』의 근간이 된다.

3. 동학교단 초기 자료에 나타난 해월의 법설

해월 선생의 법설을 확인할 수 있는 가장 오래된 자료는 규장각에 보관되어 있는 '관몰문서'이다. 이의 규장각 소장자료의 공식 명칭은 '동학서'이다. 정확한 간지(刊地)나 간자(刊者)는 모두 미상이다. 다만 고종연간(高宗年間, 1863-1907)으로 되어 있을 뿐이다. 여기에는 동학의 여러 문건들이 수록되어 있는데, 이 들 중 해월 법설로 생각이 되는 것은 「동학내수도문(東學內修道文)」과 「동학이기대전(東學理氣大全)」이다. 나머지는 『동경대전』 계미중

---

10 앞의 책, 경전이 출판된 직접적인 동기.

춘판의 필사본, 그리고 수운 선생이 동경대전에 남긴 글들과 서식, 또는 동학의 영부(靈符) 등이다.

이 두 편 중 한문으로 되어 있는 「이기대전(理氣大全)」은 해월 선생의 가르침을 그의 수제자 중의 한 사람인 '송암(松菴) 손천민(孫天民)이 받아쓰고, 또 간혹 자신의 의견을 붙인 것이다'[11]라고 되어 있다.

이를 기술했다는 송암 손천민은 해월 선생이 체포되어 사형을 받은 지 얼마 되지 않는 1900년에 관에 체포되어 사형을 당한 사람이다. 그러므로 이 기록은 최대로 잡아도 송암이 살아 있던 1900년 이전이 된다고 하겠다. 또한 한글로 된 「내수도문」은 오늘날 전해지는 해월 선생의 법설인 「내수도문」과 큰 차이가 없는 데 비하여, 「이기대전」에는 오늘 우리가 볼 수 있는 『해월신사 법설』 중 여러 편에 걸친 법설이 함께 실려 있다. 그 내용을 살펴보면 다음과 같다.

1) 天地 一水塊也 天地未判前 卽北極太陰一水已矣 水者 萬物之祖也 水有陰水陽水也 人能見陽水 不能見陰水也 人之在陰水中 如魚之在陽水中也 人不見陰水 魚不見陽水 擴徹大悟然後 能睹且玄妙之理也 何一爲日 何一爲月乎 曰日陽之精 月陰之精也 太陽火之精 太陰水之精 火出於水耶 曰然 曰何爲其然也 曰天地 水而已 又況其間化出之二七火 奚獨不出於北極 太陰一水中乎 故曰天地未判之前 北極太陰一水而已者 此之謂也 何謂天開於子 曰卽子北極一六水也 故天一生水者也 此曰天一生水 水生於川乎 天生於水乎 曰 水生天 天反生水 互相變化造化無窮也 然陽屬之乾 故體乾健無息之理 有晝顯夜冥之度 無晦望盈虛

11 『東學書(官沒文書)』 「理氣大全」, "海月先生 斯項言語 松菴述之 間或靈符己意."

之數 陰 屬之坤 故有晦望虧滿之度 與潮水往來 相配相沖 婦人經度 亦體此理也

2) 日用行事 莫非道也

3) 水生氣 氣生水也

4) 鬼神也 造化也 莫非一氣之所使也

5) 何必斯人 獨爲侍也 天地間萬物 莫非侍也

6) 是故 道家殺一生物 損一人名 切勿殺生 一則天厭 一則傷氣 又故 天降嚴威
罰也

7) 道家婦人 不畏天厭傷氣 輕打幼兒 其兒必死 切切打兒 道家人來 勿爲人來爲
言 以天主降臨爲言也

8) 人是天也 天是人也 人外無天 天外無人 心在何方 在於天 天在何方 在於心
故曰心卽天 天卽心 心外無天 天外無人

9) 人之有心 如天之有日 日之明兮 照臨萬國 心之明兮 透徹萬里

10) 木屐革鞋 大有傷氣之端 亦有天厭之理 故已有禁之 惜土地如惜母氏膚也
母氏肥膚重耶 一襪子重也 的知此理 體此敬畏之心 雖大雨中 初不濕鞋也 日今
日始言大道 談此是玄妙之理也 知者鮮矣 行者寡矣 閑居時 有小兒 着屐而趨前
其聲而鳴也 驚起而撫胸 曰其兒屐聲 我胸痛矣

11) 過淸州徐桅淳家 聞其子婦織布之聲 曰君之子婦織布耶 天主織布耶 徐生對
曰 生之子婦織布 曰然 其後謂人曰 徐生不卜吾言 侍坐諸人 莫曉其語意也

12) 以氣食氣 以天食天 以心治心 以氣治氣

13) 弓乙其形 一心字也

14) 大凡斯人 凝胎厥初 一點水而已 至一月 其水形如露 至二月 其水形一箇珠
至三月 以化工玄妙造化手段 收其母氏血氣 輸入胎門 頭圓天體 象太陽之數 體
魄象太陰 五臟象五行 六腑象六氣 四肢象四時 手掌卽從心所欲造化之手 故一
掌之內 特排八門 九宮太陰 四時 十二月之數 而生化

15) 兒生厥初 孰非大人 孰非聖人 人雖心多忘失 大人明明 不失天性 與天同大
與天同德 與天同化 天地所爲 聖人能爲

16) 人若有病 心內自誓曰 天有如斯之造化 豈不能差病 心存諸胸中 則病自勿
藥自效矣 冷水 不可以藥服之

17) 信天卽信心 大丈夫 義氣凡節 無信何生 人之無信 如車無轍 人之有信 如五
行之有土 仁義禮智 非信則不行 水火金木 非土則不成 人無信心 一等身也 一飯
囊而已 心信 誠敬 自在其中

18) 心天相合 方可謂之侍定知 心天相違 人皆曰侍天主 吾不謂之侍矣

19) 人無誠敬信 雖窮年沒世 難透此道之理也

20) 有信無信 可惜 無信有信 可歎

21) 人之行動 心乎氣乎 氣爲主 心爲體 鬼神用事 造化者 鬼神良能也 氣使心乎
心使心乎 氣生於心乎 心生於氣乎 化生氣也 用事心也 心不和則 氣失其度 究其
根本 鬼神也 心性也 造化也 都是一氣之所使也 動者氣也 欲動者心也 分言一理
萬殊 合言一氣而已 正氣而安心 安心正氣 氣不正則心不正 心不正則氣不正 其
實 心亦生於氣 氣是混元 心是虛靈也

22) 蒼蒼在上 日月星辰所系者 人皆謂之天 吾獨不謂天也 不知道者 不能覺斯
言也 人是天之塊 天是萬物之精

23) 何獨人衣人食 日亦衣衣 月亦食食

24) 夫和婦順 吾道之第一宗旨 道之通不通 都在於內外和不和 夫婦不和則 天
主大惡 內外和順則 天地父母其安樂之矣 女子偏性 其或生性 爲其夫者 盡誠拜
之 一拜二拜 溫言順辭 勿加怒氣則 雖盜跖之惡 必入化育中矣 如是拜 如是拜
終不入化者 出之可也 夫婦不和 子孫零落 家內和順 天必感應 一年三百六十日
如一朝過之 婦人萬物之言也 敬天也 奉祀也 接賓也 織綿也 莫非必由於婦人之
手也 不敏 日用三牲之養 天必不應 男乾也 女坤也 男女不和則天地否也 男女和

順 天地泰也 夫婦卽天地者 此之謂也

25) 有運者信者 一言盡也 而不信天理者 雖千言萬語 無可奈何 一言而蔽 都在
運數

26) 一人善 天下善 一人和 一家和 一家和 一國和 一人和 一家和 天下和 沛然
孰能御之

27) 堯舜之聖 歲人出世 孔孟之聖 歲人出世

28) 明天地之道 達陰陽之理 使億兆蒼生 各得其業則 豈非文明之世界

29) 仁義禮智 元亨利貞 元亨利貞 春夏秋冬 四大 天地君親 五常 仁義禮智信 其
道 天地人三才 其業 士農工商 德崇業 廣可以登仕 三綱 君爲臣綱 父爲子綱 夫
爲婦綱 五倫 父子有親 君臣有義 夫婦有別 長幼有序 朋友有信 人無倫無別 卽
近於禽獸 古之聖人 有憂之 制禮作業 是故 仁義禮智 先聖之所敎 守心正氣 惟
我更定 人是天人道 是大先生無極大道也 吾大先生無極大道 實則非儒非佛仙
故曰 萬古無極大道也 無聖 不泄根本 只言枝葉 先生 始創天地 陰陽 日月 鬼神
氣運造化根本也 苟非聰明叡智達天德者 孰能知之 知者鮮矣 可歎

30) 如干開心 豈曰道通 與天合氣 能行天地之造化然後 方可謂之道通

31) 天依大 大依食

32) 上材聖也 中材矢也 中材賢也 下材英雄也豪傑也

33) 人謂我賊心 曰吾無此心 子豈有此言 雖如馬不憚改 退而語人曰是 誠何心哉
自爲而自不知也 到今思之則 吾成道天心也

34) 自吾有徐仁周後 所學多矣 剛直哉 斯人 明白哉 斯人

35) 吾着睡前 曷敢忘先生遺訓 雖渾寢之時 知人之言笑 是曰率性 是曰守心正
氣 守心正氣之法 孝悌溫恭 保護此心 如保赤子 寂寂無念起之心 惺惺無昏昧之
心 可也

36) 罔談彼短 靡恃己長 待接人物 勿爲層下 一切如敬天 天必賜化 如斯然後 庶

入於守心正氣之域矣

37) 孰非我長 孰非我師 洞洞遲遲 無晝無夜 吾於婦女小兒之言 亦有可學師者也

38) 凡今之人 外飾粉群紗窓者多矣 可歎

39) 豈心天好之 純一之增減 無息之增減 使此心 純一無息 與天地同度同運 方

可謂之大聖大人 (번호는 필자가 임의로 붙임)

「이기대전(理氣大全)」이라는 단일한 제목 아래 실린 글을 필자가 임의로 붙인 번호에 따라 분석하면, 비록 단편적인 것이기는 하지만, 현재의 『해월신사 법설』편재상 39종에 달하는 해월 법설이 실려 있다.[12] 이들 중 제목을 확인할 수 있는 것은 27종이고, 이들 중 겹치는 제목을 모두 합하여도 12종이나 된다.

이「이기대전」의 내용을 현재 천도교단에서 사용하는 『해월신사 법설』의 각 법설 제목에 의하여 나누어보면 다음과 같다. 즉 1)과 14)는 「천지이기(天地理氣)」이고, 2), 7), 11), 26), 37)은 「대인접물(待人接物)」이다. 또 4), 8), 9), 18), 21), 22)는 「천지인 귀신음양(天地人 鬼神陰陽)」이다. 또 5), 12), 13), 16)은 「영부 주문(靈符 呪文)」이고, 15), 28)은 「성인지덕화(聖人之德化)」, 10), 17)은 「성경신(誠敬信)」, 23)은 「천지부모(天地父母)」, 24)는 「부화부순(夫和婦順)」, 25)는 「개벽운수(開闢運數)」, 27)은 「천도(天道)와 유불선(儒佛仙)」, 30)은 「독공(篤工)」, 35)는 「수심정기(守心正氣)」이다. 이들 법설이 매우 단편적인 것이기는 하지만, 상당히 많은 양의 법설이 「이기대전」에 실려 있음

---

12 이 문건에 관하여 愼鏞廈 교수가 해제를 붙인 것이 있다.(「東學 第二代教主 崔時亨의 '理氣大全'」, 『韓國學報』, 1980. 겨울, Vol. 6 No. 4) 그러나 이 해제에는 해월의 법설을 구분, 분석하지 않고 다만 해월의 법설이라고만 해의하고 있다.

을 확인할 수 있다.

그러면 어떤 이유에서 이와 같은 서로 다른 법설을 모은 문서의 제목을 '이기대전'이라고 붙였는가. 동학에서 '이기(理氣)'란 엄밀히 말해서 유학의 '이기(理氣)'와는 다른 의미로 쓰인다. 동학에서는 만유의 근본을 기(氣)로 보며, 따라서 '기'란 조화의 원체(元體), 곧 근본이 된다고 본다. 또한 '이(理)'란 조화의 현묘함이니, 기(氣)가 이(理)를 낳고, 이가 기를 낳아 천지의 수를 이루고, 만물의 이치가 된다고 보는 것이 동학의 '이(理)와 기(氣)'에 관한 관점이다.[13] 즉 '이(理)'란 한울님 조화를 이루는 현묘한 이치 곧 원리라면, '기(氣)'란 한울님 조화를 가능케 하는 근본이라고 본다. 이와 같은 '이(理)와 기(氣)에 관한 모든 가르침의 말씀을 아울러 담은 글'이라는 뜻에서 '대전(大全)'이라고 붙인 것으로 생각된다. 다시 말해 '이기대전'이라는 제목은 말 그대로 '해월 가르침 모두를 아우른 글'이라는 의미가 된다.

'관몰문서(官沒文書)' 중에 전하는 「내수도문」과 「이기대전(理氣大全)」은 현재 발견된 해월 법설에 관련된 원본 중 가장 오래된 기록이며, 또 비교적 많은 양의 기록이다. 특히 이 관몰문서 중의 「내수도문」은 대부분의 해월 법설들이 단편적인 형태로 기록되었는데 반하여, 「내수도문」은 오늘날 전해지는 유일한 완벽한 형태의 법설이기도 하다. 이렇듯 관몰문서인 『동학서』는 해월 선생의 법설을 고찰하는 데에 매우 중요한 자료가 된다.

해월로부터 도통을 전수받아 천도교 3세 교주가 된 의암 선생은 1905년 12월 1일 동학을 천도교로 대고천하하고, 이후 적극적인 포덕과 교리 발전을 위하여 1908년 6월부터 중앙총부 산하에 교리강습소(敎理講習所)를 운영

---

13 『해월신사 법설』 「천지이기」, "氣者 造化之元體根本也 理者 造化之玄妙也 氣生理 理生氣 成天地之數 化萬物之理."

하게 된다.[14] 그런가 하면 1911년부터 1912년 말까지 전국 면(面) 단위에 이르기까지 강습소 541개소를 운영한다.[15] 이 교리강습소는 당시 천도교의 핵심 지도자 중 한 사람인 권동진(權東鎭)이 강습소장, 양한묵이 상임강사로 활동하였다.[16] 이러한 사실들로 보아 초기 천도교 교리강습소에서 양한묵은 손천민 등 동학 지도자들이 기술했거나, 또는 구전으로 전해 내려오던 해월 선생의 법설을 정리하여 교재로 삼았을 것으로 추정된다.

이때 양한묵이 정리를 하고 또 주해를 달아서 강재(講材)로 썼다는 「도종법경」은 아직 발견되지 않고 있다. 다만 이보다 조금 앞서 1907년에 천도교 중앙총부 명의로 간행된 『천약종정(天約宗正)』에서 단편적이나마 해월 법설을 찾을 수 있다. 그 내용을 『천약종정』에서 찾아보면 다음과 같다.

1) 神師曰吾有時活字各十二(28쪽) …… 「用時用活」

2) 書曰天降下民 (중략) 嗟我主人敬受敬受(31~32쪽) …….「降書」

3) 哀此世人之無知兮 (중략) 九馬而當路(33~34쪽) …… 「降書」

4) 嗟呼嗟呼明者暗之變 (중략) 公私之間得失之道(34~35쪽) …… 「降書」

5) 无極大道作心誠 (중략) 天地精神令我曉(36쪽) …… 「降詩」

6) 神師聞鳥聲曰是亦侍天主之聲也(36쪽) …… 「靈符 呪文」

7) 神師使門從解降話之理 (중략) 豈非天靈所感乎神師黙然矣(37쪽)

8) 神師手撰內則及內修道文(37쪽) …… 「內則」과 「內修道文」

9) 神師有詩曰貫觀一氣正心處金演局以天時地理人爲法之句配之(38쪽) ……

14 趙基周 編著, 『天道敎宗令集』, 천도교중앙총부, 1983, 93쪽.

15 『天道敎會月報』, 1911년 5월호~1912년 12월호 참조.

16 이영노, 『천도교사(교정판)』(하편), 천법출판사, 139쪽.

「降詩」

10) 神師顧左右曰汝知天語乎 (중략) 孫天民曰果然乎神師曰勿疑(41쪽)

11) 神師曰人之言語動止皆降話之敎也 (중략) 神師曰汝言詳矣(41쪽)

12) 神師曰吾道中多出堯舜孔孟之才(42쪽) …… 「開闢運數」

13) 神師曰信爲五德之首 (중략) 聖師曰向我設位似可也(42쪽) …… 「誠敬信」·
「向我設位」

14) 神師曰以天食天以心治心(43쪽) …… 「靈符 呪文」

15) 神師曰人來勿謂人來謂之天主降臨(43쪽) …… 「待人接物」

16) 神師聞小兒屜聲鳴地驚起撫胸曰屜聲痛我胸(43쪽) …… 「誠敬信」

17) 神師過徐桎淳家聞織布聲曰天主織布(43쪽) …… 「待人接物」

18) 神師曰弓是天弓乙是天乙天道之形也(44쪽) …… 「靈符 呪文」

『천약종정』에 나오는 해월 선생의 법설은 위에서 보는 바와 같이, 총 18
항 중, 「용시용활(用時用活)」, 「강서(降書)」 등 9종 정도가 된다. 또한 이들『천
약종정』 내의 해월 선생의 법설은 현재의『해월신사 법설』과 같이, 하나의
완결된 글로 되어 있는 것이 아니라 매우 짧은 토막 글로 되어 있다. 또 오
늘과 같이 각 법설마다에 일정한 제목이 붙어 있지 않다. 그 분량도 매우 소
량으로, 1961년도 판『천도교경전』이나 그 후에 나온『천도교경전』에 실린
'해월 법설'은 극히 일부분에 불과하다. 즉 1961년도 판에서 해월 법설은 27
편이고, 최근 출간된 1991년도 판에서 해월 법설은 37편이나 된다.

동학의 종파 중에는 수운 선생과 해월 선생을 스승으로 모시는 교파와 그
렇지 않고 수운 선생만을 스승으로 모시는 교파가 있다. 해월 선생까지를
스승으로 모시는 교파 중 초기 동학에서 가장 두드러진 활동을 했던 교파로
는 시천교(侍天敎)를 들 수 있다. 시천교에서 1914년에 간행한『천경정의(天

經正義)』역시 비록 단편적이기는 하지만, 해월 선생 법설을 확인할 수 있는 매우 좋은 자료가 된다. 『천경정의(天經正義)』에 나타나는 해월 선생의 가르침을 오늘날의 해월 법설에 비추어 찾아보면 다음과 같다.

1) 天依人人依食穀者天地之乳也 ……「天地父母」

2) 天地人一氣也 ……「天地人 鬼神 陰陽」

3) 指蒼天曰人之一動一靜皆天也

4) 至誠之人可以見天可以聞天

5) 天在何方在於心心在何方在於天 ……「天地 鬼神 陰陽」

6) 聞鳥聲曰此亦侍天之聲也吾人但知人之侍天尙不知萬物之侍天 ……「靈符 呪文」

7) 世人之崇拜不一其神然其所有感者皆天地之氣也

8) 氣質合德成則是性造物自有別

9) 人語卽天語 ……「天語」

10) 人之言語動作皆天主之敎

11) 擴徹大悟然後能睹玄妙之理 ……「天地理氣」

12) 人相化則天必感

13) 夫婦和順則天地父母安樂矣 ……「夫和婦順」

14) 人有過勿爲面斥面斥則傷其心

15) 以心治心以氣治氣 ……「靈符 呪文」

16) 人知用藥愈病不知心之愈病 ……「靈符 呪文」

17) 吾道似儒似佛似仙非儒非佛非仙卽惟一之無極大道也 ……「吾道之三皇」

18) 盖萬古之造化兮無極而無窮噫此世之吾道兮有晦而有彰 ……「降書」

19) 萬物之生長方其胡然其胡然化翁之收藏兮自有時自有時 ……「降書」

20) 水之深源兮早亦不斷木之固根兮寒亦不死 …… 「降書」

21) 枯木之逢春兮時乎時乎佛像之見聖兮誠乎誠乎 …… 「降書」

22) 知之也知之也誠心也奸巧也駁雜也知之也知之也 …… 「降書」

23) 其在主人可不愼哉

24) 念玆在玆以上帝 …… 「降書」

25) 自卑之爲道之門

26) 明者暗之變也日之明兮人見道之明兮獨知 (중략) 心者虛靈之器禍福之原公
私之間得失之道 …… 「降書」

27) 毋欺天 (중략) 毋屈天 …… 「十毋天」

28) 道在心告

29) 天地一氣圈也 …… 「天地 鬼神 陰陽」

　『천경정의』에는 28개 항의 해월 법설을 싣고 있다. 또한 여기에 실린 법
설들 역시 『천약종정』과 마찬가지로 매우 단편적이다. 그러나 이 『천경정
의』 중에 나오는 '해월 선생의 법설'이라고 되어 있는 몇몇 구절은 천도교단
에서 발간한 『천도교경전』에 실린 '해월 법설' 중에서 찾아볼 수 없는 것들
도 있다. 28종 중에 많은 구절들이 「강서(降書)」의 부분들이고, 실제 현대에
발간된 해월 법설에서 찾을 수 있는 것은 9종이다. 다시 말해서 많은 양의
해월 법설이 실리지 않았다.

　『천약종정』이나 『천경정의』보다는 다소 늦게 출간이 된 동학 종단의 서
적으로는 1920년에 발행된 『천도교서』를 들 수 있다. 1919년 3.1운동 후
천도교단은 새로운 시국에 대비하기 위하여 1920년 1월 15일부터 3월 31까
지, 2개월 반에 걸쳐 전국에서 200명의 청년 교인들을 소집하여 '천도교청
년임시교리강습소(天道敎靑年臨時敎理講習所)'를 열었다. 이때 교재로서 경전

과 교사를 프린트하여 나누어주었다. 강습회를 마친 후 이 교재를 모아 한 권의 책으로 제본한 것이 바로『천도교서』이다.[17]

  앞의 동학교단에서 간행한『천약종정』이나『천경정의』등과는 다르게, 국한문 혼용본으로 되어 있는 이 책에는 여느 자료보다도 풍부하게 해월 법설이 정리되어 실려 있다.「대인접물(待人接物)」,「독공(篤工)」,「개벽운수 (開闢運數)」등을 비롯하여 20종 가까운 해월 선생의 법설이 실려 있는 것이 다. 특히『천도교서』에 실린 법설은 앞의 자료인『천약종정』등에 실려 있 는 법설과 같은 토막글이 아니라, 일정한 분량과 서술의 형태를 지닌 글들 이다. 따라서 오늘 우리가 볼 수 있는 해월 법설에 좀 더 가까운 형식을 갖 추고 있다.

  그러나 오늘날의『천도교경전』에는 매 법설 앞에 일정한 제목이 붙어 있 는데, 앞에 인용된 자료들과 마찬가지로『천도교서』에 실려 있는 법설에도 제목이 붙어 있지 않다. 또한 이곳에 실린 법설들은 경우에 따라서 여러 법 설이 하나의 글에 같이 섞여 수록되어 있다. 예를 들어보면 다음과 같다.

> 도가(道家) 부인(婦人)이 유아(幼兒)를 타(打)함은 시(是)이 천주(天主)의 의(意)를
> 상(傷)하는 것이니 차(此)를 계(戒)할 것이며 우(又) 도가(道家)에서 인(人)이 래
> (來)하거든 객(客)이 래(來)하엿다 언(言)치 말고 천주(天主)이 강림(降臨)하셨다
> 칭(稱)하라 인(人)은 즉천(卽天)이니 인외(人外)에 별(別)로 천(天)이 무(無)하니라
> 심(心)은 하방(何方)에 재(在)하뇨 즉천(卽天)이니 심외(心外)에 별(別)로 천(天)이
> 무(無)하고 천외(天外)에 별(別)로 심(心)이 무(無)하나니 차리(此理)를 투(透)하면

17 『東學農民戰爭史料叢書』28,「解說」, 경인문화사, 1996.

가(可)히 도(道)에 서기(庶幾)할진저[18]

위에 인용된 해월 법설의 부분 중 "도가부인(道家婦人)이 유아(幼兒)를 타
(打)함은 … 천주가 강림(降臨)하셨다 칭(稱)하라" 하는 부분은 해월 법설 「대
인접물」에 나오는 부분이다.[19] 그러나 이 부분 뒤로 이어지는 "인(人)은 즉천
(卽天)이니 인외(人外)에 별(別)로 천(天)이 무(無)하니라 …차리(此理)를 투(透)
하면 가히 도(道)에 서기(庶幾)할진저"의 구절은 해월 법설 「천지인·귀신·
음양」에 해당되는 내용이다.[20]

이처럼 (현행 '해월 법설' 기준) 두 편 이상의 법설이 혼재된 경우는 『천도교
서』에 실린 해월 법설 중 많은 부분에서 나타나고 있다. 즉 여러 다른 법설
이 한곳에 혼재되어 있다. 이것은 곧 해월 선생의 법설이 수운 선생의 『동
경대전』이나 『용담유사』처럼 해월 선생 스스로 쓴 원본이거나 다른 사람에
의하여 글로 기록된 것은 그다지 많지 않고 구전되던 것을 수록한 것이 많
다는 증거로 볼 수 있다. 이처럼 구전되던 법설을 들은 제자들이 훗날 정리
하여 기록을 했으며, 또 누군가가 이렇게 기록된 것과 들은 것을 종합하여
다시 오늘과 같이 제목을 붙이고, 내용에 따라서 분류, 정리했음을 나타내
주는 단적인 증거가 되는 것이다.

『천도교서』에 실린 해월 법설들은 위의 예시에서 볼 수 있는 바와 같이
오늘 우리가 볼 수 있는 해월 법설과는 많은 차이가 있지만, 앞에 인용된 자

<hr>

18 『天道教書』, 普書館 大正十년 四月一日.
19 『해월신사 법설』, 「대인접물」, "道家人來 勿人來言 天主降臨言 道家婦人 輕勿打兒 打
兒 卽打矣 天厭氣傷."
20 『해월신사 법설』, 「天地人 鬼神 陰陽」, "人是天 天是人 人外無天 天外無人 心在何方
在於天 天在何方 在於心 故心卽天 天卽心 心外無天 天外無心."

료인『동학서』나『천약종정』,『천경정의』등과는 비교가 되지 않을 정도로 현재의『천도교경전』에 가까운 면모를 지니고 있다.

이러한 여러 정황을 보아서『천도교서』에 실린 해월 법설은 앞에서 기술한 것과 같이 1920년 천도교중앙총부에서 실시한 '천도교청년임시교리강습회'에서 교재로 사용했던 것을 모아서 편찬한 것이고, 이 교재는 그보다 앞서 1910년대에 시행하던 '교리강습회'에서 양한묵 등이 편찬하여 사용하던 강재인「도종법경」을 저본으로 해서 작성한 것이라고 추정할 수 있다. 그러므로 천도교중앙총부에서 1961년에 편찬했던『천도교경전』중에 실린 해월 법설의 저본이 되었던, 양한묵이 교재로 쓰던「도종법경」은 이 1920년 판『천도교서』와 매우 근사할 것으로 생각된다.

『천도교서』간행 이후 천도교단의 인사들은 몇 종의 서로 다른 역사적 성격을 띠고 있는 저술들, 즉『천도교창건사』나『천도교회사』,『동학사』등을 발간하게 되는데, 이들 대부분은『천도교서』를 바탕으로 하여 저술된 것이라고 할 수 있다. 따라서 여기에 실려 있는 해월 법설 역시 대동소이한 것으로 판단된다.

4. 판별 목차의 비교

1961년도 판『천도교경전』에 실린 해월 법설의 목차는 다음과 같다.

1. 天地之理氣

2. 天地父母

3. 天, 人, 鬼神, 陰陽

4. 虛靈

5. 心靈之靈

6. 事人如天

7. 夫和婦順

8. 靈符, 呪文

9. 守心正氣

10. 誠, 敬, 信

11. 篤工

12. 聖人之化

13. 吾道之三皇

14. 倫綱

15. 開闢運數

16. 十毋天

17. 臨事實踐

18. 難疑問答

  (1) 向我設位 (2) 修道

  (3) 三才   (4) 三災

  (5) 布德   (6) 婦人修道

  (7) 吾道之運

19. 降詩, 詩文, 降書

20. 內則

21. 內修道文

위와 같이 스물 하나의 항목과 열여덟 번째 항목인 난의문답(難疑問答)에
7개의 소항목을 두고, 또 열아홉 번째 항목인 강시(降詩), 시문(詩文), 강서(降

書)에 「유고음(流高吟)」과 「결의시(結誼詩)」라는 제목이 별도로 명기된 소항목이 있다. 그러나 이들 중 「유고음(流高吟)」은 해월 선생의 시가 아니라 수운 선생의 작품이다. 이때까지는 그 사실을 잘못 알고 편찬자가 해월 법설에 포함시킨 것이다.[21]

1961년도 판 『천도교경전』 이후에 천도교중앙총부에서는 1969년 9월 1일 자로 개정판 『천도교경전』을 간행한다. 이때 간행된 『천도교경전』에는 '천종법경', '도종법경', '교종법경' 등의 용어대신, '동경대전', '용담유사' 그리고 '해월신사 법설', '의암성사 법설' 등으로 표기하고 있다. 즉 수운 선생의 가르침과 해월 선생, 의암 선생의 가르침을 '경전과 법설'로 각각 구분하여, 교조인 수운 선생의 가르침은 '경전'으로, 수운 선생으로부터 도를 받고 또 도통을 이어나간 해월 선생과 의암 선생의 가르침은 그보다 다소 격이 낮은 '법설'이라고 표기한 것으로 생각된다.

또한 목차의 제목에도 일부 변동이 있다. '천지지이기(天地之理氣)'를 '이기분석(理氣分析)'으로, '천(天), 인(人), 귀신(鬼神), 음양(陰陽)'을 '천지인귀신음양(天地人鬼神陰陽)'으로, '사인여천(事人如天)'을 '대인접물(待人接物)'로 바꾸었다. 그런가 하면 1961년도 판에 실려 있던 '심령지령(心靈之靈)', '성인지화(聖人之化)', '오도지삼황(吾道之三皇)', '윤강(倫綱)', '십무천(十毋天)', '임사실천(臨事實踐)' 등이 1969년도 판에는 보이지 않고, '수도법(修道法)', '용시용활(用時用活)'이 추가되었다. 그 외에 18항인 난의문답(難疑問答) 중에 있었던 (3)삼재(三災)가 1969년도 판에는 보이지를 않고, 강시(降詩) 등과 강서(降書)

---

21 1961년도 판 『천도교경전』에 「流高吟」이 해월 법설로 잘못 편입이 된 것은, 이 「流高吟」이 실린 癸未板 『東經大全』 등이 1960년대 후반, 70년대 이후에야 발견이 되었기 때문이다. 계미판 『동경대전』 발견으로 「유고음」이 水雲 선생의 글로 확인되었다.

가 별도의 항목으로 설정되어 있다.

　이렇듯 1969년도 판으로 오면서 일부 제목이 바뀌고 또 항목이 빠지게 된다. 그러나 어떤 이유에서 새로운 항목이 들어가게 되었는지는 알 수가 없다. 이는 천도교중앙총부 내에 설치되어 있는 교서편찬위원회 등에서 결의한 사항이겠는데, 이에 대한 기록이 남아 있지 않아 그 근거를 찾을 수 없다. 다만 새로 첨가된 '용시용활(用時用活)'은 한글로 된 매우 짧은 글이며, 그 내용에서도 해월 선생이 '용시용활'의 중요성을 강조하면서 자신의 이름을 '경상(慶翔)'에서 '시형(時亨)'으로 바꾸게 된 배경만을 간략하게 기록한 글이다.[22] 따라서 이러한 내용을 과연 법설이라고 할 수 있을 것인가, 하여 1961년도 판에 보류했다가, 다시 1969년도 판에 넣은 것으로 생각된다.

　이후 1969년도 판 『동경대전』은 1982년 12월까지 8판을 거듭하게 되는데, 중간에 1969년도 판을 간행하면서 뺐던 '심령지령(心靈之靈)', '성인지덕화(聖人之德化)', '십무천(十毋天)', '임사실천십개조(臨事實踐十個條)' 등을 다시 수록하게 된다. 또 1961년도 판에 실려 있던 '오도지삼황(吾道之三皇)'이 그 제목만 바뀌어 '천도유불선(天道儒佛仙)'이라는 이름으로 다시 수록된다. 그러나 이렇게 변경된 사유 역시 자료가 남아 있지 않아 알 수가 없다.

　이와 같이 중간에 법설이 새롭게 추가되고 또 제목이 바뀐 점들을 보아, 후대의 자료인 『천도교창건사』 등에 실린 법설을 추가한 것으로 생각된다. 또 본래 해월 법설의 대부분에는 제목이 붙어 있지 않았는데, 경전을 간행

---

22 「用時用活」의 내용은 "대저 道는 用時用活하는 데 있나니 때와 짝하여 나아가지 못하면 이는 死物과 다름이 없으리라. 하물며 우리 道는 五萬年의 未來를 表準함에 있어, 앞서 때를 짓고 때를 쓰지 아니하면 안 될 것은 先師의 가르치신 바라, 그러므로 내 이 뜻을 後世萬代에 보이기 爲하여 特別히 내 이름을 고쳐 盟誓코자 하노라."로 매우 짧고 간단하다.

하면서 해월 선생으로부터 직접 가르침을 받았던 동학의 지도자들이 스승인 해월 선생이 평소 가르침을 펴면서 알려주었던 사실들과 또 법설의 내용을 참작하여 이에 적합한 제목을 붙인 것이 아닌가 생각이 된다.

천도교중앙총부에서 발간한 『천도교경전』과 별개로 동학종단협의회중앙총부(東學宗團協議會中央總部)라는 단체에서 1978년 『해월선생법설주해(海月先生法說註解)』가 나온다. 이 책자를 발간한 단체는 천도교를 비롯한 동학의 여러 계파가 결성한 협의체이다. 따라서 이 책자에는 해월 선생까지를 스승으로 모시는 동학 계열 여러 종단의 의견이 반영되었다.

『해월선생법설주해』의 편제는 1978년 당시 천도교중앙총부에서 나온 『천도교경전』의 해월 법설 부분과 모든 항목이 일치하는데, 다만 부록으로 '비전법설(秘傳法說)'이라는 항목이 추가되어 있다. 이는 상제교인(上帝教人)[23]인 준암(濬菴)이라는 사람의 아버지가 해월 선생에게 직접 가르침을 받을 때 초고(抄稿)한 문헌을 연역(演譯)한 것이라고 한다.[24] 즉 해월 선생의 가르침이기 때문에 부록으로 추가하게 된 것이라는 의미이다.

이후 천도교중앙총부는 1984년에 삼부경전의 형태를 버리고, 『동경대전』과 『용담유사』만을 묶어서 '천도교경전'이라는 표제로 간행하고, 이어서 1986년 3월에 해월 선생의 법설과 의암 선생의 법설을 별도로 묶어서 『신사사법설(神師聖師法說)』이라는 법설집을 간행한다. 즉 경전과 법설을 분리하여 간행하여, 수운 선생의 가르침과 해월 선생, 의암 선생의 가르침의 위격

---

23 上帝教는 1900년대 초기에 親日 성향을 지닌 一進會와 一進會長인 李容九가 천도교로부터 黜教를 당하게 되자 분파해 나간 侍天教의 後身으로, 시천교의 大禮師인 龜菴 金演局이 자신을 따르는 교도들과 함께 鷄龍山에 들어가 세운 동학의 한 교파이다.

24 東學宗團協議會, 『海月先生法說註解』, 布德 119년 十一月, 1978.

을 분명하게 구별한 것이다. 이는 곧 당시 천도교단에서 일어난, "해월 선생과 의암 선생의 법설은 법설이지 경전이 아니므로 천도교경전이라는 이름 아래 묶일 수 없다."[25]는 여론을 반영한 것이다.

또한 해월 선생의 법설 목차도 대폭 바뀌어 '천지분석(天地分析)'을 '천지이기(天地理氣)'로 제목을 바꾸었고,[26] '부인수도(婦人修道)', '삼경(三敬)', '천어(天語)', '이심치심(以心治心)', '이천식천(以天食天)', '양천주(養天主)', '명심수덕(明心修德)' 등의 항목이 추가되었고, 또 지금까지 해월 법설에서 '난의문답(難疑問答)'이라는 항목 아래 작은 항목으로 들어가 있던 '향아설위(向我設位)' 등 5개의 항목이 독립적인 항목으로 설정되었다. 당시 교서편찬위원장으로 활동했던 김철이 『신인간』에 기고한 글에 의하면, 이렇듯 새로운 항목들이 추가된 것은 『천도교창건사』를 참고한 것이다.[27] 또한 체제도 원문과 번역문을 같은 페이지에 싣는 기존의 방식을 버리고, 앞부분에서 원문이 끝나면 이에 대한 번역문이 뒤에서 이어지는 형식으로 되어 있다. 그 외에 해월 법설 내용에서도 많은 부분이 수정이 되었는데, 이 문제는 원고를 달

---

25 이에 관한 기록은 없으나, 1980년대 중반 이후 천도교단에서는 원로 교인들을 중심으로 '經典과 法說'에 관한 논란이 있었다. 따라서 侍日禮式에 '經典奉讀'이라는 순서가 있는데, 이때 經典이 되는 수운 선생의 글만 읽느냐, 그렇지 않으면 法說인 해월 선생과 의암 선생의 글도 같이 읽어야 하느냐의 문제가 教團 내에서 惹起되었다. 이후 천도교중앙대교당에서 행하는 서울교구의 侍日禮式에서는 經典奉讀 時에는 水雲 선생의 글인 『龍潭遺詞』만을 읽는다. 이는 이 시기에 천도교단 내에서 '經典과 法說'에 대한 인식을 새롭게 했다는 증거이다.

26 「天地分析」이라는 법설의 제목이 「天地理氣」로 바뀐 것은 奎章閣에 보관 중이던 동학의 官沒文書가 공개되고(愼鏞廈, 東學 第二代教主 崔時亨의 ≪理氣大全≫, 『韓國學報』, 1980, 겨울, Vol.6, No.4), 이 법설의 내용이 실려 있는 문서의 제목이 '理氣大全'으로 되어 있기 때문에, 이를 참고하여 바꾼 것으로 생각된다.

27 金哲, 「법설 합본 간행에 즈음하여」, 『신인간』, 1986년 2월호, 신인간사.

리해서 다루고자 한다.

천도교중앙총부에서는 1987년 12월에 '경전과 법설' 두 권으로 나누어 간행했던 것을 다시 '동경대전, 용담유사, 해월 선생의 법설, 의암 선생의 법설'을 한 권으로 묶어서 『천도교경전』이라는 이름으로 간행하게 된다. 즉 '삼부경전'의 형태로 다시 돌아간 것이다. 또한 이 경전에 실려 있는 해월 선생의 법설 편은 목차나 구성 등 모든 것이 1986년도 판 『신사성사법설』과 같은 것으로 되어 있다.

이후 천도교중앙총부에서는 1987년도 판 경전을 판형을 바꾸고 표지를 가죽으로 하여 1991년 12월에 '개정판'이라고 이름하여 간행하고, 1992년 2월에 이를 다시 지퍼형으로 바꾸어 '개정초판'이라고 간행하였다. 이후 판을 바꾸지 않고 간행하다가, 2012년에 오탈자만 수정하여 다시 간행하였다. 따라서 오늘 천도교에서 사용하는 경전은 1991년도 판이다. 해월신사 법설은 1987년도 판의 법설을 그대로 싣고 있다.

5. 남은 문제들

위에서 살펴본 바와 같이 현재 『천도교경전』에 수록되어 있는 해월 법설은 1961년 천도교단에 의하여 공식적으로 법설로 확정된 이후, 그 목차나 제목, 내용이 지속적으로 수정, 가감되어 왔다. 그러나, 1961년 당시 해월 법설의 가장 중요한 저본이 되었다는, 양한묵이 편찬하고, 또 교리강습소 교재로 썼다는 『도종법경』이 발견되지 않아 정확한 내역은 알 수가 없다.

따라서 이 글은 동학교단의 초기 기록인 규장각 소재 관물문서 『동학서』, 그리고 1900년대 초기 이후 천도교단에서 간행한 교서인 『천약종정』과 『천경정의』, 『천도교서』 등을 바탕으로 하여 해월 법설과 편성 과정을 재구해 보고자 하였다. 이들 자료 중 '관몰문서'는 말 그대로 '문서'이기 때문에 본격적인 법설을 찾을 수는 없어도, 많은 양의 법설 구절을 찾을 수 있었다. 그 외의 저서들은 그 서술 방식이 모두 동학의 역사나 수운 선생이나 해월 선생 등 동학교단 스승들의 행적에 치중되어 있기 때문에 해월 법설의 내용은 많지가 않았다.

이러한 자료들을 통해 확인할 수 있었던 것은 해월 선생이 30여 년간 태백산맥과 소백산맥에 걸친 산간 오지를 숨어 다니며 수많은 가르침의 말씀을 제자들에게 펼쳤는데, 이 가르침의 말씀이 오늘 우리가 보고 있는 해월 선생의 법설과 같이 일정한 제목 아래 일정한 체계를 갖춘 문서로 전승되지는 않았다는 것이다. 법설이 기록으로 남겨진 것은 관몰문서인 『동학서』에서 볼 수 있는 바와 같이 매우 소략하고 구전되어 온 것을 후대에 기록으로 정리한 것이 대부분이다.

또한 동학 초기에 시천교단에서 간행한 『천경정의』에는 현행 『천도교경전』에 실려 있는 해월 법설에는 '해월 선생의 가르침들'이 많이 실려 있다. 그런가 하면 시천교, 천도교 등의 분파가 파생되기 이전의 기록인 관몰문서에도 역시 현행 『천도교경전』 내의 해월 법설에 없는 부분들이 있다. 이는 곧 동학 계열 교파의 입장에 따라서 해월 선생의 법설이 서로 다르게 구전되고 또 기록, 정리되었다는 의미이기도 하다.

따라서 이렇듯 간헐적인 기록과 구전에 의하여 전승되던 해월 선생의 가르침이 어떠한 경로를 거쳐 '법설'로 정착되었는가를 밝히는 것이 무엇보다도 시급한 일이라고 하겠다. 그러나 앞에서도 밝힌 바와 같이 양한묵이 최초로 정리하였다는 기록만 전할 뿐, 그 결과물인 당시의 「도종법경」과 편찬의 경위는 기록이 없어서 어떠한 경로를 거쳐서 이들 해월 선생의 가르침들이 모아지고 또 정리가 되었는지는 지금으로서는 알 수 없다.

이 문제를 해결하기 위해서는 동학교단 고로(古老)들의 증언과 일차 자료에 대한 좀 더 면밀한 수집과 검토가 필요할 것으로 보인다. 그러나 아직 이에 대한 학계의 보고가 없고, 자료 또한 발견이 되지 않고 있어 연구에 어려움이 따를 것으로 생각된다.

따라서 이 글에서는 지금까지 동학교단이나 동학의 여러 인사들이 남겨 놓은 기록물인 『본교역사(本敎歷史)』를 비롯하여 1920년대에 간행한 『천도교서(天道敎書)』,[28] 1933년에 간행된 『천도교창건사』와 비슷한 시기에 간행이 된 『천도교회사초고』, 또 시천교단에서 발간한 『시천교역사(侍天敎歷史)』, 『시천교종역사(侍天敎宗繹史)』 등을 서로 비교 고찰하여 해월 법설의 목차나 체제에 관한 고찰을 시도하였다.

또 이 글에서는 해월 법설이 1961년에 『천도교경전』에 편입된 이후, 판을 거듭하면서 목차나 편수, 또 내용 등이 어떠한 연유에서 첨가되거나 빠지게 되었고, 또 수정이 되었는가를 최대한 구명하고자 하였다. 이러한 변천은 대부분 당시 천도교 교서편찬위원들의 결의에 의한 것이겠지만, 일부 기록은 인멸이 되어 알 수가 없고, 남아 있는 기록들도 이에 대해 명확하게 밝히고 있지 않아, 그 구체적인 이유를 적시할 수는 없었다. 다만 필자가 현재 남아 있는 『천도교경전』 여러 판본을 비교하여 그 과정을 최대한 재구해 보았다. 앞으로 해월 법설의 체제에 대한 좀 더 세밀한 논구와 더불어 그 내용에 대한 비교, 고찰도 이루어져야 한다. 이에 대해서는 후속 연구에서 다룰 것을 기약하고자 한다.

---

28 본 논문에서 거론한 『天道敎書』 이 외에도 프린트본, 활자본 등 여러 종의 『天道敎書』가 있다. 또 이들 각 종들 역시 그 내용에 있어서도 다소 차이를 지니고 있어 비교하여 고찰할 필요가 있는 것이다.

東經大全

IV

___

자료

___

● 새로 발견된 동경대전(경진판으로 추정)

①

②

歡道儒心急　不然其然　修德文　卷之二　東學論　布德文　卷之一　東經大全總目

③

筆法　八節　座箴　卷之四　降詩　呪文　祝文　卷之三　降詩

④

通文　卷之七　附詩賦　卷之六　題書　降訣　和訣　卷之五

① 通論

② 東經大全卷之一

布德文

蓋自上古以來春秋迭代四時盛衰不遷
不易是亦
天主造化之迹昭然于天下也愚夫愚民
未知雨露之澤知其無爲而化矣自五帝
之後聖人以生日月星辰天地度數成出
文卷而以定天道之常然一動一靜一盛

③ 一敗付之於天命是敬天命而順天理者
也故父成君子學成道德道則天德則
天德明其道而修其德故乃成君子至於
至聖豈不欽歎哉又此挽近以來一世之
人各自爲心不順天理不顧天命心常悚
然莫知所向矣至於庚申傳聞西洋之人
以爲
天主之意不取富貴攻取天下立其堂行

④ 其道故吾亦有其然豈其然之疑四
月心寒身戰疾不得執症不得難狀之
際有何仙語忽入耳中驚起探問則曰
懼勿恐世人謂我
上帝汝不知上帝
耶問其所然曰余亦無功故生汝世間敎
人此法勿疑勿疑曰然則西道以敎人乎
曰不然吾有靈符其名仙藥其形太極又
形弓弓受我此符濟人疾病受我呪文敎

① ② ③ ④

②

囚之歡輔國安民計將安出惜哉於今世
人未知時運聞我斯言則入則心非出則
巷議不順道德甚可喪也賢者聞之其或
不然而吾將慨歎世則無奈忘略記出論
以示之敬受此書欽哉訓辭

東學論

夫天道者如無形而有迹地理者如廣大
而有方者也故天有九星以應九州地有

①

今為我則汝亦長生布德天下矣吾亦感
其言受其符書以呑服則潤身差病方乃
知仙藥矣到此用病則或有差不差故莫
知其端察其所然則誠之又誠至為
天主者每每有中不順道德者一無驗
此非受人之誠敬耶是故我國惡疾滿世
民無四時之安是亦傷害之數也西洋戰
勝攻取無事不成而天下盡滅亦不無脣

③

八方以應八卦而有盈虛迭代之數無動
靜變易之理陰陽相均雖百千方物化出
於其中獨惟人最靈者也故定三才之理
出五行之數五行者何也天為五行之綱
地為五行之質人為五行之氣天地人三
才之數於斯可見矣四時盛衰風露霜雪
不失其時不變其序如露蒼生莫知其端
或云

④

天主之恩或云化工之迹然而以恩言之
惟為不見之事以工言之亦為難狀之言
何者於古及今其中未必者也夫庚申之
年建巳之月天下紛亂民心淆薄莫知所
向之地又有怪違之說崩騰于世間西洋
之人道成立德及其造化無事不成攻鬪
干戈無人在前中國燒滅豈可無脣亡之
患耶都緣無他斯人道稱西道學稱

①

天主教則聖教此非知天時而受天命耶
擧此一二不已故吾亦煉黙只有恨生晩
之際身多戰寒外有接之氣肉有降
話之 教視之不見聽之不聞心尚怪訝
修心正氣兩問曰何爲若然曰吾心卽
汝心人何知天地而無知鬼神
神者吾也及汝無窮無窮之道修而煉之
制其文教人正其法布德則令汝長生略

②

黙子天下矣吾亦幾至一歲修而度之則
亦不無自然之理故一以作呪文一以作
降靈之法一以作不忘之詞次第道法猶
我而問曰今 天靈降臨
爲二十一字而已轉至辛酉四方賢士進
先生何爲其黙也曰受其無往不復之理
曰黙則何道以名之曰 天道也曰與洋
道無異者乎曰洋學如斯而有異如呪而

③

無實黙而運則一也道則同也理則非也
曰何爲其黙也曰吾道無爲而化矣守其
心正其氣率其性受其教化出於自然之
中也西人言無次第書無阜白而頓無爲
天主之端只祝自爲身之謀身無氣化之
神學無
天主之教有形無迹如恩無呪道近虛無
學非天可謂

④

天主豈可謂無異者乎曰同道言之則名
其西學也曰不然吾亦生於東受於東道
雖天道學則東學況地分東西西何謂東
東何謂西孔子生於魯風於鄒鄒魯之風
傳遺於斯世吾道受於斯布於斯豈可謂
以西名之者乎曰呪文之意何也曰至者
天主之字故以呪言之今文有古文有曰
降靈之文何爲其黙也曰至者極焉之爲

①

至氣者虛蒼蒼無事不渙無事不命然
而如形而難狀如聞而難見是亦渾元之
一氣也今至者於斯入道知其氣接者也
願爲者請祝之意也大降者氣化之願也
侍者內有神靈外有氣化一世之令各知
不移者也主者稱其尊而與父母同事者
也造化者無爲而化也定者合其德正其
心也永世者人之平生也不忘者存想也

②

意也万事者數之多也知者知其道而受
其知也故明明其德念念不忘則至化至
氣至於至聖聖曰天心郎人心則何有善惡
也曰命其人貴賤之殊定其人苦樂之理
然而君子之德氣有正而心有定故與天
地合其德小人之德氣不正而心有移故
與天地違其命也非誠衰之理耶曰一世
之人何不敬

③

天主也曰臨兆號天人之常情而命乃狂
天天生万民古之聖人之所謂而尚今彌
惡然而似然非然之間釆知詳然之故也
曰毁道者何也曰猶或可也曰何以可也
曰吾道今不聞古不聞之事今不比古不
此之法也修者如虛而有實聞者如實而
有虛也曰反道而歸者何也曰斯今者不
足與論也曰胡不舉論也曰敬以遠之曰

④

前何心而後何心也曰草上之風也曰然
則何以降靈也曰不擇善惡也曰無害
無德耶曰堯舜之世民皆爲堯舜斯世之
運與世同歸有害有德狂狂
天主不在於我也曰一究心則害及其身
未詳知之然而斯人享福不可使聞於他
今非君之所問也非我之所關也嗚呼噫
噫諸君之問道何若是明明也雖我拙文

論而言之諭而示之明而察之不失玄機
若世受和白受乘吾令樂道不勝欽歎故
諸君敬受此書以助聖德於歲此則悅
無窮之數道之无極之理皆載此書惟我
其芽正其心豈可有歧貳之端乎凡天地
未及於精義正宗然而矯其人修其身養

東經大全卷之二

修德文

元亨利貞天道之常惟一執中人事之察
故生而知之夫子之聖質學而知之先儒
之相傳雖有困而得之淺見薄識皆由於
吾師之聖德不失於先王之古禮余出自
東方無了度日僅保家聲未免寒士先祖
之忠義節有餘於龍山吾王之盛德

復回於壬丙若是餘蔭荅絕如流家君出
世名蓋一道無不士林之共知德承六世
登非子孫之餘慶噫學士之平生先陰之
春夢年至四十工知笆籬之邊物心無青
雲之大道一以作歸去來之辭一以咏
非是之句攜筇理屨悅若處士之行山高
水長莫非先生之風龜尾之奇峯怪石月
城金鰲之北龍湫之清潭寶谿古都馬龍

之西園中桃花恐知漁子之舟屋前滄波
意在太公之釣檻臨池塘無違濂谿之志
亭號龍潭登非慕葛之心難禁歲月之如
流蒼臨一日之化仙孤我一命年至二八
何以知之無異童子　先考平生之事業
無痕於火中子孫不肖之餘恨落心於世
閒登不痛哉登不惜哉心有家庭之業安
知稼穡之役書無工課之篤意隆靑雲之

①

地家產漸衰未知末梢之如何年光漸益
可歎身勢之將拙料難八字又有寒飢之
慮念來四十荳無不成之歎巢穴未定誰
云天地之廣大所業交違自憐一身之難
藏自是由來擺脫世間之紛繞責去賢海
之繃結龍潭古舍家嚴之丈席東都新府
惟我之故鄉率妻子還栖之日己未之十
月東其運道受之節庚申之四月是亦夢

②

寐之事難狀之言察其易卦大定之數審
誦三代敬天之理於是孚惟知先儒之從
命自歎後學之悤卻修而煉之莫非自然
覺來夫子之道則一理之所定也論其惟
我之道則大同而小異也去其疑訝則事
理之常照察其古令則人事之所爲不意
布德之心極念致誠之端厭而彌雷變逢
辛酉時維六月序屬三夏良朋滿座先定

③

其法賢士問我又勸布德曾藏不死之藥
弓乙其形口誦長生之呪三七其字開門
納客其數其默肆建設法其味其如冠子
進退悅若有三千之班重子拜拱倚然有
六七之咏年高於我是亦子貢之禮歌唪
而舞豈非仲尼之踰仁義禮智先聖之所
敎修心正氣惟我之愛定一番致祭先
侍之重盟万感罷去守誠之故也袁冠翳

④

齊君子之行路食手後賤夫之亨遑家不
食一四足之惡肉陽身所害又寒衆之惡
坐有夫女之防寒國太歟之所忌以高聲
之誦呪我誠道之太慢厭而肆之是爲心
則美哉吾道之行投筆成字人亦疑王義
(乙)之迹開口唱韻孰不服樵未之前懺
斯人慾不及石氏之賢誠其兒憂不美
師曠之聰容貌之幻態意仙風之吹臨宿

①

東經大全卷之二

病之自效忌廬醫之良名難俗道成立德
狂誠狂人或聞流言而修之或聞流呪而
誦焉豈不非哉敢不憫然憧憧我思麼曰
不切彬彬聖德或恐有誤是亦不面之致
也多數之故也遠有應而亦不堪相息
之懷近欲斂情而必不無指目之嫌故作
此章布以示之賢我諸君懷聽吾言大抵
此道心信爲誠以信爲幻人而言之言之

②

其中曰可曰否取可退否再息心定之
後言不信曰信如斯修之乃成其誠誠與
信令其言不遠人言以誠之無遠訓辭
明論登非信言敬以誠之無遠訓辭
其遠而甚遠是亦杳者然之事難測之言我
見以論之則其然而似然所自以度之則
歌曰而亦古之万物兮各有成各有形所
不然其然

③

然其然又其然之故也然而爲世作之君
然也世間孰能無父母之人考其先則其
登爲人豈至斯人之無根今胡不曰不
息之則惑難分於人爲人隱如斯之忖度今
由其然而看之則其然如其然撲不然而
世而比之則理無異於我思我去世而尋
息我則父母在玆後思後則子孫存彼來

④

作之師君者以法造之師者以禮敎之君
無傳位之君而法綱何受師無受訓之師
而禮義安效不知也不知也生而知之而
然耶無爲化也而然耶以知而言之心在
於暗暗之中以化而言之理遠於茲茲之
聞夫如是則不知不然故不曰不然乃知
其然故乃特其然者也於是而揣其末究
其本則物爲物理爲理之大業幾遠矣哉

況又斯世之人兮胡無知胡無數定之
幾年兮運自來而復之古今之不變兮豈
謂運登謂復於万物之不然兮數之而明
之記之而鑑之四時之有序兮胡爲然胡
爲然山上之有水兮其可然其可然赤子
之稱稱兮不言知夫父母之以無知
斯世之人兮胡無知夫父母之以生兮河一
滿千年運自來而復歟水自知而礏歟耕

牛之聞言兮如有心如有知以力之足爲
兮何以苦何以死鳥子之反哺兮彼亦知
夫孝悌玄鳥之知主兮貧亦歸貧亦歸是
故難必者不然易斷者其然比之於究其
遠則不然又不然之事付之於遠物
者則其然其然又其然之理哉
歟道儒心思
山河大運盡歸此道其源極濵其理甚遠

固我心柱乃知道味一念狂兹万事如意
消除濁氣兒養淑氣非徒心至惟狂正心
隱隱聰明仙出自然來頭百事同歸一理
他人細過勿論我心我心小慧以施於人
如斯大道勿誠小事臨動盡料自然有助
風雲大手隨其器局玄機不露勿爲心思
功成他日好作仙緣心兮本虛應物無迹
心修來而知德德惟明而是適狂德不狂

於人狂信不狂於口狂近不狂於遠狂誠
不狂於求不然而其然似遠而不遠

①

東經大全卷之三

祝文

生居朝鮮忝處人倫叩感

天地蓋載之恩荷蒙日月照臨之德未曉

歸眞之路久沈苦海心多忘失今玆聖世

道覺

先生懺悔從前之過願隨一切之善永

侍不忘道有心學幾至修煉今以吉朝良

②

辰淨潔道場謹以清酌庶需

奉請　尚

饗

先生呪文

降靈呪文

本呪文

至氣今至四月來

侍　天主令我長生無窮無窮万事知

③

弟子呪文

初學呪文

爲　天主顧我情永世不忘万事宜

降靈呪文

至氣今至願爲　大降

本呪文

侍　天主造化定永世不忘万事知

降詩

④

圖來三七字降盡世間魔

①

東經大全卷之四

座箴

吾道博而約不用多言義別無他道理誠
敬信三字這裏做工未透後方可知不怕
塵念起惟恐覺來知

八節

不知明之所在遠不求而修我不知德之
所在料吾身之化生不知命之所在顧吾

②

心之明明不知道之所在度吾信之一如
不知誠之所致數吾心之不失不知敬之
所爲暫不弛於慕仰不知畏之所爲念至
公之無私不知心之得失察用處之公私

又

不知明之所在送余心於其地不知德之
所在欲言浩而難言不知命之所在理耷
然於授受不知道之所在我爲我而非他

③

筆法

修而成於筆法其理在於一心象吾國之
地而如罪不知心之得失在今息而昨非
所爲恐吾心之窘𣸁不知畏之所爲無罪
不知誠之所致是自知而自息不知敬之
木局數不失於三絶生於斯故以
爲先東方變人心之不同無裏秉於作制
安心正氣始盡万法在於一點前期柔於

④

筆毫麤墨數斗可也擇紙厚而成字法有
達於大小先施威而主正形如泰山層巖

①

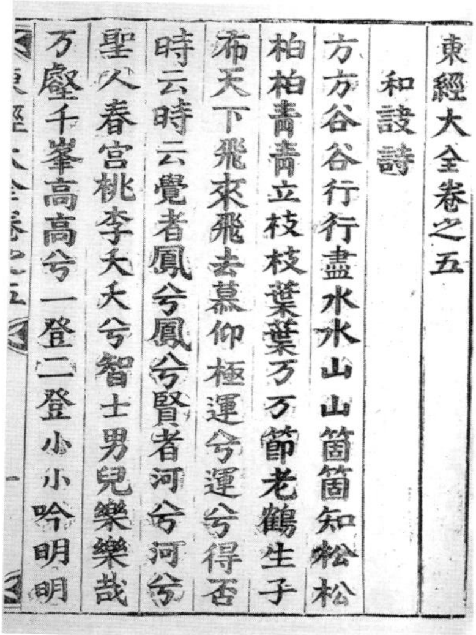

東經大全卷之五

和訣詩

方方谷谷行行盡水水山山箇箇知松松
柏柏靑靑立枝枝葉葉万万節老鶴生子
布天下飛來飛去慕仰極運兮運兮得否
時云時云覺者鳳兮鳳兮賢者河兮河兮
聖人春宮桃李夭夭兮智士男兒樂樂哉
万壑千峯高高兮一登二登小小吟明明

②

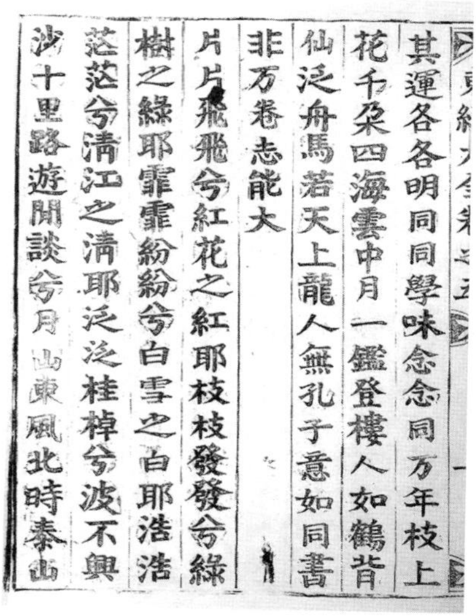

其運各各明同同學味念念同万年枝上
花千朶四海雲中月一鑑登樓人如鶴背
仙泛舟馬若天上龍人無孔子意如同書
非万卷志能大
片片飛飛兮紅花之紅耶枝枝發發兮綠
樹之綠耶霏霏紛紛兮白雪之白耶浩浩
茫茫兮淸江之淸耶泛泛桂棹兮波不興
沙十里路遊閒談兮月山東風北時泰山

③

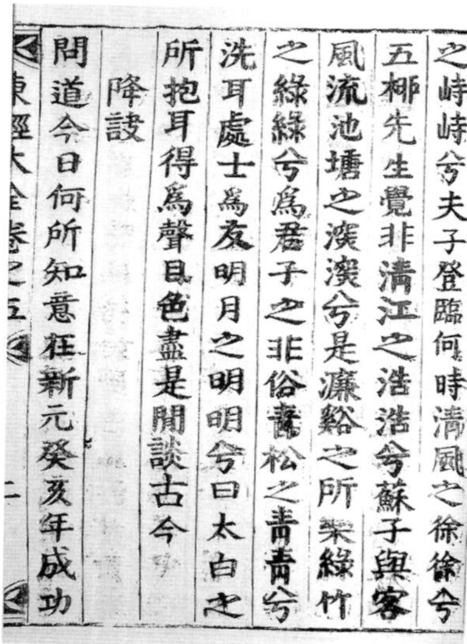

之峙峙兮夫子登臨何時淸風之徐徐兮
五柳先生覺非淸江之浩浩兮蘇子與客
風流池塘之深深兮是濂谿之所樂綠竹
之綠綠兮爲君子之非俗靑松之靑靑兮
洗耳處士爲友明月之明明兮曰太白之
所抱耳得爲聲目色盡是閒談古今

降訣

問道今日何所知意在新元癸亥年成功

④

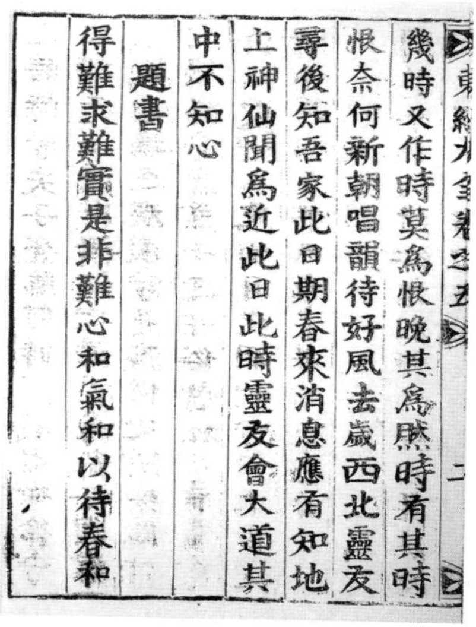

幾時又作時莫爲恨晩其爲然時有其時
恨奈何新朝唱韻待好風去歲西北靈友
尋後知吾家此日期春來消息應有知地
上神仙聞爲近此日此時靈友會大道其
中不知心

題書

得難求難實是非難心和氣和以待春和

①

附詩賦

立春詩

絕句

道氣長存邪不入世間衆人不同歸

河清鳳鳴孰能知運自何方吾不知平生

命受千年運聖德家承百世業

龍潭水流四海源龜岳春回一世花

②

偶吟

南辰圓滿北河回大道如天脫劫灰鏡投

万里眸先覺月上三更意忽開何人得雨

能人活一世從風任去來百鹽塵埃吾欲

瀁飄歟騎鶴向仙臺

偶吟

清宵月明無他意好笑好言古來風人生

世間有何得間道今日授與受亦理其中

③

未覺志在賢問必我同天生万民道又

坐各有氣像吾不知通于肺腑無達志大

小專閒疑不在馬上寒食非故地欲歸吾

家友昔事義與信令又禮智兀作吾君一

會中來人去人又何時同坐開談願上才

世來消息又不知其然非然聞欲先雲捲

西山諸益會善不處下名不秀何來出地

好相見談且書之意益漢不是心泛久不

④

此又作他鄉賢友看鹿尖秦庭吾何摩鳳

鳴周室爾應知

絕句

不見天下聞九州空使男兒心上遊聽流

覺非洞庭湖坐欄疑在岳陽樓

吾心極思杳然開曦隨太陽流照影

詠宵

也羞俗娥翻覆態一生高明廣漢殿此心

①
惟有清風知送白雲使藏玉面
燈明水上無嫌焰柱似枯形友有餘
半月山頭梳傾蓮水面扁
煙鎖池塘柳燈增海棹鉤

②

③
東經大全卷之七

通文

右文爲通諭專當初敎父之意病人勿藥
自效小兒得筆輔聰化善其中豈非世美
之事耶已過數年吾無生之疑不意受
辱於治賊之下者此何厄也是所謂難葉
者惡言不施者善行若此不已則無根說
話去益構捏末流之禍不知至於何境況

④
此若是善道同歸於西夷之學切非羞恥
之事耶何以參禮義之鄉何以忝吾家之
業乎自此以後雖親戚之病勿爲敎人而
曾者傳道之人竊查極覓通于此意盡爲
棄道憂無受辱之斁故茲明數行書布以
示之千万幸甚

通諭

一無通諭之事而二有不厭之端故三有

①
不得已之行四有不忍情之書千万溪量
無書中一失施行如何前歳仲冬之行本
非遊江上之淸風與山間之明月察其世
道之乗常惟其指目之嫌修其无極之大
道惜其德之心歳換月逾幾至五朔入
境之初意只在此山客不知雲漢之處重
應指採藥之行一以助工課之懈弛一以
聞家事之否安心有消遣之意此日之光

②
景露蹳於三歧避名於一世人心不知我
心之故耶當初不善處下之故耶各處諸
益或有事而來或無事而從聞風而來者
半學論而處者亦客亦自知其一主會不
知其數此將奈何如許窯山貧谷饗實之
道都不過一二三家而已宅若處多則其
或不厭而產若饒居則窯中有樂然而况
此若默之中老人以詩而心動少年以禮

③
而彊挽何者以詩心動都非心動學勸挾
扶之心也以禮彊挽不當彊挽難忍忠
之誼也主人就能無子貢之心從客亦誤
知孟嘗之禮豈不歡哉豈不惜哉雖有襄
度之資吾不堪吾事雖有百結之憂人亦
忿人事若此不已則末由不知何境故不
日發程豈非惘然之事耶當此潦雨之節
揚風灑雨草長衣露不足惜也竟顧良朋

④
望
之懸望恒在不已之中故兹以數行書慇
以諒之以此怨諒如何歸期似在初冬勿
為苦俟極為修道以待良時好面千万企
東經大全終

● 계미중춘판(1883)

①

東經大全

②

東經大全
目錄
布德文　　題書
論學文　　詠宵
修德文　　筆法
不然其然　通文
祝文
立春詩

③

絕句
降詩
座箴
和訣詩
歎道儒心急
訣
偶吟
八節

④

布德文一
盖自上古以來春秋迭代四時盛
衰不遷不易是亦
天主造化之
迹昭然于天下也愚夫愚民未知
雨露之澤知其無爲而化矣自五
帝之後聖人以生日月星辰天地
度數成出文卷而以定天道之常
然一動一靜一盛一敗付之於天

① 命是故天命而順天理者也故人
成君子學成道德道則天道德則
天德明其道而修其德故乃成君
子至於至聖豈不欽歎哉此極
近以來一世之人各自爲心不順
天理不顧天命心常悚然莫知所
向矣於庚申傳聞西洋之人以
爲 天主之意不取富貴攻取天

② 下立其堂行其道故吾亦有其然
豈其然之疑不意四月心寒身戰
疾不得親言不得難狀之際有
何仙語入耳中驚起探問則曰
勿懼勿恐世人謂我 上帝汝不
知 上帝耶問其然然曰余亦無
功故生汝世間教人此法勿疑勿
疑曰然則西道以教人乎曰不然

③ 吾有靈符其名仙藥其形太極又
形弓弓受我此符濟人疾病受我
呪文教人爲我則汝亦長生布德
天下矣吾亦感其言受其符書以
吞服則潤身差病方乃知仙藥矣
到此用病則或有差不差故莫知
其端察其然然則誠之又誠至爲
天主者每每有中不順道德者一

④ 一無驗此非受人之誠敬耶是故
我國惡疾滿世民無四時之安是
亦傷害之數也西洋戰勝攻取無
事不成而天下盡滅亦無脣亡
之歎輔國安民計將安出惜哉
今世人未知時運間我斯言則入
則心非出則巷議不順道德甚可
畏也賢者聞之其或不然而吾將

吾有靈符其名仙藥其形太極又
形弓弓受我此符濟人疾病受我
呪文教人爲我則汝亦長生布德
天下矣吾亦感其言受其符書以
吞服則潤身差病方乃知仙藥矣
到此用病則或有差不差故莫知
其端察其所然則誠之又誠至爲
天主者每每有中不順道德者一

一無驗此非受人之誠敬耶是故
我國惡疾滿世民無四時之安是
亦傷害之數也西洋戰勝攻取無
事不成而天下盡滅亦不無唇亡
之歎輔國安民計將安出惜哉於
今世人未知時運聞我斯言則入
則心非出則巷議不順道德而吾將
畏也賢者聞之其或不然而吾將

慨歎世則無奈忘累記出論以示
之敬受此書欽哉訓辭

論學文
夫天道者如無形而有迹地理者
如廣大而有方者也故天有九星
以應九州地有八方以應八卦而
有盈虛迭代之數無動靜變易之
理陰陽相均雖百千萬物化出於
其中獨惟人最靈者也故定三才
之理出五行之數五行者何也天

①
爲五行之綱地爲五行之質人爲
五行之氣天地人三才之繫於斯
可見矣四時盛衰風露霜雪不失
其時不變其序如露蒼生莫知其
端或云 天主之恩或云化工之
跡然而以恩言之惟爲不見之事
以工言之亦爲難狀之言何者於
古及今其中未必者也夫庚申之

②
年建巳之月天下紛亂民心淆薄
莫知所向之地又有怪違之說崩
騰于世間西洋之人道成立德及
其造化無事不成攻鬪干戈無人
在前中國燒滅豈可無唇凶之患
耶都緣無他斯人道稱西道學稱
天主教則聖教此一非知天時而受
天命耶繫此二不已故吾亦悚

③
然只有恨生晚之際身多戰寒外
有接靈之氣內有降話之教視之
不見聽之不聞心尚怪訝修心正
氣而問曰何爲若然也曰吾心卽
汝心也人何知之知天地而無知
鬼神鬼神者吾也及汝無窮無窮
之道修而煉之制其文教人正其
法布德則令汝長生昭然于天下

④
矣吾亦幾至一歲修而度之則亦
不无自然之理故一以作呪文一
以作降靈之法一以作不忘之詞
次第道法猶爲二十一字而已轉
至辛酉四方賢士進我而問曰今
天靈降臨先生何爲其然也曰
受其无往不復之理曰然則何道
以名之曰天道也曰與洋道無異

①

者乎曰洋學如斯而有異如呪而
無實然而運則一也道則同也理
為而化矣守其心正其氣率其性
受其教化出於自然之中也
言無次第書無皂白而頓無為
天主之端只祝自為身之謀身先
氣化之神學無　天主之教有形

②

無迹如思無呪道近虛無學非
天主豈可謂無異者乎曰同言
之則名其西學也曰不然吾亦生
於東受於東道雖曰天道學則東學
況地分東西西何謂東東謂西
孔子生於魯道於鄒鄒曾之風傳
遺於斯世吾道受於斯布於斯豈
可謂以西名之者乎曰呪文之意

③

何也曰至為　天主之字故以呪
言之今文有古文有曰降靈之文
何為其然也曰至者極焉之為至
氣者虛靈蒼蒼無事不涉無事不
命然而如形而難狀如聞而難見
是亦渾元之一氣也今至者於斯
入道知其氣接者也願為者請祝
之意也大降者氣化之願也侍者

④

內有神靈外有氣化一世之人各
知不移者也主者稱其尊而與父
母同事者也造化者無為而化也
定者合其德定其心也永世者人
之平生也不忘者存想之意也萬
事者數之多也知者知其道而受
其知也故明明其德念念不忘則
至化至氣至於至聖曰天心卽人

① 在天天生萬民古之聖人之所謂
也曰臨死號天人之常情而命乃
理耶曰一世之人何不敬天主
移故與天地違其命此非感衰之
合其德小人之德氣不正而心有
之德氣有正而心有定故與天地
之殊定其人苦樂之理然而君子
心則何有善惡也曰命其人貴賤

② 舉論也曰敬而遠之曰
也曰斯人者不足舉論也曰前何心而
如實而有虛也曰反道而歸者何
比之法也修者如虛而有實聞者何
今不聞古不聞之事今不比古不
曰猶或可也曰何以可也曰吾道
未知詳然之故也曰毀道者何也
而尚今彌留然而似然非然之一間

③ 所問也非我之所關也嗚呼噫噫
人享福不可使聞於他人非君之
心則罵反其身未詳知之然而斯
在於 天主不在於我也一一究
舜斯世之運與世同歸有罵有德
害無德耶曰堯舜之世民皆爲堯
何以降靈也曰不擇善惡也曰無
後何心也曰草上之風也曰然則

④ 勝欽歎故論而言之論而示之明
况若甘受和白受采吾今樂道不
敬受此書以助聖德於我此之則
之無極之理皆載此書惟我諸君
歧貳之端乎凡天地无窮之數道
人修其身養其才正其心豈可有
拙文未及於精義正宗然而矯其
諸君之問道何若是明明也雖我

①

而察之不失玄機

② 修德文

元亨利貞天道之常惟一執中人
事之察故生而知之夫子之聖質
學而知之先儒之相傳雖有困而
得之淺見薄識皆由於吾師之盛
德不失於先王之古禮余出自東
方無了度日僅保家聲未免寒士
先祖之忠義節有餘於龍山吾王

③

之盛德歲復回於壬丙若是餘蔭
不絕如流家君出世名盖一道無
不士林之共知德承六世豈非子
孫之餘慶噫學士之平生光陰之
春夢年至四十工知爸雛之邊物
心無青雲之大道一以作歸去來
之辭一以詠覺非是之句境節理
優悗若處士之行山高水長莫非

④

先生之風龜尾之奇峯怪石月城
金鰲之北龍湫之清潭寶溪古都
馬龍之西圍中桃花恐知漁子之
舟屋前滄波意在太公之釣檻臨
池塘無違濂溪之志亭號龍潭豈
非慕蒼之心難禁歲月之如流哀
臨一日之化仙孤我一命年至二
八何以知之無異童子先考平生

之事業無痕於火中子孫不肖之
餘恨落心於世間豈不痛哉豈不
惜哉心有家庭之業安知稼穡之
役書無工課之篤意隆青雲之地
家產漸衰勢之將拙料難八字
漸益可歎身勢之如何年光
又有寒飢之慮念來四十豈無不
咸之歡巢穴未定誰云天地之廣

大吓業交遠自憐一身之難藏自
是由來擺脫世間之紛撓責去肎
海之弸結龍潭古舍家巖之文席
東都新府惟我之故卿率妻子還
樓之日已未之十月乘其運道受
之節庚甲之四月是亦夢寐之事
難狀之言察其易卦大定之數寶
誦三代敬天之理於是乎惟知先

儒之從命自歎後學之怱却修而
煉之莫非自然覺來夫子之道則
一理之昕定也論其惟我之道則
大同而小異也去其疑訝則事理
之常然察其古今則人事之所爲
不意布德之心極念致誠之端然
而彌留更逢辛酉時維六月序屬
三夏良朋滿座先定其法賢士問

我又勸布德肎藏不宛之藥弓乙
其形口誦長生之呪三七其字開
門納客其殼其然肆筵設㳷其味
其如冠子進退悅若有三千之班
童子拜拱倚然有六七之詠年高
於我是亦孔貢之禮歌詠而舞豈
非仲尼之蹈仁義禮智先聖之昕
教修心正氣惟我之更定一番致

① 祭永侍之重盟萬感罷去守誠之
故也衣冠正齊君子之行路食手
後賤夫之事道家不食一四足之
惡肉陽身明害又寒泉之急坐有
夫女之防塞國大典之所禁卧高
聲之誦呪我誠道之太慢然而群
之是爲之則羲吾道之行投筆
戒字人亦疑王羲之跡開口唱韻

② 孰不服樵夫之前懺咎斯人慾不
及石氏之賢極誠其兒更不羨司
曠之聰容額之幻態意仙風之吹
臨宿病之自效忿盧醫之良名雖
然道成德立在誠在人或聞流言
而修之或聞流呪而誦焉豈不非
武敢不憫然憧憧我恩靡日不切
彬彬聖德或恐有誤是亦不畫之

③ 致也多數之故也遠方照應而亦
不堪相思之懷近欲敘情而必不
無指目之嫌故作此章布以示之
賢我諸君愼聽吾言大抵此道心
信爲誠以信爲幻人而言之言之
其中曰可曰否取可退否再思心
定定之後言不信曰信如斯修之
乃成其誠誠與信兮其則不遠人

④ 言以成先信後誠吾今明諭豈非
信言敬以誠之無違訓辭
不然其然
歌曰而千古之萬物兮各有成各
有形形見以論之則其然而似然
所自以度之則其遠而甚遠是亦
杳然之事難測之言我恩我則又
毋在玆後思後則子孫存彼來世

① ② ③ ④

①

而比之則理無異於我恩去世
而尋之則感難分於人爲人噫如
斯之忖度兮由其然而看之則其
然如其然擬不然而思之則不然
于不然何者太古兮　天皇氏豈
爲人豈爲王斯人之無根兮胡不
曰不然也世間孰能無父母之人
考其先則其然其然又其然之故

②

也然而爲世作之君作之師君者
以法造之師者以禮教之君無傳
位之君而法綱何受師之訓之
師而禮義安效不知也不知也生
以知之而然耶無爲化也而然耶
以知而言之心在於暗暗之中以
化而言之理遠於滋滋之間夫如
是則不知不然故不曰不然乃知

③

其然故乃特其然者也於是而擔
其束究其本則妙爲物理爲理之
大業幾遠矣哉況又斯世之人兮
胡無知胡無知戲定之幾年兮運
自來而復之古今之不變兮豈謂
運豈謂復於萬物之不然兮數之
而明之記之而鑑之四時之有序
兮胡爲然胡爲然山上之有水兮

④

其可然其可然赤子之穉穉兮不
言知夫父母胡無知胡無知斯世
人兮胡無知聖人之以生兮河一
清千年運自來而復歟水自知而
孼孼耕牛之間言兮如育心如有
知以力之足爲兮何以苦何以宛
烏子之反哺兮彼亦知夫孝懌玄
烏之知主兮貪亦歸貪是故

①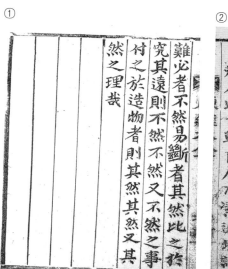

難必者不然易斷者其然比之於
究其遠則不然不然又不然之事
付之於造物者則其然其然又其
然之理哉

②

祝文
生居朝鮮忝處人倫　叩感
天地盖載之恩荷蒙日月照臨之
德未曉歸眞之路久沉苦海心
多忘失今玆聖世道覺　先生
懺悔從前之過顧隨一切之善
永侍不忘道有心學幾至修
煉今以吉朝良辰淨潔道揚謹

③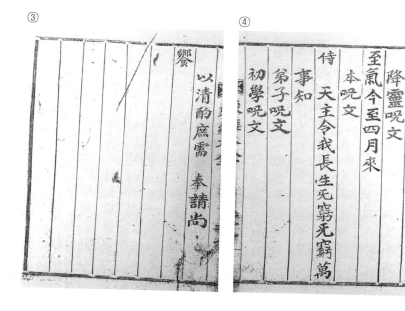

饗
以清酌庶需　奉請尙

④

先生呪文
降靈呪文
至氣今至四月來
本呪文
侍　天主令我長生无窮无窮萬
事知
弟子呪文
初學呪文

①

為　天主顧我情永世不忘萬事
宜
降靈呪文
至氣今至願為大　降
本呪文
侍　天主造化定永世不忘萬事
知

②

立春詩
道氣長存邪不入世間衆人不同
歸
絕句
河清鳳鳴孰能知運自何方吾不
知平生受命千年運聖德家承百
世業龍潭水流四海源龜岳春回
一世花

③

和詩
降詩
座箴
圖來三七字降盡世間魔
吾道博而約不用多言義別無他
道理誠信三字這裏做工夫透
後方可知不怕塵念起惟恐覺來
知

④

方方谷谷行行盡水水山山箇箇
知松松栢栢青青立枝枝葉葉萬
萬節老鶴生子布天下飛來飛去
慕仰極運兮運兮得否時云
覺者鳳兮鳳兮賢者河兮河兮聖
人春宮桃李天天兮智士男兒樂
樂武萬騎千峯高高兮一登二登
小小哈明明其運各各明同同學

①

味念念同萬年枝上花千朶四海
雲中月一鑑登樓人如歡背仙泛
舟馬若天上龍人無孔子意如同
書非萬卷志能大
片片飛飛兮紅花之紅耶枝枝發
羨分綠樹之綠耶霏霏兮清江之白
雪之白耶浩浩茫茫兮清江之清
耶泛泛棹兮波不興沙十里路

②

路遊閒談兮月山東風北時養山
之峙峙兮夫子登臨何時淸風之
徐徐兮五柳先生覺非淸江之浩
浩兮蘇子與客風流池塘之淡淡
兮是濂溪之將樂絲竹之綠綠兮
爲君子之非俗靑松之靑靑兮
耳處士爲友明月之明明兮曰太
白之所抱耳得爲聲目色盡是間

③

談古今
萬里白雪紛紛兮千山歸鳥飛飛
絕東山欲登明明兮西峯何事遮
遮路
歎道儒心急
山河大運盡歸此道其源極深其
理甚遠固我心柱乃知道味一念
在茲萬事如意消除濁氣兒養淑

④

氣非徒心至惟在正心隱隱聰明
仙出自然來頭百事同歸一理他
人細過勿論我心我心小慧以施
於人如斯大道勿誠小事臨勳盡
料自然有助風雲大手隨其器局
玄機不露勿爲心急切成他日好
作仙緣心兮本虛應物無迹心修
來而知德德惟明而是道在德不

①

在於人在信不在於工在不在

狁遠在誠不在於求不然而其然

似遠而非遠

總得一條路步步涉險難山外更

見山水外又逢水幸渡水外水僅

越山外山且到野廣處始覺有大

道苦待春消息春光終不來非無

春光好不來卽非時玆到當來節

②

不待自然來春風吹去夜萬木一

時知

一日一花開二日二花開三百六

十日三百六十開一身皆是花一

家都是春

瓶中有仙酒可活百萬人釀出千

年前藏之備用處無然一開封臭

散味亦薄今我爲道者守口如此

③

瓶　誐

問道今日何昨知意在新元癸亥

年底切幾時又作時莫爲恨晚其

爲然時有其時恨奈何新朝唱韻

待好風去歲西北靈友尋後知吾

家此日期春來消息應有知地上

神仙聞爲近此日此時靈友會大

④

道其中不知心

偶吟

南辰圓滿北河回大道如天嚴却

灰鏡投萬里眸先覺月上三更意

忽開何人得雨能人活一世從風

任去來百體慶埃吾欲滌飄然騎

鶴向仙臺淸宵月明無他意好笑

好言古來風人生世間有何淂問

①

道今日授與受有理其中姑未覺
志在賢門必我同天生萬民道又
生各有氣像吾不知通于肺腑無
非故地欲歸吾家昔事義與信
違志大小事間疑不在馬上寒食
今又檀智兀作吾君一會中來人
去人又何時同坐閒談頷上才世
來消息又不知其然非然閒欲先

②

雲捲西山諸益會善不處卜名不
秀何來此地好相見談且書之意
益澿不是心泛久不此又作他卿
賢友看鹿失薈庭吾何羣鳳鳴周
遊聽流覺非洞庭湖坐榻疑在岳
陽樓吾心極思杳然間疑隨太陽
不見天下聞九州空使男兒心上
室爾應知

③

流照影
八節
不知明之所在遠不求我而修我不
知德之所在料吾身之化生不知
命之所在顧吾心之明明不知道
之所在慶吾信之一如不知誠之
所致數吾心之不失不知敬之所
爲暫不馳於慕仰不知畏之所爲

④

念至公之無私不知心之得失察
用處之公私
又
不知明之所在送余心於其地不
知德之所在欲言浩而難言不知
命之所在理杳然於授受不知道
之所在我爲我而非他不知誠之
所致是自知而自急不知敬之所

①

為恐吾心之悟昧不知畏之所絿
無罪地而如罪不知心之得失在
今恩而晬非
題書
得難求難實是非難心和氣和以
待春和
詠宵和
也勞俗娥翻覆態一生高明廣溪

②

殿此心惟有清風知送白雲使薇
玉面蓮花倒水魚爲蝶月色八海
雲亦地杜鵑花笑杜鵑啼鳳凰臺
役鳳凰遊白鷺渡江衆影去皓月
欲遊鞭雲飛魚變成龍潭有魚風
導林虎敔從風風來有迹去無跡
月前顧後每是前烟遮去路踏無
跡雲加峯上尺不高山在人多不

③

曰仙十爲皆丁未謂軍月夜溪石
去雲數風庭花枝舞蝴尺人八旁
中風出外舟行岸頭山來水
花扉自開春風來竹離輝踈秋月
去影沉綠水衣無濕鏡對佳人語
不和勿水脫棄羮利龍問門犯虎
邪無樹
半月山頭梳傾蓮水画扇

④

烟鎖池塘柳燈增海棹鈎
燈明水上無嫌陸桂似枯形力有
餘
筆法
修而成於筆法其理在於一心彔
吾國之木局㲅不失於三絕生於
斯得於斯故以爲先東方愛人心
之不同無裏表於作制安心正氣

①

始畫萬法在於一點前期柔於筆

毫磨墨數斗可也擇紙厚而成字

法有違於大小先始成而主正形

如恭山層巖

②

通文

右文為通諭事當初教人之意病

人勿藥自效小兒得筆輔聰化善

其中豈非世羞之事耶已過戕年

吾無禍生之疑不意受辱於治賊

之下者此何厄也是所謂難禁者

惡言不施者善行若此不已則無

根說話去益構捏末流之禍不知

③

至於何境況此若是善道同歸於

西夷之學切非羞恥之事耶何以

叅禮義之鄉何以忝吾家之業乎

自此以後雖親戚之病勿爲教人

而曾者傳道之人窃查極覽通于

此意盡爲棄道更無受辱之弊故

兹明毅行書布以示之千萬幸甚

通諭

④

壹兇通諭之事而二有不然之端

故三有不得已之行四有不忍情

之書千萬涵量無書中一失施行

如何前歲仲冬之行本非遊江上

之清風與山間之明月豪其世道

之平常惟其指目之嫌修其无極

之大道惜其布德之心歲搜月諭

幾至五朔入境之初意只在此山

542 ——— 주해 동경대전

①

客不知雲深之處童應指採藥之
行一以助工課之懶她一以聞家
事之否安心有消遣之意此日之
光景露蹤於三歧遯名於一世人
心不知我心之故耶當初不善處
卞之故耶各從處諸或有事而來
或無事而從聞風而來者半學論
而處者半客亦自知其一主會不

②

知其縠此將奈何如許窮山貪谷
饗賓之道都不過一二三家而已
宅若處多則其或不然而產若饒
居則窟中有樂然而况此若然之
中老人以詩而心動少年以禮而
强抳何者以詩心動都非心動學
勸扺扶之心也以禮强抳不曾强
挽難忍謀忠之誼也主人孰能無

③

子貢之心從客亦誤知孟嘗之禮
豈不歎哉豈不惜哉雖有裝度之
資吾不堪吾事雖有百結之憂人
亦念人事若此不已則末由不知
何境故不日發程豈非惘然之事
耶當此從容之節揚風洒雨以千長
衣添不足惜也竟顧良朋之懸望
恒在不已之中故玆以縠行書慰

④

以諭之以此恕諒如何歸期似在
初冬勿爲苦俟極爲修道以待良
時好面千萬企望

①
布德式 人有頋八者則先八者
傳道之時正衣冠禮以授之事
入道式 八道之時或向東或向
北設 位致誠行祀焚香四拜
後以初八呪文以受之事
軟祭式 八道後致祭節次設
位四拜後讀祝而卽誦 降靈
呪及本呪文事

②
祭需式 設其醴酒餅麪魚物果
種脯羹菜蔬香燭用之而以肉
種論之雜則列用猪肉或用祭
需之多小隨其力行之也
先生布德之初以牛羊猪肉通用
矣至於癸亥八月
先生顧子傳道之日此道兼儒佛
仙三道之 教故不用肉種事

③
於戲 先生布德當世恐其聖德
之有誤及于癸亥親與時亨常有
鋟榟之 教有志未就越明年甲
子不幸之後歲況道微追將十八
年之久矣至於庚辰念前日之
教命謹與同志發論詢約以成劂
劂之功矣文多漏闕之歎故自木
川接中燦然復刊以著死極之經

④
編玆豈非慕 先生之 教耶敢
以拙文妄錄于篇末
歲在癸末仲春道主月城
崔時亨謹誌
天原郡木□□寒泉
金燦 書

① ②

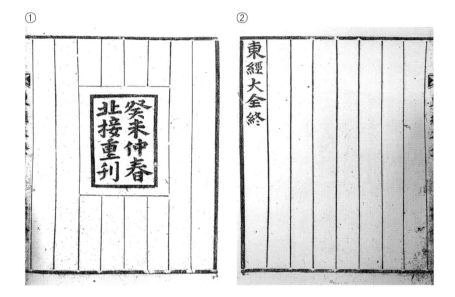

①

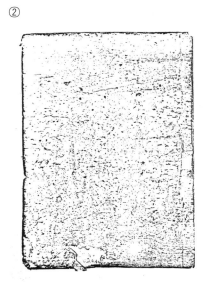

②

③

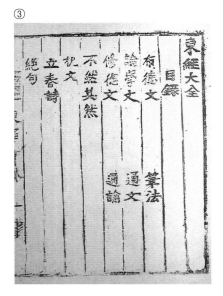

④

①

布德文

蓋自上古以來　春秋迭代　四時盛衰　不遷不易　是亦天主造化之迹　昭然于天下也　愚夫愚民　未知雨露之澤　知其無爲而化矣　自五帝之後　聖人以生　日月星辰　天地度數　成出文卷而以定天道之常然　一動一靜一盛一敗　付之於天命　是敬天命而順天理者也　故人成君子　學成道德　道則天道　德則天德　明其道而修其德

②

故乃成君子　至於至聖　豈不欽歎哉　又此挽近以來　一世之人　各自爲心　不順天理　不顧天命　心常悚慄　莫知所向矣　至於庚申　傳聞西洋之人　以天主之意　不取富貴　攻取天下　立其堂　行其道　故吾亦有其然豈其然之疑　不意四月　心寒身戰　疾不得執症　言不得難狀之際　有何仙語　忽入耳中　驚起探問則曰　勿懼勿恐　世人謂我

③

上帝　汝不知上帝耶　問其所然　曰余亦無功　故生汝世間　教人此法　勿疑勿疑　曰然則西道以教人乎　曰不然　吾有靈符　其名仙藥　其形太極　又形弓弓　受我此符　濟人疾病　受我呪文　教人爲我　則汝亦長生　布德天下矣　吾亦感其言　受其符　書以呑服　則潤身差病　方乃知仙藥矣　到此用病　則或有差不差　故莫知其端　察其所然　則誠之又誠　至爲天主

④

者　每每有中　不順道德者　一一無驗　此非受人之誠敬耶　故我國惡疾滿世　民無四時之安　是亦傷害之數也　西洋戰勝攻取　無事不成而天下盡滅　亦不無脣亡之歎　輔國安民　計將安出　惜哉　於今世人　未知時運　聞我斯言則　入則心非　出則巷議　不順道德　甚可畏也　賢者聞之　其或不然而吾將慨歎　世則無奈　故略記顯出論　以示之　敬受此書　欽哉訓辭

①

諭學文

夫天道者如無形而有迹地理者如廣
大而有方者也故天有九星以應九州
地有八方以應八卦而有盈虛迭代之
數無動靜變易之理陰陽相均雖百千
萬物化出於其中獨惟人最靈者也故
定三才之理出五行之數五行者何也
天爲五行之綱地爲五行之質人爲五
行之氣天地人三才之數於斯可見矣

②

四時盛衰風露霜雪不失其時不變其
序如露蒼生莫知其端或云天主之恩
或云化工之迹然而以恩言之惟爲不
見之事以工言之亦爲難狀何者於
古及今其中未必者歟夫庚申之年
建巳之月天下紛亂民心淆薄莫知
伺之地又有怪違之說崩騰于世間西
洋之人道成立德及其造化無事不
成攻鬪干戈無人在前中國燒滅豈可無

③

唇亡之患耶都緣無他斯人道稱西道
學謂 天主敎則聖敎此非知天時而
受天命耶擧此一二不已故吾亦悚然
只有恨生晩之際身多戰寒外有接靈
之氣內有降話之敎視之不見聽之不
聞心尙怪訝修心正氣而問曰何爲若
然也曰吾心卽汝心也人何知天
地而知鬼神鬼神者吾也及汝死窮
陰窮之道修而煉之制其文敎人正其

④

法布德則令汝長生昭然于天下矣吾
亦幾至一歲修而度之則亦不無自然
之理故一以作呪文一以作降靈之法
一以作不忘之詞次第道法壹爲二十
一字而已矣至于辛酉四方賢士進我而
問曰今天靈降臨先生何其然也
曰受其無往不復之理曰然則何道以
名之曰天道也曰與洋道無異者乎
曰洋學如斯而有異如呪而無實然而

①

則一也道則同也理則非也曰何為其
然也曰吾道無為而化矣守其心正其
氣率其性受其教化出於自然之中也
西人言無次第書無皂白而頓無為
天主之端只祝自為身之謀身無氣化
之神學无天主之教有形無迹如思
無呪道近虛無學非天主豈可謂無
異者予曰同道言之則名其西學也曰
不然吾亦生於東受於東道雖天道學

②

則東學況地分東西西何謂東東何謂
曰孔子生於魯風於鄒鄒魯之風傳遺
於斯世吾道受於斯布於斯豈可謂以
西名之者乎曰呪文之意何為其然
天主之字故以呪言之今文有古文有
曰降靈之氣虛靈蒼蒼無事不涉無事
不命然而如形而難狀如聞而難見是
之萬至者氣之極焉之為至
宗源元之一氣也今至者於斯入道知其

③

氣接者地願為者讚祝之意也大降者
化之願也侍者內有神靈外有氣化
一世之人各知不移者也正者稱其尊
而與父母同事者也造化者無為而化
也定者合其德定其心也永世者人之
平生也不忘者存想之意也萬事者數
之多也知者知其道而受其知故明
明其德念念不忘則至化至氣至於至
聖而天心即人心則何有善惡也曰

④

其人貴賤之殊定其苦樂之理然而
君子之德氣有正而心有定故與天地
合其德小人之德氣不正而心有移故
與天地違其命此非盛衰之理耶曰一
世之人何不敬天地乎曰臨死之時呼天
人之常情而命乃在天天生萬民古之
聖人之所謂而尚今彌留然而似然非
然之間未知必然之理矣曰毀道者何
也曰猶或可也曰何以可也曰吾道今

①

不比古不比之法也修者如塵而百實
間者又實而有虛也曰反邇而歸者何
也曰斯人者不足擧論也曰胡不擧論
也曰敬而遠之曰前何心而後何心也
曰草上之風也曰然則何以降靈也曰
不擇善惡也曰無嘗無德耶曰堯舜有
世民皆爲堯舜世之運與世同歸有
言有德在於　天主不在於我也曰一
究心則書反其身未詳知之然而斯人

②

享福不可使聞於他人非君之所問也
非我之所開迴唱呼噫噫諸君之問道
何若是明明也鎗我搖文未反於精義
正宗能兩嬌其人修養其身養其才正其
心豈可有岐貳之端乎凡天地无窮之
敎道之無極之理盖戴此舊惟我諸君
敬受此書以助聖德於我比之則帆若
甘受和白受樂吾今擧道不膽欽歟故
論而言之論而示之明而察之不失玄機

③

修德文

元亨利貞天道之常惟一執中人事之
察故生而知之夫子之聖質學而知之
先儒之相傳雖有困而得之淺見薄識
皆由於吾師之盛德不失於先王之古
禮余出自東方無了慶日僅保家聲來
免寒士先祖之忠義節有餘於龍山吾
王之盛德復回於壬丙若是餘蔭不
絶如流家君出世名盖一道無不士林

④

之共知德承六世豈非子孫老餘慶噫
學士之平生老陰之春夢年至四十工
知邑篇之邊物心無青雲之大道一以
作歸篇去來之節一以詠覺非是之句豈
等璵履悅若蠹尾之奇峯睛石月城長
先生之風飈尾之清潭寶渓古都馬龍之
之北龍湫之清潭池塘無邊瀟溪之
園中桃花恐知混子之舟屋前滄波意
在太公之釣檻臨池塘無邊瀟溪之志

①

亭號龍潭豈非慕葛之心難禁歲月之
如流泉頭一日之化仙孤我一翁年至
二八何以知之無異童子先考平空之
事業無痕於火中子孫不肖之餘恨落
心於世間豈不痛武豈不惜恭心意落
庶之藥安知豫藷之役書畵無工課之篤
意陸青雲之地豪產漸衰未知來稍之
如何年光漸益可歎身勢之將拙料難
八字又有寒飢之應念來四十豈死不

②

虛之歎巢穴未定誰云天地之廣女所
養亡違留憐一身之難藏自是幽寥攏
脫世間之紲挽賣去脳海之殘結龍潭
吉合家嚴之史庶東都新府雖我之故
運章妻子還樣之已未之十月乘其
鄉章狀之郎庚申之四月是亦夢寐之
事難教天之言察其易乎臨知先儒之從
俗自歎後學之昆封修而煉之莫非有

③

然覺來夫子之道則一理之所定也論
其惟我之道則大同而小異也去甚疑
訝則事理之常然察其古今則人事之
所馬不意布德之心極念致誠之端然
而講滿廋先定其法醫士問我又勸布
德腦截不死之藥弓乙其形口調長生
之呪三七其字開門納客其數其終肆
進設法其味其如冠子進退怳若有三

④

子之班童子拜俯然有六七之誠年
高於我是亦子貢之禮歌詠而舞豈非
仲尼之陋仁義禮智聖之所教修心
正氣雖我之覺定一畱辭祭永侍之童
顯萬識罷去守後賤夫之事道家不食
子之行路食乎後賤國大興之所禁卧高
一四品之惡凶陽身所害又寒暴之慈
聲之謂況我誠道之太慢然而斁之是

①

爲之則美斯吾黨之行授筆成字人亦
題王羲之跡開口唱韻孰不服樵夫之
兒更不羡司曠之聰容貌之幻態意優
風之吹臨癮病之自效忘蘆醫之良名
錦榮道成德之或聞流呪而謂爲豈非於敢不
修之或聞流呪而謂爲豈非於敢不
惝慌憧憧我思
恝有誤是亦不面之致也多數之故也

②

竟方照應荷亦不墮相思之懷迺欲寂
惜而心不無指目之嫌故作此章布以
亦之醫我諸君懷練吾言大抵此題中
儒爲誠以信爲幻人而爲之言之箕中
曰可曰否取可退否待恐心定窄之後
言不信則曰信如斯修之乃以成其誠誠與
信方其則曰信如斯人言以成先信發誠吾
今明論豈非信言敬以誠之無違諸節

③

不然其然

歌曰 而千古之萬物兮 各有成各有形
所見以論之則 其然而似然
所自以度之則 其遠而甚遠
是亦杳然之事 難測之言
我思我則 父母在玆
後思後則 子孫存彼
來世而比之則 理無異於我思我
去世而尋之則 惑難分於人爲人
噫 如斯之忖度兮 由其然
而看之 則其然如其然
探不然而思之 則不然于不然

④

何者 太古兮 天皇氏豈爲王
斯人氏孰爲綱方胡不曰不然也世間孰
能爲父母之人而考其先則其然其然
夫如是則其然其然而又其然之故也
位之君而法造之師而受教之君無傳
君者以法造之師何受師無受訓之師而
其然之故也然而爲世作之後作之師
然耶无爲化也而爲化耶以知而昔之心
在於暗暗之中以化而言之理遠於玆

①

茫之間夫如是則不知不然故曰不
然乃知其然故乃惜其能者也於是而
擴焉末究英本則物爲物理爲理之大
蒿義遠矣又斯世之人方胡死知
胡無知欵定之幾葦芳復兩復之
一今之不豪方豈謂運豈謂復於萬物
不然之有欵之而明之記之而鑑之四
諸之有序芳胡爲然胡爲然山上之有
方莫可然其可然赤子之蹣稚方

②

言知夫父胡死知胡死知斯世人方
胡無知復數水自知而窒鐵牛之闊
自來兩育心女育知以方花是爲方何
以善何以死島子之反嘴芳復亦知夫
孝悌玄焉之知主芳鐘赤歸貧赤知
故難少者不鐙易漸薪其无比之於窮
真遠則不然不然又不然之事府之於
諸物者則其無焉之其然之連故

③

祝文

生居朝鮮忝爲人倫　叩感
天地盖載之恩荷蒙　日月照臨之德未
曉歸真之路父沉苦海心多忘失今玆
聖世道覽先生　懺悔從前之過顧
隨一坊之善永　侍不忘道有心學
幾至修煉今以吉朝良辰淨潔道場
謹以清酌庶需　奉請尚
　饗

④

先生呪文
降靈呪文
至氣今至四月來
本呪文
侍天主令我長生无窮无窮萬事知
弟子呪文
初學呪文
爲天主顧我情永世不忘萬事宜
降靈呪文

①

至氣今至願爲大降

本呪文

侍天主造化定永世不忘萬事知

立春詩

道氣長存邪不入　世間衆人不同歸

絕句

河清鳳鳴孰能知　運自何方吾不知
平生受命千年運　聖德家承百世業　龍潭
水流四海源　龜岳春回一世花

②

降詩

座箴

圖來三七字　降盡世間魔

吾道博而約　不用多言義　別無他道理
誠敬信三字　這裏做工夫　透後方可知
不怕塵念起　惟恐覺來知

和訣詩

方方谷谷行行盡　水水山山箇箇知
松松栢栢青青立　枝枝葉葉萬萬節　老鶴

③

生子布天下飛去來　去慕仰極運兮運
芳得君時云　時云覺者鳳兮鳳兮賢者
河芳河芳聖人春宮桃李夭夭芳智士
異…樂樂哉萬卷千峯高高芳一登二
登小小吟明明其運客多明同同咏味
念念同萬年…四海雲中月
一鑑登樓人如鵠昔仙泛舟馬嘶天上
龍人無孔子意如同書非萬卷志能大
巨巨飛鵬芳紅花之紅耶枝枝發碧芳

④

綠樹之陰…碧…白雪之白耶
浩浩…芳淸江之…泛江桂棹芳
北時泰山老時路遊閣談芳月山東風
風之徐徐芳五柳先生覺非淸江之浩
浩芳藕子與客風流池塘之深深芳是
瀟溪之所樂綠竹之綠綏芳爲君子之
非俗青松之靑靑芳洗耳處士爲友明
月之明明落日太白之所指耳得爲聲

①

目色盡是開讌古仙

萬里白雲絢紛方千山歸鳥飛飛絲東

山欲登明明方西峯何事遊遞路

歡道儒心参

山河大達盡歸此道其源極深其理基

遠回我心桂乃如道味一念在兹萬事

如意消除濁氣紀養淑氣非徒心至惟

在正心隱隱聰明仙出自然來頭百事

同歸一理他人細過勿論我心我心小

②

慧以施於人如斯大道勿誠小事臨勳

壺料自然有助風雲大手隨其器局玄

機不露勿為心慧功成他日好作仙緣

心方本虛應物无遊心慘來而知德德

惟明而是道在德不在於人佳信不在

於工在近不在於遠山外更見山

然而其然似遠而非遠

總得一條路步步泄除難山外山

水外又凌水幸渡永外水僅越山外山

③

直到野廣豪始覺有大蓮苦待春消息

春光終不來非無春光好不來卻非時

花到當來節不待自然來春風吹去夜

萬木一時知一面一花開二日二花開

三百六十日三百六十開一身皆是花

一家都是春

誰中有仙酒可沽百萬人釀出千年商

藏之備用處无慾一開封兼散喉亦尊

今我為道者守口如此瓶

④

訣

問道令日何所知意在新元羹致年疼

切幾時又作時莫為惆晚其烏然時有

其時恨奈何新朝唱龍待好風去藏西

此靈在尋後知吾家此日期春來消息

應有知地上神儌閣為遊此日此時靈

友會大道其中不知心

偶吟

南辰圓蒲北河回大道如天脫靭床鏡

① 投萬里眄先覺月上三更意忽開何人
得雨能人沽一世從風仕丟來百憂歷
埃吾欲㳽飄熱騎鶴向仙臺清宵月明
無他意好笑言古來風人生世間有
何得問道今日授與受有理其中姑未
覺志在醫門必我同天生萬民道又生
咎有氣像吾不知過子肺腑污地志大
小事何疑不在馬上寒食非故地欲歸
吾家友普尊義與信芳又檀智兒作吾

② 右一會中來人去人又何時間坐閑談顔
上方世來消息又不知其然非然聞歡
先臺樓西山諸益會善之不廢卞名不秀
何菜此地好相見談且書之意益深不
是心泛久不此又作他鄕賀者麗矣豪
庭吾何嘗願鳴窒莆應知
不見天下閑九州空使男兒心上遊態
流覽非洞庭湖坐揚疑太陽流照影
征忠者然然聞疑隨太陽流照影

③ 八節
又
不明之때在遠不求而修我不知德
之所在欲言浩而難言不知命之所在
顧吾心之明明不知道之所在度吾心之不失
之一如之不知誠之所致吾心之悟味不知畏
不知敬之所爲吾心之不知信
之所爲念至公之無私不知心之得失
察晦塞之公私

④ 題書
不知明之所在送余心於其地不知德
之所在欲言浩而難言不知命之所在
輕香然然授受不知道之卟在我爲我
而非他不知誠之所致是自知而自息
不知敬之所爲吾心之悟味不知畏
之所爲無罪地而如罪不知心之得失
在今思而眜非
得輝光難實是非難心和氣知以待春和

①

詠宵

如蘇俗諺翻覆態
高明隋漢殿此
心惟有清風知
倒水魚爲蝶月也入海彎
送白雲使藏墨面邊花
笑杜鵑嗁鳳鳳
臺後鳳凰遊白鷺渡江
梨影去皓月欲近鞭雲飛無蹤
有與風導林虎故徒風風
來看遠丢去
迹月前顧後每是前烟逕去路踏无踪
雲如峯上尺不高山在人多不曰仙十爲

②

地亡了未謂軍月夜溪石去雲數風庭花
枝舞蝴尺人八旁中風出外舟行岸頭
山桑水
花扉自開春風來竹簾輝踈秋月去影
沉綠水衣燕濕鏡對佳人語不和勿冰
脫藥美利龍閨門犯虎邪無樹
半月山頭梘傾蓮水回角
烟鎖池塘柳燈增海棹鈞
照明冰上無嫌陳桂似枯形力有餘

③

筆法

修而成於筆法其理在於一心象吾國
芝未局歌不失枯三絕生於斯得扵斯
故以爲先東方愛人心之不同無裏表
於作制安心正氣始盡萬法在扵一點
前期柔枯筆毫腐墨數斗可止擇紙厚
雨成字海有達扵大小先始歲而主正
形如泰山層巖

④

流高吟

高峯崎立摩山統章之像流水不息百
川都會之意明月歐蒲知節符之分合
黑雲騰空似軍伍之嚴威地納真土三
毅之有餘人修遠德百用之不紆
偶吟
風邊雨過枝羽雨霜雪來風雨霜雪過
去後一樹花翁萬世春

①

通文

右文爲通諭事當初敎人之意病人勿
藥自效小兒御筆輔驗化善其中豈非
世美之事耶已過數年吾無楊生之疑
不意受辱於治賊之下者此何厄也是
所謂難測者惡言不施者善行若此不
己則無根説話去益撗末流之稿不
知之至於何境況此若是善道同歸於西
魔之學坊非羞恥之事耶何以象檀義

②

之願何以恣吾家之藥乎自此以後雖
親戚之病勿爲敎人而皆曾傳道之人
藥盡極頁通于此意盡爲棄道更無
受辱之弊故益明敎行書布以示之于
萬幸甚

③

通諭

豈无通諭之事而二有不然之端故三
有不得已之行四有不忍惜之書千萬
深量無書中一失施行如何前歲仲冬
之行本非遊江上之淸風與山間之明
月豈其世蓮之乘常惟其指目之嫌修
其無極之大道惜其初意只在此山客
喻幾至五朔八境之内歲援月
不知審深之慶童應指撝藥之行一以

④

即工課之慚弛一以閒家事之否安心
肩消遣之意此日之光景露雖扵三岐
遐名扵一世人心之故耶當
初不善處十之故耶各慮諸益或有事
而來或無事而從関風而一主會不知
而慶者半客亦自知其一至扵學論
槩此將奈何如許窮山負谷饕實之道
都不過一二三家而已宅若慶多則其
或不然而産若饒居則窟中有樂然而

①

況此若然之中老人以詩而心動少年
以禮而頭於何者以詩心動郁非心動
學勤蚨訣之心地以禮強挽不曾強挽
難忍謀忠之誼忽主人就能無子貢之
心從客亦誤知孟嘗之禮豈不歡羨堂
不惜武雖有張度之資吾不壞吾軰雖
有百緒之憂人盍忘人事若此不已則
末由耶當此霖雨之節揚風灑雨草長
之事耶當此霖雨之節揚風灑雨草長

②

衣添不足惜也竟顧良朋之懸望在
不已之中故益以數行書慰以諭之以
此怨諒如何歸期似在初冬勿為苦倭
極為修道以待良時好面千萬企望

③

祠德式人有願入者則先入者傳道
之時正衣冠禮以授之事
入道式入道之時或向東或向此設
位致誠行杞焚香四拜後以初入呪文
敬以爱之事
致祭式入道後致祭節次設　位四拜
後讀祝而即誦　降靈呪及本呪文事
祭需式　設其醴酒餅蔘魚物菓種脯
醢菜蔬香燭用之兩以肉種論之雖則

④

例用猪則或用祭需之多少隨其力
行之此
先生布德之初以牛羊猪肉通用矣至
扗癸亥八月　先生顧子傳道之日此
道無儒佛僊三道之　教故不用肉
種事

① 於戲 先生布德當世恐其聖德之有
誤友子燮親與時亨常有憂撝之學
有志未就越明年甲子 先生不幸
運否歲久道微追將十八年之久矣至
柘庚辰時亨極念前日之 教育謹與
同處發論詢約新為開刊而書或有漏
闕卷不過幾許然而彌留自丁友季冬
至柘戊子秉孱心尚慨忘其孤陋謹
與八九諸益於同極力大成剞劂之功

② 并以二秋真諺卽為重刊以著无極之
經編是亦吾道之一幸接中之大事也
故豈非慕 先生之教而遂弟子之
願恭

③ 戊子季春 北接重刊

④ 東經大全終

①

辛卯版
東經大全

②

東經大全 目錄

天德文 … 全單
論學文　　題書
修德文　　通文
不然其然
祝文　　　詠宵
　　　　　八節
數道儒惹心

③

降詩　　　筆法
立春詩　　流高吟
絕句　　　偶吟
座箴　　　通文
和訣詩　　通諭
訣
偶吟

④

布德文

盖自上古以來春秋迭代四時盛衰不遷不
易是亦天主造化之迹昭然于天下也愚
夫愚民未知雨露之澤知其無爲而化矣自
五帝之後聖人以生日月星辰天地度數成
出文卷而以定天道之常然一動一靜一盛
一敗付之於天命是敬天命而順天理者也

①

故人成君子學成道德道則天道德則天德
明其道而修其德故乃成君子至於至聖豈
不欽歎哉文此搖近以來一世之人各自爲
心不順天理不顧天命心常悚然莫知所向
矣至於庚申傳聞西洋之人以爲　天主之
故人不取富貴攻取天下立其堂行其道故吾
亦有其然豈其然之疑不意四月心寒身戰

②

疾不得執症言不得難狀之際有何仙語忽
入耳申驚起探問則曰勿懼勿恐世人謂我
上帝汝不知上帝耶問其所然曰余亦無功
故生汝世間教人此法勿疑勿疑曰然則西
道以教人乎曰不然吾有靈符其名仙藥其
形太極又形弓弓受我此符濟人疾病受我
呪文教人爲我則汝亦長生布德天下矣吾

③

亦感其言受其言待書以春服則潤身差病方
乃知仙藥類到此用病則或有差不差故莫
知其端察其所然則誠之又誠至爲　天主
者每下有中不順道德者一口無驗此非受
人之誠敬耶是故我國惡疾滿世民無四時
之安是亦傷害之數也西洋戰勝攻取無事
不成而天下盡滅亦不無脣亡之歎輔國安

④

許將安出哉噫於今世人未知時運聞乎
言則入則心非出則卷議不順道德甚耶
世賢入聞之其或不然而吾恐歎世則人
奈忘略記出論而示之敬受此書鑄我訓辭

論學文

夫夫道者如無形而有迹地理者如廣大而
有方者也故天有九星以應九州地有八方

① ② ③ ④

①

如露蕓生莫知其端或云
矣四時盛衰風露霜雪不失其時不變其
爲五行之氣天地人三才之數於斯可見
五行者何也天爲五行之綱地爲五行之質
惟人敢靈者也故定三才之理出五行之數
之璜金陽相均雖百千萬物化出於其中運
以庶八卦而有盈虛迭代之數無動靜變易

②

化工之迹然而以恩言之惟爲不見之事以
工言之亦爲難狀之言何者於古及今其中
未必者也夫庚申之年遽已之月天下紛紛
民心殽薄莫知所向之地又有惟遷之說崩
騰于世間西洋之人道成立德及其造化無
事不成攻鬪干戈無人在前中國消滅豈可
無啓亡之患耶都緣無他斯人道猶西道學

③

無窮□□之道修而煉之制其文教人五其
而問曰可爲若然也曰吾也及於
知之知天地而無知鬼神□□者吾也
教祿之不見聽之不聞心尚性誚修心正氣
之際身多戰寒外有挺盜之氣內有降話之
耶舉身此一□不已故吾亦悚然只有恨生晚
稱 天主教則聖教此非知天時而受天命

④

決布德則令汝長生昭然于天下矣吾亦發
至一歲修而度之則亦不無自然之理故一
故作呪文一以作降靈之法一以作不忘之
斷次第道法猶爲二十一字而已轉至辛酉
西方賢士進我而問曰今天靈降臨先生何
爲其然也曰受其無往不復之理曰然則何
道法治之曰天道也曰與洋道無異者乎曰

① ② ③ ④

②

② 法布德則令汝長生昭然于天下矣吾亦幾
至一歲修而度之則亦不無自然之理故一
以作呪文一以作降靈之法一以作不忘之
詞次第道法猶爲二十一字而已轉至辛酉
西方賢士進我而問曰今天靈降臨先生何
爲然也曰受其無往不復之理曰然則何
道以名之曰天道也曰與洋道無異者乎曰

① 種 天主教則聖教此非知天時而受天命
耶擧此一己不已故吾亦悚然只有恨生晚
之際身多戰寒外有接靈之氣內有降話之
敎雖之不見聽之不聞心尚怳訝修心正氣
而問曰可爲若然也曰吾心即汝心也人何
知之知天地而無知鬼神乎者吾也及
無窮乎己之道修而煉之制其文敎人五其

③ 洋學如斯而有異如呪而無實然而運則一
也道則同也理則非也曰何爲其然也曰吾
道無爲而化矣守其心正其氣率其性受其
敎化生於自然之中也西人言無次第書無
皀白而頓無爲天主之端只祝自爲身
謀身無氣化之神學無天主之敎豈可
迹如思無呪神學非天主豈可謂

④ 受吾亦作於東受於東道雖天道學則東學
况地分東西西何謂東東何謂西孔子生於
魯風於鄒鄒魯之風傳遺於斯世道受於
斯豈可謂以西名之者乎天生之字故以呪言之之
意何也曰至今有古之有曰降靈之文何爲其然也曰至

①

若極焉之謂至氣者虛靈蒼口

事不命然而如形而雖狀如聞而難見是亦

渾元之一氣也今至者於斯入道知其氣機

者也願爲考諸祝之意也大隋者氣化之顧

世卑者内有神靈外有氣化一世之人各知

不淺者也主者猶其尊而與父母同事者也

走化焉無爲而化也定者合其德定其心也

②

來世者人之平生也不惡者存惡之意也萬

事者數之多也知者如其道而受其命也故

明曰其德惡乎不忘剛至化至於至聖

曰天心即人心則何有善惡也曰至於至聖

賤之殊定其人苦樂之理然而君子之德

者亞而心有定故與天地合其德小人之德

氣亦不正而心有惡故與天地違其命此非盛

③

襄之理聽曰下世之人何不敬

賜遽晞六人之常情而命乃使忝天生萬民

古之聖人之所謂而尚金殭歸然而似然非

然益間束知詳然之故曰斁道者何也曰

猶或可也曰何以可也曰吾道全不開古不

聞定豈今不比古此之法也修者如虛而

有賢聞者如算而有虛也昏及道所歸皆何

④

也曰斯人者不足舉論也曰胡不舉論也曰

敬而遠之曰前何心而後何心也曰草上之

風也曰然則何以降靈也曰不擇善惡也曰

無害無德耶曰堯舜之世民皆爲堯舜斯世

之運與世同歸有害有德在於　天主不在

於我也一亡兔心則害及其身未詳知之然

而斯人享福不可使聞於他人非君之所問

② 失玄機

修德文

元亨利貞天道之常惟一執中人事之察故
生而知之夫子之聖質學而知之先儒之相
傳雖有困而得之淺昆薄識皆由扵吾師之
聖德不失扵先王之古禮余出自東方無了
度日僅保家聲永免寒士先祖之忠義節有

① 也非我之所關也嗚呼噫口諸君之間道何
若是明明也雖我拙文未及扵精義正宗然
而繼其人修其身養其才正其心豈可有岐
貳之端乎凡天之無窮之數道之無極之理
皆載此書惟我諸君敬受此書以助聖德扵
我此之則悅若甘受和自受采吾今樂道之
勝欲歎故論而言之論以示之明而...

③ 餘扵龍山吾玉之聖德歲復回扵壬丙若是
餘隆不絕如流家君出世名盡一道無不士
济之共知德承六世豈非子孫之餘慶噫學
士之平生先陰之春夢年至四十工知芭蘿
之邊物心無青雲之大道一作以歸去來之
聯一以詠覺非是之句襲節理屢悅若麗士
之行出高冰長莫非先王之風龜尾之所...

④ 倅石月城金鰲之北龍湫之清渾實溪本郡
馬龍之西園中桃花恐知燕子之舟屋前溪
淡意在太公之釣檻臨池塘無違灘溪之志
亭號龍澤豈非慕葛之心難禁歲月之如流
哀臨一日之化仙孤我一命至二八何以
知之無異童子先考平生之事業無痕扵火
中子孫不肖之餘恨落心扵世間豈不痛哉

①

豈不惜共心有家庭之業安知稼穡之役書
無工課之篤意墜青雲之地家產漸裹未知
末稍之如何年漸衰可歎爭勢之將拙
難八字又有寒說之慮念來四十豈無不成
之歎巢穴未定誰于天地之廣火所業交遷
自樽一身之難藏自是由來攄脫世間之紛
誤賣去曾海之閒締龍潭古舍家慶之云

②

東都新府惟我之故鄉率妻子遷巢之日已
未之半月乘其運道愛之節庚申之十月是
亦愛築之事難狀之言察其易卦大定之數
審誦三代教矢之志却修而煉之莫非自然之從
命自歎後學之志却修而煉之莫非自覺
來夫子之道則一理之所定也去其燒誄則事理之常
道則大同而小異也去其燒誄則事理之常

③

然察其古命則人事之所爲朱意布德之心
極念致成之端然而殞留更逢辛酉時惟六
月序屬三夏良朋滿座先定其法賢士問我
又勸布德會藏朱死之樂朵乙其形日綱長
生之吮三七其字開門納客其數其然肆是
設法其味其如冠子進退說若有三千之班
童子莘莘依然存有六七之詠年高於我是亦

④

子貢之禮歌詠而歎豈非佯尼之徒仁義禮
名先聖之所教修心正氣惟我之更家一番
致祭末侍之重盟萬惑罷去守誠之故也衣
冠正齊君子之行路食乎後麼火之事道家
不食不西是之惡肉陽身所害又棄泉之急
坐有朋妻之防集國大典之所禁臥高聲之
誦晚我誠道之太慢然而肆是爲之則美

①

共吾進之行投筆成字人亦疑王義之迹聞

口唱韻執不服樵夫之前戲佯斯火慈不及

石氏之賢極誠其兒更不襲司曠之聽客貌

之幻戀意佯風之吹臨宿病之自效忘慮貌

之良名雖然道成立德在誠在人或聞流言

而修之或聞流吮而誦焉豈不非武敢不闕

然惟古我恩應日不切怵杉聖德或恐有誤

②

是亦不面之致也多數之故也遠方照應而

亦不堪相思之懷近欲敘情而必不無指目

之嫌故作此章布以示之賢我諸君慎聽吾

言大抵此道心信爲誠以信爲幼人而言之

言之其中曰可曰否取可退否再思心定定

之後言不信曰信如斯修之乃成其誠口與

信令其則不遠人言以成先信後誠吾今明

十四　一

③

諭豈非信言敬以誠之無違訓辭

不然其然

歌曰而千古之萬物兮各有成各有形所見

以論之則其然而似然所自以度之則其遠

而甚遠是亦杳然之難測我思我則

父母在玆後恩後則子孫存彼來世而比之

則理無異於我則我夫世而尋之則感難今

④

於人爲人謄知識之材度今由其然而看之

則其然如其然撼不然而思之則不然于不

然何者太古今矣皇氏豈爲人豈爲王斯人

之無根今胡不曰不然也世間孰能無又兵

之人孝其先則其然其然之故也然

而爲世作之君作之師君者以法遣之師者

以禮教之君無傳偉之君尙法綱何受師無

十五　一

①

受訓之師而禮義安效不知也不知也生以
處之而然耶無爲化也而然耶以知而言之
心在於暗口之中以化而言還於茫
之間夫如是則不知不然故不曰不然乃知
其然故乃恃其然者也於是而擴其末寃其
本則物爲物理爲理之大業幾達矣矧況又
斯世之人今胡無知□□□數定之幾年今

②

運自來而復之古今之不變今豈謂運豈謂
復於喬嶽之不然今數之而明之記之而鑑
之四時之有序今胡爲然胡喬然山上之有
水今其可然其可然赤子之稱稱今不言知
夫父母胡無知□□斯世人今胡無知聖
人之以生今河一清千年運自來而復數水
自知而愛歟耕牛之間言今如有心如有知

③

以力之足爲今何以苦何以死爲子之反哺
今彼亦知夫孝慈玄鳥之處主兮貪亦歸貪
赤歸是故難必者不然易斷者其然比之於
究其遠則不然又不然之事件之於造
物者則其然□□又其然之理哉

④

祝文

生居朝鮮忝處人倫 郎廳
天地盖載之恩荷蒙日月照臨之德未暇歸
眞之縣久沉苦海心多忘失今玆聖世道
覺 侍先生懺悔從前之過願隨 一切之書
永侍不忘道有心學幾至修煉今以吉
朝良辰净蒜道場謹以清酌庶需 奉請

①
本呪文

至氣今至四月來

降靈呪文

先生呪文二章

饗

尚

②
侍　天主令我長生　無窮口口　萬事知

第子呪文　三章

初學呪文

爲　天主顧我情永世不忘萬事宜

降靈呪文

至氣今至顧爲大　降

本呪文

十八

③
侍　天主造定永世不忘萬事知

降詩　一句

圖來三七字降盡世間魔

立春詩　一句

道氣長存邪不入世間衆人不同歸

絶句二首

④
河清鳳鳴孰能知　運自何方吾不知平生受

命千年運聖德家承百世　龍潭水流四海

源會岳春回一世花

又

不見天下聞九州　空使男兒心上遊聽覺

非洞庭湖坐榻　在岳陽樓吾心極思者然

閒隨太陽流照影

十九

塵箴四句

吾道博而約不用多言義別無他道理誠敬

信三學這裏做工夫透後方可ᄒᆞ不怕塵念

起惟忠賢來知

和談詩十八句

方方谷谷行行盡水ᄂᆞᆫ山ᄂᆞᆫ箇ᄂᆞᆫ知老鶴生

子布天下飛ᄒᆞ飛來ᄒᆞᆷ仰極運ᄒᆞ還ᄒᆞ得吾

時云時云覺者區分鳳分賢者河分河分聖

人秦宮桃李天ᄂᆞᆫ令智士男兒藥我萬整

千ᄒᆞ高高令一登二登小小吟明明其還各

各明同同學味念ᄂᆞᆫ同萬年枝上花千孫四

海雲中月一鑑登樓人如嶺背仙泛飛馬若

天上龍人無孔子意如同書非萬卷志能大

松松栢栢青清立枝ᄂᆞᆫ葉葉萬萬節片片飛

飛ᄂᆞᆫ紅花之紅耶枝ᄂᆞᆫ發發ᄂᆞᆫ綠樹之綠耶

罪ᄂᆞᆫ紛紛令白雲之白耶浩浩茫ᄂᆞᆫ令清江

之清耶淺ᄂᆞᆫ桂棹兮波不與沙十里路柳開

談ᄉᆞ月山東風죄時秦山之時ᄂᆞᆫ芳夫ᄉᆞ登

臨何時清風之徐徐令五柳先生覺非淸江

之浩浩令蔡子與客風流泄塘之深深令ᄉᆞ

應渡ᄎᆞ所義經竹之綠ᄂᆞᆫ令爲君子之非ᄒᆞ

古令ᄒᆞᄒᆞ

訣六句

問道今日何所知意在新元癸友年成功業

時文作時莫爲候曉其爲然時有其時恨奈

何新朝哨韻待好風去ᄒᆞᆷ西北靈友尋後知

今日太白之所抱耳得爲聲目色盡是閒談

青松之靑ᄂᆞᆫ令洗平虜主爲友明肩之明明

①
好言古來風人生世間有何得問道今日何
活一世從風佐去萊濤霽月明無他意好笑
里時先覺月上三更意忽闊何人得雨能人
南辰圓滿北河回大道如天脫刼灰鏡投萬
偶吟日齋
爲近此日此暝靈友會太道其中不知心
吾家此日期奉來消息應有知地上神仙聞

②
然開欲先雲卷西山諸益會善不處下不
同尘開談願上才世來消息交术知其然非
又寒智兀作吾若一會中來人去人又何時
上寒食非古地欲歸吾家友昔事義與信今
不處遇于肺腑無違志大小事間疑不在馬
堅固必我同天生萬民道又生各有氣像吾
得問道今日授與受有理其中姑未覺志在

二十二

③
濁氣兒養激氣非徒心至惟在正心隱障
我心柱乃知道味一念在兹萬事如意消除
山河大運盡歸此道其源極深其理甚遠固
歎道儒心急
何藥鳳鳴同室爾應知
心泛久不此又作他鄉賢友看鹿失秦庭吾
秀何來此地好相見談且書之意益深不是

④
近不在於遠在誠不在於求
明而是道在德不在於人在信不在於
綠心令是道在德不露勿為心急日好作仙
器局令本虛應物無迹心修來而知德惟
誠亦事臨懃盡料自然有助風雲大手隨其
勿論我心我心小慧以施於人如斯大道勿
明仙出自然來頭百事同歸一理他人細遇

二十三

①

得難求難實是非難心和氣和以待春和
八節二首
不知明之所在遠不求而修我不知德之所
在料吾身之化生不知命之所在顧吾心之
明闕不知遠之所在庶吾信之□如不知誠
之所致幾吾心之不失不如懼之所爲暫不

②

飛於慕仰不知五歲之所爲念至公之無私
又
不知心之得失察用處之公私
不知明之所在於送奔心於其地不知德之所
在欲言浩而難言不知我爲我而非他不知誠
授受是自抑而自怠不知敬之所爲恐吾
之所致是自抑而自怠不知敬之所爲恐吾
二十四

③

心之悟昧不知是之所爲無罪地而如罪不
知心之得失在會思喘眛非
詠脊
也羞俗昧翻覆一生高名廣漠殿幽心惟
肴清風知送白雲使藏玉面蓮花倒水魚鳶
蝶月色入海水地杜鵑花笑杜鵑啼鳳鳳
臺後鳳凰遊白鷺渡江乘影去皓月欲逝鞭

④

雲飛魚變成龍潭青魚遵林虎姑養風日
秦音遠去無跡月前顧後每是前煙遠去窮
蹄無跡雲加峯上天不高山在人多不日仙
十駕皆丁未謂軍月夜溪石去雲數風庭花
樓變蝴尺人入房中風出外舟行岸頭山來
楷扉自開春風來竹離無疎秋月去影沉綠
求
二十五

IV. 자료 —— 573

①

水衣無濕鏡對佳人喜不和多水脫泰美利

龍問門犯虎邪無樹

半月山頭梳遶水面扇

烟鑽池塘柳燈增添棹釣

燈明水上無螢隙柱似枯彤力有餘

鑚得一條路岑法陰難山外更見面九外

不逢水峯渡水外水僅越山外門且到野慶

②

處始覺有大道苦待泰消息春光終不來非

無春光好不來卽非時荄到當來節不待自

然來春風吹去夜萬木一時知一日一花開

皆是花一家都是春

二日三花開三百六十日三百六十開一身

瓶世有仙酒可活百萬人釀出千年曾藏之

備用處無然一開封臭散味尔薄今我爲道

二十六

③

修而成於筆法其理在於一心象吾國之本

偶吟

者守口如此瓶

一樹花發萬歲春

決筆

風過雨過枝風雨霜雪來風雨霜雪過去後

局數不失扵三絶生扵斯術扵斯故以爲先

④

東方愛人心之不同烹棄表於作制安心正

氣始盡書決在於一點前期柔於筆毫磨墨

數斗可也擇紙房而成字法有違扵大小先

始威而圭止形如泰山碞巖

流高吟

高峯屹立發出紀率之懷流水不息百川都

會之意明月趙薄如節夫之分合黑雲騰空

二十七

維率但之嚴威地納莫土五穀之有餘人修
道德百用之不外

通文

右文爲通論事當初教人之意病人勿藥自
效小兒得筆輔聰化善其中登非世美之事
耶已過數年吾無榻生之疑不意受厚於治
蕘之下者此何厄也志所講難桑治惡言不

施者害行若此不已則無根說話去益搆程
末流之禍不知至於何境況此若是善道同
歸扵西更之學切非羞耻之事耶何以泰禮
義之鄉何旦雜吾家之業乎自此以後雖親
戚之病勿爲教人而曾者傳道之人竊查極
覓通于此意盡爲棄道更無受辱之弊故玆
明數行書希以示之千萬幸甚

通論

壹无通論之事而二有不然之端故三有不
得已之行四有不忍惜之書千萬深道無書
中一失施行如何前歲仲冬之行本非遊江
上之清風與山間之明月察其世道之乖常
惟其指目之嫌修其無極之大道惜其布德
之心歲換月躥幾至五朔入境之初意只在

此山客不知雲深之處童蒙招採藥之行一
以助王課之懶弛一以開家事之否安心有
清道志意此日之光景露蹤扵一世人心不
知我心之故所當初不善處下之故耶各處
益或有事而來或無事而從聞風而來者
半學論而處者半客亦自知其一主會不知
其數此將奈何如許窮山貪谷饗客之道都

①

不過一二三家而己宅若處多則其或不然
而產藷饒居則窘中有藥然而況此若然之
中老人以詩而心動少年以禮而強捄何者
以詩心動都非心動學勸捄之心也以禮
強挽不當強挽忍謀患之詿也主人就能
無孟貢之心從客亦誤知孟嘗之體豈不歎
我章不惜哉雖有裵度之貿吾不堪吾事雖

②

有百結之憂人亦忘人事若此不已則末由
不知可瑗故不日發程豈非悶然之事耶當
此淙雨之節揚風灑雨草長衣添不足惜也
竟顧良朋之懸望怊在不巳之中故兹以數
行蕪慰必諭之以此怨諒如何歸斯似在初
冬勿爲苦俟極爲修道以待良時好面千萬
企堅

③

東經集大全單

辛卯仲春重刊

● 임진판 성경대전(1892)

①

聖經大全

布德文

不易是亦

盖自上古以來春秋迭代四時盛衰不遷

天生主 造化之跡昭然于天下也愚夫愚民

未知雨露之澤知其無爲而化矣自五帝

之後聖人以生日月星辰天地度數成出

文卷而以定天道之常然一動一靜一感

②

一歟付之於天命是敬天命而順天理者

也故人成君子學成道德道則

天德明其成道而修其德故乃成君子至於

至聖豈不欽噫哉又此挽近以來一世之

人各自爲心不順天理不顧天命心常懍

然莫知所向矣至於庚申轉聞西洋之人

以爲

民生之意不取富貴故取天下立其臺行

③

其道故吾亦有其然豈其然之疑不意四

月心寒身戰疾不得執症言不得難狀之

際有何仙語忽入耳中驚起探問則曰勿

懼勿恐世人謂我

上帝汝不知 上帝耶聞其所然曰余亦

無功故生汝世間教人此法勿裁勿起曰

然則西道以教人寺曰不然吾有靈符其

名仙藥其形太極又形弓弓受我此符濟

④

人疾病受我呪文教人爲我則汝亦長生

布德天下矣吾亦感其言受其符書以飮

服則潤身差病乃知仙藥矣到此用病

則或有差不差故莫知其端察其所然

誠之又誠至爲

天生主 者每每有中不順道德者一

此非受人之誠敬耶是故我國惡疾滿世

民黎四時之安是亦傷害之數也西洋

①

以示之敬受此書欽哉訓辭

不然而吾將慨嘆世則無奈志晷記出論

巷議不順道德甚可畏也賢者聞之其或

人未知時運闔我斯言則入則心非出則

亡之轍輔國安民訐将安出惜哉扵今世

勝攻取無事不成而天下盡滅亦不無唇

三

②

經

地為五行之質人為五行之氣天地人三

出五行之數五行者何也天為五行之綱

靜愛易之理陰陽相均錐百千萬物化出

扵其中獨惟人最靈者也故定三才之理

八方以應八卦而有盈虛迭代之數無動

而有方者也故天有九星以應九州地有

夫天道者如無形而有跡地理者如廣大

③

或云

不失其時不愆其序如露蒼生莫知其端

才之數扵斯可見矣四時盛衰風露霜雪

人異

之恩或云化工之迹然而以恩言之

惟爲不見之事以工言之亦爲難狀之言

何着扵古及今其中未必者也夫庚申之

年建巳之月天下紛亂民心淆薄莫知所

向之地又有怪違之説崩騰于世間西洋

④

正氣而問曰何爲若然也曰吾心即汝心

之教視之不見聽之不聞心悸怪訝修心

之際身多戰寒外有接靈之氣内有降話

舉此一一不已故吾知天時而受天命耶

敎則

患耶都緣無他斯人道稱西道學稱

于戈無人在前中國燒滅豈可無唇亡之

之人道成立德及其造化無事不成攻闘

五

①
也人何知之 知天地而無知鬼神 鬼神者
吾也 及汝無窮 無窮之道 修而煉之 制其
文教人 正其法布德 則令汝長生 昭然于
天下矣 吾亦幾至一歲 修而度之 則亦不
無自然之理 故一以作降靈
之法 一以作不忘之詞 次第道法 猶爲二
十一字而已 轉至辛酉 四方賢士進我而
問曰 今天靈降臨

②
【天主】
先生 何爲其然也 曰受其無往不復之理
曰然則何道以名之 曰天道也 曰與洋道
無異者乎 曰洋學如斯而有異 如呪而無
實 然而運則一也 道則同也 理則非也 曰
何爲其然也 曰吾道無爲而化矣 守其心
正其氣 率其性受其教 化出於自然之中
也 西人言無次第 書無皀白 而頓無爲
天主之端 只祝自爲身之謀 身無氣化之
〔六〕

③
【神學無】【天主】【天主】【東何謂西】
神
學無天主之教 有形無迹 如思無呪 道近虛无
學非
天主之教有形無迹如思無呪道近虛无
天主豈可謂無異者乎 曰同道言之則名
其西學也 曰不然 吾亦生於東受於東 道
雖天道 學則東學 況地分東西 西何謂東
東何謂西
孔子生於魯風於鄒 鄒魯之
風傳遺於斯世 吾道受於斯布於斯 豈可

④
【為】【天主】
爲
謂以西名之者乎 曰呪文之意何也 曰至
天主之字 故以呪言之 今文有古文有 曰
降靈之文 何爲其然也 曰至者極焉之爲
至氣者虛靈蒼蒼 無事不涉 無事不命 然
而如形而難狀 如聞而難見 是亦渾元之
一氣也 今至者於斯入道 知其氣接者也
願爲者 請祝之意也 大降者 氣化之願也
〔七〕

①

侍者內有神灵外有氣化□世之人各知
不後者也主者猶其尊而與父母同事者
也造化者無為而化也定者合其德定其
心也永世者人之平生也不忘者存想之
意也萬事者數之多也知者知其道而受
其知也故明明其德念念不忘則至化至
氣至於聖曰天心則人心則何有善惡
也曰命其人貴賤定其人苦樂之理

②

然而君子之德氣有正而心有定故與天
地合其德小人之德氣不正而心有後故
與天地違其命此非盛衰之理耶曰一世
之人何不敬
□□主曰臨殃號天人之常情而命乃在
天天生萬民古之聖人之所謂而尙今彌
留然而似然非然之間未知許然之故也
曰毁道者何也曰猶或可也曰何以可也

③

曰吾道今不聞古之事今不此古不
此之法也修者如虛而有實聞者如實而
有虛也曰反道而歸者何也曰斯人者不
足舉論也曰胡不舉論也曰敬而遠之曰
前何心而後何心也曰草上之風也曰然
則何以降靈也曰不擇善惡也曰無害無
德耶曰堯舜之世民皆為堯舜斯世之運
與世同歸有君有德在於

④

□□□不在於我也一一究心則害及其身
未詳知之然而斯人享福不可使聞於他
人非君之所關也非我之所關也嗚呼噫
惡諸君子之間道何若是明明也雖我拙文
未及於精義正宗然而矯其人修其身養
其才正其心豈可有岐貳之端乎凡天地
無窮之數道之無極之理皆載此書惟
我諸君敬受此書以助聖德於我此之則

悅若甘受和白受乘吾今樂道不勝欽嘆

故論而言之論而示之明而察之不失玄

儀

元亨利貞天道之常惟一執中人事之察

俟德文

故生而知之夫子之聖賢學而知之先儒

之相傳雖有困而得之淺見薄識皆由於

吾師之聖德不失於先王之古禮余出自

東方無了度日僅保家聲未免寒士先祖

之忠義節有餘於龍山吾王之盛德復

回於于丙若是餘陰不絕如流家君出世

名盡一道無不士林之共知德承六世豈

非子孫之餘慶憶學士之平生光陰之春

夢年至四十工如芭籬之遣物心無青雲

之大道一以作歸去來之辭一以詠覺非

是之句携筇理履悅若處士之行山高水

長莫非先生之風龜尾之奇峯怪石月城

金鰲之北龍湫之清潭寶溪古都馬罷之

西園中桃花恐知漁子之舟屋前滄波意

羌太公之釣檻臨池塘無違濂溪之志亭

號龍潭豈非慕葛之心難禁歲月之如流

襄臨一日之化仙孤我一命年至丰兵何

以知之無異童子先考平生之事業無痕

於火室子孫不肖之餘恨落心於世間豈

不痛哉豈不惜哉心有家庇之恭安知稼

穡之役書藥工課之篤意隆青雲之地家

産漸衰未知末稍之如何年光漸益可數

①

身勢之將拙料難八字又有寒飢之慮念
來四七豈無不成之嘆巢穴未定誰云天
地之廣大耶業炎違自憐一身之難藏自
是由來擺脫世間之紛挽責去胷海之弸
結龍潭古舍家嚴之丈席東都新府惟我
之故鄉亭妻子還僂之日己未之十月兼
之運道受之節庚申之四月是亦夢寐之
事難狀之信寮其易卦大定之敎審誦三

②

代敬天之理术是乎惟知先儒之從命自
歟後學之忘却修而煉之豈非自然覺來
夫子之道則一理之所定也論其疑訝則事理之
道則大同而小異也去其疑訝則事惟我之
常然寨其古今則人事之為不意布德
之心極念致誠之端然而彌留更逢辛酉
時維六月序屬三夏良朋滿座先定其法
寶士問我又勸布德胷藏不怠之藥兮乙

③

其形口誦長生之呪三七其字開門納客
其數其然肆筵設法其味其如冠子逡退
悅若有三千之斑童子拜拱倚然有六七
之詠年高於我是亦子貢之禮歌詠而舞
豈非仲尼之蹈仁義禮智先聖之耶敎修
心正氣惟我之更定一番致祭承侍之重
盟萬惑罷去守誠之故也衣冠正齊君子
之行路食手後賤夫之事道家不食一四

④

是之惡肉陽身所署又寒泉之急坐有夫
女之防寒國大典之耶禁臥高聲之誦呪
我誠道之太慢然而肆之耶爲之則美哉
吾道之行授筆成字人亦疑王羲之跡開
口唱韻孰不脈答斯人慾不
裂若氏之賞極誠其兒更不羨司曠之聰
容貌之幻態意仙風之吹臨宿病之自效
忘盧醫之良名雖然道誠德立往誠在人

① 或聞流言而修之或聞流言而誦焉豈
非我敢不懨然懂我思靡日不㘇彬彬不
聖德或恐有誤是亦不面之致也多數之
故也遠方照應而亦不堪相思之懷近欲
敍情而必不無指目之嫌故作此章仰以
示之賢我諸君信聽吾言大抵此
道心信爲誠以信爲約人而言之言之
中曰可曰否取可退否再思心定定之後

② 言不信曰信如斯修之乃成其誠誠與信
方其則不遠人言以成先信後誠吾今明
論豈非信言敎以誠之無違訓辭

③ 歌曰而千古之萬物芳各有成各有形所
見而論之則其於而似然耶自以度之則
其遠而甚遠是亦杳然之事難測之言我
思我則父母在兹後思則于孫存彼來
無而此之則理無異於我思我去世而尋
之則惑難分於人爲人憶如斯之忖度考
由其然而看之卽其然如其然探不然而

④ 思之則不然于不然何者太古芳
皇氏豈爲人豈爲王斯人之無根方胡
不曰不然也世間孰能無父母方考其
先則其然其然又然之故也然而爲世
作之君作之師者以法造之君者以禮
敎之師而禮義安效不知也不知生以
訓之師而禮義安效不知也不知生以
知之而然耶無爲化也而然耶以知而言

①

之而明之記之而鑑之四時之有序方胡
暴之恭豈謂運豈謂復於萬物之不然方數
遠夫幾年爲運自來而復之古今之不
其末究其本則物爲物理爲理之大業幾
然乃知其然故乃恃其然者也於是而揣
莊莊之間夫如是則不知不然故不曰不
之心在於暗暗之中以化而言之理遠於

②

爲然胡爲然方山上之有水方其可緣其可
緣亦赤子之稚方不言知夫父母胡無知
胡無知斯世人方胡無知聖人之以生方
河一淸千年運自來而復欺水自知而憂
歟耕牛之聞言方如有心如有知以力之
足烏方何以啞烏子之友哺方彼
赤知夫孝悌玄鳥之知主方貧亦歸寶亦
歸是故難必者不然易辨者其然比之於

③

究其遠則不然不然又不然之事付之於
造物者則其然其然又其然之理哉

④

先天主顧我情永世不忘萬事宜
至氣今至願爲大降
侍天主造化定永世不忘萬事知

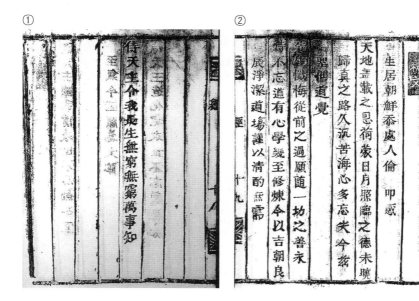

① 侍天主令我爲生無窮無窮萬事知
主義令二...

② 生居朝鮮忝處人倫　叩感
天地盖載之恩荷蒙日月照臨之德未曉
歸真之路久沉苦海心多忘失今茲
荷不忘道有心學幾至修煉伞以吉朝良
辰淨潔道場謹以清酌無需
覺世道覺
聖世道覺
覺世懺悔從前之過願隨一劫之善永

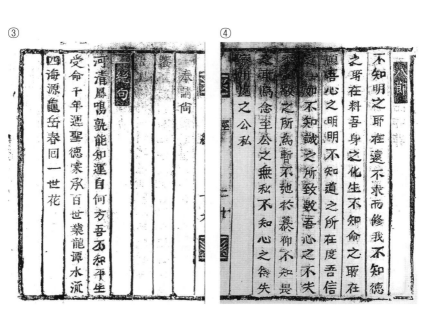

③ 四海源龜岳春回一世花
受命千年選聖德家承百世業龍潭水流
河淸鳳鳴就能知運自何方吾而知平生
絶句
饗
奏請尙

④ 不知明之耶在遠不求而修我不知德
之耶在料吾身之化生不知命之耶在
顧吾心之明明不知道之所在度吾信
之一耶不知誠之所致敬吾心之不失
不敬之所爲暫不馳於慕仰不畏
之耶爲念至公之無私不知心之德失
像明遠之公私
八節

① ②

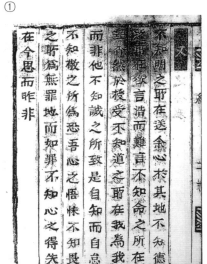

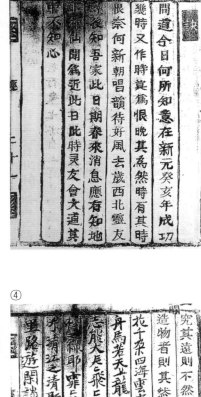

③ ④

①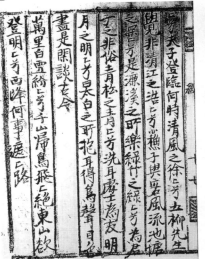

②

③

④

吾道博而約不用多言義別無他道壹誠
敬信三字這裏做工夫透後方可知不怕
臨急起惟恐覺来知

知送白雲使藏玉面蓮花倒水
月色入海雲亦地杜鵑花笑杜鵑

鳳凰臺役鳳凰遊白鷺濱江來影去皓
遊輕雲飛魚臺成龍潭有魚風導林
從風風來有跡去無迹月前顧後每
是前烟遮去路踏無迹雲加峯上尺不高
此在人多不曰仙十烏皆了未謂軍月夜
溪石去雲數風庭花枝舞蝴尺人入旁中
風出外舟行崑頭山来水
花扉自開春風来竹籬輝疎秋月去彭沉

綠水衣無濕鏡對佳人語不和勿水脫乗
美利龍間門犯虎邦無榭
半月山頭梳傾蓮水面扇
烟鎖池塘柳燈增海棹鈎
燈明禁止無嫌際柱似祐形力有餘

① 題書／立春

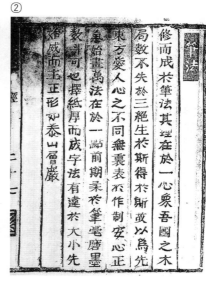

② 筆法

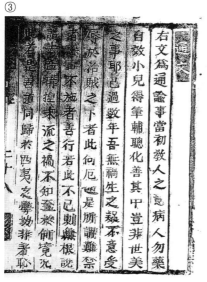

③ 通文

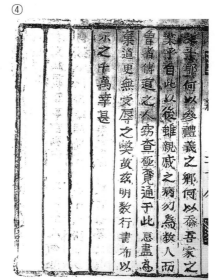

④

通論

壹 无通論之事而二有不然之端故二有

不得己之行四有不忍情之書千萬深量

無書中一失施行如何前歲仲冬之行本

此...非之靖風與山間之明乃察其世

道...歸常惟其指日之嫌修其無恒之大

職...知意其在此山客不如雲深之處童

應接採繁之行一以助工課之懶弛一以

聞家事之否安心有消遣之意此日之光

景駱蹉跎於三歧邂逅名於一世人心不知我

慮之故耶當初不善處下之故耶冬處諸

蓋或有事而來或無事而從聞風而來者

半學論而處者半客亦自知其一主會不

知其數此縣奈何許窮山貧谷饔賓之

道都不過一二三家而已宅若慶多則其

或不然而產若饒居卽窘中有樂然而況

此若然之中老人以詩而心動少年以禮

而強挽何者以詩心動都非心動學勸挽

狀心也主人孰能無于貢之心從容亦誤

知諸童之禮豈不嘆哉豈不惜我雖有表

慶恭賓主不堪吾事雖有百結之憂人亦

職...事雖此亦己則末由不知何憶故不

日發程豈非憫然之事耶當此潦雨之節

一陽廍廍兩草長衣添不足惜也竟顧良朋

之懸望恒在不己之中故茲以敎行事慰

以敎之以此怨諒如何歸期似在初冬勿

爲苦侯極爲修道以待良時好面千萬企

望

聖經大全終

壬辰重刊

①

東經大全

②

東經大全目錄

布德文
論學文
修德文
不然其然
　附
祝文
呪文
立春詩
絕句

東經大全目錄

③

降詩
座箴
和訣詩
歎道儒心急
訣
偶吟
八節
題書
詠宵
筆法

東經大全目錄

④

東經大全

布德文

蓋自上古以來春秋迭代四時盛衰不遷不易是亦
天主造化之跡昭然于天下也愚夫愚民未知雨露
之澤知其無爲而化矣
自五帝之後聖人其生日月星辰○○○○天民之化出文
卷而以定天道之常然一動一靜一盛一敗付之於
天命是敬天命而順天理者也
故人成君子學成道德道則天道德則天德明其道
而修其德故乃成君子至於至聖豈不欽歎哉

東經大全

問其所然曰余亦無功故生汝世間教人此法勿疑

世人謂我上帝汝不知上帝耶

驚起探問則曰勿懼勿恐

有何仙語忽入耳中

不意四月心寒身戰疾不得執症言不得難狀之際

之疑

貴攻取天下立其堂行其道故吾亦有其然豈其然

至於庚申傳聞西洋之人以爲　天主之意不取富

天命心常悚然莫知所向矣

又此挽近以來一世之人各自爲心不順天理不顧

二

勿疑

曰然則西道以教人乎

曰不然吾有靈符其名仙藥其形太極又形弓弓受

我此符濟人疾病受我呪文教人爲我則汝亦長生

布德天下矣

吾亦感其言受其符書以呑服則潤身差病方乃知

仙藥矣

到此用病則或有差不差故莫知其端察其所然則

誠之又誠至爲　天主者每每有中不順道德者一

一無驗此非受人之誠敬耶

三

論學文

出論以示之敬受此書欽哉訓辭

賢者聞之其或不然而吾將慨歎世則無奈忘略記

則巷議不順道德甚可畏也

當斯之今世人心淆薄莫知所向我斷書思則人心非常

輔國安民計將安出

之歎

西洋戰勝攻取無事不成而天下盡滅亦不無唇亡

也

是故我國惡疾滿世民無四時之安是亦傷害之數

四

夫天道者如無形而有迹地理者如廣大而有方者

也

故天有九星以應九州地有八方以應八卦而有盈

虛迭代之數無動靜變易之理陰陽相均雖百千萬

物化出於其中獨惟人最靈者也

故定三才之理出五行之數五行者何也

天爲五行之綱

地爲五行之質

人爲五行之氣

天地人三才之數於斯可見矣

五

①

問曰今天靈降臨

十一字而己轉至辛酉四方賢士進我而

之法一以作不忘之詞次茅道法猶為二

無自然之理故一以作降靈

天下矣吾亦幾至一歲修而度之則亦不

文教人正其法布德則令汝長生昭然于

吾也及汝無窮無窮之道修而煉之制其

也人何為之知天地而無知鬼神鬼神者

②

先生何為其然也曰受其無往不復之理

曰然則何道以名之曰天道也曰與洋道

無異者乎曰洋學如斯而有異如呪而無

何為其然也曰吾道无為而化夫守其心

正其氣率其性受其教化出於自然之中

也西人言無次茅書無皂白而頓無為

天主之端只祝自為身之謀身無氣化之

③

風傳遺於斯世吾消愛於斯布於斯豈可

東何謂西　孔子生於魯風於鄒鄒魯之

其西學也曰不然吾亦生於東受於東道

樂天道學則東學況地分東西西何謂東

天主豈可謂無異者乎曰同道言之則名

學非

天主之教有形有迹如思無呪道近虛无

神學無

④

謂以西名之者乎曰呪文之意何也曰至

為

天主之学故以呪言之今文有古文有

降灵之文何為其然也曰至者極焉之為

至氣者虛靈蒼蒼無事不涉無事不命然

而如形而難狀如聞而難見是亦渾元之

一氣也今至者於斯入道知其氣接者也

願為者請祝之意也大降者氣化之願也

①

侍者內有神灵外有氣化一世之人各知
不移者也主者猶其尊而輿父母同專者
也造化者無為而化也定者合其德定
心也永世者人之平生也不忘者存想之
意也
其知萬事者數之多也知其道而受
心知也故明明其德念念不忘則至化至
氣至於至聖曰天心則人心則至化
也曰命其人貴賤之殊定其人苦樂之理

②

然而君子之德氣有正而心有定故與天
地合其德小人之德氣不正而心有後故
與天地達其命此非盛衰之理耶曰一世
之人何不敬
□□主也曰臨矩號天人之常情而命乃在
天天生萬民古之聖人之所謂而尙今彌
留然而似然非然之間未知詳然之故也
曰斀道者何也曰猶或可也曰何以可也

③

曰吾道今不聞古不聞之事今不此古不
此之法也修者如塵而有實聞者如實而
有虛也曰反道而歸者何也曰斯人者不
足繹論也曰胡不舉論之曰敬而遠之曰
前何心而後何心也曰草上之風也曰然
則何以降靈也曰不擇善惡也曰無害無
德耶曰堯舜之世民皆爲堯舜斯世之運
與世同歸有害有德在於

④

□□主也不在於我也一一究心則害及其身
未詳知之然而斯人亨福不可使聞於他
人非君之所問也非我之所關也嗚呼噫
德諸君之問道何若是明明也雖我拙文
未及於精義正宗然而矯其人修其身養
其才正其心豈可有岐貳之端乎凡天地
無窮之數道之無極之理皆載此書惟
我諸君敬受此書以助聖德於我此之則

①

聖經大全

布德文 蓋自上古以來春秋迭代四時盛衰不

遷不易是亦

天德王 造化之跡昭然于天下也愚夫愚民

未知雨露之澤知其無爲而化矣自五帝

之後聖人以生日月星辰天地度數成出

文卷而以定天道之常然一動一靜一盛

②

一敗付之於天命是敬天命而順天理者

也故人成君子學成道德道則天道德則

天德明其道而修其德故乃成君子至於

至聖豈不欽嘆哉又此挽近以來一世之

人各自爲心不順天理不顧天命心常悚

然莫知所向矣至於庚申轉開西洋之人

以爲

天德王 之意不取富貴攻取天下立其虐行

③

其道故吾亦有其意其然之疑不意四

月心寒身戰疾不得執症言不得難狀之

際有何仙語忽入耳中驚起探問則曰勿

懼勿恐世人謂我

上帝汝不知 上帝耶間其所然曰余亦

無功故生汝世間教人此法勿疑勿疑曰

然則西道以敎人乎曰不然吾有靈符其

名仙藥其形太極又形弓弓受我此符濟

④

人疾病受我呪文教人爲我則汝亦長生

布德天下矣吾亦感其言受其符書以濟

服則潤身差病乃知仙藥矣到此用病

則或有差不差故知其端察其符然

誠之又誠至爲

天德王 者每每有中不順道德者一二

此非受心之誠敬耶是故我國惡疾滿世

以熱四時之安是亦傷害之數也西洋

①

勝攻取無事不成而天下盡滅亦不無唇
亡之歟輔國安民詐將安出惜哉於今世
人未知時運聞我斯言則入則心非出則
莖議不順道德甚可畏也賢者聞之其或
不然而吾將慨嘆世則無奈忘畧記出論
以示之敬受此書欽哉訓辭

三

②

夫天道者如無形而有跡地理者如廣大
而有方者也故天有九星以應九州地有
八方以應八卦而有盈虛迭代之數無動
於其中獨惟人最靈者也故定三才之理
靜愛易之理陰陽相均雖百千萬物化出
出五行之數五行者何也天為五行之綱
地為五行之質人為五行之氣天地人三

③

才之數於斯可見矣四時盛衰風露霜雪
不失其時不違其序如露蒼生莫知其端
惟篤不見之事以工言之亦偏難狀之言
何耆於古及今其中未必者也夫庚申之
年建巳之月天下紛亂民心淆薄莫知所
何之地又有怪違之說崩騰于世間西洋
或云

④

之人道成立德及其造化無事不成攻鬪
于戈無人在前中國燒滅豈可無唇亡之
患耶都緣無他斯人道補西道學
率此一一不已故吾亦悚然只有恨生晚
之際身多戰寒外有接靈之氣內有降話
之教視之不見聽之不聞心偏怪訝修心
正氣而問曰何為若然也曰吾心即汝心

五

① 絰 十三

中曰可曰否取可退否再思心悉定之後
道心信爲誠以信爲幻人而言之言之其
示之賢我諸君信聽吾言大抵此
敍情而必不無指目之嫌故作此章仰以
故也遠方照應而亦不堪相思之懷近慾
聖德或恐有誤是亦不面之致也玏彬彬
非我敢不惘然憧憧我思靡日不
或聞流言而修之或聞流言而誦焉豈不

② 經 十四

言不信曰信如斯修之乃成其誠誠與信
方其則不遠人言以成先信後誠吾今明
論豈非信信敬以誠之無違訓辭

③ 不嫌涉其疑慮

歌曰而千古之萬物芳各有成各有形所
見而論之則其然而似然耶自以度之則
其遠而其遠是亦然之事難測之言我
思我則父母存焉後思則于孫存彼來
世而此之則無異於我為人憶如斯之忖度芳
之則戚難分於人為人憶如斯之忖度芳
由其然而看之卽其然如其然探不然而

④ 絰 十五

思之則不然于不然何者太古芳
不曰不然也世間孰能無父母之人考其
先則其然也然其然之故也然而為世
作之君作之師君者以法造之師者以禮
教之君無傳位之君而法綱何受師無受
訓之師而禮義安效不知也不知生以
知之而然耶無為化也而然耶以知而言

① ②

之心在於暗暗之中以化而言之理遠於
茫茫之間夫如是則不知不然故不曰不
然乃知其然故乃恃其然者也於是而揣
其末究其本則物為物理為理之大業幾
遠夫荒況又斯世之人方胡無知胡無知
逞延之幾年荒運自來而復之古今之不
長芳豈謂運豈謂復芳萬物之不然方數
之而明之訖之而鑑之四時之有序芳胡

為然胡為然山上之有水芳其可鑑其可
為赤子之稺芳不言知夫父母胡無知
胡無知斯世人方胡無知聖人之以生芳
河一清千年運自來而復欺水自知而憂
歟耕牛之聞言芳如有心如有知以力之
足為芳何以苦何以砲烏子之友哺芳彼
亦知夫孝悌玄焉之知主芳貪亦歸貧亦
歸是故難必者不然易斯者其然此之芳

究其遠則不然不然又不然之事付之芳
造物者則其然其然又其然之理哉

為天主顧我情永世不忘萬事宜
至氣今至願為大降
侍天主造化定永世不忘萬事知

①
故論而言之讀而示之明而察之不失玄
悅若甘受知白受乘吾今樂道不勝欽嘆

儀

②
元亨利貞天道之常惟一執中人事之察
故生而知之夫子之聖質學而知之先儒
之相傳雖有困而得之淺見薄識皆由於
吾師之聖德不失於先王之古禮余出自
東方無了度日僅保家聲未免寒士先祖
之忠義節有餘於龍山吾王之盛德復
回於于丙若是餘陰不絕如流家君出世

③
名蓋一道無不士林之共知德承六世豈
非子孫之餘慶憶學士之平生光陰之春
夢年至四十工知芭籬之遺物心無青雲
之大道一以作歸去來之辭一以詠覺非
之句携節理履悅若處士之行山高水
是莫非先生之風龜尾之奇峯惺石月城
長莫非先生之清潭寶溪古都馬寵之
金鰲之北龍湫之清潭寶溪古都馬寵之
西園中桃花恐知漁子之舟屋前滄波意

④
某太公之釣檻臨池塘無達濂溪之志亭
虎龍潭豈非慕葛之心難禁歲月之如流
景臨一日之化仙孤我一命年至字八何
以知之無異童子先考平生之事蔡無痕
於火中子孫不肖之餘恨落心於世間豈
不痛哉豈不惜哉心有家庭之業安知稼
穡之役書工課之篤意陞青雲之地家
產漸衰未如末稍之如何乎元漸益可歎

①

身勢之將拙料難八字又有寒飢之慮念
來四七豈無不成之嘆巢穴未定誰云天
地之廣大那業炎違自燐一身之難藏自
是由來擺脫世間之紛挨責去胃海之朋
結龍潭古舍家嚴之丈席東都新府惟我
之故鄉章妻子還婁之日己未之十月乘
其運道受之節庚申之四月是亦夢寐念
事難狀之信審其易卦犬定之敷審誦三

②

代敬天之理术是乎惟知先儒之從命自
歎後學之忘却修而煉之豈非自然覺來
夫于之道則一理之所定也論其疑訝則惟
道則大同而小異也去其疑訝則惟我之
之心極念致誠之端然而彌留更逢辛酉
常然審其古今則人事之所爲不意布德
時維六月序屬三夏良朋滿座先定其法
實士問我又勸布德貿藏不延之藥乎乙

③

其形口誦長生之呪三七其學開闊納客
其數其然肆筵設法其味其如冠子進退
悦若有三千之班童子拜拱倚然有六七
之詠年高於我是亦子貢之禮歌詠而舞
豈非仲尼之蹈仁義禮智先聖之所敎修
心正氣惟我之更定一番致祭永侍之重
盟萬惑罷去守誠之故也衣冠正齊君子
之行路食手後賤夫之事道家不食一四

④

足之惡肉陽身所畧又寒泉之急坐有夫
女之防塞國大典之那禁臥高聲之誦呪
我誠道之太慢然而肆之是爲之則美哉
吾道之行授筆成字人亦疑王羲之跡開
衰若氏之賞極誠其兒更不羡司曠之聰
口唱韻熟不脈撫夫之前懺咎斯人慾不
容貌之幻態意仙風之吹臨宿病之目效
忘盧醫之良名雖然道戒德立狂誠在人

①
萬里白雲絡□□子山歸鳥飛□絕東山欽
登明□□西峰何事于還□路
晝是閑談古今
月之明□□□昊白之野抱耳得萬聲日□

②
○道儒心○
山河大運盡歸此道其源極深其理甚遠
固我心柱乃知道味一念在茲萬事如意
消除濁系勿養淑氣非徒心至惟在正心
隱隱聰明仙出自然來頭百事同歸一理
他人細過勿論我心小慧以施於人
如斯大道勿誠小事臨勳盡料自然有助
風雲大手隨其器寫玄機不露勿爲心急

③
偶吟
南辰圓眸蒲北河回大道 如天脫却灰鏡投
萬里眸先覺月上三更意忽開何人霽雨
能人活一世從風任去來百壘塵埃吾欲
功成他日好作仙緣心方本虛應物無跡
心修來而知德德惟明而是道在德不往
不人在信不在於工在近不在於遠在誠
不在於求不然而其蔘似遠而非遠

④

①
②
吾道博而約不用多言義別無他道理誠
敬信三字這裏做工夫透後方可知不怕
匪念遽惟恐覺來知

色入海雲亦地杜鵑花笑杜鵑
送白雲使藏玉面蓮花倒水
翻覆態生生高明廣漢殿此心

③
碧鳳臺役鳳凰遊白鷺渡江兼影去皓
欲遊頭雲龍魚臺成龍潭有魚風導林
歎徒去風風來有跡去無迹月前顧後每
是前炬遊去路踏無迹雲加峯上尺不高
此在入多不曰十仙皆丁未謂軍月夜
溪石去雲數風庭花枝舞蝴尺人入旁中
風出外舟行崑頭山來水
花扉白開春風來竹籬輝蹤秋月去彭沉

④
綠水衣無襯對佳人語不和勿水脫乘
美利龍間門犯虎邦無樹
半月山頭梳傾蓮水面扇
炯鎖池塘柳燈增海棹鉤
黜明衣上無嫌際桂似祐形力有傢

①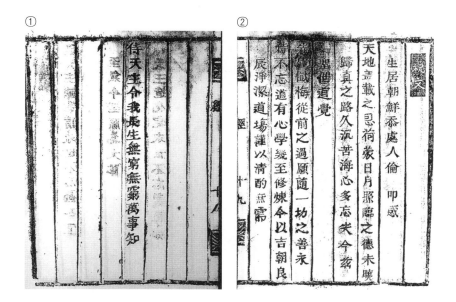

待天生命我處生無窮無窮萬事知
至誠○三○○○大端

②

祝文

生居朝鮮忝處人倫　叩感
天地壹載之忌荷歲日月照臨之德未曉
歸真之路久流苦海心多失今兹

○世道覺

冠○懺悔從前之過願隨一劫之善永
爲不忘道有心學幾至修煉令以吉朝良
辰净潔道場謹以清酌無需

③

泰請尚

懿句

河清鳳鳴孰能知運自何方吾亦知平生
受命千年選聖德豪承百世業龍潭水流
四海源龜岳春回一世花

④

入訣

察明處之公私
之耶爲念至公之無私不知心之偽失
文一如不知誠之所致數吾心之不失
天○敬之所爲暫不弛於慕仰不知畏
顧吾心之明明不知道之所在度吾在
之耶在料吾身之化生不知命之耶在
不知明之耶在遠不求而修我不知德

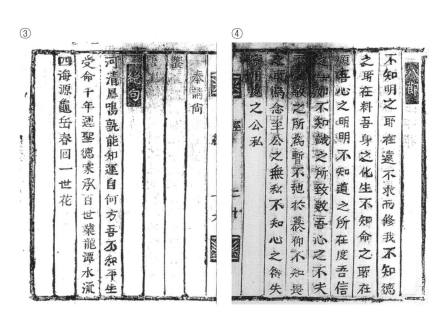

①

不知明之耶在送余心於其地不知德
遂非徒欲言消而難言不知命之所在
至今然於授受不知道忘耶在我爲我
而非他不知誠之所致是自知而自息
不知敬之所爲恐吾心之悟昧不知畏
之所爲無罪地而如罪不知心之得失
在今恩而昨非

②

訣

問道今日何所知急在新元癸亥成功
幾時又作時覺恨晚其爲然時有其時
恨奈何新朝唱韻待好風去歲西北靈友
辱後知吾家此日期春來消息應有知地
上相仙閣爲近此日此時灵友會大道其
甲不知心

③

和訣詩

方方谷谷行行盡水水山山箇箇知松松
栢栢青青立枝枝葉葉萬萬節老鶴生于
布天下飛來棲龍去慕仰極運芳運芳得否
時云時云覺者鳳方鳳芳賢者河芳河芳
聖人春宮桃李夭夭芳智士男兒樂樂哉
萬壑千峯高高峯一登二登小小谷明明
其運各各明同同學味念念同萬年枝上

④

究其遠則其然不然又不然之事付之於
造物者則其終其然又其然之理哉
花千朶四海雲中月一鑑登樓人如鶴北月仙遊
志能大處飛紅花之紅耶枝枝發号程
德緣耶靠紛芳白雲之白耶浩造
採清近之清耶迷桂棹芳波不興沙十
里踏遊開談芳月山東風北時恭山之時

①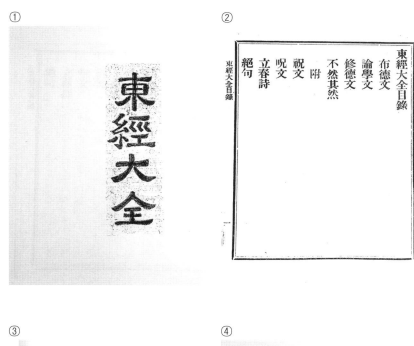

②

③

④

②

勿疑

東經大全

曰然則西道以教人乎

曰不然吾有靈符其名仙藥其形太極又形弓弓受

我此符濟人疾病受我呪文教人爲我則汝亦長生

布德天下矣

吾亦感其言受其符書以呑服則潤身差病方乃知

仙藥矣

到此用病則或有差不差故莫知其端察其所然則

誠之又誠至爲 天主者每每有中不順道德者一

一無驗此非受人之誠敬耶

三

①

東經大全

又此挽近以來一世之人各自爲心不順天理不顧

天命心常悚然莫知所向矣

至於庚申傳聞西洋之人以爲 天主之意不取富

貴攻取天下立其堂行其道故吾亦有其然豈其然

之疑

不意四月心寒身戰疾不得執症言不得難狀之際

有何仙語忽入耳中

驚起探問則曰勿懼勿恐

世人謂我上帝汝不知上帝耶

問其所然曰余亦無功故生汝世間教人此法勿疑

二

④

東經大全

夫天道者如無形而有迹地理者如廣大而有方者

也

故天有九星以應九州地有八方以應八卦而有盈

虛迭代之數無動靜變易之理陰陽相均雖百千萬

物化出於其中獨惟人最靈者也

故定三才之理出五行之數五行者何也

天爲五行之綱

地爲五行之質

人爲五行之氣

天地人三才之數於斯可見矣

五

③

東經大全

論學文

是故我國惡疾滿世民無四時之安是亦傷害之數

也

西洋戰勝攻取無事不成而天下盡滅亦不無脣亡

之歎

輔國安民計將安出

惜哉於今世之人未知時運我斯言入則心非出

則巷議不順道德甚可畏也

賢者聞之其或不然而吾將慨歎世則無奈忘略記

出論以示之敬受此書欽哉訓辭

論學文

四

①

立卷　題書

得難求難實是非難心和氣和以待春和

道氣長全邪不入世間衆人不同歸

②

八建法

修而成於筆法其理在於一心象吾國之木

局數不失於三絶生於斯得於斯故以爲先

東方爲人心之不同前期柔於筆電磨墨

氣始畫萬法在於一點前期柔於筆電磨墨

數計可也擇紙厚而成字法有違於大小正

焰威而主正形如泰山層巖

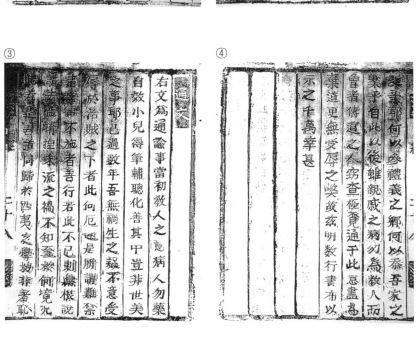

③

通論

右文爲通論事當初教人之意病人勿藥

自發小兒得筆輔聰化善其中豈非世美

冬事耶邑過數年吾無禍生之疑不意受

辱於治賊之下者此何厄邑是所謂難禁

謂等當輔控末流之禍不知蚤於倒境况

此者是吾道同歸於西夷矣學勉菲著恥

④

受事郎何以終禮義之鄕何以泰吾家之

業乎自此以後雖親戚之病勿爲數人而

魯者傳道之人窮査極覈通于此意盡爲

藥道更無受辱之獎故玆明數行書布以

示之千萬幸甚

① 通論

壹无通論之事而二有不然之端故二有
不得已之行四有不忍情之菁千萬深量
無書中一失施行如何前歲仲冬之行本
此後流生之靖風與山間之明为蔡其世
建筑華常惟共揩曰之嫌修其無極之大
道慷其綿惪之心歲换月踰繼至五朔入
謄□□其意其在此山客不知雲深之處童

② 應援採藝之行一以助工課之懶弛一以
即家事之否安心有消遣之意此日之光
景登蹉跎於三岐遯名於一世人心不知我
益或有事而來或無事而從聞風而來者
心益故耶當初不善處下之故略各處諸
半學論而處者半客亦自知其一生會不
知其数此縣奈何許窮山貧谷饗賓之
道都不過一二三家而已宅若處多則其

③ 或不然而產若鐃居即窟中有樂然而況
此若然之中老人以詩心動都非心動少年以禮
而強挽之何者以詩心動而心動難忍謀拱
快之心也以禮強挽不啻強挽難忍謀忠
送誼也主人歌能無于貢之心從容亦誤
知誼曾之禮豈不嘆哉豈不惜就雖有裴
度石何賢豈不堪吾事雖有百結之憂人亦
□□□□此深已則末由不知何境故不

④ 日發程豈非憫然之事耶當此涼雨之節
揚風麗雨草長衣添不足惜也竟顧良朋
之懸望恒在不己之中故藥以救行書慰
以諭之以此怨諒如何歸期似在初冬勿
為苦悶極為修道以待良時好面千萬企
望

聖經大全終　　　　壬辰重刊